책장을 넘기며 느껴지는 몰입의 기쁨
노력한 만큼 빛이 나는 내일의 반짝임

새로운 배움, 더 큰 즐거움

미래엔이 응원합니다!

1등급 만들기
동아시아사 680제

WRITERS

권승만   서울사대부고 교사 I 서울대 역사교육과
박귀미   권선고 교사 I 서울대 역사교육과
장국천   휘경공고 교사 I 서울대 역사교육과
최효성   유신고 교사 I 서울대 역사교육과

COPYRIGHT

인쇄일 2023년 11월 1일(2판5쇄)
발행일 2021년 9월 30일

펴낸이 신광수
펴낸곳 (주)미래엔
등록번호 제16-67호

교육개발2실장 김용균
개발책임 김문희 **개발** 박현정, 황대근

디자인실장 손현지
디자인책임 김병석 **디자인** 진선영, 송혜란

CS본부장 강윤구
제작책임 강승훈

ISBN 979-11-6413-881-4

머리말
Introduction

인생의 목표를 정하고

그 목표를 향해

담담하게 걸어가는 것은

정말 어려운 일입니다

다른 사람들이 뭐라고 하든

자신이 옳다고 믿는 길이 최선의 길이지요

자신감을 가지고

1등급 만들기와 함께 시작해 보세요

1등급 달성!
할 수 있습니다!

구성과 특징
Structure&Features

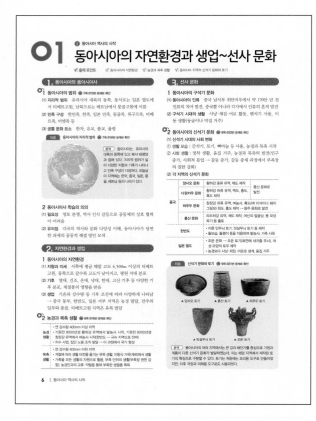

시험에 꼭 나오는 [핵심 개념 파악하기]

학교 시험에 자주 나오는 개념과 자료를 일목요연하게 정리하여 핵심 개념을 빠르게 파악할 수 있도록 구성하였습니다.

자료 시험에 자주 나오는 자료를 엄선하여 분석하였습니다.

ⓒ 문제로 확인 핵심 개념 및 필수 자료를 이해했는지 확인할 수 있도록 관련 문제를 연결하였습니다.

1등급 만들기 내신 완성 3단계 문제를 풀면 1등급이 이루어집니다.

Step 1 기출 문제로 실전 감각 키우기

분석 기출 문제

기출 문제를 분석하여 학교 시험 문제와 유사한 형태의 문제로 구성하였습니다.

핵심 개념 문제 핵심 개념을 얼마나 이해하고 있는지 바로 확인할 수 있도록 개념 문제를 제시하였습니다.

1등급을 향한 서답형 문제 학교 시험에 자주 출제되는 단답형과 서술형 문제의 대표 유형을 모아서 수록하였습니다.

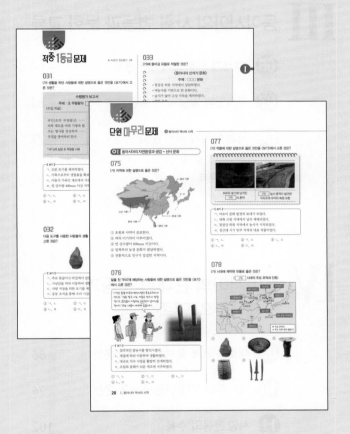

Step 2 1등급 문제로 실력 향상시키기

적중 1등급 문제

학교 시험에서 고난도 문제는 한두 문항씩 출제됩니다.
등급의 차이를 결정하는 어려운 문제도 자신 있게 풀 수 있도록 응용력과
사고력을 기를 수 있는 고난도 문제로 구성하였습니다.

Step 3 마무리 문제로 최종 점검하기

단원 마무리 문제

중간고사와 기말고사를 대비할 수 있는 실전 문제를 학교 시험 진도에 맞
추어 학습이 용이하도록 강명을 넣어 구성하였습니다. 시험 직전 학습 내
용을 마무리하고 자신의 실력을 점검할 수 있습니다.

알찬풀이로 [핵심 내용 다시보기]

문제에 대한 정답과 알찬풀이를 제시하였습니다. (바로잡기)는 자세한 오
답풀이로 어려운 문제도 쉽게 이해할 수 있습니다.

• 1등급 정리 노트

시험에 자주 나오는 핵심 개념을 다시 한번 정리하였습니다.

• 1등급 자료 분석

까다롭고 어려운 자료에 대한 분석과 첨삭 설명을 제시하였습니다.

차례
━━ Contents

01

Ⅰ 동아시아 역사의 시작

동아시아의 자연환경과 생업~선사 문화

☑ 출제 포인트 ☑ 동아시아의 자연환경 ☑ 농경과 목축 생활 ☑ 동아시아 지역의 신석기 문화와 토기

1. 동아시아와 동아시아사

⭐1 동아시아의 범위 ◉ 7쪽 015번 문제로 확인

(1) **지리적 범위** 유라시아 대륙의 동쪽, 동서로는 일본 열도에서 티베트고원, 남북으로는 베트남에서 몽골고원에 이름

(2) **민족 구성** 한민족, 한족, 일본 민족, 몽골족, 위구르족, 티베트족, 비엣족 등

(3) **공통 문화 요소** 한자, 유교, 불교, 율령

> **자료** 동아시아의 지리적 범위 ◉ 7쪽 016번 문제로 확인
>
>
>
> **분석** 동아시아는 유라시아 대륙의 동쪽에 있고 북서 태평양과 접해 있다. 지리적 범위가 넓어 다양한 지형과 기후가 나타나고 민족 구성이 다양하다. 오늘날 이 지역에는 한국, 중국, 일본, 몽골, 베트남 등의 나라가 있다.

2 동아시아사 학습의 의의

(1) **필요성** 영토 분쟁, 역사 인식 갈등으로 공동체의 상호 협력이 어려움

(2) **유의점** 각국의 역사와 문화 다양성 이해, 동아시아가 당면한 과제의 공동적 해결 방안 모색

2. 자연환경과 생업

1 동아시아의 자연환경

(1) **지형과 지세** 서쪽에 평균 해발 고도 4,500m 이상의 티베트고원, 동쪽으로 갈수록 고도가 낮아지고, 평원 지대 분포

(2) **기후** 열대, 건조, 온대, 냉대, 한대, 고산 기후 등 다양한 기후 분포, 계절풍의 영향을 받음

(3) **생업** 기온과 강수량 등 기후 조건에 따라 다양하게 나타남 → 중국 동부, 한반도, 일본 서부 지역은 농경 발달, 만주의 일부와 몽골, 티베트고원 지역은 유목 발달

⭐2 농경과 목축 생활 ◉ 8쪽 018번 문제로 확인

농경 생활	• 연 강수량 400mm 이상 지역 • 기원전 8000년경 황허강 유역에서 밭농사 시작, 기원전 6000년경 창장강 유역에서 벼농사 시작(한반도 → 규슈 지역으로 전파) • 치수 사업, 집단 노동 조직 발달 → 이 과정에서 국가 형성
목축 생활	• 연 강수량 400mm 이하 지역 • 계절에 따라 생활 터전을 옮기는 유목 생활, 이동식 가옥(게르)에서 생활 • 가축을 모든 생활의 자원으로 활용, 부족 단위의 생활(부족장 권한 강함), 농경민과의 교류·약탈을 통해 부족한 생필품 획득

3. 선사 문화

1 동아시아의 구석기 문화

(1) **동아시아의 인류** 중국 남서부 위안머우에서 약 170만 년 전 인류의 치아 발견, 중국뿐 아니라 각지에서 인류의 흔적 발견

(2) **구석기 시대의 생활** 사냥·채집·어로 활동, 뗀석기 사용, 이동 생활(동굴이나 막집 거주)

⭐2 동아시아의 신석기 문화 ◉ 9쪽 023번 문제로 확인

(1) **신석기 시대의 사회 변화**

① 생활 모습 : 간석기, 토기, 뼈바늘 등 사용, 농경과 목축 시작

② 사회 생활 : 정착 생활, 움집 거주, 농경과 목축의 발전(인구 증가, 사회적 분업 → 갈등 증가, 갈등 중재 과정에서 부족장의 권한 강화)

(2) **각 지역의 신석기 문화**

	양사오 문화	황허강 중류 유역, 채도 제작	룽산 문화로 발전
중국	다원커우 문화	황허강 하류 유역, 백도, 홍도, 흑도 제작	
	허무두 문화	창장강 하류 유역, 벼농사, 흑도(벼 이삭이나 돼지 그림)와 회도, 홍도 제작 → 량주 문화로 발전	
	훙산 문화	랴오허강 유역, 채도 제작, 여신의 얼굴상, 용 모양 옥기 등 출토	
한반도		• 이른 민무늬 토기, 빗살무늬 토기 등 제작 • 돌보습, 돌괭이 등을 이용하여 밭농사, 가축 사육	
일본 열도		• 조몬 문화 → 조몬 토기(표면에 새끼줄 무늬), 여성 모양의 토우 제작 • 농경보다 사냥·채집·어로로 생계, 움집 거주	

> **자료** 신석기 문화와 토기 ◉ 9쪽 021번 문제로 확인
>
>
>
> ▲ 양사오 토기   ▲ 훙산 토기   ▲ 허무두 토기
>
>
>
> ▲ 빗살무늬 토기   ▲ 조몬 토기
>
> **분석** 동아시아의 여러 지역에서는 큰 강과 해안가를 중심으로 기원과 계통이 다른 신석기 문화가 발달하였는데, 이는 해당 지역에서 제작된 토기의 특징으로 구분할 수 있다. 토기는 처음에는 조리용 도구로 만들어졌지만, 이후 저장과 의례용 도구로도 사용되었다.

분석 기출 문제

≫ 바른답·알찬풀이 2쪽

핵심 개념 문제

●● 빈칸에 들어갈 알맞은 말을 쓰시오.

001 계절에 따라 이동 생활을 주로 하던 (　　　　) 민족은 이동식 가옥인 게르를 만들어 거주하였다.

002 (　　　　) 시대에는 뼈도구와 뗀석기를 이용하여 사냥하거나 열매를 채집하였다.

003 신석기 시대부터 제작된 (　　　　)은/는 처음에는 음식을 조리하는 도구로 만들어졌으나, 이후 저장용 도구나 의례용 도구로도 사용되었다.

●● 다음 내용이 옳으면 ○표, 틀리면 ×표를 하시오.

004 연 강수량이 800mm가 넘는 동아시아 일부 지역에서만 농경이 이루어졌다. (　　　)

005 중국 남서부의 위안머우에서 약 170만 년 전에 살았던 인류의 치아 화석이 발견되었다. (　　　)

006 양사오 문화와 다원커우 문화의 뒤를 이어 두 문화를 아우른 룽산 문화가 황허강 하류 지역에서 발전하였다. (　　　)

●● 각 토기가 제작된 지역을 바르게 연결하시오.

007 조몬 토기　•　　　•　㉠ 한반도

008 양사오 토기　•　　　•　㉡ 일본 열도

009 빗살무늬 토기　•　　•　㉢ 황허강 중류 유역

●● 괄호 안에 들어갈 알맞은 말을 고르시오.

010 유목민은 평소 부족 단위로 생활하였으며, 부족장의 권한은 (㉠ 강, ㉡ 약)하였다.

011 구석기 시대 사람들은 주로 동굴이나 (㉠ 막집, ㉡ 움집)에 거주하였고, 이동 생활을 하였다.

012 (㉠ 황허강, ㉡ 창장강) 하류 지역에서는 벼농사를 기반으로 한 허무두 문화가 발전하였다.

●● 다음 내용과 관련 있는 신석기 문화를 〈보기〉에서 고르시오.

013 표면에 새끼줄 무늬가 새겨진 토기가 주로 제작되었다. (　　　)

014 채도와 여신의 얼굴상, 용 모양의 옥기 등이 출토되었다. (　　　)

　[보기]
　ㄱ. 홍산 문화　　ㄴ. 조몬 문화　　ㄷ. 양사오 문화

★빈출 015

밑줄 친 '이 지역'에 대한 설명으로 옳은 것만을 〈보기〉에서 고른 것은?

> 이 지역은 대체로 동서로 일본 열도에서 티베트고원에 이르며, 남북으로 베트남 북부에서 몽골고원에 이르는 지역을 포함한다. 이처럼 지리적 범위가 넓어 다양한 지형과 기후가 나타나며, 민족 구성도 다양하다. 이러한 다양성은 이 지역이 공통점을 지니면서도 여러 생활 방식과 문화로 구성된 복합적인 세계를 형성하게 하였다.

　[보기]
　ㄱ. 한민족, 한족, 몽골족 등이 살고 있다.
　ㄴ. 계절풍의 영향으로 여름에는 고온다습하다.
　ㄷ. 대륙의 동쪽으로 갈수록 높은 고원이 나타난다.
　ㄹ. 신항로 개척 이후 해외 식민지 개척을 주도하였다.

① ㄱ, ㄴ　　　② ㄱ, ㄷ　　　③ ㄴ, ㄷ
④ ㄴ, ㄹ　　　⑤ ㄷ, ㄹ

016

(가) 문화권의 특징을 알아보기 위한 탐구 활동으로 적절하지 않은 것은?

(가)

① 서구 문화의 전래로 나타난 변화를 조사한다.
② 각 지역이 공통적으로 사용한 문자를 살펴본다.
③ 인도에서 창시된 불교의 전파 지역을 찾아본다.
④ 서안 해양성 기후가 문화 발전에 끼친 영향을 파악한다.
⑤ 각 지역 간의 상호 교류가 각국 역사 발전에 끼친 영향을 알아본다.

2. 자연환경과 생업

017

전근대 시기 (가) 지역의 생활 모습으로 옳은 것은?

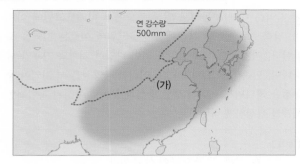

① 초원을 따라 이동하며 생활하였다.
② 가축에서 대부분의 생필품을 얻었다.
③ 주로 농경을 통해 먹을 것을 구하였다.
④ 안장, 등자 등 기마 도구를 개발하였다.
⑤ 생필품 획득을 위해 유목 지역을 공격하였다.

★빈출 018

(가), (나)의 생활 모습을 주로 볼 수 있는 지역의 전근대 사회에 대한 설명으로 옳은 것만을 〈보기〉에서 고른 것은?

(가)	(나)

[보기]
ㄱ. (가) – 부족장의 권한이 약하였다.
ㄴ. (가) – 대규모 치수 사업이 활발하였다.
ㄷ. (나) – 집단 노동 조직이 발달하였다.
ㄹ. (나) – 일찍부터 정착 생활이 이루어졌다.

① ㄱ, ㄴ   ② ㄱ, ㄷ   ③ ㄴ, ㄷ
④ ㄴ, ㄹ   ⑤ ㄷ, ㄹ

019

(가) 작물에 대한 설명으로 옳은 것은?

① 대규모 치수 사업의 계기가 되었다.
② 고산 지대 척박한 토양에서도 잘 자란다.
③ 연 강수량 400mm 이하 지역에서 재배된다.
④ 전근대 시기 만주 지역의 대표적 작물이었다.
⑤ 생육 기간이 길어 1년에 한 번만 경작이 가능하다.

3. 선사 문화

020

학생이 화면에 제시할 사진 자료로 적절한 것은?

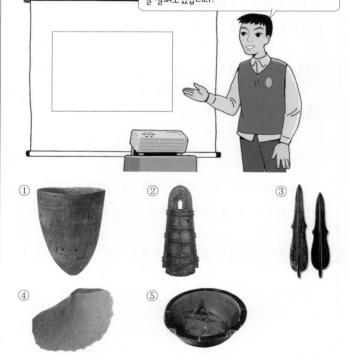

이 시기의 사람들은 작은 무리를 이루어 공동생활을 하였는데, 주로 동굴이나 강가에 막집을 짓고 살았고 사냥감을 따라 이동하며 생활하였습니다. 다음으로, 이 시기 사람들이 사용한 도구를 보면서 그 쓰임새를 살펴보겠습니다.

①   ②   ③
④   ⑤

(가)에 들어갈 밑줄 친 '이 지역'의 유물로 옳은 것은?

이 지역은 기원전 6000년 무렵부터 벼농사가 이루어진 곳으로 알려져 있다. 흑도, 회도 등 토기와 다양한 형태의 간석기, 짐승 뼈나 나무로 만든 농기구와 볍씨 등이 출토되었다.

(가)

①  ② ③

④ ⑤

022

(가) 지역의 신석기 시대를 대표하는 유물로 옳은 것은?

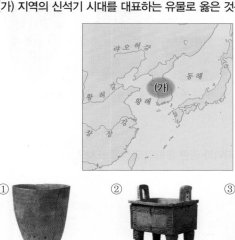

① ② ③

④ ⑤

다음 내용과 함께 제시할 유물로 적절한 것만을 〈보기〉에서 고른 것은?

이 시대에 이르러 사람들은 곡물을 재배하고 가축을 사육하여 식량을 생산할 수 있게 되었다. 이와 같은 생산 경제로의 전환은 생활에 혁명적인 영향을 끼쳤다.

[보기]

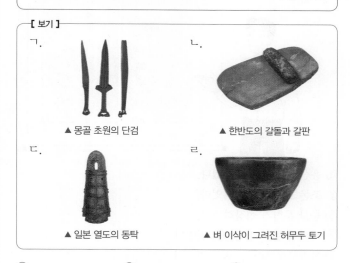

ㄱ. ▲ 몽골 초원의 단검

ㄴ. ▲ 한반도의 갈돌과 갈판

ㄷ. ▲ 일본 열도의 동탁

ㄹ. ▲ 벼 이삭이 그려진 허무두 토기

① ㄱ, ㄴ 　② ㄱ, ㄷ 　③ ㄴ, ㄷ

④ ㄴ, ㄹ 　⑤ ㄷ, ㄹ

024

다음 유물이 발견된 지역에 대한 설명으로 옳은 것은?

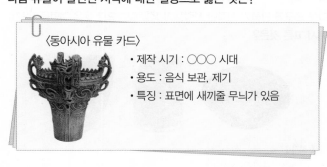

〈동아시아 유물 카드〉

· 제작 시기 : ○○○ 시대
· 용도 : 음식 보관, 제기
· 특징 : 표면에 새끼줄 무늬가 있음

① 유목민의 주요 거주지였다.
② 다원커우 문화가 발달하였다.
③ 한반도의 청동기 문화 형성에 영향을 주었다.
④ 동아시아 지역에서 가장 먼저 국가가 수립되었다.
⑤ 신석기 시대에 농경보다는 수렵, 어로 생활을 하면서 정착 생활을 하였다.

025

(가) 지역에 대한 설명으로 옳은 것은?

(가) 지역에서 신석기 시대에 옥을 다루는 기술이 발달하였어요. 대표적인 유물로는 용 모양의 옥기 등이 있습니다.

① 홍산 문화가 발달하였다.
② 조몬 토기가 제작되었다.
③ 룽산 문화가 성장하였다.
④ 야요이 문화의 영향을 받았다.
⑤ 한반도로부터 벼 재배 기술이 전해졌다.

★빈출
026

다음 도구를 만들기 시작한 사람들의 생활 모습으로 옳은 것만을 〈보기〉에서 고른 것은?

[보기]
ㄱ. 정착 생활을 하였다.
ㄴ. 양·소·돼지 등의 가축을 길렀다.
ㄷ. 금속 무기를 이용하여 전쟁을 하였다.
ㄹ. 지배자를 위한 거대한 무덤을 축조하였다.

① ㄱ, ㄴ   ② ㄱ, ㄷ   ③ ㄴ, ㄷ
④ ㄴ, ㄹ   ⑤ ㄷ, ㄹ

📐 1등급을 향한 서답형 문제

[027~028] 자료를 보고 물음에 답하시오.

027

위 유목민 전통 가옥의 명칭을 쓰시오.

028

유목민이 전통적으로 위와 같은 형태의 가옥에서 거주한 이유를 서술하시오.

[029~030] 자료를 보고 물음에 답하시오.

▲ 양사오 토기   ▲ 허무두 토기   ▲ ㉠ 홍산 토기   ▲ 빗살무늬 토기

029

㉠ 토기가 제작된 지역과 관련 문화의 명칭을 쓰시오.

030

동아시아 각 지역에서 위의 토기를 사용한 사람들의 공통적인 생활 모습을 경제 활동과 연관 지어 서술하시오.

적중 1등급 문제

» 바른답·알찬풀이 3쪽

031

(가) 생활을 하던 사람들에 대한 설명으로 옳은 것만을 <보기>에서 고른 것은?

수행평가 보고서

주제 : 조 무령왕의 [(가)] 문화 수용

〈수집 자료〉

과인(조의 무령왕)은 …… 의복 제도를 바꿔 기병과 활 쏘는 병사를 양성하여 …… 국경을 방비하려 한다.	
『사기』에 실린 조 무령왕 사료	호복을 입고 말에서 활을 쏘는 조 무령왕 모습(복원도)

[보기]
ㄱ. 조몬 토기를 제작하였다.
ㄴ. 가축으로부터 생필품을 확보하였다.
ㄷ. 이동식 가옥인 게르에서 거주하였다.
ㄹ. 연 강수량 400mm 이상 지역에서 살았다.

① ㄱ, ㄴ   ② ㄱ, ㄷ   ③ ㄴ, ㄷ
④ ㄴ, ㄹ   ⑤ ㄷ, ㄹ

032

다음 도구를 사용한 사람들의 생활 모습으로 옳은 것만을 <보기>에서 고른 것은?

[보기]
ㄱ. 주로 동굴이나 막집에서 살았다.
ㄴ. 사냥감을 따라 이동하며 생활하였다.
ㄷ. 식량 저장을 위한 토기를 제작하였다.
ㄹ. 공동 조직을 통해 수리 시설을 만들었다.

① ㄱ, ㄴ   ② ㄱ, ㄷ   ③ ㄴ, ㄷ
④ ㄴ, ㄹ   ⑤ ㄷ, ㄹ

033

(가)에 들어갈 유물로 적절한 것은?

〈동아시아 신석기 문화〉

주제 : ○○○ 문화

• 창장강 하류 지역에서 성립하였다.
• 벼농사를 기반으로 한 문화이다.
• 습지가 많아 고상 가옥을 제작하였다.
• 대표 유물

[(가)]

① ② ③ ④ ⑤

034

밑줄 친 '이 지역'을 지도에서 옳게 고른 것은?

이 지역에서는 수천 년 전의 제사 유적인 제단과 여신의 신전, 돌무지무덤 등이 발견되었다. 산 정상에 건립된 신전에서는 여신과 용 모양을 한 동물의 조각상, 그리고 제사용품이 발굴되었다. 이 중 사람들의 관심을 끈 것은 푸른 옥으로 눈을 만든 여신의 두상이었다. 또한 위와 아래가 뚫려 있는 토기가 발견되었는데, 이러한 유물들은 제사에 사용된 것으로 여겨진다.

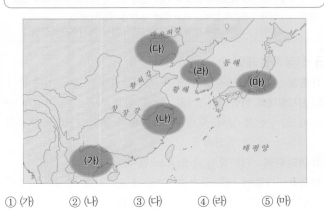

① (가)   ② (나)   ③ (다)   ④ (라)   ⑤ (마)

02 국가의 성립과 발전

☑ 출제 포인트　☑ 동아시아의 청동기 문화　☑ 진의 통일　☑ 한의 재통일　☑ 흉노의 성장

1. 청동기 문화의 발전

1 청동기 시대의 사회 변화

(1) **사회 변화** 청동기 사용, 농업 생산력 증대 → 잉여 생산물 증가, 사유 재산제 확산 → 빈부 격차와 계급 분화 확대

(2) **국가의 형성** 청동기를 보유한 집단이 주변의 약한 집단을 정복·통합하면서 지배자 등장 → 주변 집단 통합 → 사회 규모 확대, 국가 출현

★2 동아시아 각 지역의 청동기 문화 ◉ 13쪽 048번 문제로 확인

황허강 유역	얼리터우 문화(기원전 2000년경, 얼리터우 궁전 유적 발굴 → 청동 도구·무기·제사 용기 등 발견), 하·상 왕조 발전
몽골 초원	• 기원전 1700년경 청동기 문화 시작 • 단검 등 청동 무기, 재갈 등 기마 무기, 사슴돌, 판석묘 출토
만주·한반도	• 기원전 2000년에서 1500년경 시작 • 비파형 동검, 고인돌로 대표되는 청동기 문화 발달
일본 열도	기원전 3세기경 한반도로부터 벼농사 기술을 비롯하여 청동기와 철기가 동시에 전해짐 → 야요이 시대 시작(동검, 동탁 제작)

2. 중원 지역의 국가 성립

1 중원 지역의 국가 형성과 주의 발전

(1) **하** 기록상 중국 최초의 왕조

(2) **상** 기원전 1600년경 성립, 신정 정치, 갑골문, 은허 유적

(3) **주** 기원전 11세기경 상을 멸망시킴 → 종법적 봉건제 실시, 덕치와 천명사상 강조

2 춘추·전국 시대의 전개

배경	기원전 8세기에 견융족의 침입으로 수도를 동쪽으로 옮김(호경 → 뤄양) → 주 왕실의 통제력 약화
변화	• 춘추 시대 : 세력이 강한 제후(춘추 5패)가 정국 주도 • 전국 시대 : 봉건 질서 붕괴 → 전국 7웅 대두(하극상, 약육강식의 시대) → 진(秦)에 의해 통일
특징	• 정치 : 각 제후국이 군현제 시행, 철제 무기 도입으로 전쟁 규모 확대 • 경제 : 우경과 철제 농기구 보급 → 농업 생산력 증대 • 사회 : 각국의 제후가 능력 있는 인재 모집 → 제자백가의 등장

★3 진의 중원 통일

(1) **통일** 상앙(법가 사상가) 등용, 부국강병책 → 전국 시대 통일

(2) **진시황제의 정책** 처음으로 '황제' 칭호 사용, 3공 9경의 관료제, 군현제 실시, 도량형·화폐·문자 통일, 사상 통제(분서갱유) → 중앙 집권화

(3) **대외 정책** 만리장성 축조(흉노 견제)

(4) **멸망** 시황제 사후 급속히 쇠퇴, 대규모 토목 공사와 가혹한 법치에 대한 불만 고조 → 농민 봉기의 발생

자료 진시황제의 정책 ◉ 14쪽 054번 문제로 확인

사관이 가진 문서 중 진의 기록이 아닌 것은 모두 태우도록 하시고, 박사관이 아니면서 감히 『시』, 『서』 및 제자백가의 서적을 소장하고 있으면 모두 관에 바치게 한 후, 군의 태수와 도위로 하여금 함께 불태우도록 하십시오. ─『사기』─

분석 전국 시대를 통일한 시황제는 분서갱유를 통해 사상을 통제하고 중앙 집권 체제를 확립하고자 하였다.

★4 한의 재통일과 변화 ◉ 15쪽 056번 문제로 확인

(1) **고조(유방)** 초의 항우를 물리치고 재통일, 군국제(군현제와 봉건제를 절충) 시행

(2) **무제** 흉노 정벌(장건 대월지 파견), 소금·철 전매제 실시, 군현제 확대, 남비엣·고조선 정복

(3) **신** 외척 왕망이 건국(1세기 초), 토지 국유화 등 개혁 시행

(4) **후한 성립** 호족의 후원으로 광무제가 한을 다시 세움

3. 동아시아 각 지역의 국가 성립

★1 흉노의 성장

(1) **성장** 기원전 3세기경 북방의 초원 지대에서 강력한 세력으로 성장 → 동아시아 최초의 유목 제국 건설

(2) **발전** 묵특 선우 때 전성기 → 주변 세력 정복, 한 압박

(3) **정치** 부족 통합의 연맹체 국가, 선우 아래 좌현왕, 우현왕 설치 → 제국을 중앙과 좌방·우방으로 삼분하여 통치

자료 흉노의 발전 ◉ 16쪽 059번 문제로 확인

동호의 사자가 와서 흉노의 묵특 선우에게 전하였다. "그대들의 쓸모없는 땅은 우리가 갖겠소." 이에 묵특 선우는 "땅은 나라의 근본이다. 어떻게 너희에게 넘겨줄 수 있겠는가."라며 동호를 공격하고 나아가 월지마저 격파하였다. 한편 중국을 통일한 뒤 한의 유방은 군국제를 실시하고, 변경 지역의 방어를 강화하여 흉노를 막게 하였다.

분석 흉노는 기원전 3세기 묵특 선우 때 전성기를 맞았다. 묵특 선우는 동쪽으로 동호와 서쪽으로는 월지를 공격하였으며, 남쪽 오르도스 지방과 북쪽 바라갈트의 여러 세력을 정복하였다. 그리고 한을 압박하여 한 고조를 굴복시키기도 하였다. 흉노에게 대패한 한은 영토 보전과 평화 유지를 위해 공주를 흉노에게 시집보내고 비단 등 공물을 바쳤다.

2 만주와 한반도, 일본 열도의 여러 나라

만주·한반도	• 고조선 : 청동기 문화를 바탕으로 랴오닝 지역에서 한반도 북부에 걸쳐 성장, 위만의 집권 이후 중계 무역 발달, 한 무제의 공격으로 멸망(기원전 108년) • 철기가 보급되면서 부여, 고구려, 삼한 등장
일본 열도	• 광무제 때 왜의 노국이 조공하고 '한위노국왕'의 금인 받음 • 3세기경 야마타이국의 히미코 여왕이 위에 조공하고 '친위왜왕' 칭호 받음

분석 기출 문제

» 바른답·알찬풀이 5쪽

핵심 개념 문제

•• 빈칸에 들어갈 알맞은 말을 쓰시오.

035 황허강 유역의 룽산 문화는 기원전 2000년경 (   ) 문화로 발전하였다.

036 (   )은/는 상의 왕이 제사장을 겸하며 종교적 권위에 의지하여 국가를 통치하였음을 보여 준다.

•• 다음 내용이 옳으면 ○표, 틀리면 ✕표를 하시오.

037 일본 열도에는 기원전 3세기경 한반도로부터 청동기와 벼농사 기술이 전해졌으며, 동시에 철기도 전해졌다.

(   )

038 기원전 8세기 견융족이 서북쪽에서 침략하자 주는 수도를 동쪽으로 옮겼다. 이때부터 전국 시대라 한다.

(   )

039 한 고조(유방)는 진의 실패를 되풀이하지 않기 위해 군현제와 봉건제를 절충하여 군국제를 시행하였다.

(   )

•• 각 인물의 활동을 바르게 연결하시오.

040 무제   • • ㉠ 도량형 통일

041 시황제   • • ㉡ 초원 지대 통일

042 묵특 선우•   • ㉢ 소금·철 전매제 시행

•• 괄호 안에 들어갈 알맞은 말을 고르시오.

043 춘추·전국 시대에는 (㉠ 우경, ㉡ 수차)이/가 보급되고 철제 농기구를 본격적으로 사용하면서 농업 생산력이 크게 증대되었다.

044 3세기경 일본 열도에는 30여 개의 소국이 존재하였는데, 이 중 히미코 여왕의 (㉠ 야마토 정권, ㉡ 야마타이국)이 가장 강성하였다.

•• 다음 내용과 관련 있는 국가를 〈보기〉에서 고르시오.

045 위만의 집권 이후 철기 문화를 본격적으로 받아들이고 중계 무역으로 성장하였다. (   )

046 최고 지배자를 '선우'라 불렀으며, 동아시아 최초의 유목 제국을 건설하였다. (   )

[보기]
ㄱ. 흉노   ㄴ. 남비엣   ㄷ. 고조선

---

1. 청동기 문화의 발전

047

(가)에 들어갈 유물의 사진으로 옳은 것만을 〈보기〉에서 고른 것은?

> 만주와 한반도 지역에서는 기원전 2000년경에서 1500년경 청동기 시대가 시작되었다. 이 지역에서는 [(가)](으)로 대표되는 청동기 문화가 나타났다. 또 청동 방울·청동 거울 등의 제기와 장신구, 민무늬 토기 등이 제작되었다.

[보기]

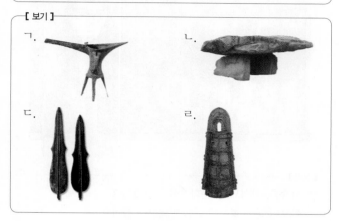

① ㄱ, ㄴ   ② ㄱ, ㄷ   ③ ㄴ, ㄷ
④ ㄴ, ㄹ   ⑤ ㄷ, ㄹ

⭐빈출 048

(가), (나) 유물이 출토된 지역에 대한 설명으로 옳은 것만을 〈보기〉에서 고른 것은?

(가)    (나)

[보기]
ㄱ. (가) – 상이 성장, 발전하였다.
ㄴ. (가) – 한반도와 같은 청동기 문화권에 속한다.
ㄷ. (나) – 묵특 선우에 의해 통일되었다.
ㄹ. (나) – 한반도로부터 벼농사 기술이 전해졌다.

① ㄱ, ㄴ   ② ㄱ, ㄹ   ③ ㄴ, ㄷ
④ ㄴ, ㄹ   ⑤ ㄷ, ㄹ

02. 국가의 성립과 발전   **13**

2. 중원 지역의 국가 성립

049

교사의 질문에 대한 학생들의 답변으로 적절한 것만을 <보기>에서 고른 것은?

> 이 유물은 네 발 달린 청동 솥인데, 실존이 확인된 중원 지역 최초의 왕조 시기에 만들어진 것입니다. 이 왕조에 대해 말해 볼까요?

[보기]
ㄱ. 사슴돌, 판석묘 등 문화유산을 남겼어요.
ㄴ. 야요이 문화 형성에 핵심적 역할을 했어요.
ㄷ. 점을 친 내용과 결과를 갑골문으로 기록했어요.
ㄹ. 왕이 제사장을 겸하는 통치 형태가 운영되었어요.

① ㄱ, ㄴ   ② ㄱ, ㄷ   ③ ㄴ, ㄷ
④ ㄴ, ㄹ   ⑤ ㄷ, ㄹ

050

다음 통치 체제를 마련한 국가에 대한 설명으로 옳은 것만을 <보기>에서 고른 것은?

천자에게 분봉을 받은 제후는 공납 등의 의무를 가지며 자신의 봉토를 통치하였다.

[보기]
ㄱ. 만리장성을 축조하였다.
ㄴ. 전국 시대를 통일하였다.
ㄷ. 덕치와 천명사상을 강조하였다.
ㄹ. 상을 무너뜨리고 중원 지역을 차지하였다.

① ㄱ, ㄴ   ② ㄱ, ㄷ   ③ ㄴ, ㄷ
④ ㄴ, ㄹ   ⑤ ㄷ, ㄹ

051

(가) 국가의 대외 관계에 대한 설명으로 옳은 것은?

> (가) 의 왕은 수도 호경과 그 주변을 직접 다스렸다. 그리고 나머지 지역은 왕실의 자제나 일족 또는 신하를 제후로 임명하여 지배하게 하였고, 제후들은 군사를 제공하고 공물을 바쳐야 했다. 이러한 왕과 제후의 관계는 종법제에 의해 뒷받침되었다.

① 고조선과 남비엣을 정복하였다.
② 견융족의 침입으로 천도하였다.
③ 히미코 여왕에게 '친위왜왕'의 칭호를 주었다.
④ 흉노에게 공주를 시집보내고 예물을 제공하였다.
⑤ 한과 한반도의 남부 사이에서 중계 무역을 하였다.

052

지도에 나타난 시기의 동아시아 상황으로 옳은 것은?

① 강남 지역 – 벼농사가 시작되었다.
② 랴오닝 지역 – 고조선이 성장하였다.
③ 한반도 남부 지역 – 신라, 백제가 발전하였다.
④ 화북 지역 – 얼리터우 문화가 형성되었다.
⑤ 일본 열도 – 히미코 여왕이 야마타이국을 다스렸다.

053

밑줄 친 '그'의 활동으로 옳은 것만을 〈보기〉에서 고른 것은?

그는 처음으로 천하를 통일하고 천자의 칭호에 대하여 의논할 것을 명하였다. 신하들이 아뢰기를, "옛적에 천황·지황·태황이 있었는데, 태황이 가장 존귀하였습니다. 그래서 신들은 '왕'을 '태황'으로 바꾸어 존호를 올립니다."라고 하였다. 이에 그는 '태' 자를 빼고 '황(皇)' 자를 남겨 두고, 상고 시대의 '제(帝)'의 위호를 채용하여 '황제'라 하겠다."라고 하였다.

[보기]
ㄱ. 고조선을 정복하였다.
ㄴ. 만리장성을 축조하였다.
ㄷ. 분서갱유를 단행하였다.
ㄹ. 왜에 금인을 하사하였다.

① ㄱ, ㄴ　　　② ㄱ, ㄷ　　　③ ㄴ, ㄷ
④ ㄴ, ㄹ　　　⑤ ㄷ, ㄹ

빈출
054

다음 정책을 시행한 황제에 대한 설명으로 옳은 것은?

사관이 가진 문서 중 진의 기록이 아닌 것은 모두 태우도록 하시고, 박사관이 아니면서 감히 『시』, 『서』 및 제자백가의 서적을 소장하고 있으면 모두 관에 바치게 한 후, 군의 태수와 도위로 하여금 함께 불태우도록 하십시오.　　－『사기』 －

① 균전제를 실시하였다.
② 도량형과 문자를 통일하였다.
③ 소금과 철의 전매제를 시행하였다.
④ 쯩짝·쯩니 자매의 저항 운동을 진압하였다.
⑤ 고조선의 준왕을 몰아내고 정권을 장악하였다.

055

자료에 나타난 시기의 동아시아 상황을 알아보기 위한 탐구 활동으로 가장 적절한 것은?

시황제가 죽은 후 진은 급속히 쇠퇴하였고, 대규모 토목 공사와 엄격한 법치에 대한 불만으로 농민의 봉기가 잇따라 일어났다. 진이 혼란에 빠지자 유방과 항우가 군사를 일으켜 다투었는데, 유방이 세운 한이 중국을 재통일하였다.

① 야마토 정권의 성립 시기를 조사한다.
② 선비족의 화북 통일 과정을 알아본다.
③ 신라와 중원 국가의 연합이 끼친 영향을 파악한다.
④ 쯩짝·쯩니 자매가 전개한 독립 운동의 결과를 살펴본다.
⑤ 고조선으로 이주하는 중국 유이민 수의 증가 배경을 조사한다.

빈출
056

(가)에 들어갈 대답으로 적절한 것만을 〈보기〉에서 고른 것은?

○○○의 대외 정책

이 황제는 무리한 대외 정복 활동으로 재정이 악화되자 소금과 철의 전매제, 균수·평준법을 시행하였습니다. 이 황제의 대외 활동을 말해 보세요.

(가)

[보기]
ㄱ. 고조선을 정복하였습니다.
ㄴ. 흉노를 북쪽으로 몰아내었습니다.
ㄷ. 베트남 지역에 안남 도호부를 설치하였습니다.
ㄹ. 군현제와 봉건제를 절충하여 군국제를 실시하였습니다.

① ㄱ, ㄴ　　　② ㄱ, ㄷ　　　③ ㄴ, ㄷ
④ ㄴ, ㄹ　　　⑤ ㄷ, ㄹ

057

(가) 국가의 대외 활동으로 옳은 것만을 〈보기〉에서 고른 것은?

(가) 은/는 동쪽으로 고조선을 정복하여 현도와 낙랑군을 세워 흉노의 왼팔을 잘랐다. 또한 서쪽으로 …… 오손과 손을 잡아 둔황, 주취안, 장예, 세 군을 설치하고 강족을 떼어 놓아 흉노의 오른팔을 잘라 버렸다.

[보기]
ㄱ. 견융족의 침입으로 수도를 옮겼다.
ㄴ. 흉노에게 예물을 제공하기도 하였다.
ㄷ. 남비엣을 무너뜨리고 9군을 설치하였다.
ㄹ. 국경 방어를 위해 만리장성 축조를 시작하였다.

① ㄱ, ㄴ   ② ㄱ, ㄷ   ③ ㄴ, ㄷ
④ ㄴ, ㄹ   ⑤ ㄷ, ㄹ

3, 동아시아 각 지역의 국가 성립

058

(가) 국가에 대한 설명으로 옳은 것만을 〈보기〉에서 고른 것은?

유목 국가와 농경 국가가 전투하는 모습을 돌에 새긴 것이다. 이 가운데 뾰족한 모자를 쓰고 활을 쏘는 사람은 (가) 의 병사라고 한다. (가) 은/는 묵특의 통치 시기에 동호와 월지를 제압하였다.

[보기]
ㄱ. 초원 지역을 통일하였다.
ㄴ. 8조법을 만들어 운영하였다.
ㄷ. 최고 통치자를 '선우'라 불렀다.
ㄹ. 대가들이 다스리는 사출도를 두었다.

① ㄱ, ㄴ   ② ㄱ, ㄷ   ③ ㄴ, ㄷ
④ ㄴ, ㄹ   ⑤ ㄷ, ㄹ

★ 빈출 059

(가), (나) 국가에 대한 설명으로 옳은 것은?

동호의 사자가 와서 (가) 의 묵특 선우에게 전하였다. "그대들의 쓸모없는 땅은 우리가 갖겠소." 이에 묵특 선우는 "땅은 나라의 근본이다. 어떻게 너희에게 넘겨줄 수 있겠는가." 라며 동호를 공격하고 나아가 월지마저 격파하였다. 한편 중국을 통일한 뒤 (나) 의 유방은 군국제를 실시하고, 변경 지역의 방어를 강화하여 (가) 을/를 막게 하였다.

① (가)의 공격으로 (나)가 멸망하였다.
② (가)와 (나)는 조공·책봉 관계를 형성하였다.
③ (가)는 (나)로부터 예물을 제공받기도 하였다.
④ (가)의 공격으로 (나)는 호경에서 뤄양으로 천도하였다.
⑤ (가)를 막아내기 위해 (나)는 만리장성 축조를 시작하였다.

060

(가) 국가에 대한 설명으로 옳은 것은?

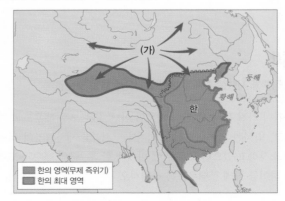

한의 영역(무제 즉위기)
한의 최대 영역

① 분서갱유를 단행하였다.
② 전국 시대를 통일하였다.
③ 종법적 봉건제를 시행하였다.
④ 견융족의 침입으로 천도하였다.
⑤ 중앙 – 좌방 – 우방으로 나누어 다스렸다.

061

밑줄 친 ㉠, ㉡ 사이 시기의 동아시아 상황으로 옳은 것은?

> • 위만은 도망해서 무리 천여 명을 모아 북상투를 하고 오랑캐의 옷을 입은 채, 동쪽으로 달아나 국경을 지나서 패수를 건넜다. …… 그는 진번·조선인 및 옛날 연과 제에서 도망한 자들을 복속시켜 ㉠왕이 되었다.
> • ㉡한의 군대가 조선의 경계 지역으로 들어가자 우거는 군사를 발동하여 험준한 곳에서 항거하였다. 누선장군이 병졸 7천여 명을 거느리고 왕검성에 이르렀다.

① 춘추·전국 시대가 전개되었다.
② 왕망이 한의 왕위를 찬탈하였다.
③ 주 왕실이 봉건제를 시행하였다.
④ 한이 흉노에게 비단 등 공물을 바쳤다.
⑤ 야마타이국의 히미코 여왕이 위에 조공하였다.

062

지도에 나타난 시기의 (가) 국가에 대한 설명으로 옳은 것은?

① 법이 60여 조로 늘어났다.
② 위만이 정권을 장악하였다.
③ 후한으로부터 금 도장을 받았다.
④ 흉노를 막기 위해 만리장성을 쌓았다.
⑤ 한과 서역 사이에서 중계 무역을 하였다.

[063~064] 자료를 보고 물음에 답하시오.

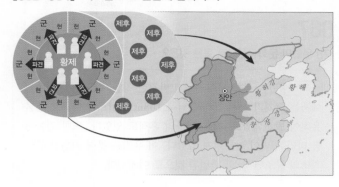

063

위와 같이 시행된 한의 통치 체제를 쓰시오.

064

위 통치 체제의 특징을 시행 목적과 연관 지어 서술하시오.

[065~066] 자료를 보고 물음에 답하시오.

> • (한의) 종실의 공주를 선우의 연지로 삼게 한다.
> • (한은) 해마다 무명, 비단, 술, 쌀 같은 식품을 ⎡ (가) ⎤에게 보낸다.
> • 한과 ⎡ (가) ⎤은/는 형제의 나라가 되기로 약속하였다.
>
> ─ 『사기』 ─

065

(가)에 들어갈 국가를 쓰시오.

066

한이 (가) 국가와 위와 같은 관계를 맺게 된 배경을 서술하시오.

적중 1등급 문제

》바른답·알찬풀이 7쪽

067

(가) 문화의 문화유산으로 옳은 것은?

> (가) 은/는 룽산 문화권에서 발전한 청동기 문화이다. 여기에서는 크기가 동서 100m, 남북 108m에 이르는 대규모 건물 유적이 발견되었고, 다른 건물의 흔적도 있었다. 또한 건물터를 따라 성벽이 갖추어져 있었다. 이 유적은 문헌 기록상 중국 최초의 왕조인 '하'와 관련된 것으로 여겨진다.

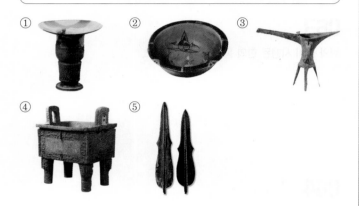

068

(가), (나) 지역의 청동기 문화를 알아보기 위한 탐구 활동으로 적절한 것만을 〈보기〉에서 고른 것은?

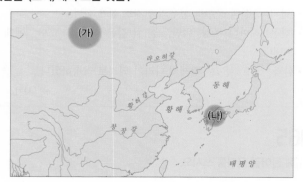

[보기]

ㄱ. (가) – 사슴돌의 특징을 분석한다.
ㄴ. (가) – 고인돌의 축조 배경을 알아본다.
ㄷ. (나) – 동탁의 용도를 조사한다.
ㄹ. (나) – 세 발 달린 백도의 제작 방법을 조사한다.

① ㄱ, ㄴ   ② ㄱ, ㄷ   ③ ㄴ, ㄷ
④ ㄴ, ㄹ   ⑤ ㄷ, ㄹ

069

다음 천도가 이루어진 배경으로 가장 적절한 것은?

① 주가 상을 멸망시켰다.
② 농민 봉기가 잇따라 일어났다.
③ 춘추 5패가 정치를 주도하였다.
④ 위만이 고조선의 왕위에 올랐다.
⑤ 견융족이 서북쪽에서 침입하였다.

070

(가), (나) 사이 시기에 있었던 사실로 옳은 것은?

> (가) 태자가 법을 범하자, 상앙은 "법이 잘 시행되지 않는 것은 위에 있는 자부터 법을 어기기 때문이다."라고 하면서 태자를 처벌하려 하였으나 태자가 다음 임금이 될 사람이므로 태자의 스승을 처벌하였다.
>
> (나) "박사관이 아니면서 감히 『시』, 『서』 및 제자백가의 책을 소장하고 있으면 모두 지방관에게 보내 불태우게 하십시오. 감히 『시』와 『서』를 말하는 자가 있으면 저잣거리에서 처형하소서."라고 건의하였다.

① 군국제가 실시되었다.
② 왕검성이 함락되었다.
③ 장건이 서역에 파견되었다.
④ 흉노가 동호를 복속시켰다.
⑤ 진이 전국 시대를 통일하였다.

071

밑줄 친 '황제'에 대한 설명으로 옳은 것은?

그대는 부디 대월지와 동맹을 맺고 돌아오게.

황제 폐하의 명을 반드시 수행하겠나이다.

① 8조법을 마련하였다.
② 한을 무너뜨리고 신을 세웠다.
③ 최초로 황제 칭호를 사용하였다.
④ 몽염을 보내 만리장성을 쌓게 하였다.
⑤ 남비엣을 멸망시키고 9군을 설치하였다

072

(가) 국가에 대한 학생들의 발표 내용으로 가장 적절한 것은?

한은 동쪽으로는 ___(가)___ 을/를 정복하여 몇 개의 군을 설치하였다. 서쪽으로는 주천군을 두어 강(羌)과 흉노의 통로를 차단하였다. 또한 서쪽의 대하와 교류하고 공주를 오손왕에게 시집보내는 등 서역의 여러 나라와 흉노의 사이를 단절시켜 놓았다.

① 야요이 문화를 발전시켰어요.
② 대가들이 사출도를 다스렸어요.
③ 급진적 토지 개혁을 추진하였어요.
④ 상, 대부, 장군 등의 관직을 두었어요.
⑤ 종법에 기초한 봉건제를 실시하였어요.

073

(가) 국가에 대한 설명으로 옳은 것만을 〈보기〉에서 고른 것은?

황제가 병사를 거느리고 ___(가)___ 을/를 격파하기 위해 평성에 도착하였다. 묵특 선우의 군대가 백등산을 에워싸니 황제가 포위되는 치욕을 겪었다. 묵특이 군사를 이끌고 돌아간 다음 황제가 사신을 보내 화친 조약을 맺었다.

[보기]
ㄱ. 좌골도후와 우골도후를 두었다.
ㄴ. 3공 9경의 관료제를 마련하였다.
ㄷ. 오르도스 지방을 차지하기도 하였다.
ㄹ. 한과 한반도 남부 사이에서 중계 무역을 하였다.

① ㄱ, ㄴ   ② ㄱ, ㄷ   ③ ㄴ, ㄷ
④ ㄴ, ㄹ   ⑤ ㄷ, ㄹ

074

(가), (나) 인물에 대한 설명으로 옳은 것만을 〈보기〉에서 고른 것은?

• 왜의 노국이 공물을 바치고 조공하였는데, 사신은 대부를 자처하였다. ___(가)___ 은/는 노국 사자에게 도장을 하사하였다.
• 왜국이 어지러워 여러 해 동안 전쟁이 끊이지 않았다. 한 여자를 왕으로 함께 세웠는데, 이름은 ___(나)___ 라고 하였다.

[보기]
ㄱ. (가) – 호족의 지원을 받아 후한을 세웠다.
ㄴ. (가) – 항우를 물리치고 중원을 재통일하였다.
ㄷ. (나) – 소금과 철의 전매 제도를 시행하였다.
ㄹ. (나) – 위로부터 '친위왜왕'의 칭호를 받았다.

① ㄱ, ㄴ   ② ㄱ, ㄹ   ③ ㄴ, ㄷ
④ ㄴ, ㄹ   ⑤ ㄷ, ㄹ

075

(가) 지역에 대한 설명으로 옳은 것은?

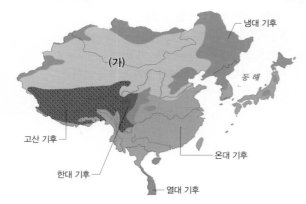

① 초원과 사막이 분포한다.
② 벼의 이기작이 이루어졌다.
③ 연 강수량이 800mm 이상이다.
④ 일찍부터 농경 문화가 발달하였다.
⑤ 전통적으로 인구가 밀집한 지역이다.

076

밑줄 친 '우리'에 해당하는 사람들에 대한 설명으로 옳은 것만을 〈보기〉에서 고른 것은?

이것은 돌궐 제국의 명장이었던 톤유쿠크의 비석으로, "성을 쌓고 사는 저들은 반드시 망할 것이고, 끊임없이 이동하는 우리만이 살아남을 것이다."라는 내용이 새겨져 있습니다.

【 보기 】
ㄱ. 집약적인 밭농사를 발전시켰다.
ㄴ. 계절에 따라 이동하며 생활하였다.
ㄷ. 대규모 치수 사업을 활발히 전개하였다.
ㄹ. 조립과 분해가 쉬운 게르에 거주하였다.

① ㄱ, ㄴ   ② ㄱ, ㄷ   ③ ㄴ, ㄷ
④ ㄴ, ㄹ   ⑤ ㄷ, ㄹ

077

(가) 작물에 대한 설명으로 옳은 것만을 〈보기〉에서 고른 것은?

허무두 토기에 남겨진 (가) 의 흔적 | (가) 농사 흔적이 발견된 이타즈케 유적의 복원 모형

【 보기 】
ㄱ. 야요이 문화 발전의 토대가 되었다.
ㄴ. 내륙 고원 지대에서 널리 재배되었다.
ㄷ. 창장강 하류 지역에서 농사가 시작되었다.
ㄹ. 전근대 시기 만주 지역의 대표 작물이었다.

① ㄱ, ㄴ   ② ㄱ, ㄷ   ③ ㄴ, ㄷ
④ ㄴ, ㄹ   ⑤ ㄷ, ㄹ

078

(가) 시대에 제작된 유물로 옳은 것은?

〈 (가) 시대의 주요 유적과 인류〉

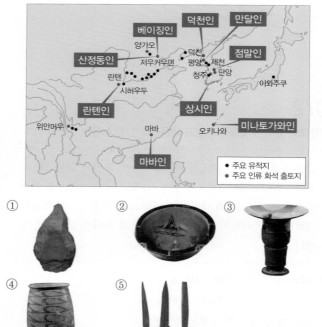

079

교사의 질문에 대한 학생의 답변 내용으로 가장 적절한 것은?

> 제시된 자료는 이 시대의 대표적인 토기입니다. 이 시대의 사회 모습에 대해 발표해 볼까요?

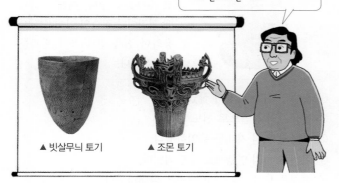

▲ 빗살무늬 토기   ▲ 조몬 토기

① 국가가 등장하였어요.
② 제정일치의 지배자가 출현하였어요.
③ 뼈바늘을 이용하여 옷이 만들어졌어요.
④ 주먹도끼, 찍개 등이 처음 사용되었어요.
⑤ 주로 동굴이나 막집에서 사람들이 거주하였어요.

080

밑줄 친 '이 지역'을 지도에서 옳게 고른 것은?

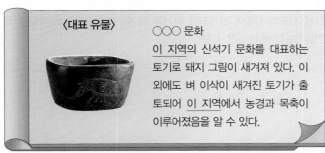

〈대표 유물〉

○○○ 문화

이 지역의 신석기 문화를 대표하는 토기로 돼지 그림이 새겨져 있다. 이 외에도 벼 이삭이 새겨진 토기가 출토되어 이 지역에서 농경과 목축이 이루어졌음을 알 수 있다.

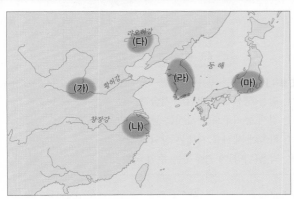

① (가)   ② (나)   ③ (다)   ④ (라)   ⑤ (마)

081

(가)에 들어갈 내용으로 옳은 것은?

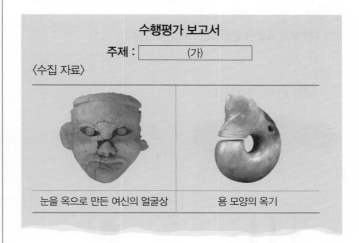

수행평가 보고서

주제 : (가)

〈수집 자료〉

눈을 옥으로 만든 여신의 얼굴상	용 모양의 옥기

① 조몬 문화의 성립
② 허무두 문화의 변화
③ 다원커우 문화의 특징
④ 홍산 문화의 문화유산
⑤ 양사오 문화의 채도 문화

[082~083] 다음 유물을 보고 물음에 답하시오.

082

위 유물을 남긴 신석기 문화의 명칭을 쓰시오.

083 ✎ 서술형

위 신석기 문화의 특징과 변천을 서술하시오.

02 국가의 성립과 발전

084

(가) 지역에서 출토된 문화유산으로 옳은 것은?

〈궁전 유적의 복원 모형〉

①

②

③

④

⑤

085

다음 자료를 토대로 설정할 수 있는 탐구 주제로 가장 적절한 것은?

① 고인돌의 분포 지역
② 동탁의 제작과 용도
③ 얼리터우 문화의 특징
④ 신석기 시대의 사회 변화
⑤ 몽골 초원의 청동기 문화

086

밑줄 친 '이 나라'에 대한 설명으로 옳은 것은?

이 나라의 왕은 국가의 많은 일에 대해 점을 쳐서 신의 뜻을 묻고 제사를 지냈다. 이때 거북의 배 껍질이나 짐승의 어깨뼈를 사용하여 점을 친 내용과 결과를 기록하였다.

① 후한의 일부로 자리 잡았다.
② 견융족의 침입으로 천도하였다.
③ 북방의 초원 지대를 통일하였다.
④ 여러 도시의 연맹으로 수립되었다.
⑤ 호경을 도읍으로 삼고 세력을 확대하였다.

087

다음 지도의 상황이 전개되던 시기에 볼 수 있던 모습으로 적절한 것만을 〈보기〉에서 고른 것은?

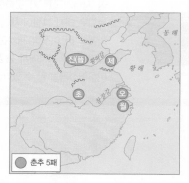

● 춘추 5패

[보기]

ㄱ. 철을 생산하는 변한의 기술자
ㄴ. 철제 농기구로 농사짓는 농부
ㄷ. 하늘에 제사를 지내는 상의 국왕
ㄹ. 낙읍(뤄양)에 거주하는 주의 국왕

① ㄱ, ㄴ　　　　② ㄱ, ㄷ　　　　③ ㄴ, ㄷ
④ ㄴ, ㄹ　　　　⑤ ㄷ, ㄹ

088

자료에 나타난 통치 체제에 대한 설명으로 옳은 것만을 〈보기〉에서 고른 것은?

> 주의 문왕과 무왕은 일족의 자제들에게 분봉하였습니다. 그러나 그 후손들은 관계가 소원해지면서부터 원수처럼 서로 공격하였으며, 제후들이 서로 토벌하는 상황에 이르렀으나 주의 천자는 이를 막을 수가 없었습니다.

[보기]
ㄱ. 혈연을 바탕으로 운영되었다.
ㄴ. 한이 고조선 지역에도 적용하였다.
ㄷ. 천자의 지위는 적장자가 상속하였다.
ㄹ. 중앙 집권 체제가 강화되는 결과를 가져왔다.

① ㄱ, ㄴ   ② ㄱ, ㄷ   ③ ㄴ, ㄷ
④ ㄴ, ㄹ   ⑤ ㄷ, ㄹ

089

(가), (나) 형세가 이루어진 시기 사이의 사실로 옳은 것은?

(가)   (나)

센양(함양)   장안

□ 초기 영역
■ 최대 영역
■ 군현제 시행 지역
■ 봉건제 시행 지역

① 고조선이 멸망하였다.
② 남비엣에 9군이 설치되었다.
③ 왜가 중원 왕조에 조공하였다.
④ 주가 종법적 봉건제를 시행하였다.
⑤ 항우와 유방이 패권을 두고 다투었다.

090

(가)에 들어갈 내용으로 가장 적절한 것은?

> 〈 ○○○○의 정책〉
> • 처음으로 황제의 칭호 사용
> • 반량전으로 화폐 통일
> • 제자백가의 서적 등 소각
> •   (가)

① 만리장성 건설
② 군국제의 실시
③ 토지 국유제의 시행
④ 소금과 철 전매제 실시
⑤ 장건을 대월지에 파견

091

다음 법을 마련한 국가에 대한 설명으로 옳은 것은?

> • 사람을 죽인 사람은 사형에 처한다.
> • 남을 다치게 한 사람은 곡식으로 갚는다.
> • 도둑질한 사람은 노비로 삼는데, 만약 용서를 받으려면 50만 전을 치러야 한다.
> — 『한서』 지리지 —

① 전국 시대를 통일하였다.
② 3공 9경의 관료를 두었다.
③ 월지를 서쪽으로 몰아내었다.
④ 한 황실의 여인을 왕비로 맞이하였다.
⑤ 연의 공격으로 서쪽 영토를 상실하였다.

092

(가) 시기 동아시아의 상황으로 옳은 것은?

〈○○○의 변천〉

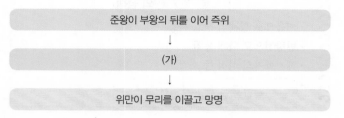

준왕이 부왕의 뒤를 이어 즉위

↓

(가)

↓

위만이 무리를 이끌고 망명

① 상이 멸망하였다.
② 히미코가 왕위에 올랐다.
③ 왕망이 정권을 장악하였다.
④ 한이 중원을 재통일하였다.
⑤ 한 무제가 흉노를 몰아내었다.

093

다음 통치 조직을 운영한 국가에 대한 설명으로 옳은 것은?

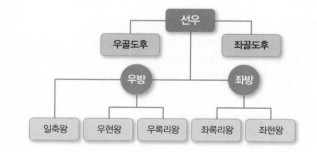

① 8조법을 제정하였다.
② 낙랑에 철을 수출하였다.
③ 군현제와 봉건제를 절충하였다.
④ 동아시아 최초의 유목 제국이었다.
⑤ 한과 한반도 남부 국가 사이의 무역을 중계하였다.

094

(가) 인물에 대한 설명으로 옳은 것은?

> 고조가 몸소 군사를 이끌고 출전하여 저들을 공격하였으나, …… ㅤ(가)ㅤ이/가 40만 기병을 이끌고 고조를 백등산으로 몰아넣고 포위하였다. …… 고조가 사자를 보내 연지에게 많은 선물을 주자 …… 그들의 포위망 한 곳을 풀어 주었다. …… 고조는 군사를 이끌고 돌아간 후에 유경을 사자로 보내 화친 조약을 맺도록 하였다.
>
> – 『사기』 –

① 도량형과 문자를 통일하였다.
② 천명사상과 덕치를 내세웠다.
③ 동호를 공격하여 복속시켰다.
④ 이민족의 침입으로 천도하였다.
⑤ 흉노를 고비 사막 이북으로 몰아내었다.

095

(가) 인물이 서역에 파견된 배경을 알아보기 위한 탐구 활동으로 가장 적절한 것은?

① 부여의 대외 교류를 분석한다.
② 한과 흉노의 관계를 파악한다.
③ 삼한의 통치 체제를 알아본다.
④ 제자백가의 등장 배경을 조사한다.
⑤ 시황제 사후의 사회 혼란을 살펴본다.

096

(가) 인물에 대한 설명으로 옳은 것은?

1784년 한 농부가 우연히 발견한 도장으로, '한위노국왕'이라는 글자가 새겨져 있으며 금으로 제작되었다. 기원후 57년 (가) 이/가 왜의 노국왕이 보낸 사신의 조공을 받고 준 것으로 여겨진다.

① 은허를 도읍으로 삼았다.
② 호족의 후원을 받아 후한을 세웠다.
③ 황실의 외척으로 정권을 장악하였다.
④ 흉노에 비단 등의 공물을 제공하였다.
⑤ 법가를 기반으로 부국강병을 추구하였다.

097

밑줄 친 '나라'에 대한 설명으로 옳은 것은?

나라에는 군왕이 있고, 모두 가축의 이름으로 관명을 정하여 마가, 우가, 저가, 구가 등이 있다. 부락에는 호민(豪民)이 있으며, 하호(下戶)라 불리는 백성은 모두 노비와 같았다. 제가들은 별도로 사출도를 주관하는데, 큰 곳은 수천 가(家), 작은 곳은 수백 가였다.

① 예맥족에 의해 세워졌다.
② 종법적 봉건제를 실시하였다.
③ 오르도스 지방을 차지하였다.
④ 점친 결과를 갑골에 기록하였다.
⑤ 청동기 문화를 기반으로 성립하였다.

098

밑줄 친 '그녀'에 대한 설명으로 옳은 것만을 〈보기〉에서 고른 것은?

일본 열도에서는 기원을 전후한 시기에 100여 개의 소국이 등장하였으며, 3세기경에는 30여 개의 소국이 있었다. 이 소국들 중에서 그녀가 다스리는 야마타이국이 가장 강성하였다.

[보기]
ㄱ. 위에 조공하였다.
ㄴ. '친위왜왕'의 칭호를 얻었다.
ㄷ. 왕검성을 공격하여 함락시켰다.
ㄹ. 한 무제의 침공에 맞서 항전하였다.

① ㄱ, ㄴ ② ㄱ, ㄷ ③ ㄴ, ㄷ
④ ㄴ, ㄹ ⑤ ㄷ, ㄹ

[099~100] 다음을 보고 물음에 답하시오.

무릉 박물관의 곽거병 묘 앞에 세워진 석상으로, 말이 흉노인을 발로 짓밟고 있다. 곽거병은 황제의 명령을 받아 흉노를 고비 사막 이북으로 몰아내었다.

099

밑줄 친 '황제'를 쓰시오.

100 ✍ 서술형

위 황제가 추진한 대외 정복의 사례를 흉노와의 관계를 제외하고 두 가지 이상 서술하시오.

1. 인구 이동과 국가의 성립

1 동아시아의 인구 이동

(1) **요인** 기후 변화와 자연재해로 인한 식량 부족, 인구 증가, 정치적 혼란, 부족 간 갈등과 국가 간 전쟁 등

(2) **영향** 토착민과 이주민의 갈등, 새로운 정권이나 국가 성립, 생산력 증대, 문화의 전파와 교류 활성화 등

2 동아시아 인구 이동의 전개

(1) **한반도로의 이동**

부여족의 이동	기원전 1세기경 부여족의 일부인 주몽 집단이 압록강 중류의 졸본 지방으로 남하 → 고구려 건국
고구려인의 이동	내부의 갈등으로 지배층 일부가 한강 유역으로 남하 → 한강 유역의 토착 세력과 함께 백제 건국
고조선 유민의 이동	고조선 멸망 후 유민의 일부가 한반도 남부로 남하 → 경주 지역의 토착 세력과 연합, 신라 건국의 토대 마련
낙랑군 유민의 이동	4세기 고구려에 의해 멸망한 낙랑군 유민의 일부가 한반도 남부 지역으로 이동 → 백제 발전에 이바지

⭐(2) **북방 민족과 한족의 이동** 🄒 28쪽 118번 문제로 확인

5호의 이동	•중국 북방의 다섯 유목 민족이 후한 말 혼란기에 대거 이동 → 화북 지역 일대에 여러 국가 건국(5호 16국) •북위의 화북 통일 : 선비족이 세운 북위가 화북 통일(439) → 북조 형성
한족의 이동	•5호의 화북 지역 점령 → 화북 일대의 한족이 창장강 이남 지역으로 이동하여 동진 건국 •송, 제, 양, 진 등의 한족 왕조가 차례로 성립(남조 형성) → 화북 지역의 유목 민족 왕조와 대립(남북조 시대)

자료 5호의 이동과 한족 남하 🄒 27쪽 116번 문제로 확인

분석 삼국 시대는 진(晉)에 의해 통일되었지만 곧 흉노 등 5호의 침입으로 무너졌고, 이에 화북 지역의 한족이 창장강 이남으로 대거 이주하여 동진을 세웠다. 한족의 이주로 이때부터 강남 지역이 본격적으로 개발되었다.

⭐(3) **일본 열도로의 이동** 🄒 29쪽 122번 문제로 확인

① **양상** : 삼국 간 항쟁 시기에 한반도인, 중국 남북조 시대에 한족이 일본 열도로 이주 → 도왜인 증가, 야마토 정권의 성립과 발전에 이바지

② **결과** : 백제와 가야 출신의 이주 → 인적·물적 교류 활발(스에키 토기 제작, 아스카 문화 발전)

③ **일본 열도 내 이동** : 4세기 이후 야마토 정권이 동쪽으로 세력 확대, 일본 열도 거주민도 함께 이동

2. 국가의 통합과 발전

⭐1 **남북조의 발전** 🄒 29쪽 125번 문제로 확인

북위	균전제	농민에게 토지를 고르게 분배
	한화 정책	•효문제 때 적극적으로 추진 •내용 : 평성에서 뤄양으로 천도, 선비족의 풍습 금지(한족의 언어와 풍습 적극 수용), 선비족의 성씨를 한족의 성으로 바꾸고 한족과의 결혼 장려 등 •결과 : 유목 문화와 한족 문화가 점차 융합(호한 융합)
남조	발전	한족이 창장강 이남 지역으로 이주 → 선진적인 토목 기술을 바탕으로 강남 지방의 농업 생산력 증대

2 삼국 간 항쟁과 야마토 정권

(1) **삼국의 항쟁** 삼국 간 경쟁, 주변국과 활발한 외교 활동

고구려	•5세기에 삼국 항쟁의 주도권 장악, 중국의 남북조와 다각적인 외교 관계 •백제, 돌궐, 왜와 연계 → 나·당 연합군에 맞섬
백제	•4세기에 삼국 중 가장 먼저 주도권 장악, 한때 고구려를 위협 •5세기 후반 웅진(공주) 천도, 중국의 남조, 왜와 활발하게 교류
신라	6세기에 한강 유역 장악 → 남북조, 수·당과 직접 교류 → 나·당 연합군 결성

(2) **야마토 정권** 4세기경 유력 호족들이 연합하여 성립 → 한반도와 중원에서 선진 문화 수용, 영토 확장, 전방후원분 제작, 씨성 제도 시행

3 각 지역 통일 정권의 등장

⭐(1) **수·당의 성립** 🄒 31쪽 130번 문제로 확인

수	남북조 통일(6세기 후반), 대운하 건설, 과거제 실시, 여러 차례 돌궐 공격, 고구려 침공(실패) → 멸망
당	수의 뒤를 이어 건국(7세기 초), 고구려 침공 실패 후 신라와 연합하여 백제와 고구려를 멸망시킴

(2) **신라의 삼국 통일**

과정	7세기 중반 나·당 연합 결성 → 백제 멸망(660) → 백강 전투(663) → 고구려 멸망(668) → 나·당 전쟁으로 당 축출 → 삼국 통일 완성(676)
결과	당은 동아시아의 패자로 발전, 신라는 한반도 지역을 안정적으로 지배

(3) **발해와 일본의 발전**

① **발해의 건국과 발전** : 대조영이 고구려 유민을 중심으로 건국(698) → 통일 신라와 남북국 시대 형성

② **일본의 발전**

7세기	•다이카 개신(645) : 군주 중심의 중앙 집권 체제 확립에 노력 •'일본' 국호, '천황' 칭호 사용
나라 시대	헤이조쿄 건설하고 천도(710), 견당사와 견신라사 파견
헤이안 시대	헤이안쿄 천도(794), 9세기 말 견당사 폐지, 국풍 문화 발달

분석 기출 문제

>> 바른답·알찬풀이 11쪽

핵심 개념 문제

•• 빈칸에 들어갈 알맞은 말을 쓰시오.

101 북위의 효문제는 한족의 언어와 풍습을 적극적으로 수용하는 ( ) 정책을 실시하였다.

102 ( ) 정권의 지배자들은 거대한 무덤인 전방후원분을 만들어 권력을 과시하였다.

103 남북조를 통일한 수는 여러 차례 한반도의 ( )을/를 침공하였으나 실패하였다.

•• 다음 내용이 옳으면 ○표, 틀리면 ×표를 하시오.

104 균전제는 당 대에 처음 시행되었다. ( )

105 백제는 6세기에 한강 유역을 장악한 후 중국의 남북조, 수·당과 직접 교류하였다. ( )

106 8세기 초에 일본은 당의 수도 장안을 본떠 헤이조쿄를 건설하여 수도로 삼았다. ( )

•• 인구 이동의 결과를 바르게 연결하시오.

107 도왜인 • • ㉠ 동진 건국

108 주몽 집단의 남하 • • ㉡ 고구려 건국

109 한족의 창장강 이남 이동 • • ㉢ 야마토 정권 발전

•• 괄호 안에 들어갈 알맞은 말을 고르시오.

110 중국 남조와 한반도의 삼국, 가야의 선진 문물이 전해진 일본에서는 (㉠ 스에키, ㉡ 조몬) 토기가 제작되었다.

111 고조선 멸망 후 유민 일부가 남하해 경주 지역의 토착 세력과 연합하여 (㉠ 가야, ㉡ 신라)를 건국하였다.

112 대조영이 (㉠ 고구려 , ㉡ 백제) 유민과 말갈인을 이끌고 발해를 건국하였다.

•• 다음 내용과 관련 있는 용어를 〈보기〉에서 고르시오.

113 야마토 정권이 각지의 호족에게 성을 부여하여 그들을 중앙 지배 체제에 편입하고자 하였다. ( )

114 7세기 중반 일본 열도에서는 당의 영향을 받아 군주 중심의 중앙 집권 체제가 강력하게 추진되었다. ( )

115 화북 지방을 통일한 북위는 한화 정책을 추진하는 한편 화북의 한족 사이에도 북방 민족의 풍습이 스며들도록 하였다. ( )

[보기]
ㄱ. 다이카 개신　　ㄴ. 씨성 제도　　ㄷ. 호한 융합

★ 빈출
116

신문 기사의 인구 이동이 일어나게 된 배경으로 옳은 것은?

제○○호　　　　　　　　　　　　　동아시아사 신문

한족의 대이동, 강남 개발 촉진하다

최근 한족의 이동이 활발하게 일어나고 있다. 특히 창장강 이남 방면으로의 이동이 대거 이루어져 많은 변화가 나타나고 있다. 우선 건강을 중심으로 동진이 건국되었고, 이주 과정에서 유입된 선진적인 농업 기술은 강남 지역 개발의 원동력이 되고 있다.

① 황소의 난이 발생하였다.
② 청이 베이징을 점령하였다.
③ 거란이 연운 16주를 차지하였다.
④ 5호가 남하하여 화북 지역을 장악하였다.
⑤ 토번이 비단길을 장악하고 세력을 확장하였다.

117

지도에 나타난 인구 이동이 (가), (나) 지역에 끼친 영향으로 옳은 것만을 〈보기〉에서 고른 것은?

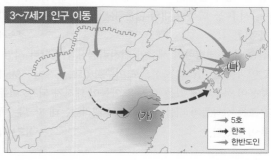

[보기]
ㄱ. (가) – 벼농사가 시작되었다.
ㄴ. (가) – 강남 개발이 촉진되었다.
ㄷ. (나) – 센고쿠 시대가 시작되었다.
ㄹ. (나) – 아스카 문화가 발달하였다.

① ㄱ, ㄴ　　　　② ㄱ, ㄷ　　　　③ ㄴ, ㄷ
④ ㄴ, ㄹ　　　　⑤ ㄷ, ㄹ

118

자료에 나타난 인구 이동의 결과로 옳은 것은?

> 황제 사마업이 진(晉)의 수도 뤄양을 점령한 유충의 군대에게
> 포로로 잡혔다. 이에 대신들은 전란을 피해 있었던 왕족 사마
> 예를 내세워 오랑캐에 대항하자는 격문을 띄웠다. 이후 사마
> 예는 건강에서 동진(東晉)을 건국하였고, 화북 지역의 한족이
> 대거 창장강 이남 지역으로 이동하였다.

① 오닌의 난이 일어났다.
② 백강 전투가 발생하였다.
③ 전연의 맹약이 체결되었다.
④ 가마쿠라 막부가 붕괴되었다.
⑤ 강남 지역의 개발이 촉진되었다.

119

(가)~(라)의 인구 이동이 끼친 영향으로 옳은 것만을 〈보기〉에서 고른 것은?

> (가) 덴지 4년(665), 백제에서 건너온 남녀 백성 400여 명을 근
> 강국 신전군에 살게 하였다.   — 『일본서기』 —
> (나) 진(晉) 영가 연간(307~313)에 세상이 크게 어지러워져 연
> 주, 서주 등 화북 일대의 많은 유민이 창장강을 건너 이주
> 하였다.   — 『송서』 —
> (다) 진승 등이 거병하여 세상이 어지러워지자 연나라 사람 위
> 만이 무리를 이끌고 조선으로 이주하였다.   — 『사기』 —
> (라) 주몽이 북부여에 있을 때 낳은 아들이 태자가 되자, 비류와
> 온조는 신하들과 더불어 남쪽으로 내려갔는데 따르는 백성
> 들이 많았다.   — 『삼국사기』 —

─[보기]─
ㄱ. (가) – 야마토 정권이 성립하였다.
ㄴ. (나) – 강남 지역에 한족 국가가 들어섰다.
ㄷ. (다) – 청동기 문화가 한반도에 전래되었다.
ㄹ. (라) – 한강 유역에 백제가 건국되었다.

① ㄱ, ㄴ   ② ㄱ, ㄷ   ③ ㄴ, ㄷ
④ ㄴ, ㄹ   ⑤ ㄷ, ㄹ

120

자료를 모두 활용한 탐구 주제로 가장 적절한 것은?

> 흉노의 유연이 봉기를 일으
> 켜 진(晉)의 뤄양과 장안을 차
> 례로 함락시켰다. 이를 계기
> 로 선비족, 저족 등도 화북으
> 로 이동하여 국가를 세웠다.

> 부여에서 첫째 아들 유리가
> 찾아오자 주몽은 그를 태자
> 로 삼았다. 이에 비류와 온조
> 는 태자와 갈등이 생길 것을
> 걱정하여 남쪽으로 떠났다.

① 천명사상의 등장
② 헤이안 시대의 전개
③ 북로남왜와 사회 혼란
④ 한화 정책의 추진과 호한 융합
⑤ 인구의 이동과 새로운 왕조의 성립

121

교사의 질문에 대한 학생들의 답변으로 가장 적절한 것은?

> 5호가 화북에 여러 나라를 세웠던 이 시기에는 기후 변화와
> 자연재해, 전쟁 등으로 대규모 인구 이동이 일어났어요.
> 두 자료는 인구 이동과 관련 있는 사례예요. 이 시기에 동아시
> 아에서는 어떠한 일이 일어났을까요?

> • 영가 연간(307~313)의 전란으로
> 백성들이 유망하였다. 중원 지역은
> 텅 비어 밥 짓는 연기가 사라졌다.
> 기근과 추위로 사람들은 떠돌거나
> 죽어갔다. 유민의 수가 고향에 사
> 는 사람 수의 10배 이상이었다.
> • 영화 2년(346) 8월 기주(冀州) 지
> 역에 큰 눈이 내려 많은 사람과 말
> 이 얼어 죽었다.

① 동진이 수립되었어요.
② 다루가치가 파견되었어요.
③ 안남도호부가 설치되었어요.
④ 다이카 개신이 단행되었어요.
⑤ 찌에우다가 남비엣을 세웠어요.

⭐빈출 122

(가)에 들어갈 내용으로 가장 적절한 것은?

수행평가

△학년 △반 △번 성명 : ○○○

• 탐구 단원 : 인구 이동과 교류의 증대
• 탐구 주제 : [(가)]
• 조사 자료

| 가야로부터 오름 가마 기술이 보급되어 스에키 토기가 제작됨 | 호류사는 아스카 시대의 사찰로, 백제의 영향을 받은 5층 목탑이 있음 |

① 통신사와 에도 문화
② 견당사와 동아시아 문화권
③ 연행사 파견과 실학의 발전
④ 화북 지방의 북위와 호한 융합
⑤ 도왜인의 활동과 일본 고대 문화

123

자료를 모두 활용한 탐구 주제로 가장 적절한 것은?

> • 덴지 4년(665) 백제 백성 남녀 400여 명을 근강국 신전군에 살게 하였다. 덴지 5년 백제 백성 남녀 2000여 명을 동국에 살게 하였다. ─ 『일본서기』 ─
>
> • 왕이 연남산을 보내 수령 98인을 거느리고 백기를 들고 당의 이적에게 나아가 항복하게 하였는데 …… 총장 2년(669) 당 고종이 고구려인 3만 8300호를 강남, 회남, 산남, 경서 등의 빈 땅으로 옮겼다. ─ 『삼국사기』 ─

① 신라의 삼국 통일 과정
② 북방 민족의 화북 진출
③ 농경민과 유목민의 대립
④ 일본 아스카 문화의 쇠퇴
⑤ 중국 최초의 통일 왕조 수립

124

(가) 시기에 동아시아 각국에서 있었던 사실로 옳은 것은?

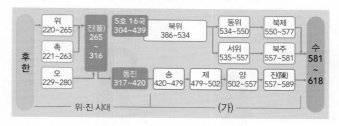

① 한국 - 발해가 건국되었다.
② 중국 - 묵특 선우와 전투를 벌였다.
③ 중국 - 한반도에 4군을 설치하였다.
④ 일본 - 다이카 개신을 단행하였다.
⑤ 일본 - 거대한 전방후원분을 축조하였다.

⭐빈출 125

다음 황제에 대한 설명으로 옳은 것은?

> 이제 북방의 언어를 금지하고, 오로지 올바른 중원의 언어만 사용토록 한다. 조정에서 고의로 북방의 언어를 쓴다면 관직을 박탈할 것이다.

① 대운하를 건설하였다.
② 남비엣을 정복하였다.
③ 수도를 뤄양으로 옮겼다.
④ 씨성 제도를 실시하였다.
⑤ 문자, 도량형, 화폐를 통일하였다.

126

(가) 국가에 대한 설명으로 옳은 것은?

중국의 화북과 서북 지역에서 다섯 유목 민족과 한족이 경쟁하면서 여러 왕조를 수립한 시대입니다. 이후 화북 지역은 5세기 초에 (가) 에 의해 통일되었지요.

5호 16국 시대에 대해 알려 주세요.

① 다루가치를 지방에 파견하였다.
② 적극적인 한화 정책을 추진하였다.
③ 물자 수송을 위해 대운하를 건설하였다.
④ 대외 무역을 관장하는 시박사를 설치하였다.
⑤ 호라즘을 공격하여 동서 무역로를 확보하였다.

127

자료를 모두 활용한 탐구 활동으로 가장 적절한 것은?

• 우리 선조들이 남쪽으로 내려온 뒤 나의 할아버지와 아버지는 평성에 도읍을 두고 사방으로 영역을 넓혔다. 그리고 나는 5호가 세운 여러 나라를 통합하여 화북을 통일하였다.
• 황제께서 관료들에게 "어제 그대들의 부녀자가 입은 의복을 보니 여전히 옷깃과 소매가 모두 좁았다. 왜 호복을 입지 말라는 조칙을 지키지 않는가?"라고 꾸짖었다.

① 월지의 이동 경로를 살펴본다.
② 북위의 통치 정책을 조사한다.
③ 고구려의 건국 과정을 고찰한다.
④ 거란의 이원 지배 체제를 분석한다.
⑤ 일본의 헤이안 천도 배경을 파악한다.

128

(가), (나) 사이 시기에 있었던 사실로 옳은 것은?

(가) 수의 9군이 패한 다음 하루 낮과 밤 동안 450리를 걸어 압록강으로 돌아갔다. 처음 9군이 랴오허강을 건널 때는 30만 5000명이었는데, 요동성으로 돌아온 것은 겨우 2700명이었다. 황제는 크게 노하여 우문술 등을 관헌에 넘겨 처벌토록 하였다. 동도 뤄양에 도착한 후에는 우문술 등을 평민으로 강등시켰다.

(나) 당의 장군이 함선 170척을 이끌고 백강에 진을 쳤다. 일본의 수군 중 처음 도착한 배들이 당의 수군과 싸웠지만 불리하여 후퇴하였다. 당군은 좌우에서 수군을 출동시켜 협공하였다. 눈 깜짝할 사이에 일본군이 패하였다.

① 분서갱유가 일어났다.
② 야마토 정권이 성립하였다.
③ 나·당 연합군이 결성되었다.
④ 히미코 여왕이 야마타이국을 다스렸다.
⑤ 묵특 선우가 동호를 공격하여 복속하였다.

⭐빈출
129

(가) 왕조에 대한 설명으로 옳은 것은?

동아시아사 신문	○○○년 ○월 ○일

인물 특집 **동아시아의 외교 승부사, 김춘추**

김춘추는 백제의 거듭되는 공격에서 벗어나고자 고구려와 왜에 협조를 요청하였으나 성과를 얻지 못하였다. 그래서 그는 바다를 건너가 고구려 정벌에 번번이 실패했던 (가) 와/과 연합을 성사시켜 마침내 백제를 무너뜨렸다. 국가적 위기를 극복하기 위한 김춘추의 외교 활동은 이후 신라가 삼국을 통일하는 결정적 승부수가 되었다.

① 천황의 칭호를 사용하였다.
② 광저우에 공행을 설치하였다.
③ 조용조의 조세 제도를 운영하였다.
④ 무로마치 막부와 감합 무역을 하였다.
⑤ 남북조를 통일하고 과거제를 실시하였다.

(가) 왕조에 대한 설명으로 옳은 것은?

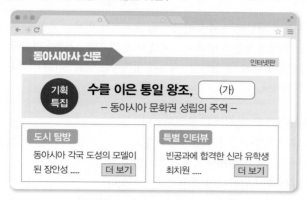

① 헤이조쿄를 건설하였다.
② 만주족에 의해 건국되었다.
③ 몽골 제국의 침략을 격퇴하였다.
④ 최고 통치자를 선우라고 불렀다.
⑤ 신라와 연합하여 백제를 멸망시켰다.

131

(가) 국가에서 볼 수 있던 모습으로 가장 적절한 것은?

① 구분전을 받는 농민
② 다이호 율령을 반포하는 군주
③ 제사를 담당하는 신기관 관리
④ 독서삼품과 실시를 명하는 국왕
⑤ 주자감에서 유학을 공부하는 학생

1등급을 향한 서답형 문제

[132~133] 다음 글을 읽고 물음에 답하시오.

> 일본 열도에서는 7세기 중반에 __(가)__ 을/를 단행하여 호족 세력을 누르고 관료제를 도입하였으며, 지방관을 파견하였다.

132

(가)에 들어갈 용어를 쓰시오.

133

(가) 단행의 목적을 주도 세력과 연관 지어 서술하시오.

[134~135] 자료를 읽고 물음에 답하시오.

> 백제 부흥군은 적이 계획한 바를 알고 여러 장수에게 "지금 일본에서 우리를 구원하러 장수 여원군신이 용사 1만여 명을 거느리고 바다를 건너오고 있다. 여러 장군은 미리 계획을 세우기 바란다." …… 당의 장군이 함선 170척을 이끌고 백강에 진을 쳤다. 일본의 수군 중 처음 도착한 배들이 당의 수군과 싸웠지만 불리하여 후퇴하였다. 당군은 좌우에서 수군을 출동시켜 협공하였다. 눈 깜짝할 사이에 일본군이 패하였다.

134

위 자료에 나타난 전투를 쓰시오.

135

위의 전투가 일어나게 된 배경을 서술하시오.

136

다음 자료와 관련 있는 인구 이동의 방향을 지도에서 옳게 고른 것은?

> 맏아들 대소가 왕에게 말하기를 "주몽은 …… 사람됨이 또한 용감합니다. …… 후환이 있을까 두려우니 그를 제거할 것을 청하옵니다."라고 하였다. …… 주몽이 이에 오이, 마려, 협보 등 세 사람과 친구가 되어 길을 떠났다.
>
> — 『삼국사기』 —

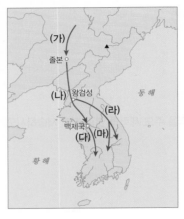

① (가)　　② (나)　　③ (다)　　④ (라)　　⑤ (마)

137

(가)에 들어갈 내용으로 가장 적절한 것은?

> 〈학술대회 발표회〉
> • 주제 : 기원 전후 ~ 7세기 이전 동아시아의 인구 이동
> 1. 부여족의 이동이 끼친 영향
> 2. _____(가)_____
> 3. 야마토 정권의 선진 문화 수용 사례
> • 일시 : 20○○년 10월 ○○일 ○○시
> • 장소 : ○○대학교

① 한과 흉노의 전쟁
② 5호의 화북 장악 과정
③ 위만 집단의 한반도 이주
④ 야요이 문화의 성립 배경
⑤ 견융의 침입에 대한 주의 대응

138

다음 상황이 전개되던 시기 동아시아의 상황으로 옳은 것은?

> 유요가 서진의 새 수도인 장안을 포위하자 민제는 울면서 "지금 이렇게 힘든데 밖에서 도와줄 이가 없으니, 나라와 함께 죽는 것이 짐이 할 일이다. 적에게 항복하는 글을 보내라."라고 말하였다.

① 북위가 화북 지역을 통일하였다.
② 고구려가 한강 유역을 확보하였다.
③ 히미코가 친위왜왕으로 책봉되었다.
④ 부여족이 남하하여 백제가 건국되었다.
⑤ 낙랑군의 유민 일부가 한반도 남부로 이주하였다.

139

(가)에 들어갈 내용으로 가장 적절한 것은?

답사 계획서

주제 : _____(가)_____

〈주요 방문 장소〉

오사카에 위치한 백제왕을 제사 지내는 신사	사이타마현에 있는 보장왕의 아들을 기리는 신사

① 도왜인의 흔적
② 강남 개발의 배경
③ 만리장성 축성의 과정
④ 야마타이국의 대외 관계
⑤ 진시황제 사후의 사회 혼란

140

밑줄 친 '황제'에 대한 설명으로 옳은 것은?

> 탁발부가 세운 이 나라는 화북을 통일하였습니다. 이후 이 나라의 <u>황제</u>는 남제 정벌을 내세워 뤄양으로 천도하였습니다.

① 씨성 제도를 실시하였다.
② 백등산 전투에서 패배하였다.
③ 거대한 다이센 고분을 조성하였다.
④ 왜의 노국으로부터 조공을 받았다.
⑤ 조정에서의 선비어 사용을 금지하였다.

141

(가), (나) 사이 시기의 사실로 옳은 것은?

> (가) 북조를 무너뜨린 황제는 진(陳)을 토벌하라는 조서를 내렸다. 이에 대군이 창장강 유역까지 남하한 후 진의 도성을 공격하여 멸망시켰다.
>
> (나) 9군이 처음 랴오허강을 건널 때는 30만 5000명이었는데, 살수에서 패배한 다음 요동성으로 돌아온 것은 겨우 2천 700명이었다.

① 다이카 개신이 단행되었다.
② 상앙이 개혁을 추진하였다.
③ 대조영이 발해를 건국하였다.
④ 견당사의 파견이 중지되었다.
⑤ 돌궐이 중원 왕조의 공격을 받았다.

142

다음 전투가 있었던 시기를 연표에서 옳게 고른 것은?

> 당의 장군이 함선 170척을 이끌고 백강에 진을 쳤다. 일본의 수군 중 처음 도착한 배들이 당의 수군과 싸웠지만, 불리하여 후퇴하였다. 당군은 좌우에서 수군을 출동시켜 협공하였다. 눈 깜짝할 사이에 일본군이 패하였다.

(가)	(나)	(다)	(라)	(마)
소가씨 제거	나·당 연합	백제 멸망	고구려 멸망	발해 건국	헤이조쿄 건설

① (가)　② (나)　③ (다)　④ (라)　⑤ (마)

143

(가) 국가에 대한 설명으로 옳은 것은?

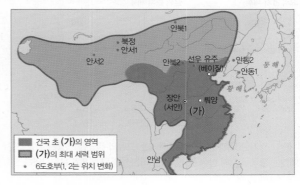

① 대가야를 정복하였다.
② 신라와의 전쟁에서 패배하였다.
③ 위·촉·오의 삼국을 통일하였다.
④ 남비엣을 무너뜨리고 9군을 설치하였다.
⑤ 흉노를 몰아내고 오르도스 지방을 차지하였다.

04 국제 관계의 다원화

Ⅱ 동아시아 세계의 성립과 변화

☑ 출제 포인트   ☑ 조공·책봉 체제   ☑ 북방 민족의 성장   ☑ 송의 문치주의 채택   ☑ 명과 국제 질서의 재편

1. 조공·책봉 관계의 형성

1 조공·책봉 체제

형성	주 대에 성립 → 한 대에 국제적 외교 관계로 발전
의미	• 조공 : 주변국이 중원 왕조에 형식적 존중을 표명하는 행위 • 책봉 : 중원 왕조가 주변국의 지배권을 선언적으로 인정하는 행위
특징	실질적인 지배·종속이 아닌 형식적인 외교의 틀에 불과

✪2 조공·책봉 체제의 전개 ◉ 35쪽 159번 문제로 확인

한	• 고조 : 흉노와의 전쟁에 패하여 공물을 바치고 화친 유지 • 무제 : 주변국과의 외교에 조공·책봉의 형식 적용
남북조 시대	• 특징 : 조공·책봉 체제를 실리적·다원적인 외교 관계로 활용 • 사례 : 남조·북조가 서로를 신하로 여김, 고구려의 다원 외교 등
수·당 시대	• 중원 왕조 : 자국 중심의 조공·책봉 관계 요구, 화번 공주 파견 • 주변 국가 : 자국을 천하의 중심으로 인식 → 독자적인 연호 사용 등

2. 북방 민족의 성장과 새로운 외교 질서

✪1 북방 민족의 성장

구분	성장	통치·문화
거란 (요)	• 야율아보기가 부족 통합 • 발해 정복, 연운 16주 복속 → 송 압박	• 북면관제·남면관제 • 거란 문자 사용
서하 (탕구트)	• 비단길의 동부 장악 → 동서 교역 중계 • 송으로부터 세폐를 받음	• 불교 숭상 • 서하 문자 사용
금 (여진)	• 아구다가 부족 통합 • 송을 공격 → 화북 지역 차지 • 고려·남송·서하와 군신 관계 체결	• 맹안·모극제 • 여진 문자 사용

> **자료** 거란(요)과 금의 이원적 통치 체제 ◉ 36쪽 164번 문제로 확인

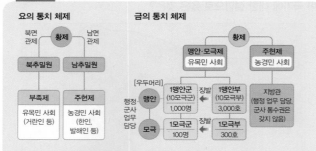

> **분석** 거란(요)과 금은 유목민에게는 고유의 관습을 적용하고 농경민에게는 중국식 지배 방식을 적용하는 이원적 통치 체제를 운영하였다.

2 송의 발전   후주의 절도사 출신인 조광윤이 건국

✪(1) 통치   문치주의 채택 ◉ 37쪽 166번 문제로 확인

내용	절도사 권한 축소, 과거제 위상 강화, 전시 도입 → 황제권 강화
결과	군사력 약화 → 요와 서하에 세폐 제공으로 평화 유지 → 재정 악화

(2) 왕안석의 신법   재정 확충, 국방력 강화 추구 → 실패

(3) 교역   해상 교역 발달, 고려·아라비아·일본 상인 왕래

(4) 남송 성립   금의 공격으로 강남으로 이주

3 고려와 일본

(1) **고려**   요의 침략 격퇴(서희의 외교 담판, 강감찬의 귀주 대첩), 금의 사대 요구 수용, 송과 우호 관계

(2) **일본**   송의 동전 수입, 가마쿠라 막부 성립(12세기 말)

3. 몽골 제국의 등장과 동아시아

1 몽골 제국

성립	테무친이 부족 통합 → 칭기즈 칸으로 추대, 몽골 제국 수립
발전	• 칭기즈 칸 : 천호·백호제 재편, 금·서하·호라즘 공격 • 쿠빌라이 칸 : 고려 복속, '원' 국호 사용, 대도로 천도, 남송 정복 • 원의 통치 : 몽골 제일주의, 지방에 행성 설치, 다루가치 파견

2 몽골 침략에 대한 각국의 대응

고려	강화도로 천도하여 대몽 항쟁 전개, 강화 후 삼별초의 항쟁이 계속됨
대월	몽골의 세 차례 침략 → 쩐 왕조 쩐흥다오의 활약으로 격퇴
일본	몽골·고려 연합군이 두 차례 침략 → 태풍 등의 영향으로 극복

✪3 교류의 활성화 ◉ 37쪽 167번 문제로 확인

(1) **교역망의 통합**   몽골 제국이 지폐인 교초 발행, 역참과 시박사 설치 → 원활한 통치와 동서 교역에 활용

(2) **동서 교류**   이슬람교와 경교 등 외래 종교 발달, 서아시아에서 천문학·역법 전래, 인쇄술·나침반 등이 유럽에 전파

4. 명의 건국과 동아시아 질서의 재편

1 명, 조선, 무로마치 막부의 성립

명	• 성립 : 홍건적 출신의 주원장(홍무제)이 난징을 수도로 건국 • 홍무제 : 몽골 풍습 금지, 육유 제정, 이갑제 실시 • 영락제 : 베이징 천도, 몽골·베트남 공격, 정화의 항해 추진
조선	• 성립 : 신진 사대부의 지원 → 이성계가 건국 • 외교 : 사대교린 정책 표방
무로마치 막부	가마쿠라 막부 쇠퇴 → 아시카가 다카우지가 교토에 막부 수립 → 남북조 분열기 → 아시카가 요시미쓰가 분열 종식, 지배권 확립

✪2 국제 질서의 재편 ◉ 39쪽 175번 문제로 확인

명	주변국에 조공·책봉 관계 요구 → 정화의 항해 이후 조공국 확대
주변국	• 조선 : 요동 문제로 명과 일시적으로 대립 → 조공·책봉 수립 • 일본 : 무로마치 막부의 3대 쇼군이 명의 책봉을 받고 국교 수립 → 감합 무역 전개

분석 기출 문제

» 바른답·알찬풀이 16쪽

핵심 개념 문제

•• 빈칸에 들어갈 알맞은 말을 쓰시오.

144 주변국이 중원 왕조에 형식적인 존중을 표명하는 행위를 (   )이라 한다.

145 거란(요)은 유목민을 대상으로 한 (   )와/과 농경민을 대상으로 한 남면관제를 운영하였다.

146 대월의 쩐 왕조는 (   )의 활약으로 몽골의 침략을 격퇴하였다.

•• 다음 내용이 옳으면 ○표, 틀리면 ×표를 하시오.

147 무제는 흉노와의 전쟁에 패배하여 매년 공물을 바치는 조건으로 흉노와 화친을 맺었다.   (   )

148 송은 절도사의 권한을 축소하고 과거제에 전시를 도입하는 등 문치주의를 채택하였다.   (   )

149 명의 주원장(홍무제)은 유교적인 통치를 강화하기 위하여 육유를 제정하였다.   (   )

•• 관련 있는 내용끼리 바르게 연결하시오.

150 교초   •   • ㉠ 해상 무역을 관할한 관청

151 시박사   •   • ㉡ 조선 건국 후의 외교 정책

152 사대교린   •   • ㉢ 몽골 제국에서 발행한 지폐

•• 괄호 안에 들어갈 알맞은 말을 고르시오.

153 고려의 (㉠ 서희, ㉡ 강감찬)은/는 거란(요)이 침입하자 외교 담판을 통해 강동 6주를 확보하였다.

154 초원 지역에 흩어져 있는 몽골 부족을 통합한 테무친은 (㉠ 쿠빌라이 칸, ㉡ 칭기즈 칸)에 추대되었다.

155 무로마치 막부의 3대 쇼군은 명 황제로부터 일본 국왕으로 책봉을 받은 후 명과 (㉠ 감합 무역, ㉡ 교린 관계)을/를 전개하였다.

•• 다음 내용과 관련 있는 국가나 정권을 〈보기〉에서 고르시오.

156 남북조와 모두 조공·책봉 관계를 맺는 다원적인 외교를 펼쳤다.   (   )

157 몽골과 고려의 연합군을 격퇴하는 과정에서 쇠퇴하였다.   (   )

[보기]
ㄱ. 고구려   ㄴ. 서하   ㄷ. 가마쿠라 막부

---

1. 조공·책봉 관계의 형성

158

다음 외교 관계에 대한 설명으로 옳지 않은 것은?

> 중원 국가 ← 각 지역의 지배권을 선언적으로 인정 → 주변국
> ← 형식적으로 중원 국가의 황제를 존중 →

① 상 왕조 시기에 처음으로 성립되었다.
② 실질적인 지배와 종속을 의미하는 것은 아니었다.
③ 중원 왕조는 이러한 관계를 주변국에 요구하였다.
④ 각국의 필요에 따라 이루어진 의례적인 관계였다.
⑤ 한 왕조 시기에 국제적인 외교 질서로 발전하였다.

빈출
159

자료에 나타난 조공·책봉 관계의 특징으로 옳은 것만을 〈보기〉에서 고른 것은?

> 고구려가 사신을 보내 남제에 조공하였다. 그러나 고구려의 세력이 강해 통제를 받지 않았다. 북위는 사신의 숙소를 만들 때 남제를 제일 크게, 고구려를 그다음으로 하였다. 남제의 사신이 북위에 갔을 때 고구려 사신과 나란히 앉게 되었다. 남제 사신이 "고구려는 우리 조정에 신하로 따르고 있는데, 어찌 우리와 나란히 설 수 있는가?"라고 항의하였다.

[보기]
ㄱ. 국가 간에 반드시 지켜야 하는 규정이었다.
ㄴ. 서로의 필요에 따라 이루어지는 의례적인 관계였다.
ㄷ. 강력한 주변국은 이러한 관계에 크게 제약받지 않았다.
ㄹ. 중원 국가의 힘이 약할 때에도 안정적으로 유지되었다.

① ㄱ, ㄴ   ② ㄱ, ㄷ   ③ ㄴ, ㄷ
④ ㄴ, ㄹ   ⑤ ㄷ, ㄹ

160

다음에서 설명하는 국가는?

> • 발해, 통일 신라 등과 조공·책봉 관계 형성
> • 토번에 문성 공주를 화번 공주로 보내 화친 유지

① 진   ② 한   ③ 수   ④ 당   ⑤ 송

161

자료를 통해 추론한 사실로 적절한 것만을 〈보기〉에서 고른 것은?

> • "한나라와 흉노는 서로 이웃한 대등한 나라요 …… 선우에게 해마다 일정한 수량의 차조, 누룩, 금, 비단, 명주솜 등 물건들을 보내겠소.……" 이에 선우도 화친을 약속하였다.   - 『사기』, 흉노열전 -
> • 건무 중원 2년(57), 왜 노국의 사신이 공물을 가지고 와서 스스로 신하라 칭하였고, 광무제는 관직을 하사하였다.   - 『후한서』, 동이전 -

[보기]
ㄱ. 한 대에 조공·책봉 관계가 처음 등장하였다.
ㄴ. 중원 왕조가 주변국에 공물을 바치기도 하였다.
ㄷ. 주변국은 스스로 중원 왕조 중심의 조공·책봉 관계에 편입하기도 하였다.
ㄹ. 중원 왕조는 조공·책봉 관계를 맺음으로써 주변국을 직접 지배하거나 복속하였다.

① ㄱ, ㄴ   ② ㄱ, ㄷ   ③ ㄴ, ㄷ
④ ㄴ, ㄹ   ⑤ ㄷ, ㄹ

162

지도에 나타난 시기의 동아시아 상황으로 옳은 것만을 〈보기〉에서 고른 것은?

[보기]
ㄱ. 북조는 남조에 조공을 바치며 신하임을 자처하였다.
ㄴ. 신라는 중원 왕조와 연합군을 결성하여 고구려, 백제를 공격하였다.
ㄷ. 백제는 북조에 조공 사절을 보내 고구려를 공격해 달라고 요청하였다.
ㄹ. 고구려는 북조, 남조 양측과 조공·책봉 관계를 맺어 두 세력을 이용하려 하였다.

① ㄱ, ㄴ   ② ㄱ, ㄷ   ③ ㄴ, ㄷ
④ ㄴ, ㄹ   ⑤ ㄷ, ㄹ

---

2. 북방 민족의 성장과 새로운 외교 질서

163

지도와 같은 교역 활동이 이루어진 시기 동아시아의 경제 상황으로 옳지 않은 것은?

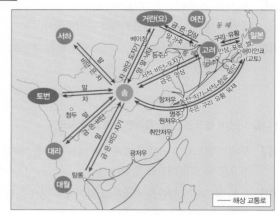

① 송 - 무역 관리 기구인 시박사가 설치되었다.
② 송 - 동남아시아, 아라비아의 상인들도 왕래하였다.
③ 고려 - 송의 기술을 받아들여 뛰어난 청자를 생산하였다.
④ 고려 - 수도 부근의 울산항이 국제 무역항으로 번성하였다.
⑤ 일본 - 송의 동전을 수입하여 화폐로 사용하기도 하였다.

★빈출
164

다음 통치 체제를 운영한 국가에 대한 설명으로 옳은 것은?

① 아구다가 건국하였다.
② 발해를 공격하여 멸망시켰다.
③ 5대 10국의 분열을 통일하였다.
④ 중국 문화를 적극 수용하는 한화 정책을 폈다.
⑤ 고유의 사회·군사 조직으로 맹안·모극을 두었다.

165

(가) 국가에 대한 설명으로 옳은 것만을 〈보기〉에서 고른 것은?

[보기]
- ㄱ. 유목민 대상으로 맹안·모극제를 운영하였다.
- ㄴ. 비단길의 동부를 장악하고 동서 무역을 중계하며 발전하였다.
- ㄷ. 남송을 압박하여 매년 세폐를 받는다는 내용의 강화 조약을 체결하였다.
- ㄹ. 고려를 공격하였다가 강감찬 등이 이끄는 고려군의 저항에 막혀 퇴각하였다.

① ㄱ, ㄴ   ② ㄱ, ㄷ   ③ ㄴ, ㄷ
④ ㄴ, ㄹ   ⑤ ㄷ, ㄹ

★빈출 166

(가) 정책의 내용으로 옳은 것만을 〈보기〉에서 고른 것은?

10세기 무렵에 당이 멸망하고 5대 10국이 난립하면서 중원 지역에서는 혼란이 계속되었고, 이러한 틈을 이용하여 북방에서는 유목 민족이 세력을 강화해 나갔다. 5대 10국의 혼란기는 후주의 절도사 출신인 조광윤이 세운 송에 의해 마무리되었다. 송 태조는 중원 지역의 혼란이 군인 세력의 성장에 기인한다고 생각하여 　(가)　 정책을 추진하였다. 하지만 　(가)　 정책을 추진한 결과 국방력이 약화되었고 송은 북방 민족의 침입에 시달렸다.

[보기]
- ㄱ. 육유를 제정하였다.
- ㄴ. 과거제에 전시를 도입하였다.
- ㄷ. 절도사의 권한을 대폭 축소하였다.
- ㄹ. 티베트 불교 관련 행사를 자주 열었다.

① ㄱ, ㄴ   ② ㄱ, ㄷ   ③ ㄴ, ㄷ
④ ㄴ, ㄹ   ⑤ ㄷ, ㄹ

---

3. 몽골 제국의 등장과 동아시아

★빈출 167

밑줄 친 '이곳'으로 옳은 것은?

왼쪽 사진은 원 조정에서 발행한 통행증으로, 이를 소지한 사람은 <u>이곳</u>에서 식량, 숙소는 물론 말, 마차도 제공받았다. <u>이곳</u>은 수도에서부터 간선 도로를 따라 약 30km 간격으로 설치되어 제국 내부를 그물망처럼 연결하였다.

① 역참   ② 교초   ③ 울루스
④ 신라방   ⑤ 시박사

168

자료를 바탕으로 원 대 사회 모습을 설명한 내용으로 옳지 않은 것은?

지배 계층	1	몽골인 약 100만 명
	2	색목인(이란, 아라비아, 중앙아시아 등 서역인) 약 100만 명
피지배 계층	3	한인(거란인, 여진인, 고려인, 화북의 한인) 약 1,000만 명
	4	남인(강남의 한인) 약 6,000만 명

▲ 원의 인구 구성

① 남인은 주로 생산 활동에 종사하였다.
② 한인·남인은 일체 관직에 진출할 수 없었다.
③ 몽골 제일주의를 바탕으로 사회가 운영되었다.
④ 몽골인이 정치와 군사의 주요 관직을 독점하였다.
⑤ 색목인은 재정·행정을 담당하며 지배층을 이루었다.

169

다음은 몽골 제국 발전 과정에서 있었던 사실들이다. 일어난 순서대로 옳게 나열한 것은?

> (가) 호라즘을 정복하고 비단길을 장악하였다.
> (나) 테무친이 쿠릴타이에서 칭기즈 칸으로 추대되었다.
> (다) 남송을 정복하고 중원 지역 전체를 장악하게 되었다.

① (가) - (나) - (다)　　　　② (가) - (다) - (나)
③ (나) - (가) - (다)　　　　④ (나) - (다) - (가)
⑤ (다) - (가) - (나)

170

다음 전투가 일어나게 된 배경으로 옳은 것은?

> 베트남 수도 하노이의 동쪽에는 바익당강이 흐른다. 외적이 쩐 왕조를 침략해 오자 장군 쩐흥다오는 바익당강의 바닥에 말 뚝을 박아 놓고 대비하였다. 침략해 오던 적의 전함은 말뚝에 걸려서 꼼짝 못하게 되고, 결국 쩐흥다오의 군대에 크게 패배하고 후퇴하였다.

① 정화의 항해　　　　② 5호 세력의 남진
③ 장건의 비단길 장악　　④ 한 무제의 정복 활동
⑤ 몽골 제국의 대외 팽창

★빈출
171

(가), (나)의 공통점으로 옳은 것만을 <보기>에서 고른 것은?

> (가) 고려 충렬왕 때 승려 일연이 간행한 역사서이다. 불교사적인 내용과 많은 설화를 수록하였으며, 이전 역사 기록에서 빠졌거나 자세히 드러나지 않은 것들을 담았다.
> (나) 쩐 왕조 태종의 명을 받아 레반흐우 등이 기원전 3세기부터 13세기 초까지의 역사를 다루었으며, 30권으로 완성되었다.

[보기]
ㄱ. 자주적인 민족의식이 반영되었다.
ㄴ. 유교적 합리주의 사관에 기초한 역사서이다.
ㄷ. 몽골 제국의 침략에 자극을 받아 편찬되었다.
ㄹ. 본기 - 열전 - 지 - 연표 등으로 구성하는 역사 서술 방식을 채택하였다.

① ㄱ, ㄴ　　② ㄱ, ㄷ　　③ ㄴ, ㄷ
④ ㄴ, ㄹ　　⑤ ㄷ, ㄹ

4. 명의 건국과 동아시아 질서의 재편

172

다음 인물이 추진한 정책으로 옳은 것은?

> 나는 한때 승려 행세를 하며 살다가 홍건적에 들어가 최고 지휘관에까지 올랐다. 결국에는 원을 몰아내고 난징을 도읍으로 나라를 세웠으니, 나보다 입지전적인 인물은 없을 것이다.

① 유교적 통치 강화를 위해 육유를 제정하였다.
② 왕안석의 신법 추진을 적극적으로 후원하였다.
③ 흉노에 예물을 바치고 화친 관계를 유지하였다.
④ 과거제에 전시를 도입하여 황제권을 강화하였다.
⑤ 봉건 제도를 처음으로 제정하여 지방을 통치하였다.

173

지도에 나타난 항해를 실시한 목적으로 옳은 것은?

○○의 항해 노선

〈복원된 ○○ 선박의 제원〉
■ 길이 : 63.25m　■ 배수량 : 1,300t　■ 폭 : 13.8m　■ 승선 인원 : 400명

① 중국 중심 조공 질서의 확대
② 성리학 사상의 국제적인 보급
③ 해금 정책 추진에 따른 해양 봉쇄
④ 5호의 남진을 피하기 위한 집단 이주
⑤ 왜구를 소탕하기 위한 해양 작전의 전개

174

다음에서 설명하는 제도로 옳은 것은?

> • 명 대에 실시된 촌락 자치적인 행정 제도
> • 110호를 1리로 편성하여 운영
> • 이장호는 조세 징수, 치안 유지, 향촌 교화 등을 담당

① 군국제　　② 군현제　　③ 이갑제
④ 시박사　　⑤ 견당사

★ 빈출
175

지도에 나타난 시기의 동아시아 상황으로 옳은 것만을 〈보기〉에서 고른 것은?

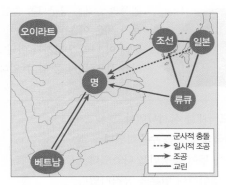

[보기]

ㄱ. 명 – 중국 중심의 국제 질서를 주변국에 확대하는 정책을 취하였다.

ㄴ. 일본 – 미나모토노 요리토모가 가마쿠라 막부를 수립하였다.

ㄷ. 조선 – 사대교린의 이념에 따라 주변국과의 외교 관계를 형성하였다.

ㄹ. 베트남 – 중원 왕조의 압박에 굴복하여 독립을 상실하고 수백년간 지배를 받았다.

① ㄱ, ㄴ ② ㄱ, ㄷ ③ ㄴ, ㄷ

④ ㄴ, ㄹ ⑤ ㄷ, ㄹ

176

다음 국서가 전달된 이후에 전개된 사실로 옳은 것은?

일본의 아시카가 요시미쓰가 대명 황제께 국서를 올립니다. 일본은 국가가 시작된 이후로 귀국에 문안 사절을 보내지 않은 적이 없습니다. 다행히 제가 정치를 관장하며 나라 안에 평화를 유지하고 있습니다. …… 예로부터 전해 오는 법규에 따라 장사꾼 고이즈미와 승려 소아를 함께 동행하여 보내며, 귀국과 친교를 맺고자 금 천 냥, 말 열 필, 고급 종이 천 첩, 부채 백 자루, ……, 검 열 자루, 작은 책상 한 개 등을 헌상합니다. 또 일본에 표류해 온 귀국의 백성 몇 명을 찾아서 함께 돌려보내옵니다.

① 견당사가 파견되었다.

② 『만엽집』이 편찬되었다.

③ 감합 무역이 실시되었다.

④ 다이카 개신이 단행되었다.

⑤ 헤이안쿄로 수도를 옮겼다.

177

자료는 송이 북방 민족 국가들과 맺은 조약의 일부 내용이다. 이러한 조약 체결의 배경을 송의 통치 이념과 연관 지어 서술하시오.

- 송의 황제와 요의 황제는 형제의 교분을 갖는다. 송은 요에 해마다 비단 20만 필, 은 10만 냥을 보낸다.
- 금의 황제는 남송의 황제를 책봉하며, 남송의 황제는 금에 대하여 신하의 예를 취한다. 남송은 금에 해마다 비단 25만 필, 은 25만 냥을 보낸다.

[178~179] 다음 글을 읽고 물음에 답하시오.

[(가)]와/과 [(가)] 사이에는 3마일마다 40호 가량이 거주하는 마을이 하나씩 있다. 그 마을에는 전령의 임무를 수행하는 도보 파발꾼이 살고 있는데, 이들은 매우 빨리 달릴 수 있지만 3마일 이상은 달리지 않는다. 첫 번째 파발꾼이 3마일 지점에 다가가면 두 번째 파발꾼이 미리 준비하고 있다가 그가 도달하는 즉시 가지고 온 물건과 발신자의 표식을 받아들고 두 번째 3마일 지점을 향해 달려간다. 도보 파발꾼은 이런 식으로 달려서 열흘 거리를 하루 낮과 밤 만에 주파하여 소식을 전할 수 있었다.

– 마르코 폴로, 『동방견문록』 –

178

(가)에 들어갈 기관의 명칭을 쓰시오.

179

몽골 제국이 (가)를 설치한 목적과 이것의 운영이 가져온 영향을 동서 교류의 측면에서 서술하시오.

(1) 목적

(2) 영향

적중 1등급 문제

>> 바른답·알찬풀이 19쪽

180

밑줄 친 '우리'에 해당하는 국가의 대외 관계로 옳은 것만을 〈보기〉에서 고른 것은?

호태왕은 18세에 왕위에 올라 칭호를 영락대왕이라 하였는데, 그 은혜와 혜택이 크고 넓은 하늘에 미치었고, 위엄과 무공은 온 세상에 떨치었다. …… 백제와 신라는 과거부터 우리의 속민이었기 때문에 조공을 바쳐 왔다.

－ 광개토 대왕릉비 비문 －

[보기]

ㄱ. 송의 동전을 대량으로 수입하였다.
ㄴ. 살수에서 수의 대군을 격파하였다.
ㄷ. 남비엣을 정복하고 9군을 설치하였다.
ㄹ. 중국의 남북조와 조공·책봉 관계를 맺었다.

① ㄱ, ㄴ   ② ㄱ, ㄷ   ③ ㄴ, ㄷ
④ ㄴ, ㄹ   ⑤ ㄷ, ㄹ

181

(가), (나) 국가의 관계에 대한 설명으로 옳은 것은?

① (가)는 백등산에서 (나)를 격파하였다.
② (가)는 재정 확대를 위해 신법을 추진하였다.
③ (나)는 백제의 중개로 (가)에 조공하였다.
④ (나)는 백강 전투에서 (가)에게 패배하였다.
⑤ (나)는 (가)를 견제하기 위해 돌궐과 연대하였다.

182

밑줄 친 '이 나라'에 대한 설명으로 옳은 것은?

왼쪽의 글자는 탕구트족 출신의 이원호가 세운 이 나라의 문자이다. 이를 통해 이 나라가 한자가 아닌 고유 문자를 사용하였음을 알 수 있다.

① 맹안·모극제를 실시하였다.
② 5대 10국의 분열을 수습하였다.
③ 남면관을 두어 농경민을 다스렸다.
④ 고려와 연합하여 일본을 공격하였다.
⑤ 비단길을 통한 동서 무역을 중계하였다.

183

자료에 나타난 시기의 동아시아 상황으로 옳은 것은?

해릉은 연경에서 옮겨 와 머물렀다. 해릉은 여러 달 동안 정사는 돌보지 않고 남벌을 준비하면서 여러 장수들에게 군무를 나누어 맡겼다. 장호가 아뢰기를 "장수들이 모두 신진의 젊은 사람이니 국사를 그르칠까 염려됩니다. 마땅히 나이 든 사람 가운데 군무에 능숙한 자를 구하여 천부장과 모극으로 삼아야 합니다."라고 하였다. 그러나 해릉은 장호의 말을 듣지 않고 친히 군대를 통솔하여 변경을 출발하였다.

① 견당사의 파견이 중단되었다.
② 거란이 연운 16주를 차지하였다.
③ 토번에 화번 공주가 파견되었다.
④ 고려가 금과 군신 관계를 맺었다.
⑤ 장안성을 본뜬 헤이조쿄가 건설되었다.

184

다음 상황이 나타난 시기를 연표에서 옳게 고른 것은?

대군이 압록강을 건너 위화도에 머무르니 도망가는 아군이 끊이지 않았다. 대군의 통솔권을 지닌 이성계가 여러 장수에게 "내가 글을 올려 군사를 돌이킬 것을 청하였으나, 왕도 살피지 아니하고 최영도 들어주지 않았다. 이제 우리가 군사를 돌이켜야 하지 않겠는가?"라고 말하니, 여러 장수가 이에 동의하였다.

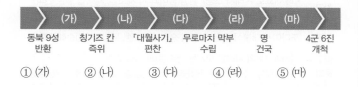

(가)	(나)	(다)	(라)	(마)
동북 9성 반환	칭기즈 칸 즉위	「대월사기」 편찬	무로마치 막부 수립	명 건국	4군 6진 개척

① (가) ② (나) ③ (다) ④ (라) ⑤ (마)

185

밑줄 친 ㉠에 해당하는 내용으로 옳은 것은?

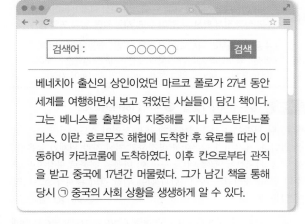

검색어 : ○○○○○ 검색

베네치아 출신의 상인이었던 마르코 폴로가 27년 동안 세계를 여행하면서 보고 겪었던 사실들이 담긴 책이다. 그는 베니스를 출발하여 지중해를 지나 콘스탄티노폴리스, 이란, 호르무즈 해협에 도착한 후 육로를 따라 이동하여 카라코룸에 도착하였다. 이후 칸으로부터 관직을 받고 중국에 17년간 머물렀다. 그가 남긴 책을 통해 당시 ㉠ 중국의 사회 상황을 생생하게 알 수 있다.

① 절도사의 권한이 축소되었다.
② 남북조의 분열기가 이어졌다.
③ 주변국에 세폐가 지급되었다.
④ 여행자들이 역참을 이용하였다.
⑤ 혁명파 신진 사대부가 성장하였다.

186

(가) 도시에 대한 학생들의 발표 내용으로 가장 적절한 것은?

지난날 선제(先帝)께서는 천명을 받아 화이(華夷)를 아우르는 군주가 되시어 __(가)__ 에 도읍을 두고 나라의 기초를 다지셨다. 외람되게 짐이 대통을 이어받아 대업을 진작시키며, 오직 나라가 영원히 이어지기를 마음에 품어 왔다. 베이징은 실로 도읍지로 삼을 만하고, 상서로운 곳이라 여겨져 새로운 궁전(자금성)을 창건하였다.

① 동진이 수도로 삼았어요.
② 당이 도호부를 설치하였어요.
③ 쿠빌라이 칸이 천도하였어요.
④ 묵특 선우가 한 고조를 패퇴시켰어요.
⑤ 견융의 침입 이후 주 왕실이 거처하였어요.

187

(가), (나) 사이 시기의 사실로 옳은 것만을 〈보기〉에서 고른 것은?

(가) 여러 왕자들이 개평부에 모여서 관례에 따라 무릎을 꿇고 충성을 서약하면서 쿠빌라이 칸으로 추대하였다.
(나) 3대 쇼군은 명 황제에게 사신단을 파견하여 조공을 바쳤다. …… 황제는 그들을 후하게 예우한 뒤 감합과 일본 국왕임을 인정하는 금인을 하사하였다.

[보기]
ㄱ. 고려 정부가 개경으로 환도하였다.
ㄴ. 몽골의 공격으로 호라즘이 멸망하였다.
ㄷ. 고다이고 천황이 요시노로 피신하였다.
ㄹ. 서희가 외교 담판을 통해 강동 6주를 확보하였다.

① ㄱ, ㄴ   ② ㄱ, ㄷ   ③ ㄴ, ㄷ
④ ㄴ, ㄹ   ⑤ ㄷ, ㄹ

유학과 불교

☑ 출제 포인트　☑ 율령 체제의 확산　☑ 동아시아 불교의 특징　☑ 승려의 국제 교류　☑ 성리학의 확산

1. 율령과 유교

1 율령 체제의 형성

형성	• 전국 시대 : 각 제후국에서 법가 사상을 이용하여 부국강병 추진 • 진 : 법가 사상을 채택하여 엄격한 형벌 적용 • 한 : 무제 → 동중서의 건의로 유교 이념 수용(태학 설립, 오경박사 제도 등) • 위·진·남북조 : 진 대의 율(형법)과 영(행정 법률)의 구분 • 수·당 : 율령 체제의 완성 → 동아시아 각국으로 전파
당의 체제	• 율령 체제 정비 : 율과 령에 격(추가·보완), 식(시행 세칙)을 추가 • 당률의 특징 : 태·장·도·유·사의 5단계 형벌 정비, 신분 제도와 유교 윤리 반영 • 통치 제도 : 3성 6부(중앙)와 주현제(지방), 과거제(관리 선발), 균전제(토지)-조용조(조세)-부병제(군사) 운영

⭐2 율령 체제의 확산　◉ 44쪽 205번 문제로 확인

한반도	• 통일 신라 : 당의 제도 수용, 국학 설립, 독서삼품과 실시 등 • 발해 : 3성 6부제 운영(독자적 명칭 사용), 주자감 설치 • 고려 : 2성 6부제 운영, 과거제 실시, 국자감 설치
일본	• 다이카 개신, 다이호 율령(2관 8성제 정비), 대학에서 유교 경전 교육

2. 불교의 전파와 토착화

⭐1 불교의 동아시아 전파　◉ 45쪽 208번 문제로 확인

(1) 불교의 중원 지역 전파

전래	1세기경 사막길을 통해 중국 북부에 대승 불교 전래
확산	• 위·진·남북조 시대를 거치면서 전역으로 확산 • 북조 : 황실의 후원, '황제는 곧 부처', 윈강·룽먼 석굴 사원 조성 • 남조 : 국가 권력과 거리를 두어 독자성 유지

(2) 한반도의 불교 수용

삼국	고구려(4세기 전진에서 전래), 백제(4세기 동진에서 전래 → 6세기 왜에 전함), 신라(5세기 고구려를 통해 전래 → 6세기에 공인)
통일 신라	• 원효, 의상의 활약 → 불교 대중화 • 선종 불교 확산 → 호족 세력의 지원을 받아 성장

(3) 일본　백제에서 전래

아스카 시대	쇼토쿠 태자의 후원 → 아스카 지역에 다수의 사찰 건립
나라 시대	도다이사 건립, 각 지역에 고쿠분사 건립

⭐2 동아시아 불교의 특징　◉ 45쪽 210번 문제로 확인

(1) 불교의 토착화　전통 사상이나 토착 신앙과 결합
① 유교 결합 : 충과 효 강조 → 호국 불교 발달, 『부모은중경』 간행
② 토착 신앙 결합 : 한국에서 무속 신앙과 결합(산신각, 칠성각 건립), 일본에서 신토와 결합(신불습합 → 하치만 신상 등)

(2) 선종의 발달　남북조 시대 남인도 출신 달마가 창시(깨달음, 참선 강조) → 신라 말에 유행, 일본 무사들 사이에 확산

⭐3 승려의 국제 교류　◉ 46쪽 214번 문제로 확인

중국	법현(『불국기』), 현장(『대당서역기』), 감진(일본에 계율 전파)
한국	• 혜자(쇼토쿠 태자 스승), 담징(종이와 먹 제조법, 채색법 일본 전파) • 원효(불교 교리 집대성 → 당·일본에 영향), 혜초(『왕오천축국전』)
일본	도다이사 대불식에 당, 인도의 승려 참석, 엔닌(『입당구법순례행기』)
불교 문화	• 불탑(부처의 사리를 모시는 건축물)과 사찰 건축 • 불경 제작 : 신라의 『무구정광대다라니경』, 송·요·금·고려의 대장경 등

4 동아시아 문화권의 형성　당을 중심으로 국제 교류 활발 → 한자, 불교, 유교, 율령 등을 공유하는 동아시아 문화권 형성

3. 성리학의 성립과 확산

1 성리학의 성립과 발전

성립	송 대의 신유학(우주의 원리와 인간의 심성 탐구)을 주희가 집대성 → 명분론과 화이관 강조, 사서 강조(『사서집주』)
이론	• 이기론 : 보편적 법칙을 이(理), 가변적 현상을 기(氣)로 파악 • 수양 방법 : 거경궁리와 격물치지 → 인간의 본성 회복
발전	명 대 한족 문화 부흥을 위해 성리학 관학화, 『성리대전』 편찬

⭐2 성리학의 확산

고려	• 수용 : 13세기 말에 안향에 의해 전래 → 신진 사대부에 의해 확산 • 역할 : 불교와 권문세족의 폐단을 비판하는 사회 개혁 사상
조선	• 건국 이념으로 성리학 채택 → 국가와 사회 의례의 논리로 정착 • 성리학적 질서 확산 : 사림이 주도, 서원 건립, 향약 도입 등
일본	• 수용 : 가마쿠라 막부 시기에 수용 → 임진왜란을 거치며 확산 • 발전 : 후지와라 세이카(강항과 교류, 『사서오경왜훈』), 하야시 라잔(에도 막부의 제도와 의례 정비, 성리학의 관학화에 기여)

> **자료**　일본 성리학의 발달　◉ 46쪽 216번 문제로 확인
>
> 예(禮)란 사람이 처신을 올바르게 해서 서열이 흐트러지지 않는 것을 말한다. 젊은이가 늙은이를 공경하고 천한 자가 위계가 높은 자를 존중하는 것이 예(禮)이다. …… 이 마음을 천하로 확장하면 군주와 신하, 윗사람과 아랫사람과 같은 인간 간의 관계가 흐트러짐이 없을 것이다.
> ― 하야시 라잔, 『삼덕초』 ―
>
> 분석　남송의 주희가 집대성한 성리학은 한반도를 거쳐 일본으로 전파되었다. 정유재란 당시에 포로로 끌려간 강항에 의해 일본 성리학의 수준이 깊어졌으며 후지와라 세이카, 하야시 라잔 같은 학자가 등장하였다.

3 양명학 성립　명 중기에 왕수인이 집대성, 성리학의 '성즉리' 비판 → '심즉리' 강조, 지행합일 추구

분석 기출 문제

>> 바른답·알찬풀이 21쪽

•• 빈칸에 들어갈 알맞은 말을 쓰시오.

188 전국 시대에 활약한 상앙, 한비 등의 사상가가 발전시킨 (   ) 사상은 율령의 제정에 영향을 주었다.

189 중앙아시아를 거쳐 동아시아 지역에 전파된 불교는 중생 구제를 강조한 (   ) 불교이다.

190 동아시아 지역의 불교는 군주권 강화의 수단으로 이용되면서 국가의 안녕을 비는 (   )의 성격을 띠었다.

•• 다음 내용이 옳으면 ○표, 틀리면 ×표를 하시오.

191 한 무제는 동중서의 건의를 받아들여 유교를 통치 이념으로 수용하고 태학을 설립하였다. (   )

192 위·진·남북조 시대 중원 지역에 불교가 처음으로 전래되어 신앙으로 수용되었다. (   )

193 성리학은 송 대에 등장한 신유학으로, 우주의 원리와 인간의 심성에 대한 탐구를 강조하였다. (   )

•• 관련 있는 내용을 바르게 연결하시오.

194 신불습합 •   • ㉠ 성리학 수양 방법 중 하나

195 거경궁리 •   • ㉡ 당률에 규정된 5단계 형벌

196 태·장·도·유·사 •   • ㉢ 신토[神道]와 불교의 결합

•• 괄호 안에 들어갈 알맞은 말을 고르시오.

197 중국의 승려 (㉠ 현장, ㉡ 감진)은 인도에 성지 순례를 다녀온 후 『대당서역기』를 저술하였다.

198 명 대에 성리학이 관학으로 채택되면서 점차 교조화되자 왕수인은 심즉리를 강조하면서 (㉠ 양명학, ㉡ 고증학)을 성립시켰다.

•• 다음에서 설명하는 용어를 〈보기〉에서 고르시오.

199 성리학을 수용하여 불교와 권문세족의 폐단을 비판하면서 조선의 건국을 주도한 세력 (   )

200 수·당 시기에 국가로부터 토지를 받은 농민이 그 대가로 군역에 복무하도록 한 군사 제도 (   )

[보기]
ㄱ. 부병제   ㄴ. 균전제   ㄷ. 신진 사대부

---

1. 율령과 유교

201

자료와 같은 방식으로 운영된 제도로 옳은 것은?

> 정남에게 영업전 20무와 구분전 80무를 지급한다. …… 구분전을 지급할 경우, 해를 걸러 경작하는(1년마다 휴경하는) 토지는 배로 지급한다. …… 영업전은 모두 자손에게 상속되며 국가에 반환하는 범위에 들어가지 않는다.

① 균전제   ② 정전제   ③ 한전제
④ 여전제   ⑤ 조용조제

⭐빈출 202

다음 제도 운영에 대한 설명으로 옳은 것만을 〈보기〉에서 고른 것은?

[보기]
ㄱ. 송 대에 처음으로 시행되었다.
ㄴ. 농민 생활의 안정을 위해 토지가 지급되었다.
ㄷ. 균전 지급이 수취와 군역 부과의 바탕이 되었다.
ㄹ. 농민에게 지급되는 토지에는 특별한 구분이 없었다.

① ㄱ, ㄴ   ② ㄱ, ㄷ   ③ ㄴ, ㄷ
④ ㄴ, ㄹ   ⑤ ㄷ, ㄹ

203

다음에서 설명하는 제도는?

> • 수 대에 시작되어 학식을 갖춘 인물을 관리로 선발하도록 하였다. 이후 당 대에 제도적으로 정비되었다.
> • 송 대에는 최종 시험으로 황제가 직접 시험을 주관하는 전시가 도입되었다.

① 골품제   ② 과거제   ③ 9품중정제
④ 독서삼품과   ⑤ 향거리선제

204

(가), (나) 제도에 대한 설명으로 옳은 것은?

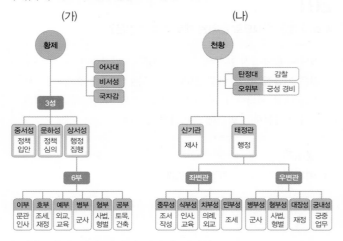

① (가) – 율령 체제 형성의 계기가 되었다.
② (가) – 동아시아 각국의 통치 조직 정비에 영향을 주었다.
③ (나) – 유교 덕목을 행정 부서의 명칭으로 삼았다.
④ (나) – 메이지 유신에 따라 새롭게 도입된 체제였다.
⑤ (가), (나) – 고려 중앙 행정 조직의 영향을 받아 정비되었다.

★빈출 205

다음 체제에 대한 설명으로 옳은 것만을 〈보기〉에서 고른 것은?

〈○○ 체제의 의미〉
– 법을 어겼을 때 처벌하는 형벌 ·············· 율(律)
– 국가를 운영하기 위한 제도·규범을 정한 법률 ·········· 령(令)
– 위 두 조항을 개정, 보완, 추가한 규정 ·········· 격(格)
– 위 두 조항을 시행할 때 적용하는 세칙 ·········· 식(式)
  ⇒ 위 네 가지로 구성된 체제를 말한다.

[보기]
ㄱ. 수·당 대에 체계적으로 완성되었다.
ㄴ. 고유성을 강조한 일본에는 수용되지 않았다.
ㄷ. 한자, 유교, 불교 등과 함께 동아시아 문화권의 공통 요소가 되었다.
ㄹ. 공자, 맹자의 유가 사상에서부터 본격적으로 발달하기 시작하였다.

① ㄱ, ㄴ   ② ㄱ, ㄷ   ③ ㄴ, ㄷ
④ ㄴ, ㄹ   ⑤ ㄷ, ㄹ

---

2. 불교의 전파와 토착화

206

(가) 인물에 대한 설명으로 옳은 것은?

7세기에 활동한 (가) 은/는 잠결에 해골에 고여 있는 물을 마시고 세상의 모든 이치는 마음에 달려 있다는 깨달음을 얻었다. 이후 (가) 은/는 '나무아미타불'을 외면 누구나 극락에 갈 수 있다고 설법하고 다녔다.

① 불교의 대중화에 노력하였다.
② 권문세족의 부패를 비판하였다.
③ 한반도에 처음으로 불교를 소개하였다.
④ 고려의 건국에 적극적으로 협력하였다.
⑤ 참선 수행을 강조하는 선종을 창시하였다.

207

(가) 불교에 대한 설명으로 옳지 <u>않은</u> 것은?

① 이타행을 강조하였다.
② 부처를 신격화하였다.
③ 사막길을 통해 중국에 전파되었다.
④ 개인적인 노력을 토대로 한 해탈을 중시하였다.
⑤ 부처의 자비로 대중이 구제받을 수 있다고 주장하였다.

★빈출 208

다음 불상 제작의 배경으로 적절한 것만을 〈보기〉에서 고른 것은?

세계문화유산

윈강 석굴

사진의 윈강 석굴 불상은 북위 때 만들어졌으며, 높이가 14m에 달하는 거대 규모이다.

―[보기]―
ㄱ. 성리학적인 생활 규범이 확산되자 불교계에서 위협을 느꼈다.
ㄴ. 신라 석굴암 불상의 제작으로 주변국에서 대형 석불 제작이 유행하였다.
ㄷ. 북조 국가에서 민족적인 차별 의식이 없는 불교를 적극적으로 수용하였다.
ㄹ. 군주가 자신을 부처에 비유하며 왕권 강화의 수단으로 불교를 이용하였다.

① ㄱ, ㄴ   ② ㄱ, ㄷ   ③ ㄴ, ㄷ
④ ㄴ, ㄹ   ⑤ ㄷ, ㄹ

209

자료를 모두 활용한 탐구 활동으로 가장 적절한 것은?

• 불법(佛法)을 지키는 용이 황룡사에서 나라를 수호하고 있으니, 그 절에 9층탑을 세운다면 주변 나라가 항복하고 조공하여 왕업이 길이 태평할 것이다.
• 내가 천황의 자리에 오른 지 오래되었지만, 아직 부처의 은덕이 천하에 다 미치지 못하였다. 이에 삼보(三寶)의 힘을 빌려 국가와 백성을 평안케 하고자 금동 대불을 조성하려고 한다.

① 봉건제 운영 방식의 특징을 파악한다.
② 동아시아 지역 불교의 특징을 살펴본다.
③ 이슬람교와 경교의 전래 지역을 조사한다.
④ 조공·책봉 체제의 형성 과정과 사례를 조사한다.
⑤ 역참을 통한 동서 문물 교류의 사례를 살펴본다.

★빈출 210

다음 불교 경전의 편찬에 영향을 끼친 사상으로 옳은 것은?

다음은 『부모은중경』의 한 장면으로, 어머니가 아이를 안고 있는 그림 옆에 '인고토감은(쓴 것은 자신이 드시고 단 것을 먹여주신 은혜)'이라고 쓰여 있다.

① 도교   ② 법가   ③ 유교
④ 동학   ⑤ 경교

211

(가)에 들어갈 내용으로 옳은 것은?

일본에 전파된 불교는 일본 전통 신앙인 신토[神道]와 결합하는 특징을 보였다. 예를 들어 본래 농업, 항해 등을 관장하는 신토의 신인 하치만은 불교의 신으로 간주되면서 '하치만 대보살'이라고 불리게 되었다. 이렇게 불교와 신토가 융합된 현상을 ___(가)___ (이)라고 한다.

① 거경궁리   ② 천명사상   ③ 신불습합
④ 격물치지   ⑤ 무위자연

212

(가) 인물에 대한 설명으로 옳은 것은?

당의 승려인 ___(가)___ 은/는 인도를 순례하고 돌아온 후 인도에서 가져온 다수의 불경을 한문으로 번역하였다. ___(가)___ 의 인도 순례기는 고전 소설의 주요한 소재가 되었는데, 삼장법사와 손오공 일행의 모험담을 재미있게 풀어낸 『서유기』가 대표적이다.

① 선종을 창시하였다.
② 『왕오천축국전』을 남겼다.
③ 일본에 계율을 전파하였다.
④ 『대당서역기』를 저술하였다.
⑤ 일본 쇼토쿠 태자의 스승이 되었다.

213

(가)에 들어갈 내용으로 가장 적절한 것은?

〈○○차시 동아시아사 수업 노트〉

주제 : (가)

• 수업 방식과 목적 : 사료 탐구 학습을 통하여 학생의 사료 해석 능력과 탐구력을 증진한다.

• 제시할 사료

진평왕 시기에 지혜라는 승려가 불전을 수리하려고 하는데 자금이 모자랐다. 어느 날 꿈속에서 아름다운 선녀가 나타났다. "나는 선도산의 신모(神母)이니라. 네가 불전을 수리하는 것을 어여삐 여겨 금 10근을 내리노니, 내 자리 밑에서 금을 캐내어 불상을 장식하고 벽에는 부처와 대중 및 여러 천신과 산신을 그리거라."

① 선종의 성립
② 불교의 토착화
③ 왕즉불 사상의 대두
④ 유교와 불교의 융합
⑤ 신불습합과 하치만 신상

★빈출
214

다음 불탑에 대한 설명으로 옳은 것만을 〈보기〉에서 고른 것은?

▲ 대안탑(중국 시안)

[보기]

ㄱ. 불국사 3층 석탑의 영향을 받았다.
ㄴ. 쇼토쿠 태자의 발원으로 만들어졌다.
ㄷ. 지역의 환경에 맞는 재료를 이용하여 만든 것이다.
ㄹ. 현장이 인도에서 가져온 불경을 보관하기 위해 세워졌다.

① ㄱ, ㄴ
② ㄱ, ㄷ
③ ㄴ, ㄷ
④ ㄴ, ㄹ
⑤ ㄷ, ㄹ

3. 성리학의 성립과 확산

215

다음 글을 쓴 인물의 활동으로 옳은 것은?

『대학』은 공자가 남긴 글이니 학문하는 사람이 맨 처음에 배워야 할 덕행의 지름길에 해당한다. 즉 오늘날에 선현의 학문을 배우고자 하는 사람은 먼저 『대학』을 공부해야 하며 그 다음이 『논어』와 『맹자』이다.   － 『대학장구』 －

① 성리학을 집대성하였다.
② 율령 체제를 완성하였다.
③ 『오경정의』를 편찬하였다.
④ 법가적 통치 이념을 채택하였다.
⑤ 심즉리와 지행합일을 강조하였다.

★빈출
216

다음 글의 작성 배경에 대한 탐구 주제로 가장 적절한 것은?

예(禮)란 사람이 처신을 올바르게 해서 서열이 흐트러지지 않는 것을 말한다. 젊은이가 늙은이를 공경하고 천한 자가 위계가 높은 자를 존중하는 것이 예(禮)이다. …… 이 마음을 천하로 확장하면 군주와 신하, 윗사람과 아랫사람과 같은 인간 간의 관계가 흐트러짐이 없을 것이다.   － 하야시 라잔, 『삼덕초』 －

① 진시황제의 사상 탄압
② 한 무제의 유교 이념 채택
③ 『부모은중경』 편찬의 의미
④ 포로로 끌려간 강항의 학문과 그 영향
⑤ 심즉리, 양지의 의미와 구체적인 실행 방법

217

(가)에 들어갈 학문으로 옳은 것은?

명 대에 이르러 성리학이 사회 모순에 적절하게 대응하지 못하자 왕수인이 (가) 을 발전시켰다. 왕수인은 '심즉리'와 더불어 굳이 배우지 않아도 타고난 '양지'를 통해 사물을 올바르게 이해할 수 있다고 주장하였다.

① 난학
② 고증학
③ 공양학
④ 양명학
⑤ 금석학

218

밑줄 친 '시설'이 확산된 배경으로 적절한 것은?

> 조선 중기에 각 지역에 설립되기 시작한 시설은 학문 연구를 위한 강당과 유생의 숙소 등을 갖추었다. 그리고 선현의 위패를 모시고 제사 의식을 행하는 사당을 별도의 공간에 갖추었다.

① 주변국과의 활발한 교류로 종교와 학문에 대한 관심이 높아졌다.
② 서구 문물이 본격적으로 유입되면서 기존 가치관에 변화가 일어났다.
③ 임진왜란과 병자호란으로 농토가 황폐화되고 국가 재정이 어려워졌다.
④ 성리학이 국가 통치 이념이자 사회 질서 유지의 이념으로 자리 잡았다.
⑤ 원효, 의상 등의 노력에 의해 불교를 신봉하는 민중이 크게 증가하였다.

219

다음 글에 담긴 삶의 태도를 강조한 지배 계층에 대한 설명으로 옳은 것만을 〈보기〉에서 고른 것은?

> 고위 관직에 올라 직무를 담당하고 있을 때에는 백성을 걱정하고, 관직에서 물러나 초야에 있을 때에는 군주를 걱정한다. …… 그러하다면 도대체 언제 즐거워한다는 말인가? 천하 사람들보다 먼저 근심을 하고 천하 사람들이 모두 즐거워한 뒤에야 즐거워해야 하는 것이다.
>
> – 범중엄, 「악양루기」 –

【 보기 】
ㄱ. 헤이안 시대 이후 일본 지배층의 주류를 형성하였다.
ㄴ. 유교적 사회 질서를 유지하는 것이 소임이라고 여겼다.
ㄷ. 신라 말과 고려 말에 새로운 사회 건설의 움직임을 주도하였다.
ㄹ. 학문적 능력을 바탕으로 과거 시험을 통해 관직에 진출하였다.

① ㄱ, ㄴ   ② ㄱ, ㄷ   ③ ㄴ, ㄷ
④ ㄴ, ㄹ   ⑤ ㄷ, ㄹ

1등급을 향한 서답형 문제

[220~221] 자료를 읽고 물음에 답하시오.

> 짐은 동중서가 올린 건의를 받아들여 『시경』, 『서경』, 『주역』, 『예기』, 『춘추』의 오경을 연구하는 박사를 둘 것이다. 그리고 수도인 장안에는 교육 기관으로 태학을 세워서 오경을 가르칠 것이며, 이를 배운 학생들 중에서 우수한 자를 관리로 선발할 것이다.

220

밑줄 친 '짐'에 해당하는 인물을 쓰시오.

221

자료의 정책 시행에 반영된 정치 이념을 쓰고, 이 정치 이념을 채택한 목적을 구체적으로 서술하시오.

(1) 정치 이념

(2) 채택 목적

[222~223] 자료를 읽고 물음에 답하시오.

> 성(性)이 곧 이(理)이다(성즉리). 천하의 모든 이(理)는 그 시작하는 곳을 살펴보면 선(善)이 아닌 것이 없다. 희로애락이 밖으로 나타나기 전에는 무엇이든 선하지 않은 것이 없으며, 밖으로 드러나서도 절도에 맞는다면 그 또한 선하지 않은 것이 없도다.
>
> – 「근사록」 –

222

위 주장을 펼친 인물이 집대성한 학문을 쓰시오.

223

위의 학문에서 제시한 수행 방법을 두 가지 쓰고, 그 구체적인 의미를 서술하시오.

적중 1등급 문제

» 바른답·알찬풀이 23쪽

224

(가) 국가의 통치 체제에 대한 설명으로 옳은 것은?

> ⎡ (가) ⎤의 현종 시기에 시행된 문서 행정에 관한 법률 조문에 따르면 관문서에 잘못이 있으면 해당 관리는 장관에게 물어서 바르게 고쳐야 하고, 이를 지키지 않을 경우 태형 40대에 처하게 되어 있었다. 이때의 태형은 상서성 소속의 형부에서 집행하였다. ⎡ (가) ⎤대에 완성된 이러한 율령 체제는 주변국으로 전파되었다.

① 독서삼품과를 실시하였다.
② 농민에게 토지를 지급하였다.
③ 교육 기관으로 주자감을 설치하였다.
④ 정당성 아래에 좌사정과 우사정을 두었다.
⑤ 중무성, 식부성 등의 행정 관청을 운영하였다.

225

(가) 도시에 대한 설명으로 옳은 것은?

> 이 건물은 8세기에 조성된 ⎡ (가) ⎤에 위치한 궁궐의 정전이다. 군주 즉위식이나 외국 사절의 접견 등 각종 의례가 거행된 곳으로, 남쪽에는 주작문이 있었고 동남쪽에는 식부성 등의 관청 건물이 있었다.

① 황룡사가 건립되었다.
② 삼별초 항쟁의 거점이었다.
③ 장안성을 본떠 만들어졌다.
④ 가마쿠라 막부의 소재지였다.
⑤ 3성 6부의 관청이 위치하였다.

226

밑줄 친 '우리 왕조'에서 볼 수 있는 모습으로 가장 적절한 것은?

> ○○월 ○○일
> 오늘 황제께서 응시자를 직접 시험하셨다. 이러한 방식은 우리 왕조 초기 한림학사 이방이 사사로운 정을 개입시켜 합격과 불합격을 결정하였다고 제소당한 이후 당시 황제께서 최종 시험장에서 불합격된 사람 360명의 이름을 명부에 기재한 뒤, 그들을 소견하고 195명을 선발한 제도에서 시작되었다. …… 이후 우리 왕조에서 전시가 정례화되어 오늘에 이르고 있는 것이다.

① 유학을 공부하는 사대부
② 이사의 건의를 수용하는 황제
③ 룽먼 석굴 조성에 동원된 인부
④ 호류사에서 불공을 드리는 신자
⑤ 다루가치에 대한 불만을 토로하는 관리

227

지도의 형세가 전개되던 시기의 사실로 옳은 것은?

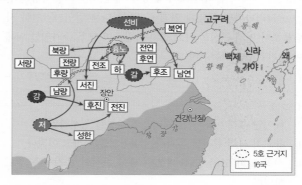

① 별무반의 편성이 이루어졌다.
② 고구려에 불교가 전래되었다.
③ 돌궐에 화번 공주가 파견되었다.
④ 주요 항구에 시박사가 설치되었다.
⑤ 히미코가 친위왜왕으로 책봉되었다.

228

다음 대화의 소재가 된 문화유산으로 가장 적절한 것은?

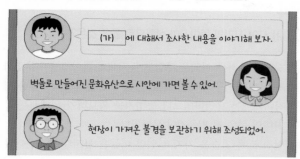

(가) 에 대해서 조사한 내용을 이야기해 보자.

벽돌로 만들어진 문화유산으로 시안에 가면 볼 수 있어.

현장이 가져온 불경을 보관하기 위해 조성되었어.

①

②

③

④

⑤

229

자료가 작성된 시기의 동아시아 상황으로 옳은 것은?

견당선을 타고 온 일본 승려와 제자 일행은 현재 적산 법화원에 머물고 있다고 한다. 이들이 오대산을 비롯한 여러 성지를 돌아보고자 주·현의 관문과 나루를 통과할 수 있는 공문을 청하였다. 이에 그들에게 공문을 주어 증거 문서로 삼도록 한다.

① 아스카 일대에 사찰이 세워졌다.
② 감진이 일본에 계율을 전하였다.
③ 청해진이 해상 교역을 주도하였다.
④ 벽란도에 각국 상인이 왕래하였다.
⑤ 혜초가 『왕오천축국전』을 저술하였다.

230

자료의 학문 경향에 대한 설명으로 옳은 것은?

사람은 본래 이(理)를 가지지만 단지 기(氣)를 받아 물욕(物欲)에 가리어진다. 만약 사물의 이치를 끝까지 파고 들어가 앎에 이르지 못한다면 …… 거듭 실패하게 된다. …… 무릇 배우는 자는 내면적으로 집중하고 엄숙한 태도를 유지하면서 이치를 궁리하여야 한다.

① 다이호 율령에 반영되었다.
② 서원과 향약을 통해 확산되었다.
③ 진시황제 정책의 토대가 되었다.
④ 북인도를 거쳐 동아시아에 전해졌다.
⑤ 동중서의 건의에 따라 통치 이념이 되었다.

231

교사의 질문에 대한 학생들의 답변 내용으로 가장 적절한 것은?

이 글은 강항이 남긴 것입니다. 밑줄 친 '그'에 대해 말해 볼까요?

묘수원의 승려인 그는 두뇌가 총명하고 옛글을 익히 다룰 줄 아는 사람으로, 어느 책이나 모르는 것이 없고 성품은 아주 꼿꼿하였다. …… 그는 과거 절차, 공자를 제사 지내는 절차, 왕에게 유학 경전을 강의하며 나라를 다스리는 도를 가르치는 일 등을 내게 물었다.

① 법흥왕에 의해 처형당하였습니다.
② 『입당구법순례행기』를 남겼습니다.
③ 『사서오경왜훈』을 저술하였습니다.
④ 쇼토쿠 태자에게 불교를 가르쳤습니다.
⑤ 참선을 중시하는 선종을 창시하였습니다.

232

다음 인구 이동이 일어난 배경을 알아보기 위한 탐구 활동으로 가장 적절한 것은?

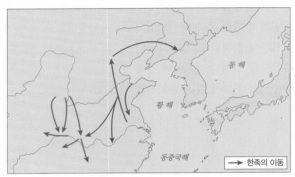

▲ 기원 전후 ~ 4세기 한족의 이동

① 야요이 문화의 특징을 파악한다.
② 흉노 등 5호의 동향을 알아본다.
③ 5대 10국의 전개 과정을 정리한다.
④ 위만이 이주할 당시의 상황을 파악한다.
⑤ 춘추·전국 시대의 사회 모습을 살펴본다.

233

다음 두 인구 이동의 공통점으로 옳은 것은?

• 지금 진(晉)의 장안이 함락되고 사마예가 강남으로 내려갔습니다. 이에 천하가 그에게 속하게 되었습니다.
• 주몽이 북부여에서 낳은 아들이 오자 비류와 온조는 태자에게 용납되지 않을 것을 두려워하여 남쪽으로 갔다.

① 새로운 국가의 건설로 이어졌다.
② 만리장성이 축성되는 결과를 가져왔다.
③ 야마토 정권의 세력 확대에 기여하였다.
④ 기후 변화와 자연재해를 배경으로 일어났다.
⑤ 농경 민족과 유목 민족의 대립으로 발생하였다.

234

(가), (나) 사이 시기의 동아시아 상황으로 옳은 것은?

(가) 창장강의 하류 지역은 무덥고 늪지대가 많아 2세기 무렵까지만 해도 인구 밀도가 낮았다. 물이 풍부하여 농작물을 경작하기에는 유리하였으나 농경지를 확보하기 위해서는 늪지대의 물을 빼내는 것이 문제였다.

(나) 선진 토목 기술을 가지고 있던 이들은 늪지대 한가운데에 제방을 쌓고, 그 내부의 물을 바깥으로 빼는 작업을 하여 늪지대를 농경지로 만들었다. 이러한 개발은 수백 년의 시간이 흘러 송 대에 이르러 완료되었다.

① 동진이 건국되었다.
② 진시황제가 사망하였다.
③ 천황이라는 칭호가 사용되었다.
④ 한 무제가 대외 정복 전쟁을 전개하였다.
⑤ 고구려가 한반도의 주도권을 장악하였다.

235

(가) 국가 사람들의 활동이 끼친 영향에 대한 학생들의 발표 내용으로 가장 적절한 것은?

일본 열도의 초기 고대 국가는 한반도로부터 많은 영향을 받았다. 고대 국가의 형성에 결정적인 요인으로 작용한 철기의 제작 기술도 한반도를 통해 받아들였다. 특히 뛰어난 제철 기술로 덩이쇠를 생산하였던 [(가)]의 영향을 많이 받았는데, 오늘날 일본에서 발견되는 덩이쇠를 통해 이를 알 수 있다.

① 낙랑군이 멸망하였어요.
② 부여족이 남하하였어요.
③ 스에키 토기가 제작되었어요.
④ 백제가 마한 세력을 통합하였어요.
⑤ 베트남 북부 지역에 9군이 설치되었어요.

236

밑줄 친 '황제'에 대한 설명으로 옳은 것은?

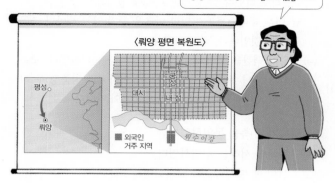

> 화북을 차지한 후 이 나라의 황제는 평성에서 뤄양으로 천도하였습니다.

① 헤이안쿄를 건설하였다.
② 신라와 동맹을 체결하였다.
③ 백등산 전투에서 패배하였다.
④ 한족의 언어와 풍습을 받아들였다.
⑤ 히미코를 친위왜왕으로 책봉하였다.

237

(가) 정권에 대한 설명으로 옳은 것만을 〈보기〉에서 고른 것은?

전방후원분은 앞은 네모지고 뒤는 원형을 띤 고대 일본의 전형적인 무덤으로서 (가) 의 지배자들은 거대한 전방후원분을 만들어 권력을 과시하였다.

▲ 다이센 고분

[보기]
ㄱ. 사로국에서 출발하였다.
ㄴ. 씨성 제도를 실시하였다.
ㄷ. 후한의 광무제에게 조공하였다.
ㄹ. 유력 호족의 연합으로 수립되었다.

① ㄱ, ㄴ   ② ㄱ, ㄷ   ③ ㄴ, ㄷ
④ ㄴ, ㄹ   ⑤ ㄷ, ㄹ

238

(가) 국가가 존속하였던 시기의 사실로 옳은 것은?

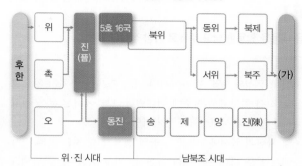

① 후한이 멸망하였다.
② 문성 공주가 토번에 파견되었다.
③ 백제와 고구려가 차례로 멸망하였다.
④ 왜의 지원군이 백강 전투에서 패배하였다.
⑤ 신라가 한강 유역을 통해 중국과 교류하였다.

[239~240] 다음을 보고 물음에 답하시오.

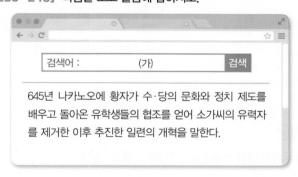

검색어 : (가)   검색

645년 나카노오에 황자가 수·당의 문화와 정치 제도를 배우고 돌아온 유학생들의 협조를 얻어 소가씨의 유력자를 제거한 이후 추진한 일련의 개혁을 말한다.

239

(가)에 들어갈 개혁의 명칭을 쓰시오.

240 ✏ 서술형

(가) 개혁의 목적을 서술하시오.

04 국제 관계의 다원화

241

다음 내용을 활용한 탐구 주제로 가장 적절한 것은?

> • 백제 동성왕 8월, 탐라에서 공납과 조세를 바치지 않으므로 직접 치려고 무진주에 이르렀다. 탐라에서 소문을 듣고 사신을 보내 사죄하므로 중지하였다.
> • 왜 사신의 국서에 "해 뜨는 곳의 천자가 해 지는 곳의 천자에게 글을 보내는데, 평안하신지?"라고 하였다. 수 황제가 이를 불쾌히 여겼다.

① 화번 공주 파견의 목적
② 삼국 간 항쟁의 전개 과정
③ 견수사와 견당사 파견의 배경
④ 동아시아 각국의 독자적 천하관
⑤ 중국 중심의 동아시아 국제 질서 확립

242

(가) 국가의 대외 관계에 대한 설명으로 옳은 것은?

> 백제 개로왕이 북위에 사신을 보내어 예방하고 다음과 같은 표문을 올렸다. " (가) 와/과 원한을 맺고 전쟁이 이어진 지 30여 년이 되었으니, …… 속히 장수를 보내 우리나라를 구해주소서."라고 하였다. 이에 북위의 황제가 " (가) 은/는 선대로부터 변방의 신하로 자처하여 왔다. …… 나의 명령을 위반한 죄를 지은 일이 없다." …… 개로왕이 이를 원망하여 마침내 조공을 중단하였다.

① 동호를 공격하여 복속시켰다.
② 수와 당의 침입을 격퇴하였다.
③ 호라즘을 공격하여 무너뜨렸다.
④ 한 무제의 공격으로 멸망하였다.
⑤ 왜의 노국왕으로부터 조공을 받았다.

243

(가), (나) 사이 시기의 사실로 옳은 것은?

> (가) 고려는 "너희가 9성의 반환을 요청하였으니 하늘에 맹세하라."라고 하였다. 추장 등은 하늘에 맹세하여 말하기를 "지금 이후 대대손손까지 악한 마음을 품지 않고 해마다 조공을 바칠 것입니다."라고 하였다.
> (나) 국왕이 백관을 불러 금을 섬길지 말지를 논의하였다. 모든 신하가 아니 된다고 주장하였으나 이자겸과 척준경 두 사람만이 사대를 주장하였다. 이에 임금이 따랐다.

① 아구다가 부족을 통일하였다.
② 탕구트족이 서하를 수립하였다.
③ 고조선의 옛 땅에 4군이 설치되었다.
④ 흉노가 고비 사막 이북으로 쫓겨났다.
⑤ 일본에서 가마쿠라 막부가 수립되었다.

244

(가), (나) 국가에 대한 설명으로 옳은 것만을 〈보기〉에서 고른 것은?

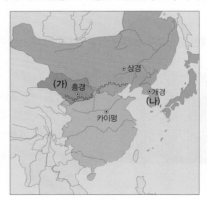

[보기]
ㄱ. (가) – 송으로부터 세폐를 받았다.
ㄴ. (가) – 고려를 세 차례 침략하였다.
ㄷ. (나) – 윤관이 여진을 정벌하였다.
ㄹ. (나) – 연운 16주를 두고 송과 대립하였다.

① ㄱ, ㄴ　　　② ㄱ, ㄷ　　　③ ㄴ, ㄷ
④ ㄴ, ㄹ　　　⑤ ㄷ, ㄹ

245

(가) 국가의 발전 과정을 알아보기 위한 탐구 활동으로 가장 적절한 것은?

◀ 남송을 공격하기 위해 창장강을 건너는 (가) 의 군인들

◀ 규슈 북부에 상륙하여 일본군과 교전하는 (가) 의 군인들

① 천호제의 정비 양상을 살펴본다.
② 북면관과 남면관의 역할을 비교한다.
③ 맹안·모극제의 실시 사례를 조사한다.
④ 헤이조쿄의 구조가 갖는 특징을 분석한다
⑤ 다이카 개신이 이루어진 배경을 알아본다.

246

밑줄 친 '막부' 시기에 볼 수 있는 모습으로 가장 적절한 것은?

> 막부가 수립된 직후, 고다이고 천황은 이를 받아들이지 않고 남쪽의 요시노로 도망가 막부와 대립하였다. 이에 막부는 교토에 다른 천황을 옹립하여 일본 열도에는 두 명의 천황이 병존하게 되었다. 이러한 분열은 57년간 계속되다 남조가 북조에 양위하는 형식으로 종결되었다.

① 감합을 확인하는 관리
② 쿨 테긴 비를 건립하는 인부
③ 전연의 맹약을 수용하는 황제
④ 『대월사기』를 저술하는 지식인
⑤ 호조씨와 함께 국사를 논의하는 무사

247

교사의 질문에 대한 학생의 답변으로 옳은 것은?

정변을 일으켜 즉위한 황제가 자금성을 짓고 베이징으로 천도하였습니다. 이 황제의 활동에 대해 말해 볼까요?

① 육유를 제정하였어요.
② 국호를 원으로 고쳤어요.
③ 위화도 회군을 하였어요.
④ 여러 차례 몽골 원정에 나섰어요.
⑤ 고려와 연합하여 일본을 공격하였어요.

[248~249] 다음을 읽고 물음에 답하시오.

> 황제의 신임을 얻은 재상 (가) 은/는 ㉠ 균수법, 시역법 등의 재정 개혁 정책과 보갑법, 보마법 등의 군사 개혁 정책을 추진하였다. 그러나 보수 세력이 (가) 의 신법 추진에 강하게 반발하면서 당쟁이 격화되었고, 송의 국력은 더욱 약화되었다.

248

(가)에 들어갈 인물을 쓰시오.

249 ✏ 서술형

밑줄 친 ㉠ 정책이 추진된 배경을 서술하시오.

05 유학과 불교

250

밑줄 친 '정책'의 사례로 옳은 것은?

> 항우를 굴복시키고 중국을 통일한 유방에게 육가는 "말 위에서 천하를 얻을 수는 있지만, 말 위에서 어찌 천하를 다스릴 수 있겠습니까? 만일 진이 천하를 통일한 후 인의(仁義)를 따르고 옛 성왕의 길을 지켰다면, 폐하께서 어찌 천하를 얻으실 수 있었겠습니까?"라고 말하였다. 유방은 이를 옳게 여기고 육가의 주장을 담은 책을 펴내도록 하였다. 이후 인의를 강조하는 사상은 점차 세력을 얻게 되었고, 동중서의 건의를 계기로 여러 정책이 추진되었다.

① 균전제를 마련하였다.
② 과거제를 시행하였다.
③ 재상제를 폐지하였다.
④ 오경박사를 설치하였다.
⑤ 분서갱유를 단행하였다.

251

다음 제도를 운영한 국가에 대한 설명으로 옳은 것은?

> 『춘추좌씨전』이나 혹은 『예기』, 『문선』을 읽고 그 뜻에 능통하며 『논어』와 『효경』에 모두 밝은 자를 상품으로, 『곡례』와 『논어』, 『효경』을 읽은 자를 중품으로, 『곡례』와 『효경』을 읽은 자를 하품으로 삼았다. 혹 오경, 삼사, 제자백가의 글을 널리 통달한 자는 등급을 뛰어넘어 발탁 등용하였다. 예전에는 오직 궁술(弓術)로써만 사람을 선발하였으니, 이때에 이르러 이를 개정하였다.

① 국학을 설립하였다.
② 전시를 정례화하였다.
③ 군국제를 실시하였다.
④ 상앙과 이사를 중용하였다.
⑤ 법가를 통치 이념으로 삼았다.

252

다음 관제를 운영한 국가에 대한 설명으로 옳은 것은?

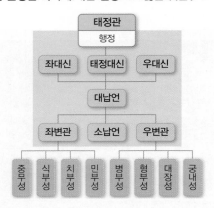

① 무과를 실시하였다.
② 『당률소의』를 편찬하였다.
③ 장안성을 참고하여 상경성을 건립하였다.
④ 균전제를 모방하여 반전수수제를 실시하였다.
⑤ 촌락 문서를 기초로 조세와 부역을 징수하였다.

253

다음 경전이 제작된 시기에 볼 수 있는 모습으로 가장 적절한 것은?

경주 불국사 삼층 석탑에서 발견된 두루마리 형태의 불경 인쇄본으로, 현존하는 가장 오래된 목판 인쇄물로 여겨진다.

① 『입당구법순례행기』를 쓰는 승려
② 호류사 조성에 참여하는 기술자
③ 대안탑의 건립을 명령하는 황제
④ 감진으로부터 계율을 배우는 신자
⑤ 이차돈에 대한 처형을 명령하는 국왕

➤➤ 바른답·알찬풀이 26쪽

254

다음과 같은 특징이 반영된 문화유산으로 적절한 것만을 〈보기〉에서 옳게 고른 것은?

- 선덕왕이 병이 들었는데, 의술과 기도로 효과가 없었으므로 황룡사에서 백고좌 강회를 개최하여 승려를 모아 『인왕경』을 강론하게 하였다.
- 우리 왕업은 부처의 도움을 받아야 한다. 따라서 불교 사원을 건립하고 주지를 파견하여 불도를 닦음으로써 각각 자기 직무를 다하도록 하라.

[보기]

ㄱ.   ㄴ.

ㄷ.   ㄹ.

① ㄱ, ㄴ   ② ㄱ, ㄷ   ③ ㄴ, ㄷ
④ ㄴ, ㄹ   ⑤ ㄷ, ㄹ

255

(가) 인물이 활동하던 시기 일본의 상황으로 옳은 것은?

성왕이 불상과 경전을 전해 주었다. 이를 계기로 불교의 수용을 두고 조정 내에서 큰 대립이 발생하였다. 모노노베씨는 토착 신이 노할 것이라 주장하였다. 하지만 소가씨는 당시 태자였던 ___(가)___ 와/과 연합하여 모노노베씨를 축출하고 불교를 널리 받아들였다.

① 아스카 문화가 발달하였다.
② 고유의 국풍 문화가 성장하였다.
③ 송의 동전이 대량으로 유입되었다.
④ 백제 부흥 운동 지원군이 파견되었다.
⑤ 아시카가 요시미쓰가 일본 국왕으로 책봉되었다.

256

밑줄 친 '막부'에 대한 설명으로 옳은 것은?

하야시 라잔이 막부의 가신과 영주의 자제를 위해 세웠던 학교에 있던 공자 사당을 유시마쇼헤이자카로 옮긴 것이다.

① 슈고와 지토를 파견하였다.
② 성리학을 관학으로 삼았다.
③ 『백만탑다라니경』을 간행하였다.
④ 당에 많은 유학생을 파견하였다.
⑤ 『부모은중경』을 처음 편찬하였다.

[257~258] 다음을 보고 물음에 답하시오.

▲ 7세기 ___(가)___ 의 구법 여행 경로

257

(가)에 들어갈 승려를 쓰시오.

258 ✎ 서술형

(가) 승려의 활동을 두 가지 이상 서술하시오.

06 17세기 전후 동아시아 전쟁

☑ 출제 포인트   ☑ 도요토미 히데요시의 정책   ☑ 임진왜란   ☑ 정묘·병자호란   ☑ 문화적 화이론

1. 16세기의 동아시아

⭐1 명의 쇠퇴 ⓒ 57쪽 275번 문제로 확인

(1) **북로남왜**
① **북로** : 몽골 남하 → 토목보의 변, 베이징 포위
② **남왜** : 16세기 중반, 왜구의 중국 동남 해안 약탈 극심

(2) **정국 불안정**   환관의 부패, 당쟁

(3) **명의 대응**   장거정 등용 → 몽골 세력과 강화, 환관 세력 억제, 일조편법 확대 시행

2 조선과 일본의 정세

(1) **조선**

정치	• 사림 성장 → 훈구와 충돌, 16세기 후반부터 정권 장악, 붕당 형성 • 장기간의 평화, 군역 제도의 모순 → 국방력 약화
외교	• 명과의 관계 : 조공·책봉 관계 수립 • 일본과의 관계 : 쓰시마 공격 후 계해약조를 맺어 교역 허용(15세기) → 삼포 왜란, 을묘왜변, 통신사 파견(16세기)

⭐(2) 일본
① **센고쿠 시대** : 오닌의 난 이후 다이묘 간 내전 전개, 포르투갈 상인으로부터 조총 전래 → 나가시노 전투로 오다 노부나가의 세력 확대 → 뒤를 이은 도요토미 히데요시가 혼란 수습
② **도요토미 히데요시의 정책** : 센고쿠 시대 통일, 토지 조사, 도량형 통일, 농민의 무기 소유 금지, 병농 분리 확립

> **자료**   **무기 몰수령** ⓒ 58쪽 278번 문제로 확인
>
> 지방의 백성들이 칼, 단도, 조총 기타 무기류를 소지하는 것을 금지한다. 불필요한 도구류를 쌓아 두고 봉기를 꾸미거나 영주의 가신에게 불법 행위를 하는 자들은 당연히 처벌해야 한다. 다이묘와 가신, 대관들은 무기류를 모두 모아서 바치도록 하라.
>
> 분석 > 전국 시대를 통일한 도요토미 히데요시는 무기 몰수령을 내려 농민이 무사 신분으로 상승하는 것을 막았다. 이에 따라 센고쿠 시대의 하극상 풍조가 사라지고 신분 이동이 제한되었다.

2. 16~17세기 동아시아 전쟁의 전개

⭐1 임진왜란(1592~1598) ⓒ 57쪽 281번 문제로 확인

발발	도요토미 히데요시가 다이묘의 군사력 약화, 영토 확장, 무역 확대 등을 목표로 조선 침공
임진 왜란	• 초기에 일본 우세 : 부산포 급습 → 한성 함락 → 평양, 함경도 진격 • 조선의 대항 : 수군의 활약(이순신), 각지에서 의병 활동 • 명군 참전 : 조·명 연합군이 평양성 전투 승리 → 명군의 벽제관 전투 패배
정유 재란	• 휴전 협상 : 명과 일본이 강화 추진 → 일본의 무리한 요구로 결렬 • 정유재란(1597) : 이순신 활약, 도요토미 히데요시 사망 후 일본군 철수

2 정묘·병자호란

(1) 후금의 성장
① **누르하치** : 경제력 축적, 팔기제 시행, 후금 건국 후 명과 대립
② **광해군의 중립 외교** : 명의 요구로 파병 → 사르후 전투에서 조선군 투항 → 추가 파병 요구 거절 → 인조반정(광해군 폐위)

⭐(2) 정묘·병자호란 ⓒ 60쪽 286번 문제로 확인

정묘호란 (1627)	• 인조반정 이후 조선의 친명 배금 정책, 명 장수 모문룡에 대한 지원 확대 • 후금 군대가 조선 침공 → 형제 관계 수립
병자호란 (1636)	후금의 홍타이지가 황제를 칭하고 국호를 '청'으로 고친 후 조선에 군신 관계 수립 요구 → 조선의 거부 → 청군이 조선 침공 → 남한산성에서 항전 → 조선의 항복(군신 관계 수립), 삼전도비 건립

3. 전후 동아시아 사회의 변화

⭐1 명·청의 교체와 동아시아 국제 질서 변화

청	• 이자성의 농민 반란으로 명 멸망(1644) → 청이 베이징 점령 • 강희제 : 삼번의 난 진압, 반청 세력의 근거지였던 타이완 복속 • 옹정제 : 어느 민족이나 중화가 될 수 있다는 화이론 주장 • 건륭제 : 티베트, 신장, 몽골을 포함하는 영토 확보
조선	• 청에 연행사 파견, 일본에 통신사 파견 • 북벌론 대두, 조선이 유일한 중화라는 조선 중화주의 등장
일본	• 임진왜란 이후 세키가하라 전투(1600)에서 도쿠가와 이에야스의 동군 승리 → 에도 막부 수립(1603) • 조선과 국교 재개, 명·청과는 국교를 수립하지 않음

> **자료**   **문화적 화이론 대두** ⓒ 61쪽 291번 문제로 확인
>
> • 중화인은 인의를 아는 것이고, 오랑캐는 윤리를 모르는 것이다. 그러하니 어찌 태어난 곳이 중원이냐 아니냐를 가지고 중화인과 오랑캐를 구별할 수 있겠는가. – 「대의각미록」 –
> • 오직 우리나라만이 한쪽 구석에 치우쳐 있어 홀로 예를 간직한 나라가 되었으니 …… 공자께서 다시 태어나면 반드시 뗏목을 타고 동쪽 우리나라로 올 것이다. – 「송자대전」 –
>
> 분석 > 청은 중화인과 오랑캐는 중화의 인의를 아느냐 모르느냐에 따라 결정된다며 자신들의 중국 지배를 합리화하였다. 한편 조선에서는 '조선이 중화(명)의 문명을 계승하였다'라고 인식하는 조선 중화주의가 대두하였다. 그러나 현실을 직시하고 청을 배우자는 북학 운동도 일어났다.

2 전쟁을 통한 인구와 문물의 교류

조선	• 사야카(김충선) 등 일본인 투항 → 조총 제작과 사격 기술 전래 • 국교 재개 후 조선이 에도 막부의 요청으로 통신사 파견 • 정유재란 당시 관우를 섬기는 신앙이 조선에 유입 • 소현 세자 등이 청으로부터 서양 문물 수용 • 벨테브레이 등이 서양식 총포 제작에 참여
일본	조선의 성리학자(강항)와 도자기 기술자(이삼평) 등이 포로로 끌려가 일본의 학문, 도자기 기술 발전의 토대를 형성

분석 기출 문제

»» 바른답·알찬풀이 28쪽

핵심 개념 문제

•• 빈칸에 들어갈 알맞은 말을 쓰시오.

259 15세기 중반 이후 (   )이/가 남하하여 명의 황제를 포로로 사로잡거나 수도인 베이징을 포위하기도 하였다.

260 명은 '베이징의 울타리'인 랴오둥(요동)을 방어하기 위해 (   ) 때 조선에 원군을 파병하였다.

261 임진왜란 이후 조선은 일본과 국교를 재개하였고, 에도 막부의 요청에 따라 (   )을/를 파견하였다.

•• 다음 내용이 옳으면 ○표, 틀리면 ×표를 하시오.

262 조선은 쓰시마를 정벌한 후 계해약조를 맺어 에도 막부와의 교역을 허용하였다. (   )

263 정유재란 때 일본으로 끌려간 이삼평은 아리타 자기 발전에 크게 도움을 주었다. (   )

264 인조반정 이후 서인 정권의 친명 배금 정책은 정묘호란이 일어나는 배경이 되었다. (   )

•• 각 전쟁과 관련 있는 내용을 바르게 연결하시오.

265 임진왜란 •　　•ㄱ 조·명 연합군 형성

266 정묘호란 •　　•ㄴ 인조가 남한산성으로 피신

267 병자호란 •　　•ㄷ 조선과 후금이 형제 관계 수립

•• 괄호 안에 들어갈 알맞은 말을 고르시오.

268 오다 노부나가는 (㉠ 나가시노, ㉡ 세키가하라) 전투에서 조총을 활용하여 승리하였다.

269 만주의 누르하치는 명의 지배에서 벗어나 여진을 통일하고 국호를(㉠ 후금, ㉡ 청)으로 정하였다.

270 병자호란 이후 조선에서는 청에 굴복한 수치심을 씻기 위한 (㉠ 북학, ㉡ 북벌) 운동이 전개되었다.

•• 다음 내용과 관련 있는 인물을 〈보기〉에서 고르시오.

271 명의 요구에 따라 강홍립을 도원수로 삼아 조선군을 파견하였다. (   )

272 농민의 무기 소유를 금지하여 농민이 무사 신분으로 성장하는 것을 막았다. (   )

273 황제를 칭하고 군신 관계 수립을 요구하며 조선을 침공하였다. (   )

[보기]
ㄱ. 광해군　　　ㄴ. 홍타이지　　　ㄷ. 도요토미 히데요시

274

교사의 질문에 대한 학생들의 답변으로 가장 적절한 것은?

현재 우리가 볼 수 있는 만리장성은 15세기부터 만들어진 것입니다. 중국은 왜 만리장성을 다시 쌓았을까요?

① 거란이 연운 16주를 차지하였기 때문입니다.
② 몽골의 침략과 위협이 계속되었기 때문입니다.
③ 왜구가 빈번히 침입하여 약탈하였기 때문입니다.
④ 고려의 윤관이 동북 지역에 9성을 쌓았기 때문입니다.
⑤ 5호가 화북 지역을 차지하고 16국을 세웠기 때문입니다.

★ 빈출
275

(가)에 들어갈 내용으로 옳은 것은?

〈○○○의 개혁〉
• 목표 : 국정 쇄신, 재정 확대 등
• 주요 내용 : 몽골과 강화, 환관 세력 억제, [(가)] 등
• 영향 : ○○○ 사후 관료와 신사층의 반발 확산

① 교초의 유통 확대　　② 백운동 서원 건립
③ 정화의 원정 지원　　④ 일조편법 확대 시행
⑤ 헤이조쿄 건설과 천도

빈출
276

자료의 상황이 전개되던 시기의 사실로 옳은 것은?

> 쇼군의 계승 문제로 발생한 막부 내의 대립이 전국적인 규모로 확대되었다. 10여 년간 이어진 난으로 막부의 권위가 추락하였고 이후 각지의 다이묘들이 패권을 다투는 내전이 이어졌다.

① 쿠빌라이가 남송을 무너뜨렸다.
② 쩐흥다오가 외침을 막아내었다.
③ 2관 8성의 중앙 관제가 마련되었다.
④ 사림 세력이 훈구 세력과 충돌하였다.
⑤ 왜의 지원군이 백강 전투에 참여하였다.

277

다음 전투에 대한 탐구 활동으로 가장 적절한 것은?

> 오다 노부나가가 이끄는 연합군이 당시 최강으로 알려진 다케다 가쓰요리가 이끄는 기마 군단을 물리친 전투이다.

① 고다이고 천황의 생애를 조사한다.
② 삼포 왜란이 일어난 배경을 알아본다.
③ 화번 공주가 파견된 사례를 파악한다.
④ 조총의 전래가 끼친 영향을 살펴본다.
⑤ 서희의 외교 담판에 관한 기록을 분석한다.

빈출
278

다음 조치를 취한 인물에 대한 설명으로 옳은 것은?

> 지방의 백성들이 칼, 단도, 조총, 기타 무기류를 소지하는 것을 금지한다. 불필요한 도구류를 쌓아 두고 봉기를 꾸미거나 영주의 가신에게 불법 행위를 하는 자들은 당연히 처벌해야 한다. 다이묘와 가신, 대관들은 무기류를 모두 모아서 바치도록 하라.

① 세키가하라 전투에서 승리하였다.
② 주변국과 계해약조를 체결하였다.
③ 토지를 조사하고 도량형을 통일하였다.
④ 가도에 주둔하며 요동 수복을 천명하였다.
⑤ 세금을 은으로 징수하는 제도를 마련하였다.

2. 16~17세기 동아시아 전쟁의 전개

279

밑줄 친 '귀국'에 대한 설명으로 옳은 것은?

> 나 도요토미 히데요시 …… 싸움에서는 반드시 이기고 공격하면 반드시 빼앗았다. 대명국에 들어가 우리 나라의 풍속으로 중국 40주를 바꾸어 놓고 제도의 정화를 억만 년 동안 시행하고자 하는 것이 나의 마음이다. <u>귀국</u>이 선구가 되어 입조(入朝)한다면 장래에 희망이 있을 것이요, 눈앞에는 걱정이 없을 것이다.

① 자금성을 건설하고 천도하였다.
② 불경 보관을 위해 대안탑을 세웠다.
③ 왜구의 근거지인 쓰시마를 공격하였다.
④ 여러 차례에 걸친 거란의 침입을 물리쳤다.
⑤ 3성 6부에 기초한 통치 체제를 마련하였다.

빈출
280

다음 보고가 있었던 시기를 연표에서 옳게 고른 것은?

> 통신사로 다녀온 정사 황윤길은 그동안의 실정과 형세를 보고서를 올리면서 "필시 병화가 있을 것"이라고 하였다. 부사 김성일은 "그러한 정상은 발견하지 못하였는데, 황윤길이 장황하게 아뢰어 민심이 동요하게 됩니다."라고 하였다.

| | (가) | | (나) | | (다) | | (라) | | (마) | |
| 계해약조 | | 오닌의 난 | | 임진왜란 | | 정유재란 | | 병자호란 | | 명 멸망 |

① (가) ② (나) ③ (다) ④ (라) ⑤ (마)

★빈출
281

(가) 전쟁에 관한 학생의 발표 내용으로 가장 적절한 것은?

수행평가 계획서

주제 : [(가)]을/를 부르는 다양한 명칭

〈탐구 항목〉
- 조선이 전쟁을 일으킨 주체가 왜임을 강조한 명칭으로 전쟁을 부르는 이유
- 일본이 사용하는 '분로쿠·게이초의 역'이라는 명칭이 가진 문제점
- 중국이 '항왜원조 전쟁'이라는 명칭을 사용하게 된 경위

---

① 연운 16주 지역을 두고 벌어졌어요.
② 항저우를 수도로 삼는 배경이 되었어요.
③ 을지문덕이 살수에서 외적을 격퇴하였어요.
④ 가마쿠라 막부가 쇠퇴하는 계기가 되었어요.
⑤ 일본의 무리한 요구로 휴전이 결렬되었어요.

282

(가), (나) 전쟁 당시의 사실로 옳은 것만을 〈보기〉에서 고른 것은?

[보기]
ㄱ. (가) – 센고쿠 시대의 혼란이 종식되었다.
ㄴ. (가) – 조·명 연합군이 평양성을 되찾았다.
ㄷ. (나) – 성리학자 강항이 일본에 포로로 끌려갔다.
ㄹ. (나) – 명이 도요토미 히데요시를 책봉하려 하였다.

① ㄱ, ㄴ   ② ㄱ, ㄷ   ③ ㄴ, ㄷ
④ ㄴ, ㄹ   ⑤ ㄷ, ㄹ

283

(가)에 들어갈 지명으로 옳은 것은?

신이 근심하는 것은 조선이 아니라 우리 나라 국경입니다. …… [(가)]은/는 우리 수도의 팔 같은 것이고, 조선은 [(가)]의 울타리와 같은 것입니다. …… 200년 동안 푸젠성 등지가 항상 왜의 화를 입었으나, 랴오양과 톈진에 왜가 없었던 것은 조선이 울타리처럼 막았기 때문입니다.

---

① 평양   ② 규슈   ③ 한성
④ 베이징   ⑤ 랴오둥(요동)

284

밑줄 친 '그'에 대한 설명으로 옳은 것은?

그가 조직한 '팔기'는 군사 조직이자 행정·과세의 단위였다. 사냥할 때 역할에 따라 서로 다른 깃발을 세운 데서 '팔기'의 이름이 유래하였다.

---

① 국호를 '청'으로 정하였다.
② 중원 왕조로부터 세폐를 받았다.
③ 여진족을 통합하고 국가를 세웠다.
④ 고려를 압박하여 조공을 바치게 하였다.
⑤ 지배자의 무덤으로 전방후원분을 조성하였다.

285

지도에 나타난 전쟁에 대한 설명으로 옳은 것은?

① 광해군 폐위의 결과를 가져왔다.
② 천호·백호의 군사 조직이 활동하였다.
③ 조선 수군과 의병의 활약이 두드러졌다.
④ 일본에 새로운 막부가 들어서는 계기가 되었다.
⑤ 조선과 후금 간 형제 관계 수립으로 종결되었다.

★빈출
286

다음 주장이 제기된 시기의 상황으로 옳은 것은?

> 우리의 국력은 현재 바닥나 있고 오랑캐의 병력은 강성합니다. 정묘년의 맹약을 아직 지켜서 몇 년이라도 화를 늦추고, 그동안 민심을 수습하고 성을 쌓으며 적의 허점을 노리는 것이 우리로서는 최상의 계책일 것입니다.　－『지천집』－

① 다이카 개신이 단행되었다.
② 북면관·남면관제가 시행되었다.
③ 모문룡이 요동 수복을 천명하였다.
④ 왕안석이 신법 시행을 주도하였다.
⑤ 청이 조선에 군신 관계를 요구하였다.

287

(가) 국가에 대한 설명으로 옳은 것은?

> 중국인은 네덜란드인 등을 홍이라고 불렀고, 그들의 대포를 홍이포라고 하였다. 명은 홍이포를 이용하여 만리장성 동쪽의 영원성에서 　(가)　의 누르하치를 격파하였다.

① 강홍립의 투항을 받아들였다.
② 고려로부터 9성을 돌려받았다.
③ 일본과 감합 무역을 전개하였다.
④ 『영락대전』의 편찬에 착수하였다.
⑤ 주요 항구에 시박사를 설치하였다.

288

(가)에 들어갈 비문 내용으로 적절한 것은?

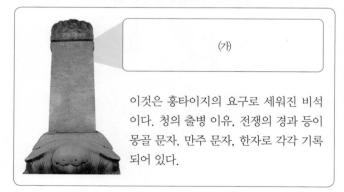

> (가)
>
> 이것은 홍타이지의 요구로 세워진 비석이다. 청의 출병 이유, 전쟁의 경과 등이 몽골 문자, 만주 문자, 한자로 각각 기록되어 있다.

① 일본이 조공 요구를 거부하였다.
② 쇼군이 슈고와 지토를 파견하였다.
③ 발해가 고구려 계승 의식을 내세웠다.
④ 인조가 남한산성에서 청에 항복하였다.
⑤ 효종이 오랑캐에 대한 복수를 강조하였다.

★빈출
289

다음 글을 쓴 인물이 참가한 사절단에 대한 설명으로 옳은 것은?

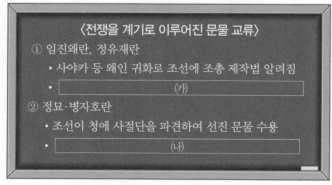

> 책문의 부유함이 비록 연경(베이징)이라 한들 이보다 더할까 싶었다. 오랑캐가 이처럼 번화하다는 건 참으로 뜻밖이다. 좌우로 늘어선 가게들은 휘황찬란하다. 아로새긴 창문, 비단으로 잘 꾸민 문, 그림을 그려 넣은 기둥, 붉게 칠한 난간, 푸른빛 주련, 황금빛 현판 등.
>
> －『열하일기』－

① 조공을 위해 청에 파견되었다.
② 에도 막부의 요청에 따라 구성되었다.
③ 장보고의 선단을 활용하여 이동하였다.
④ 야마토 정권에 선진 기술을 전해 주었다.
⑤ 헤이안 시대에 이르러 파견이 중지되었다.

290

(가), (나)에 들어갈 내용으로 옳은 것만을 〈보기〉에서 고른 것은?

> 〈전쟁을 계기로 이루어진 문물 교류〉
> ① 임진왜란, 정유재란
> 　· 사야카 등 왜인 귀화로 조선에 조총 제작법 알려짐
> 　· 　(가)
> ② 정묘·병자호란
> 　· 조선이 청에 사절단을 파견하여 선진 문물 수용
> 　· 　(나)

[보기]
ㄱ. (가) - 안향이 중국으로부터 성리학 수용
ㄴ. (가) - 이삼평이 일본 도자기 문화 발전에 기여
ㄷ. (나) - 감진이 계단원을 세워 수계하는 방식 전파
ㄹ. (나) - 소현 세자가 아담 샬과 교유하여 지구의, 천주상 등을 받아 옴

① ㄱ, ㄴ　　　② ㄱ, ㄷ　　　③ ㄴ, ㄷ
④ ㄴ, ㄹ　　　⑤ ㄷ, ㄹ

★빈출
291

자료를 모두 활용한 탐구 주제로 가장 적절한 것은?

> • 중화인은 인의를 아는 것이고, 오랑캐는 윤리를 모르는 것이다. 그러하니 어찌 태어난 곳이 중원이냐 아니냐를 가지고 중화인과 오랑캐를 구별할 수 있겠는가.
> — 『대의각미록』 —
>
> • 오직 우리나라만이 한쪽 구석에 치우쳐 있어 홀로 예를 간직한 나라가 되었으니 …… 공자께서 다시 태어나면 반드시 뗏목을 타고 동쪽 우리나라로 올 것이다.
> — 『송자대전』 —

① 병농 분리 정책의 확립 경위
② 전쟁을 통한 동아시아의 인적 교류
③ 명·청 교체 후 나타난 화이관의 변화
④ 타이완에서 전개된 반청 운동의 성격
⑤ 임진왜란 당시 휴전 협상의 실패 배경

292

(가) 인물에 대한 설명으로 옳은 것은?

1600년에 일어난 세키가하라 전투를 기록한 그림이다. 이 전투에서 처음에는 이시다 미쓰나리가 이끄는 서군이 우세하였지만, ⟨가⟩ 의 동군이 전세를 뒤집고 승리하였다.

① 에도에 막부를 세웠다.
② 과거에 전시를 도입하였다.
③ 청으로부터 책봉을 받았다.
④ 북방 지역에 4군과 6진을 두었다.
⑤ 한반도로부터 불교를 수용하였다.

[293~294] 다음 글을 읽고 물음에 답하시오.

> 포르투갈인을 태우고 표류하던 중국 배가 일본 규슈 남쪽의 섬 다네가시마에 도착하였다. 다네가시마의 다이묘는 포르투갈인이 보여 준 ⟨가⟩ 을/를 샀다. 다이묘는 자신의 부하에게 이와 똑같이 만들 것을 지시하였으나 중간 부분이 폭발하는 등 제작에 어려움을 겪었다.

293

(가)에 들어갈 무기를 쓰시오.

294

(가)의 사용이 일본 사회에 끼친 영향을 당시의 상황과 연관 지어 서술하시오.

[295~296] 자료를 읽고 물음에 답하시오.

> 천하가 모두 오랑캐를 따르지만, 우리나라만은 ⟨가⟩ 의 제도를 고치지 않으니 청나라도 우리를 예의의 나라라 하여 감히 예의에 벗어난 것을 우리에게 강요하지 못합니다. 이 하늘 밑에 우리만은 동주(東周)를 위하고 있는데, 귀국(일본)에서도 중화의 것을 쓸 용의가 있습니까?
> — 통신사 조태억과 아라이 하쿠세키의 필담 —

295

(가)에 들어갈 나라를 쓰시오.

296

위 자료에 나타난 조선 관리의 인식이 반영된 사례를 세 가지 이상 구체적으로 서술하시오.

적중 1등급 문제

» 바른답·알찬풀이 31쪽

297

다음 대화가 이루어진 시기의 동아시아 상황으로 옳은 것만을 〈보기〉에서 고른 것은?

> 황제가 몽골과의 전투 중 토목보에서 포로로 잡혔다고 합니다. 도움을 요청해 오니 어찌하면 좋겠습니까?

> 군마를 보내 는 것이 좋겠소.

[보기]

ㄱ. 한국 – 관우를 모시는 사당이 곳곳에 세워졌다.
ㄴ. 한국 – 3포에서 일본과의 교역이 이루어졌다.
ㄷ. 중국 – 주변국과 감합 무역을 전개하였다.
ㄹ. 일본 – 센고쿠 시대의 혼란이 종식되었다.

① ㄱ, ㄴ   ② ㄱ, ㄷ   ③ ㄴ, ㄷ
④ ㄴ, ㄹ   ⑤ ㄷ, ㄹ

298

(가) 인물에 대한 설명으로 옳은 것은?

동아시아사 인물 카드
· 성명 :   (가)
· 생몰 : 1536 ~ 1598
· 주요 활동
   – 일본 열도의 혼란 종식
   – 현지에 관리를 파견하여 토지 조사
   – 농민과 무사의 신분을 명확하게 구분
   – 오사카에 대규모 성을 쌓고 무사를 이주시킴

① 다이호 율령을 반포하였다.
② 조선과 형제 관계를 맺었다.
③ 농민의 무기 소유를 금지하였다.
④ 남북조 시대의 분열을 통일하였다.
⑤ 팔기제를 바탕으로 세력을 확대하였다.

299

밑줄 친 '전쟁' 당시에 볼 수 있는 모습으로 가장 적절한 것은?

> 왜적이 전쟁을 일으켜 지나는 곳마다 사람을 죽이고 해쳐, 조선 백성들의 처지가 말할 수 없이 비참합니다. 조선의 국왕은 평양을 떠나 다시 피신하였습니다. 사납고 모진 적이 조선을 차지하면 분명 요동을 침범할 것입니다. 우리 영토에 적이 들어온 뒤 방어하면 이미 늦을 것입니다.

① 백강 전투에서 승리하는 군인
② 평양성 전투에 참여하는 명군
③ 백등산 전투에서 패배하는 황제
④ 나가시노 전투를 지휘하는 무사
⑤ 사르후 전투에서 항복하는 장수

300

다음 명령이 내려진 시기의 상황으로 옳은 것은?

> 도원수 강홍립에게 하유하노라. 당초 요동으로 건너간 우리 군사 1만 명은 오로지 정예병만을 선발하여 훈련시켜 장수와 병졸들이 서로 익숙하니, 지금에 와서 경솔히 바꾸기는 곤란하다. 명 장수의 말을 그대로 따르지 말고 오직 패하지 않을 방도를 강구하는 데 힘을 쓰도록 하라.

① 가마쿠라 막부가 수립되었다.
② 명의 황제가 포로로 사로잡혔다.
③ 거란이 연운 16주를 차지하였다.
④ 조선과 일본이 국교를 재개하였다.
⑤ 고려가 여진을 몰아내고 9성을 쌓았다.

301

밑줄 친 '주군'에 대한 설명으로 옳은 것은?

> <u>주군</u>께서 조선 정벌을 명하면서 말하기를 "조선은 대대로 우리에게 피해를 끼쳤으니 마땅히 성토해야 한다. 그러나 이번 출정의 목적은 오로지 조선만을 정벌하는 것이 아니다. 평안도의 섬으로 들어간 명의 장수가 우리를 저버린 무리를 받아들이고 있으니 그도 토벌하라."라고 하였다.

① 거란을 멸망시켰다.
② 국호를 청으로 고쳤다.
③ 오닌의 난을 일으켰다.
④ 4군과 6진을 설치하였다.
⑤ 병농 분리 정책을 추진하였다.

302

(가), (나) 사이 시기의 사실로 옳은 것은?

> (가) 저들이 제멋대로 황제의 칭호를 사용하더라도 우리와의 관계가 전과 다름없다면 참견할 일이 아닙니다. 저들과 맺은 형제의 약조를 지키면서 내치(內治)에 힘을 쓰는 한편, 의주의 방어 체제를 다져 나가는 것이 팔도를 보전하는 좋은 계책일 것입니다.
>
> (나) 우리 왕조가 산하이관을 넘어 중원에 들어와 농민군을 몰아내고 천하에 군림한 지 80여 년이 지났다. 어질고 의로운 정치를 행하고 성현의 가르침을 널리 전하여 문화가 융성한데, 어찌 우리를 짐승과 같다고 말하는가?

① 에도에 막부가 세워졌다.
② 조선이 연행사를 파견하였다.
③ 윈강 석굴 사원이 조성되었다.
④ 누르하치가 후금을 건국하였다.
⑤ 주희가 성리학을 집대성하였다.

303

(가) 전쟁이 끼친 영향으로 적절한 것만을 〈보기〉에서 고른 것은?

> (가) 전쟁 때 포로로 잡혀 온 강항은 내부 사정을 파악하기 위해 때로는 일본 승려와 접촉하였다. 그가 만난 승려 순(舜)은 두뇌가 총명하고 옛글을 다룰 줄 아는 사람으로 어느 책이나 모르는 것이 없었다. 그는 순에게 신유학을 가르쳐 주었다. 이 사상은 하야시 라잔에게 전해졌다.

[보기]
ㄱ. 견당사의 파견이 중단되었다.
ㄴ. 각지에 다루가치가 파견되었다.
ㄷ. 일본의 도자기 문화가 발달하였다.
ㄹ. 여진이 요동 지역에서 성장하였다.

① ㄱ, ㄴ　　② ㄱ, ㄷ　　③ ㄴ, ㄷ
④ ㄴ, ㄹ　　⑤ ㄷ, ㄹ

304

다음을 토대로 설정할 수 있는 탐구 주제로 가장 적절한 것은?

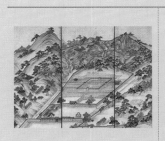

명 신종과 의종을 제사지내던 창덕궁의 대보단	송시열이 쓴 글의 일부

> 오직 우리나라만이 한쪽 구석에 치우쳐 있어 홀로 예를 간직한 나라가 되었으니 …… 공자께서 다시 태어나면 반드시 뗏목을 타고 동쪽 우리나라로 올 것이다.

① 신불습합의 영향
② 육유 반포의 배경
③ 조선 중화주의의 확산
④ 신국 사상 확산의 계기
⑤ 황룡사 조성의 사상적 토대

O7 Ⅲ. 동아시아의 사회 변동과 문화 교류
교역망의 발달과 은 유통

✔ 출제 포인트   ✔ 명의 대외 교역   ✔ 은 유통의 확대   ✔ 청의 대외 교역 정책 변화   ✔ 서양 선교사의 활동

1. 동아시아의 대외 교역

★1 명의 대외 교역 ◉ 65쪽 320번 문제로 확인

(1) **조공 무역** 명은 주변국 통제, 주변국은 선진 문물 수용 목적

(2) **해금 정책** 조공 무역 지속을 위해 바다를 통한 사무역 봉쇄 → 동남 연해의 사람들이 왜구와 밀무역 → 왜구 소탕 후 완화

2 조선, 일본, 류큐의 무역

조선	• 명에 사절단 파견(조공 무역, 역관의 밀무역 전개) • 남해 세 곳 왜관에서 일본인의 무역 허용 → 삼포 왜란(1510) 이후 쇠퇴
일본	• 무로마치 막부가 명과 감합(조공) 무역 전개 • 16세기 중반에 감합 무역 중단, 밀무역 성행
류큐	명의 해금 정책 → 중계 무역으로 번성

2. 유럽인의 진출과 동아시아의 은 유통 확대

1 유럽인의 아시아 진출과 교역망의 확대

포르투갈	믈라카 점령(1511), 유럽과 아시아 사이의 향신료 무역 독점
에스파냐	마닐라를 거점으로 갈레온 무역 전개, 중국의 비단·도자기 구입
네덜란드	바타비아를 교역 거점으로 활용, 타이완 점령(1627)

★2 명·청 대 은 유통의 확대

(1) **은 유통** 명 대 보초(고액 화폐)의 남발로 가치 하락 → 은이 새로운 고액 화폐로 등장

(2) **조세 제도의 변화** 일조편법(명), 지정은제(청)의 시행으로 세금을 은으로 징수 → 동전을 은으로 교환

(3) **외국 은의 유입** 유럽 상인과의 교역 → 아메리카 대륙과 일본산 은의 대량 유입

> **자료** **명·청 대 은 유통의 확대** ◉ 67쪽 326번 문제로 확인
>
> 오늘날 지폐는 통용되지 않고, 동전만이 겨우 작은 교역에만 사용될 뿐, 모든 조세 업무를 은 하나로 하니 은이 부족하게 되었다. …… 은이 부족해지는데도 부세는 옛날 그대로이고 교역도 변함이 없다. 허둥지둥 은을 구하고자 해도 어디에서 은을 구할 수 있겠는가?   – 황종희, 「명이대방록」 –
>
> **분석** 명·청 대 유럽 상인과의 교역을 통해 대거 중국에 유입된 은은 실물 화폐였기 때문에 가치 하락의 위험성이 적었다. 또 명, 청은 조세를 은으로 걷는 일조편법과 지정은제를 시행하였다.

3 동아시아 은 유통망 속의 조선과 일본

(1) **조선의 은 유통**

① 일본에 인삼을 판매하고 그 대금으로 받은 은을 명에 지급

② 청과의 교역 증가 → 17세기 말 은광 개발 활발, 잠채 성행

(2) **일본의 은 유통**

① 16세기 초 조선에서 들여온 회취법(연은 분리법) 도입, 이와미 은광 개발 → 은 생산량 증가

② 에도 막부가 인삼 구입을 위해 인삼대왕고은 주조

3. 17~19세기 동아시아 교역

★1 청의 대외 교역 정책 변화 ◉ 67쪽 329번 문제로 확인

해금	정성공 세력 진압을 위해 천계령 시행 → 타이완 복속 후 해제
공행 무역	• 대외 무역항을 광저우로 제한 • 공행 설치 : 대외 무역 독점, 서양 상인에 대한 감독, 관세 징수 • 영국의 대응 : 자유 무역 요구 → 19세기에 삼각 무역, 아편 밀수출

2 조선과 일본의 대외 교역

조선	• 대청 교역 : 개시와 후시 교역(중강, 책문), 송상과 만상 등 활동 • 일본과의 교역 : 왜관 설치, 쓰시마를 통해 이루어짐 → 일본의 은 유입이 감소하면서 사무역 쇠퇴
일본	• 슈인장을 발급하여 해외 무역을 제한적으로 허용 • 쇄국 정책을 실시하여 크리스트교 포교 금지(포르투갈 상인 추방), 해외 무역 통제 • 천계령 해제 후 청 상선의 입항 수 급증 → 신패 발행

4. 동서양의 문물 교류

★1 명 말, 청 초 선교사의 활동 ◉ 68쪽 334번 문제로 확인

(1) **마테오 리치** 세계 지도인 「곤여만국전도」 제작, 서양의 과학 기구 소개, 『기하원본』을 중국어로 번역, 『천주실의』 저술

(2) **아담 샬** 명 대의 대통력을 시헌력으로 개정

(3) **카스틸리오네** 건륭제 시절에 원명원의 서양식 건물 설계

(4) **전례 문제** 조상 제사, 공자 숭배 등을 두고 전례 문제 발생 → 선교사 추방, 크리스트교 포교 공식적 금지

2 조선과 일본의 서양 문물 수용

조선	• 벨테브레이 제주도 표착(1627), 하멜 표류(1653) • 명·청 방문 사절단 : 정두원(명에서 자명종, 천리경 등을 가져와 소개), 홍대용(서양의 천문 관측 기법 학습, 『의산문답』 저술) • 소현 세자가 청에서 아담 샬과 교유 → 지구의, 천주상 등을 받아 옴
일본	• 센고쿠 시대 : 크리스트교 확산, 포르투갈과 교역 • 에도 막부 : 나가사키를 통해 네덜란드와의 무역만 허용(데지마 건설)

3 서양에 전해진 동아시아 문물

(1) **중국** 마테오 리치가 중국 사정 소개(『중국견문록』), 『논어』 등이 계몽사상가에게 영향, 비단·도자기·차 등 유행

(2) **일본** 아리타 자기를 서양에 수출, 에도 시대의 미술이 서양 화가들에게 영향

핵심 개념 문제

•• 빈칸에 들어갈 알맞은 말을 쓰시오.

305 명 조정이 해금 정책을 펴 중국 상인의 활동이 위축되자 (   )의 중계 무역이 활발해졌다.

306 일본에서는 16세기 초 조선에서 들여온 (   ) 이/가 활용되면서 은 생산이 크게 늘어났다.

307 청 상인을 통한 은 유출이 급증하자 에도 막부는 무역 허가증인 (   )을/를 발행하였다.

•• 다음 내용이 옳으면 ○표, 틀리면 ×표를 하시오.

308 포르투갈은 바타비아를 교역의 거점으로 삼았다.
(   )

309 카스틸리오네는 대통력을 시헌력으로 개정하였다.
(   )

•• 각 지역과 관련 있는 내용을 바르게 연결하시오.

310 마닐라 •   • ㉠ 공행 설치

311 광저우 •   • ㉡ 데지마 건설

312 제주도 •   • ㉢ 갈레온 무역의 중심지

313 나가사키 •   • ㉣ 벨테브레이와 하멜 표착

•• 괄호 안에 들어갈 알맞은 말을 고르시오.

314 명은 (㉠ 슈인장, ㉡ 감합)을 무로마치 막부에 발급하여 무역을 허가하였다.

315 명 조정이 고액 화폐인 (㉠ 보초, ㉡ 은)의 발행을 남발하여 가치가 하락하였다.

316 마테오 리치는 서광계와 함께 (㉠ 『기하원본』, ㉡ 『의산문답』)을 중국어로 번역하였다.

•• 다음 사실과 관련 있는 국가나 정권을 〈보기〉에서 고르시오.

317 천계령을 내려 연해 지역 주민을 내륙으로 이주시켰다.
(   )

318 인삼 구입을 위해 인삼대왕고은을 주조하였다.
(   )

319 세금을 은으로 징수하는 일조편법을 시행하였다.
(   )

【 보기 】
ㄱ. 명   ㄴ. 청   ㄷ. 조선   ㄹ. 에도 막부

빈출
320

지도의 항해가 끼친 영향으로 가장 적절한 것은?

① 대승 불교가 전파되었다.
② 명의 조공국이 확대되었다.
③ 광저우에 공행이 설치되었다.
④ 청해진이 해상 교역을 주도하였다.
⑤ 야마토 정권에 선진 문물이 전해졌다.

321

(가) 국가의 대외 관계에 대한 설명으로 옳은 것은?

> ▢(가)▢ 은/는 명과 조공 관계를 맺고 정기적으로 사절을 파견하였다. 사절단을 수행한 역관은 적극적으로 밀무역에 참여하여 부를 축적하였다. 또 국경 지방의 안정을 위해 경원과 경성에 무역소를 두고 여진에 필요한 물품을 제공하였다.

① 3포에 왜관을 설치하였다.
② 친위왜왕의 칭호를 받았다.
③ 비단길의 동부를 장악하였다.
④ 여진을 물리치고 9성을 쌓았다.
⑤ 몽골의 침입에 맞서기 위해 천도하였다.

322

자료에 나타난 관계 변화에 따라 전개된 두 국가 간 무역을 알아보기 위한 탐구 활동으로 가장 적절한 것은?

> 남북조의 내란을 수습하고 통치권을 확립한 쇼군이 황제에게 국서를 보냈다. "일본은 나라가 시작된 이후 귀국에 사절을 보내 왔습니다. 제가 국정을 관장하여 국내의 평화가 유지되고 있으므로 옛 방식에 따라 고이쓰미를 승려 소아와 동행시켜 토산물을 진상합니다." 이에 황제가 쇼군을 '일본 국왕'으로 책봉하였다.

① 감합이 발급된 사례를 조사한다.
② 데지마가 건설된 경위를 살펴본다.
③ 삼포 왜란이 일어난 계기를 조사한다.
④ 천계령 해제가 끼친 영향을 알아본다.
⑤ 토목보의 변이 일어난 배경을 파악한다.

323

(가) 국가에 대한 설명으로 옳은 것은?

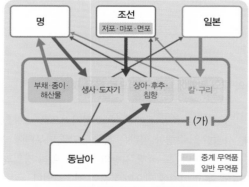

▲ 14세기 후반~17세기 전반의 무역

① 해금 정책을 강화하였다.
② 중계 무역으로 번영을 누렸다.
③ 중강에서의 무역에 관여하였다.
④ 임진왜란 때 조선에 지원군을 보냈다.
⑤ 조공 사절단으로 연행사를 파견하였다.

324

(가) 국가에 대한 설명으로 옳은 것은?

> 믈라카는 동서 교역에 유리한 지역이에요. 16세기에 (가) 은/는 이 도시를 점령하고 아시아와 유럽 사이의 향신료 무역을 독점했어요.

▲ 믈라카에 상륙하는 (가) 의 상선

① 초량의 왜관을 왕래하였다.
② 청에 아편을 밀수출하였다.
③ 자국 상선에 슈인장을 발급하였다.
④ 말발굽 모양의 은화를 만들어 유통시켰다.
⑤ 포교 문제로 에도 막부와 공식적 관계가 단절되었다.

325

다음과 같은 교역 양상이 이루어진 배경을 알아보기 위한 탐구 활동으로 적절한 것만을 〈보기〉에서 고른 것은?

> 17세기 초 1만 명이 넘는 중국인이 필리핀의 루손섬으로 건너갔다. 이들은 중국산 생사·비단·칠기 등을 에스파냐인에게 팔고, 멕시코에서 건너온 은을 대가로 받았다.

[보기]
ㄱ. 연행사의 이동 경로를 지도에 표시한다.
ㄴ. 태평양을 오간 갈레온선에 실린 물품을 조사한다.
ㄷ. 오삼계 등이 일으킨 반란이 끼친 영향을 파악한다.
ㄹ. 명이 해금 정책을 완화한 이후 교역 양상을 살펴본다.

① ㄱ, ㄴ   ② ㄱ, ㄷ   ③ ㄴ, ㄷ
④ ㄴ, ㄹ   ⑤ ㄷ, ㄹ

★빈출
326

자료에 나타난 시기의 동아시아 상황으로 옳은 것은?

> 오늘날 지폐는 통용되지 않고, 동전만 겨우 작은 교역에만 사용될 뿐, 모든 조세 업무를 은 하나로 하니 은이 부족하게 되었다. …… 은이 부족해지는데도 부세는 옛날 그대로이고 교역도 변함이 없다.
> – 황종희, 『명이대방록』 –

① 오닌의 난이 일어났다.
② 일조편법이 시행되었다.
③ 계해약조가 체결되었다.
④ 막부의 쇼군이 명의 책봉을 받았다.
⑤ 명의 황제가 몽골의 포로로 사로잡혔다.

327

다음 기술에 대한 설명으로 옳은 것은?

> 무쇠 화로나 냄비 안에 재를 두르고 은이 포함된 납덩어리를 채운 다음, 깨진 질그릇으로 사방을 덮고 불을 피워 녹이면 납은 재 안에 남아 스며들고 은만 재 위에 남는다.

① 동탁 제작에 활용되었다.
② 장보고에 의해 확산되었다.
③ 이와미 은광 개발에 영향을 끼쳤다.
④ 이삼평 등에 의해 일본에 전해졌다.
⑤ 정화의 원정을 계기로 중국에 유입되었다.

328

(가)에 들어갈 품목의 유통에 관한 탐구 활동으로 가장 적절한 것은?

▲ 17세기 이후 동아시아 일대의 교역

① 회취법이 끼친 영향을 살펴본다.
② 광둥 무역 체제의 내용을 분석한다.
③ 영국이 청에 수출한 물품을 조사한다.
④ 송이 세폐로 지급한 품목을 정리한다.
⑤ 인삼대왕고은의 주조 배경을 알아본다.

★빈출
329

다음 조치를 취한 나라에 대한 설명으로 옳은 것만을 〈보기〉에서 고른 것은?

> 동남 연해에서 정성공 세력을 진압하기 위해 푸젠·광둥 등지의 연해에 거주하는 주민을 내륙으로 강제 이주시켰다. 이는 해상의 저항 세력과 연해 주민의 연합을 차단하기 위한 것이었다.

【 보기 】
ㄱ. 장거정을 등용하였다.　　　　ㄴ. 타이완을 정복하였다.
ㄷ. 별무반을 조직하였다.　　　　ㄹ. 삼번의 난을 진압하였다.

① ㄱ, ㄴ　　　　② ㄱ, ㄷ　　　　③ ㄴ, ㄷ
④ ㄴ, ㄹ　　　　⑤ ㄷ, ㄹ

330

다음 무역이 이루어진 시기의 사실로 옳은 것은?

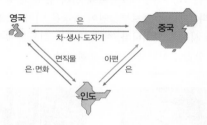

① 교토에 코 무덤이 세워졌다.
② 몽골 세력이 베이징을 포위하였다.
③ 오다 노부나가가 세력을 확대하였다.
④ 류큐 지역이 중계 무역의 거점으로 성장하였다.
⑤ 네덜란드가 데지마를 대일 무역 근거지로 이용하였다.

331

(가)에 들어갈 지명으로 옳은 것은?

> 우리 제국의 생산물은 다양하고 풍부하여 다른 나라의 상품이 없어도 살아가는 데 지장이 없다. 특히 우리는 차, 도자기, 비단 등이 풍부하다. 이런 물건들은 너희 나라와 다른 유럽 국가들에서 수요가 많다. …… 짐은 다양한 상품을 저장할 수 있는 공적인 창고를 　(가)　에 개설하도록 지시하였다.
> – 건륭제 –

① 부산　　　　② 난징　　　　③ 광저우
④ 오사카　　　　⑤ 나가사키

★빈출 332

(가)에서 이루어진 교역에 대한 설명으로 옳은 것은?

조선은 임진왜란이 끝난 직후 절영도에 (가) 을/를 설치하였다. 그러나 곧 인근의 두모포로 옮겼다. 1678년에는 입지 조건이 나은 초량으로 다시 옮겼다. (가) 은/는 에도 막부가 해금령을 내린 이후 일본인의 국외 거주가 허용된 유일한 장소였다.

① 공행이 관세를 징수하였다.
② 공무역과 사무역이 이루어졌다.
③ 천계령 해제 후 청 상인이 왕래하였다.
④ 신패를 소지한 상선만 입항할 수 있었다.
⑤ 멕시코산 은이 결제 수단으로 사용되었다.

333

다음에서 설명하는 지역에 관한 도움 자료로 가장 적절한 것은?

에도 막부는 1634년부터 2년여에 걸쳐 항구 앞에 인공 섬을 건설하였다. 그러나 포르투갈인이 금령을 어기고 크리스트교를 포교한 사실이 드러나자, 에도 막부는 그들을 추방하고 네덜란드의 상관을 이곳으로 옮기게 하였다.

①
연행도의 산하이관

②
고소번화도

③
초량 왜관

④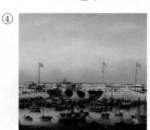
광저우 상관

⑤
데지마

4. 동서양의 문물 교류

★빈출 334

(가)에 들어갈 내용으로 옳은 것은?

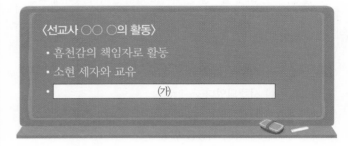

〈선교사 ○○ ○의 활동〉
• 흠천감의 책임자로 활동
• 소현 세자와 교유
•   (가)

① 『동방견문록』 저술
② 임진왜란 당시 귀화
③ 아리타 자기 발전에 기여
④ 대통력을 시헌력으로 개정
⑤ 색목인이라 불리며 재정 업무 담당

335

(가) 왕조에서 활동한 선교사에 대한 설명으로 옳은 것만을 〈보기〉에서 고른 것은?

크리스트교 포교 과정에서 공자와 조상에 대해 제사를 지내는 전례를 인정할 것인가 여부를 두고 선교사들 사이에서 논쟁이 벌어졌다. 이 문제는 (가) 의 조정과 로마 교황청의 대립으로 확대되었고, 결국 크리스트교 포교가 공식적으로 금지되었다.

[보기]

ㄱ. 마테오 리치가 『중국견문록』을 저술하였다.
ㄴ. 프랜시스코 하비에르가 포교 활동을 전개하였다.
ㄷ. 페르비스트가 세계 지도인 「곤여전도」를 제작하였다.
ㄹ. 카스틸리오네가 원명원의 서양식 건물을 설계하였다.

① ㄱ, ㄴ   ② ㄱ, ㄷ   ③ ㄴ, ㄷ
④ ㄴ, ㄹ   ⑤ ㄷ, ㄹ

336

(가) 국가에 대한 설명으로 옳은 것은?

〈조선에 도착한 ⎡(가)⎤ 의 사람들〉

• 1627년 제주도에 표착한 벨테브레이가 귀화하여 홍이포의 제작법과 사용법 지도
• 1653년 동인도 회사의 선원이었던 하멜 일행이 제주도에 표류한 후 탈출하여 표류기로 알려진 보고서 작성

① 마제은을 주조하여 유통시켰다.
② 센고쿠 시대에 일본 열도에 조총을 전해 주었다.
③ 무역 적자 해소를 위해 중국에 아편을 밀수출하였다.
④ 17세기 중반에 바타비아를 주무대로 삼아 활동하였다.
⑤ 16세기 말에 전 세계 은 산출량의 3분의 1정도를 생산하였다.

337

(가)에 들어갈 내용으로 가장 적절한 것은?

수행평가 보고서

주제 : ⎡ (가) ⎤

〈수집 자료〉

▲ 유럽에서 출판된 부베의 『강희제전』

▲ 예수회가 출판한 『중국의 철학자, 공자』

① 성리학의 성립과 발전
② 몽골 제국 시기의 동서 교류
③ 선교사를 통한 문화 교류의 양상
④ 동아시아를 넘나든 승려들의 활동
⑤ 『대의각미록』에 담긴 화이론의 확산

[338~339] 자료를 보고 물음에 답하시오.

338

명이 발급한 위 문서의 명칭과 제작 목적을 서술하시오.

339

위 문서를 활용하여 전개된 무역의 사례를 서술하시오.

[340~341] 다음을 보고 물음에 답하시오.

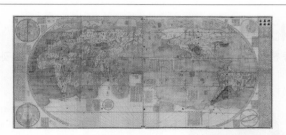

「곤여만국전도」는 ⎡ (가) ⎤ 와/과 명의 학자 이지조가 제작한 세계 지도로, 동아시아 지식인의 세계관에 큰 충격을 주었다.

340

(가)에 들어갈 선교사를 쓰시오.

341

문물 교류의 측면에서 (가) 선교사의 주요 활동을 세 가지 이상 서술하시오.

적중 1등급 문제

>> 바른답·알찬풀이 36쪽

342

밑줄 친 '항해'가 이루어질 당시의 동아시아 상황으로 옳은 것은?

> [문학으로 보는 동아시아사]
>
> 황제의 사자가 조서를 받드니
> 거대한 배 사나운 물결 가르며 대해로 나아가네.
> 선단을 나누어 실론으로도 가고
> 코친, 캘리컷 거치며 여러 나라에 이르렀네.
> 베이징으로 돌아와 황제를 알현하는데
> 이역 수장들의 헌상품 하나같이 진기하구나
>
> • 작품 설명: 원정단의 일원으로 항해에 나선 마환이 남긴 기행시의 일부이다.

① 공행이 서양 상인을 감독하였다.
② 교토에 무로마치 막부가 세워졌다.
③ 초량 왜관에서 교역이 이루어졌다.
④ 명과 일본이 감합 무역을 전개하였다.
⑤ 몽골이 명의 황제를 포로로 사로잡았다.

343

밑줄 친 '우리 나라'를 알아보기 위한 탐구 활동으로 가장 적절한 것은?

> 우리 나라는 만국을 무역선으로 잇는 다리 역할을 하니 이곳에 천하의 물산이 가득하다.

▲ 나하 슈리성의 만국진량지종

① 슈인장을 발급한 배경을 살펴본다.
② 기유약조를 체결한 목적을 조사한다.
③ 견당사 파견을 중지한 이유를 알아본다.
④ 명의 해금 정책이 끼친 영향을 파악한다.
⑤ 시박사가 설치된 지역을 지도에 표시한다.

344

밑줄 친 '반란'이 이어지던 시기의 동아시아 상황으로 옳은 것은?

① 중국 상인들이 나가사키를 왕래하였다.
② 왜구들이 중국 동남 해안을 약탈하였다.
③ 쇼군 계승 문제로 오닌의 난이 일어났다.
④ 조선의 국왕이 남한산성에서 항전하였다.
⑤ 청이 연해 주민들을 내륙으로 이주시켰다.

345

(가) 국가에 대한 설명으로 옳은 것은?

> 이 건물은 포르투갈이 나가사키에서 쫓겨난 이후 설치된 (가) 의 상관을 복원한 것입니다.

① 마닐라를 건설하였다.
② 바타비아를 차지하였다.
③ 일본에 조총을 전래하였다.
④ 갈레온 무역을 전개하였다.
⑤ 이와미 은광을 개발하였다.

346

밑줄 친 '이 막부'에 대한 설명으로 옳은 것은?

이 막부는 자국의 다이묘, 무사와 상인 등에게 해외 도항을 허가하는 문서를 발급하였는데, 그 수는 게이초(慶長) 9년부터 간에이(寬永) 12년까지 350통 정도가 확인된다. 이 문서를 발급받은 무역선은 외국과 교역하였고 이 과정에서 일본 은이 사용되었다.

① 조선과 계해약조를 맺었다.
② 인삼대왕고은을 주조하였다.
③ 청에 조공 사절을 파견하였다.
④ 남송의 동전을 대량 수입하였다.
⑤ 몽골과 고려의 연합군을 물리쳤다.

347

(가) 물품에 대한 설명으로 옳은 것만을 〈보기〉에서 고른 것은?

• 일조편법 시행 이후 동전만이 소규모 거래에 사용될 뿐, 조세는 ⎡(가)⎤(으)로 납부하게 하니 시중에 점차 부족해지게 되었다.
• 명군을 상대로 장사할 때 처음 시도하였는데, 오래 시행하고 나서는 습속이 되어 술과 땔감을 파는 사람들이 물건을 살 사람을 만나면 먼저 ⎡(가)⎤이/가 있는지 물어본다고 합니다.

[보기]
ㄱ. 영국이 청에 밀수출하였다.
ㄴ. 일본이 조선으로부터 수입하였다.
ㄷ. 개시에서 결제 수단으로 사용되었다.
ㄹ. 지정은제에 따라 조세로 징수되었다.

① ㄱ, ㄴ   ② ㄱ, ㄷ   ③ ㄴ, ㄷ
④ ㄴ, ㄹ   ⑤ ㄷ, ㄹ

348

밑줄 친 '이 제도'를 실시한 왕조에 대한 설명으로 옳은 것은?

인구가 증가하여 호구를 조사하기가 어려워지자 장정 수를 속여 탈세하는 경우가 많았다. 또한 토지가 없는 가난한 장정이 늘어 인두세인 정세를 징수하기도 곤란하였다. 이에 조정은 장정에게 매기는 정세의 총액을 고정하였다. 이후 정세를 토지세에 포함시켜 징수하는 이 제도를 전국적으로 시행하였다.

① 믈라카 왕국을 점령하였다.
② 인공섬인 데지마를 조성하였다.
③ 네덜란드와의 무역만을 허용하였다.
④ 대외 무역항을 광저우로 제한하였다.
⑤ 장거정을 등용하여 개혁을 추진하였다.

349

(가) 인물이 동아시아를 무대로 활동하던 시기의 사실로 옳은 것은?

〈중국에서 활동한 ⎡(가)⎤〉
• 마카오에 도착
• 성당을 짓고 선화사라고 명명
• 백록동 서원에서 크리스트교에 대해 설교
• 『천주실의』를 한문으로 저술

① 나가시노 전투가 벌어졌다.
② 강희제가 천계령을 실시하였다.
③ 소현 세자가 아담 샬과 교류하였다.
④ 매카트니가 자유 무역을 요구하였다.
⑤ 도요토미 히데요시가 조선을 침공하였다.

08 사회 변동과 서민 문화

☑ 출제 포인트   ☑ 동아시아의 인구 증가   ☑ 도시의 성장   ☑ 서민 문화의 발전   ☑ 새로운 학문의 대두

1. 농업의 발달과 인구 증가

1 농업 생산력의 증대   농업 기술 발전, 경지 면적 증가가 배경

중국	• 명 : 후난과 후베이성 지역이 곡창 지대화 • 청 : 쓰촨성 지역이 곡창 지대화
조선	모내기법이 전국으로 확대, 상품 작물 재배 확대
일본	다이묘들의 개간 장려 → 경지 면적 증가
신작물 전래	• 옥수수, 감자, 고구마 등 전래 → 구황 작물로 이용 • 고추, 담배 등이 상품 작물로 재배

★2 인구의 증가   생산력 증대, 구황 작물 전래, 의술 발전이 배경

중국	청 후기 인구 증가에 따른 경작지 부족 → 사회 불안(계투 발생)
조선	양 난 이후 18세기에 사회 안정 → 인구 증가
일본	에도 시대에 꾸준한 인구 성장 → 18세기에 인구 정체

자료 동아시아의 인구 증가 ⓒ 73쪽 364번 문제로 확인

▲동아시아 3국의 인구 변동

분석 17세기 이후 동아시아 지역은 농업 생산력의 증대, 『본초강목』, 『동의보감』 등 의학 서적의 보급, 새로운 구황 작물의 도입 등으로 인구가 크게 늘어났다.

2. 상업의 발달과 도시의 성장

1 상업과 수공업의 발달

명·청	• 강남 지역에서 견직물·도자기 등 수공업 발전 • 은의 유입, 운하와 연결된 도로 등을 통해 상업 번성
조선	• 대동법 시행 → 공인 성장, 상품 화폐 경제의 발전 촉진 • 일부 독점 상인의 특권 폐지, 상평통보 발행
일본	• 광업과 수공업 성장, 각지 특산품 생산과 유통 증대 • 연안 항로 정비 → 전국 단위의 거대한 시장 형성

2 대상인의 출현

명·청	산시 상인과 휘저우 상인 성장 → 전국적 유통망 확보, 회관 건립
조선	송상(개성), 경강상인(서남해 연안과 한강), 만상(의주), 내상(동래)
일본	상공업 발달, 도시 번성 → 조닌 성장

★3 도시의 성장   인구 증가, 상공업의 발전 → 도시화 진전
(1) **명·청** 베이징(최대 소비 도시)과 쑤저우(최대 상공업 도시) 성장, 창장강 유역의 강남에서 시진이 급격히 증가
(2) **조선** 포구와 도시, 시장 번성, 한양이 소비 도시로 성장

(3) **일본** 조카마치가 행정·군사·상업 도시로 발전, 산킨코타이 제도의 시행으로 에도가 소비 도시로 성장

3. 서민 문화의 성장

★1 명·청 대 서민 오락의 발전 ⓒ 75쪽 374번 문제로 확인
(1) **소설** 통속 소설(『수호전』, 『삼국지연의』 등), 연애 소설(『홍루몽』), 풍자 소설(『유림외사』) 유행
(2) **경극** 베이징에서 발전, 여러 극장에서 공연

2 조선 후기 서민 문화의 성장

문학	• 서당 교육 확대, 서민 의식 성장 → 한글 소설 유행 • 사설시조 : 서민의 감정과 현실 비판을 자유로운 형식으로 표현
공연	판소리, 탈춤(양반층의 위선이나 사회 문제점 풍자)
그림	풍속화, 민화 유행

★3 일본의 조닌 문화 유행
(1) **배경** 조닌층 성장, 데라코야 성행(초급 교육 기관)
(2) **조닌 문화** 분라쿠와 가부키 공연, 우키요에 유행

4. 새로운 학문의 대두

1 중국의 고증학, 공양학 대두

고증학	• 명 말 실사구시적 학문 분위기 고조(고염무, 황종희 등) • 청 : 실증적인 문헌 연구 → 『사고전서』 등 대규모 편찬 사업
공양학	청 말 정치를 비판하는 학자 출현 → 개혁적인 공양학 성립

2 조선 실학의 대두와 서학의 전래

실학	• 성리학의 교조화 비판 → 사회 개혁 방안 모색 • 이익, 정약용, 홍대용, 박지원, 박제가 등 실학자 활동
국학	우리 역사와 지리에 대한 관심 고조 → 『발해고』, 『택리지』 등 편찬, 대동여지도 제작
서학	• 크리스트교를 서양 학문의 일부로 수용 → 점차 신앙으로 널리 퍼짐 • 평등사상, 제사 의식 거부 → 조선 정부의 탄압을 받음

★3 일본의 고학과 국학, 난학의 발전 ⓒ 77쪽 379번 문제로 확인

고학	• 성리학에 대한 비판에서 성립 → 공자·맹자 유학으로의 복귀 주장 • 이토 진사이 : 주자가 성인의 가르침을 왜곡하였다고 비판 • 오규 소라이 : 고대 유교 경전인 육경 강조
국학	• 외래 사상에서 탈피하여 일본 고대의 참모습 추구 • 모토오리 노리나가 : 『고사기』 연구에 집중, 일본 고유의 정신으로 돌아갈 것 강조 → 존왕 운동, 막부 타도 운동에 영향
난학	• 나가사키를 통해 성장 → 각지에 난학 교습소 설치로 확산 • 『해체신서』 : 서양 의학서를 번역한 해부 의학서

분석 기출 문제

≫ 바른답·알찬풀이 38쪽

핵심 개념 문제

•• 빈칸에 들어갈 알맞은 말을 쓰시오.

350 명·청 대에 (　　　　) 중·상류에서 생산된 쌀은 운하를 통해 전국으로 유통되었다.

351 청 대에 (　　　　)이/가 유행하였는데, 이는 노래와 춤, 무술과 곡예의 예술적 기교를 갖춘 전통극이다.

352 에도 시대에 들어서 다이묘가 거주하는 성을 중심으로 형성된 (　　　　)은/는 점차 행정·군사·상업 도시의 역할을 하였다.

•• 다음 내용이 옳으면 ○표, 틀리면 ×표를 하시오.

353 에도 시대에는 자연재해에 따른 대기근 등으로 인구가 정체되기도 하였다. (　　)

354 청은 화폐인 상평통보를 발행하여 전국적으로 유통시켰다. (　　)

355 공양학은 정치 개혁의 사상적 근거를 제시하여 변법자강 운동에 영향을 주었다. (　　)

•• 각 서적과 관련 있는 내용을 바르게 연결하시오.

356 『유림외사』 •　　• ㉠ 명 대 편찬된 의학서

357 『본초강목』 •　　• ㉡ 청 대 출간된 풍자 소설

358 『해체신서』 •　　• ㉢ 서양 책을 번역한 해부학 서적

•• 괄호 안에 들어갈 알맞은 말을 고르시오.

359 에도 막부가 다이묘를 통제하기 위해 시행한 (㉠ 대동법, ㉡ 산킨코타이 제도)은/는 상업 발전에 기여하였다.

360 에도 시대에 유행한 목판화인 (㉠ 가부키, ㉡ 우키요에)는 유럽 화가들에게도 영향을 끼쳤다.

361 청 대에 (㉠ 고증학, ㉡ 고학)의 학문 태도를 기반으로 『사고전서』 등 대규모 편찬 사업이 추진되었다.

•• 다음 사실과 관련 있는 국가나 정권을 〈보기〉에서 고르시오.

362 창장강 상류의 쓰촨성 지역이 곡창 지대가 되었다. (　　)

363 박제가는 『북학의』에서 소비를 통한 생산력 증대를 주장하였다. (　　)

[보기]
ㄱ. 명　　ㄴ. 청　　ㄷ. 조선　　ㄹ. 에도 막부

★빈출 364

그래프에 나타난 인구 변동의 공통적인 배경으로 옳은 것만을 〈보기〉에서 고른 것은?

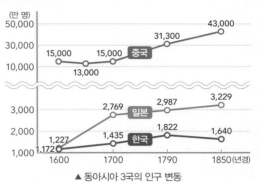

▲ 동아시아 3국의 인구 변동

[보기]
ㄱ. 귀화인이 증가하였다.
ㄴ. 농업 생산력이 증대되었다.
ㄷ. 감자, 고구마 등이 전래되었다.
ㄹ. 다이묘 간 패권 다툼의 시대가 종식되었다.

① ㄱ, ㄴ　　② ㄱ, ㄷ　　③ ㄴ, ㄷ
④ ㄴ, ㄹ　　⑤ ㄷ, ㄹ

365

다음 상황이 끼친 영향으로 가장 적절한 것은?

> 18세기 후반 아사마 화산이 폭발한 후 화산재가 대기층에서 햇빛을 가려 농작물의 성장을 가로막았고, 반대로 겨울에는 기온이 올라 건조한 날씨가 이어졌다. 또한 대홍수까지 발생하였다. 이러한 기후 이상은 10만 명 이상이 굶어 죽는 대기근으로 이어졌다.

① 임진왜란이 일어났다.
② 인구 성장이 정체되었다.
③ 산킨코타이 제도가 시행되었다.
④ 쓰촨성 지역이 곡창 지대가 되었다.
⑤ 이시진이 『본초강목』을 편찬하였다.

366

다음 서적이 편찬되었을 당시의 동아시아 상황으로 옳은 것은?

> 역사 용어집 **본초강목(本草綱目)**
>
> 학자 이시진이 20여 년간 노력하여 편찬한 의학서이다. 많은 약재와 처방전이 실려 있고, 동식물 삽화도 그려져 있다.

① 지정은제가 시행되었다.
② 초량에 왜관이 설치되었다.
③ 황실의 정원으로 원명원이 조성되었다.
④ 인삼 수입을 위해 인삼대왕고은이 주조되었다.
⑤ 후난과 후베이성 지역이 곡창 지대를 이루었다.

367 ★빈출

교사의 질문에 대한 학생들의 답변으로 가장 적절한 것은?

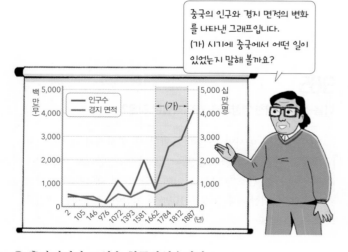

중국의 인구와 경지 면적의 변화를 나타낸 그래프입니다. (가) 시기에 중국에서 어떤 일이 있었는지 말해 볼까요?

① 홍타이지가 조선을 침공하였습니다.
② 재정 확충을 위한 신법이 단행되었습니다.
③ 유민이 증가하고 사회 불안이 확산되었습니다.
④ 이자성의 농민 반란군이 베이징을 점령하였습니다.
⑤ 백성에게 토지를 지급하는 반전수수제가 마련되었습니다.

---

2. 상업의 발달과 도시의 성장

368 ★빈출

(가) 국가의 경제 상황에 대한 설명으로 옳은 것은?

그림은 (가) 의 건륭제 때 궁정화가 서양이 번화한 쑤저우의 모습을 그린 것이다. 태평성대의 윤택한 백성들의 삶을 그린 그림이라는 뜻에서 '성세자생도'라고도 한다.

① 일본과 감합 무역을 전개하였다.
② 수로 교통의 요지에 시진이 발달하였다.
③ 조선의 회취법을 들여와 은을 본격적으로 생산하였다.
④ 중강, 책문 등지에서 인삼·모시 등을 교역품으로 내놓았다.
⑤ 계해약조를 맺어 체류지뿐만 아니라 무역량을 규정하였다.

369

(가)에 해당하는 계층은?

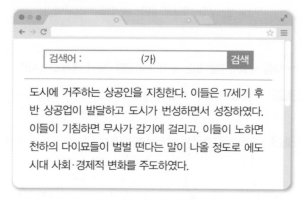

검색어 : (가) [검색]

도시에 거주하는 상공인을 지칭한다. 이들은 17세기 후반 상공업이 발달하고 도시가 번성하면서 성장하였다. 이들이 기침하면 무사가 감기에 걸리고, 이들이 노하면 천하의 다이묘들이 벌벌 떤다는 말이 나올 정도로 에도 시대 사회·경제적 변화를 주도하였다.

① 조닌　　　　② 신사　　　　③ 공인
④ 사대부　　　⑤ 산시 상인

370

다음 상인 집단에 대한 설명으로 옳은 것은?

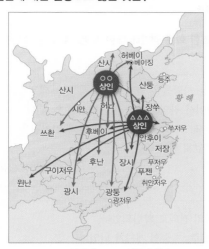

▲○○ 상인과 △△△ 상인의 활동

① 조카마치를 무대로 활동하였다.
② 주요 지역에 송방을 설치하였다.
③ 대동법 시행에 따라 등장하였다.
④ 다이묘와 무사를 상대로 대부업을 하였다.
⑤ 각지에 회관을 건립하여 이익을 도모하였다.

⭐빈출
371

다음 그림과 같은 구조로 형성된 지역에 대한 설명으로 옳은 것만을 〈보기〉에서 고른 것은?

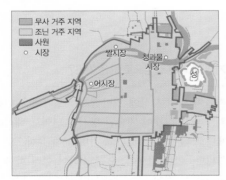

┌[보기]
│ ㄱ. 창장강 유역에서 급격히 증가하였다.
│ ㄴ. 정치·경제·문화 중심지의 역할을 하였다.
│ ㄷ. 다이묘가 거주하는 성을 중심으로 형성되었다.
│ ㄹ. 관청에 물품을 조달하는 공인의 활동 무대였다.

① ㄱ, ㄴ   ② ㄱ, ㄷ   ③ ㄴ, ㄷ
④ ㄴ, ㄹ   ⑤ ㄷ, ㄹ

372

다음 소설에 대한 설명으로 옳은 것은?

> 조설근이 지은 소설로, 가보옥, 임대옥, 설보채 등 등장인물 사이의 애정과 혼인의 갈등을 대강의 줄거리로 삼고 수많은 인물과 사건을 이야기에 엮어 넣었다. 전성기를 구가하던 당시의 사회 모순을 비판한 작품이라는 평가를 받기도 한다.

① 청 대에 유행하였다.
② 무사의 복수를 주 소재로 삼았다.
③ 정두원에 의해 조선에 소개되었다.
④ 양반층의 위선과 사회 모순을 풍자하였다.
⑤ 마테오 리치가 저술한 『중국견문록』에 수록되었다.

⭐빈출
373

다음에서 설명하는 공연 예술을 이해하는 데 도움이 되는 자료로 가장 적절한 것은?

> 전용 극장이나 무대 장치 없이 소리꾼이 장터에서 사람들을 모아 놀이판을 벌이거나 부잣집에 초청을 받아 공연하였다. 공연 작품의 대부분은 낡은 전통적 규범에 대한 반발심을 지닌 서민의 애환을 달래주었다.

①  ②

③  ④

⑤

★빈출
374

(가) 도시에서 볼 수 있는 모습으로 가장 적절한 것은?

> 경극은 (가) 에서 발전하여 전국으로 퍼져 나갔다. 그 소재는 역사와 민간 설화 등으로 다양하지만, 유달리 역사 소재가 많다. 청 대에 (가) 에서 성업하던 극장이 40여 개에 달하였고, 몇 개는 지금도 남아 있다.

① 관세를 징수하는 공행
② 데라코야에서 공부하는 학생
③ 아리타 자기를 제작하는 도공
④ 공연을 관람하는 황제와 관리
⑤ 배를 타고 출발하는 통신사 일행

375

(가) 회화 양식에 대한 설명으로 옳은 것만을 〈보기〉에서 고른 것은?

> (가) 은/는 유럽에 전해져 당시 유럽의 인상파 화가들을 크게 매료시켰고, 그들의 그림에 영향을 주었다. 네덜란드의 화가 고흐는 자신의 그림에 (가) 을/를 삽입하기도 하였다. 고흐의 작품 중 위의 「탕귀 영감」에는 (가) 작품을 모방한 후지산, 기녀의 모습 등이 인물의 배경으로 그려져 있다.

[보기]
ㄱ. 채색 목판화로 제작되었다.
ㄴ. 왕권 강화와 백성 교화에 활용되기도 하였다.
ㄷ. 물질적 풍요, 도시의 성장을 배경으로 등장하였다.
ㄹ. 잡귀를 쫓고 복을 불러들이기 위한 염원을 담았다.

① ㄱ, ㄴ ② ㄱ, ㄷ ③ ㄴ, ㄷ
④ ㄴ, ㄹ ⑤ ㄷ, ㄹ

---

4. 새로운 학문의 대두

★빈출
376

자료에서 강조한 학문 경향에 대한 설명으로 옳은 것만을 〈보기〉에서 고른 것은?

> 역사를 읽는 사람들은 억지로 이론적 틀을 세우거나 멋대로 더하거나 덜어서 찬양하거나 비난해서는 안 된다. …… 기록의 같고 다름 및 보고 들은 것의 어긋남과 일치됨을 …… 분석하여 의심이 없게 해야 한다.
>
> – 왕명성, 『십칠사상각』 –

[보기]
ㄱ. 동중서의 건의로 확립되었다.
ㄴ. 『사서집주』 저술의 계기가 되었다.
ㄷ. 조선의 실학자들에게 영향을 주었다.
ㄹ. 실증적인 방법을 통한 문헌 연구를 중시하였다.

① ㄱ, ㄴ ② ㄱ, ㄷ ③ ㄴ, ㄷ
④ ㄴ, ㄹ ⑤ ㄷ, ㄹ

377

밑줄 친 '학자들'에 대한 설명으로 옳은 것은?

> 많은 학자들이 의리 사상에 기반한 대의명분론을 비판하고, 고전을 읽을 때는 그것이 저술된 당시의 언어로 해석해야 그 의미를 제대로 파악할 수 있다고 하며 고대 유학으로의 복귀를 주장합니다. 이토 진사이, 오규 소라이 이래 학자들이 이런 경향에 쏠리는 것이 밤에 벌레들이 불빛으로 날아드는 것 같습니다.

① 일본의 고대 문화를 강조하였다.
② 사서에 대한 주희의 해석을 비판하였다.
③ 크리스트교를 받아들여 제사를 거부하였다.
④ 상공업 진흥과 청 문물의 수용을 주장하였다.
⑤ 토지 개혁을 통한 농민 생활 안정을 요구하였다.

378

가상 인터뷰의 (가) 인물에 대한 설명으로 옳은 것은?

> 기자 : 저술하신 『북학의』에는 어떤 내용이 담겨 있나요?
>
> ⌐(가)⌐ : '북학'은 청의 문물입니다. 저는 여기서 청의 제도 등을 기술하고, 배울 것은 배워야 한다고 주장하였습니다.

① 강항과 교류하였다.

② 『해국도지』를 저술하였다.

③ 어린아이를 위한 『소학』을 편찬하였다.

④ 소비를 통한 생산력 증대를 주장하였다.

⑤ 『양반전』을 통해 양반 사회의 문제점을 비판하였다.

★빈출
379

다음을 주장한 인물에 대한 설명으로 옳은 것만을 〈보기〉에서 고른 것은?

> 아마테라스가 태어난 일본은 만국의 중심이 되는 나라이고, 그 후손인 천황은 대군주로서의 지위가 불변이며, …… 천황이 선하든 악하든 옆에서 살피고 판단할 수는 없다.

【 보기 】

ㄱ. 『고사기』 연구에 집중하였다.

ㄴ. 신토와 유교의 결합을 추구하였다.

ㄷ. 거경궁리와 격물치지를 강조하였다.

ㄹ. 일본 고유의 정신으로 돌아갈 것을 주장하였다.

① ㄱ, ㄴ   ② ㄱ, ㄹ   ③ ㄴ, ㄷ

④ ㄴ, ㄹ   ⑤ ㄷ, ㄹ

380

(가) 학문의 발달과 유행을 알아보기 위한 탐구 활동으로 가장 적절한 것은?

> 『해체신서』는 스기타 겐파쿠 등이 4년간의 노력 끝에 서양 책을 일본어로 번역한 해부 의학서이다. 이 책이 번역되면서 ⌐(가)⌐ 이/가 대중화되기 시작하였다.

① 하야시 라잔의 생애를 정리한다.

② 당시 과거 시험의 교재를 조사한다.

③ 향약의 실시가 끼친 영향을 파악한다.

④ 서광계가 번역한 책의 내용을 조사한다.

⑤ 나가사키를 통한 막부의 대외 교류 양상을 살펴본다.

🔰 1등급을 향한 서답형 문제

[381~382] 다음을 읽고 물음에 답하시오.

> 다이묘는 자신의 영지와 에도에 교대로 거주하도록 정한 바, 매년 5월에 참근해야 한다.

381

위와 같이 시행된 제도의 명칭을 쓰시오.

382

위 제도가 일본의 상업 발전에 끼친 영향을 구체적으로 서술하시오.

[383~384] 자료를 보고 물음에 답하시오.

383

위 그림에 표현된 초등 교육 기관의 명칭을 쓰시오.

384

위 교육 기관이 전국적으로 세워진 당시 일본의 문화적 경향을 구체적으로 서술하시오.

적중 1등급 문제

» 바른답·알찬풀이 40쪽

385

밑줄 친 '이 왕조'의 경제 상황으로 옳은 것은?

> 이 왕조에서는 평화가 장기간 지속되었고, 옥수수와 고구마 등 구황 작물이 널리 보급되었다. 이를 배경으로 인구도 지속적으로 증가하여 약 3억 명을 상회하게 되었다. 이처럼 인구가 크게 증가하면서 물가 상승, 환경 파괴 등의 부작용도 나타났다.

① 초량에 왜관을 설치하였다.
② 취안저우에 시박사가 설치되었다.
③ 대동법에 따라 공인이 성장하였다.
④ 조카마치가 상업 도시로 발전하였다.
⑤ 산시 상인이 전국을 무대로 활동하였다.

386

다음 상황이 끼친 영향으로 가장 적절한 것은?

> 덴메이 연간의 대기근으로 인하여 미곡이 유통되지 않았고, 굶주린 자들이 미곡 상점을 습격할 정도였다. 관리들이 엄격한 단속령을 내렸음에도 불구하고 민중들은 무리를 지어 약탈을 계속하였다.

① 인구 증가가 정체되었다.
② 왜구들의 침략이 늘어났다.
③ 도왜인의 이주가 증가하였다.
④ 연해 주민들이 내륙으로 이주당하였다.
⑤ 한족이 창장강 이남으로 대거 이동하였다.

387

다음 글을 남긴 사람이 (가) 도시에서 볼 수 있던 모습으로 가장 적절한 것은?

> 우리 연행사 일행이 황제의 생일을 축하하기 위해 목적지인 (가) 에 도착하자, 사람들의 어깨가 맞닿고 수레의 바퀴가 부딪힐 정도로 번화한 모습이 보였다. 강남의 쌀이 운하를 통해 (가) 에 운송되고, 각종 물품이 전국에서 집결된다고 한다.

① 분라쿠를 관람하는 상인
② 공연을 준비하는 경극 배우
③ 데라코야에서 공부하는 학생
④ 소수 서원에서 공부하는 유학자
⑤ 상평통보로 물품을 거래하는 상인

388

교사의 질문에 대한 학생의 답변 내용으로 적절한 것만을 〈보기〉에서 고른 것은?

이 그림은 소설 『홍루몽』의 한 장면을 그린 것입니다. 이 소설이 출판되었던 시기 동아시아의 상황을 말해 볼까요?

[보기]
ㄱ. 보초가 화폐로 널리 사용되었어요.
ㄴ. 강남 지역에 시진이 확산되었어요.
ㄷ. 류큐가 중계 무역으로 번영하였어요.
ㄹ. 에도로 연결되는 교통망이 정비되었어요.

① ㄱ, ㄴ   ② ㄱ, ㄷ   ③ ㄴ, ㄷ
④ ㄴ, ㄹ   ⑤ ㄷ, ㄹ

389

다음 문화적 경향에 대한 탐구 활동으로 가장 적절한 것은?

이 시기에는 기존 지배층 중심의 문화에서 벗어난 새로운 문화의 흐름이 나타났다. 당시 문학에서는 이하라 사이카쿠가 쓴 『일본영대장』처럼 신흥 계층의 삶과 풍속 등을 묘사한 소설이 늘어났다. 미술에서는 가쓰시카 호쿠사이의 작품처럼 자연 풍경이나 생활 모습 등을 표현한 판화가 유행하였다.

① 조닌층의 성장 배경을 살펴본다.
② 양명학의 등장 배경을 파악한다.
③ 하야시 라잔의 저술을 분석한다.
④ 율령 체제의 확산 과정을 정리한다.
⑤ 불교의 전파 경로를 지도에 표시한다.

390

(가)의 편찬 사업이 끼친 영향으로 가장 적절한 것은?

▲ (가) 을/를 보관하던 문연각

건륭제의 명에 따라 10년에 걸친 작업 끝에 (가) 이/가 편찬되었다. 그 명칭은 경·사·자·집의 4부로 이루어져 있고, 고대부터 당시까지의 모든 서적을 망라했다는 데서 붙여졌다.

① 대장경이 간행되었다.
② 성리학이 집대성되었다.
③ 고증학이 발달하게 되었다.
④ 난학 교습소가 확산되었다.
⑤ 조선 중화주의가 대두하였다.

391

다음 가상 대화에 나타난 시기의 상황으로 옳은 것은?

○○○ : 근래 오규 소라이가 복고의 학문을 주장하여 온 나라를 휩쓸었습니다.
△△△ : 그 학문은 주희의 주장을 따르고 있습니까?
○○○ : 아닙니다. 그 학문은 옛 경전을 중시합니다.
△△△ : 주희의 주석을 따르지 않고 경전을 읽는다면 그 본뜻을 제대로 이해하기 어려울 것입니다.

① 조선의 3포에 왜관이 설치되었다.
② 포르투갈이 믈라카를 점령하였다.
③ 마테오 리치가 「곤여만국전도」를 제작하였다.
④ 다이묘들이 에도와 영지에 번갈아 거주하였다.
⑤ 명과 무로마치 막부가 감합 무역을 실시하였다.

392

밑줄 친 '이 책'이 출간된 시기 동아시아의 문화 경향으로 옳은 것만을 〈보기〉에서 고른 것은?

나는 실제 해부 장면을 보며 서양의 의학서가 동양의 의학서보다 훨씬 정확하다는 것에 놀라 네덜란드 의학서의 번역에 착수하였다. 초고를 여러 차례 고친 끝에 이 책을 출간하게 되었는데, '해체'라는 말을 넣어 제목으로 삼았다.

[보기]
ㄱ. 한국 – 한글 소설이 유행하였다.
ㄴ. 중국 – 『부모은중경』이 제작되었다.
ㄷ. 일본 – 가부키가 성행하였다.
ㄹ. 베트남 – 『대월사기』가 편찬되었다.

① ㄱ, ㄴ   ② ㄱ, ㄷ   ③ ㄴ, ㄷ
④ ㄴ, ㄹ   ⑤ ㄷ, ㄹ

단원 마무리 문제

06 17세기 전후 동아시아 전쟁

393

(가)에 들어갈 내용으로 가장 적절한 것은?

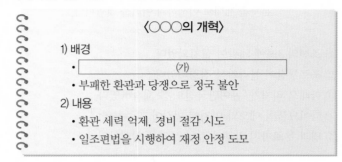

〈○○○의 개혁〉

1) 배경
  • _____(가)_____
  • 부패한 환관과 당쟁으로 정국 불안
2) 내용
  • 환관 세력 억제, 경비 절감 시도
  • 일조편법을 시행하여 재정 안정 도모

① 삼별초의 항쟁
② 누르하치의 세력 확대
③ 거란의 연운 16주 차지
④ 몽골과 왜구의 잦은 침입
⑤ 정성공 세력의 반청 운동 전개

394

밑줄 친 '혼란기'에 있었던 사실로 옳은 것만을 〈보기〉에서 고른 것은?

쇼군의 계승 문제로 발생한 막부 내의 대립이 전국적인 규모의 내란으로 확대되었다. 이 사건으로 인해 막부의 권위가 추락하고 100여 년에 걸친 혼란기가 이어졌다.

[보기]

ㄱ. 김충선이 조선에 투항하였다.
ㄴ. 오삼계 등이 반란을 일으켰다.
ㄷ. 도요토미 히데요시가 세력을 확대하였다.
ㄹ. 다케다의 기마 군단이 조총 부대에게 패배하였다.

① ㄱ, ㄴ   ② ㄱ, ㄷ   ③ ㄴ, ㄷ
④ ㄴ, ㄹ   ⑤ ㄷ, ㄹ

395

다음 요구가 제기된 시기를 연표에서 옳게 고른 것은?

• 조선의 4도(경상, 전라, 충청, 경기)를 할양한다.
• 조선의 왕자와 대신을 볼모로 보낸다.
• 무역을 재개하여 관선과 상선을 왕래하도록 한다.
• 조선의 중신이 영원한 항복을 서약한다.

	(가)	(나)	(다)	(라)	(마)	
나가시노 전투		평양성 탈환		에도 막부 수립		광해군 폐위		인조의 남한산성 항전		명 멸망

① (가)   ② (나)   ③ (다)   ④ (라)   ⑤ (마)

396

밑줄 친 '그'에 대한 설명으로 옳은 것은?

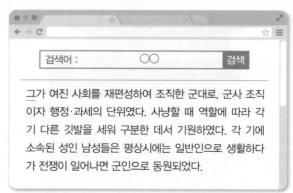

검색어 : ○○   검색

그가 여진 사회를 재편성하여 조직한 군대로, 군사 조직이자 행정·과세의 단위였다. 사냥할 때 역할에 따라 각기 다른 깃발을 세워 구분한 데서 기원하였다. 각 기에 소속된 성인 남성들은 평상시에는 일반인으로 생활하다가 전쟁이 일어나면 군인으로 동원되었다.

① 대도로 천도하였다.
② 삼전도비를 건립하였다.
③ 두 차례 일본을 공격하였다.
④ 조선과 형제 관계를 맺었다.
⑤ 후금을 세워 명과 대립하였다.

397

다음 소설을 영화화할 때 삽입할 수 있는 장면으로 가장 적절한 것은?

주인공 최척의 가족은 정유재란 때 뿔뿔이 흩어지고 말았다. 최척은 중국을 거쳐 베트남에 가게 되었는데, 그곳에서 일본 상선을 타고 온 아내와 극적으로 상봉하였다. 이후 중국에서 생활하던 중 후금과의 전쟁에 참전했는데, 이때 강홍립을 따라 참전한 첫째 아들을 만나게 된다. 둘은 탈출하여 남원으로 돌아오고 중국에 있던 아내도 천신만고 끝에 조선으로 돌아와 일가족이 단란한 삶을 꾸린다는 내용이다.

① 포로로 사로잡히는 명의 황제
② 쓰시마 정벌을 명령하는 국왕
③ 삼번의 난을 일으키는 번왕 오삼계
④ 전연의 맹약을 체결하는 거란의 대표
⑤ 사르후 전투에서 조선군과 협공하는 명군

398

다음 주장들이 제기될 당시의 동아시아 상황으로 옳은 것은?

- 우리의 국력은 현재 바닥나 있고 오랑캐의 병력은 강성합니다. 정묘년의 맹약을 아직 지켜서 몇 년이라도 화를 늦추고, 그동안 …… 민심을 수습하고 성을 쌓으며 …… 적의 허점을 노리는 것이 최선의 계책일 것입니다.
- 명은 우리나라에게는 부모의 나라이고 노적은 부모의 원수입니다. 신하된 자로서 부모의 은혜를 저버릴 수 있겠습니까? 더구나 임진년의 일은 조그마한 것까지도 모두 황제의 힘입니다.

① 북벌 운동이 전개되었다.
② 금이 카이펑을 점령하였다.
③ 두 명의 천황이 공존하였다.
④ 항저우에 시박사가 설치되었다.
⑤ 후금이 국호를 '청'으로 고쳤다.

399

다음을 토대로 설정할 수 있는 탐구 주제로 가장 적절한 것은?

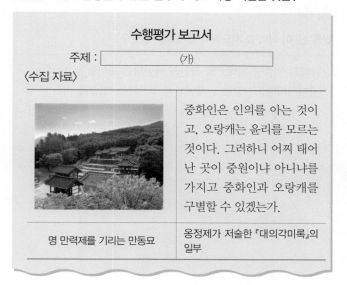

수행평가 보고서

주제 : _____(가)_____

〈수집 자료〉

	중화인은 인의를 아는 것이고, 오랑캐는 윤리를 모르는 것이다. 그러하니 어찌 태어난 곳이 중원이냐 아니냐를 가지고 중화인과 오랑캐를 구별할 수 있겠는가.
명 만력제를 기리는 만동묘	옹정제가 저술한 『대의각미록』의 일부

① 전쟁을 통한 문물 교류
② 센고쿠 시대의 사회 변화
③ 주원장의 활동과 육유 반포
④ 자국 중심 중화주의의 대두
⑤ 북방 민족의 침입과 성리학의 집대성

[400~401] 다음을 보고 물음에 답하시오.

나는 세계에서 유례없는 명예롭고 감탄할 만한 계획을 성취하고자 한다. …… 우리 가까이에 조선이 있고, 이 나라는 일본에 근접해 있으므로 먼저 조선을 무력으로 정복한 뒤, 그곳에서 중국으로 나가는 데 필요한 탄약이나 식량을 보급하도록 한다면 일거양득이다.

400

밑줄 친 '나'의 이름을 쓰시오.

401 ✏️ 서술형

위 인물이 추진한 정책을 <u>두 가지</u> 이상 서술하시오.

07 교역망의 발달과 은 유통

402

밑줄 친 '이 나라'를 지도에서 옳게 고른 것은?

남해의 이름난 지역으로 삼한의 빼어남을 모아놓았고, 대명과 '광대뼈와 턱'과 같은 관계이면서 일본과도 '입술과 치아'와 같은 관계이다. 이 나라는 이들 사이에서 봉래도(蓬萊島, 낙원)이다. 선박이 오가며 만국의 가교가 되고 외국의 산물과 보배는 온 나라에 가득하다.

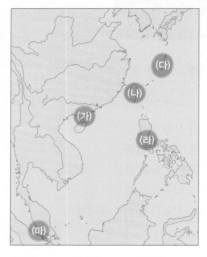

① (가)　　② (나)　　③ (다)　　④ (라)　　⑤ (마)

403

(가) 국가에 대한 설명으로 옳은 것은?

불랑기포를 중국에 전한 　(가)　 상인들은 광둥 지방관에게 마카오에서 거주할 수 있도록 허락을 받고, 　(가)　 은/는 이곳을 중국 진출의 교두보로 삼았다. 뒤를 이어 에스파냐가 마닐라를 점령하여 동아시아 진출을 위한 전진 기지로 삼았다.

① 일본에 조총을 전하였다.
② 이와미 은광을 개발하였다.
③ 회취법을 조선으로부터 도입하였다.
④ 초량에 설치된 왜관을 통해 교역하였다.
⑤ 바타비아를 차지하고 무역 활동에 나섰다.

404

(가)에 들어갈 물품에 대한 설명으로 옳은 것만을 〈보기〉에서 고른 것은?

우리 동방에는 　(가)　 을/를 캘 수 있는 광산이 많아 고려 말에 명의 과도한 요구로 백성이 견디지 못하였다. 국초에 명에 요구하여 바치는 것을 면제받았으나, 그것을 화폐로 쓸 수도 없었으므로 왕께서 채굴을 금지하는 법령을 제정하셨다. …… 그 후 2백여 년이 지나 명군이 조선에 파병된 이후로는 군량과 군공 포상도 모두 　(가)　 (으)로 하였다.

[보기]
ㄱ. 대동법에 따라 공물 대신 징수하였다.
ㄴ. 일본이 남송으로부터 대량 수입하였다.
ㄷ. 갈레온 무역의 결과 중국에 유입되었다.
ㄹ. 공행과 유럽 상인 사이의 교역에 사용되었다.

① ㄱ, ㄴ　　② ㄱ, ㄷ　　③ ㄴ, ㄷ
④ ㄴ, ㄹ　　⑤ ㄷ, ㄹ

405

밑줄 친 '그'가 볼 수 있던 모습으로 가장 적절한 것은?

1802년 그는 숙부와 마을 사람 4명과 함께 대흑산도 남쪽 태사도에서 홍어를 사서 돌아오다가 거센 바람을 만나 류큐에 표류하였다. 이후 그는 필리핀, 마카오, 광저우, 난징, 베이징을 거친 끝에 3년 만에 귀국하였다.

① 감합을 확인하는 관리
② 별무반을 훈련시키는 장수
③ 천계령에 따라 이주당하는 주민
④ 도다이사에서 불공을 드리는 승려
⑤ 영국 상인의 상업 활동을 감독하는 공행

406

밑줄 친 '짐'에 해당하는 인물에 대한 설명으로 옳은 것은?

> **포고문**
>
> 역적들이 통치에 저항하며 해상의 질서를 어지럽혀 왔다. 그동안 그들을 고립시키기 위하여 연해 지역을 봉쇄하고 선박의 해외 출항을 금지하였다. 최근 역적들은 진압되고 타이완이 복속되었다. 이에 짐은 해금령을 해제하고 해외 도항을 허가하는 바이다.

① 병자호란을 일으켰다.
② 『사고전서』를 편찬하였다.
③ 자금성을 건립하고 천도하였다.
④ 크리스트교의 포교를 공식적으로 금지하였다.
⑤ 아시카가 요시미쓰를 일본 국왕으로 책봉하였다.

407

(가)에 들어갈 내용으로 적절한 것만을 〈보기〉에서 고른 것은?

[보기]
ㄱ. 연행사의 경유지
ㄴ. 중국인 거주지 지정
ㄷ. 데지마라는 인공섬 조성
ㄹ. 정성공 세력이 반청 운동 전개

① ㄱ, ㄴ   ② ㄱ, ㄷ   ③ ㄴ, ㄷ
④ ㄴ, ㄹ   ⑤ ㄷ, ㄹ

408

밑줄 친 '나'에 대한 설명으로 옳은 것만을 〈보기〉에서 고른 것은?

> 예수회 선교사인 나는 중국을 무대로 활동하면서 다양한 서양 학문을 중국에 전하였습니다. 특히 서광계와 함께 『기하원본』을 중국어로 번역하였습니다.

[보기]
ㄱ. 훈련도감에서 활동하였다.
ㄴ. 『중국견문록』을 저술하였다.
ㄷ. 청의 역법 개정을 주도하였다.
ㄹ. 「곤여만국전도」를 제작하였다.

① ㄱ, ㄴ   ② ㄱ, ㄷ   ③ ㄴ, ㄷ
④ ㄴ, ㄹ   ⑤ ㄷ, ㄹ

[409~410] 다음을 읽고 물음에 답하시오.

에도 막부가 청 상인들에게 발급한 문서로, 선박의 입항 예정 연도 등이 기재되어 있다.

409

밑줄 친 '문서'의 명칭을 쓰시오.

410 🖊 서술형

위 문서의 발행 목적을 서술하시오.

08 사회 변동과 서민 문화

411

다음 상황이 나타난 배경을 알아보기 위한 탐구 활동으로 가장 적절한 것은?

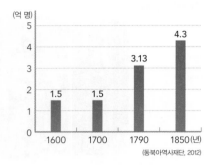

▲ 17세기 이후 인구 변동

① 농업 생산력의 추이를 분석한다.
② 5호의 동향을 다룬 기록을 조사한다.
③ 덴메이 대기근 당시의 상황을 찾아본다.
④ 도왜인의 이동 경로를 지도에 표시한다.
⑤ 훈구와 사림의 대립이 끼친 영향을 알아본다.

412

교사의 질문에 대한 학생들의 발표 내용으로 가장 적절한 것은?

『번서고』는 고구마의 유용성을 다룬 책이고, 『동의보감』은 허준이 편찬한 의학서입니다. 이러한 서적들의 편찬은 동아시아에 어떤 영향을 끼쳤을까요?

▲ 『번서고』   ▲ 『동의보감』

① 서양 의학이 수용되었어요.
② 북방 민족이 남하하였어요.
③ 동아시아의 인구가 증가하였어요.
④ 한족의 강남 이동을 촉진하였어요.
⑤ 모내기법이 전국으로 확대되었어요.

413

자료에 나타난 시기 동아시아 각 지역의 상황으로 옳은 것만을 〈보기〉에서 고른 것은?

주민 중에 관직에 있는 자는 봉록을 받아 살며, 서리는 자질구레한 늠록을 받아 살고, 군인들은 군포를 받아 살고 …… 그러나 아침에 모였다가 저녁에 흩어지고 여기저기 떠돌아다니면서 농사도 짓지 않고, 옷감을 짜지도 않고 먹고 사는 무리가 무려 수십만이나 된다. 공인, 시전 상인은 주민 중에서 가장 생활이 안정된 자들이다.

[보기]
ㄱ. 중국 – 산시 상인과 휘저우 상인이 활동하였다.
ㄴ. 한국 – 한글 소설과 판소리가 유행하였다.
ㄷ. 일본 – 신토와 불교가 결합하였다.
ㄹ. 베트남 – 쩐흥다오가 외적의 침입을 물리쳤다.

① ㄱ, ㄴ   ② ㄱ, ㄷ   ③ ㄴ, ㄷ
④ ㄴ, ㄹ   ⑤ ㄷ, ㄹ

414

다음 제도가 시행되었던 시기에 동아시아에서 볼 수 있는 모습으로 가장 적절한 것은?

▲ 쇼군의 명령에 따라 에도로 향하는 다이묘의 행렬

① 장거정을 등용하는 황제
② 탈출을 시도하는 하멜 일행
③ 강항을 포로로 잡아 압송하는 군인
④ 『입당구법순례행기』를 저술하는 승려
⑤ 오다 노부나가를 따라 전투에 임하는 무사

415

(가)에 들어갈 내용으로 가장 적절한 것은?

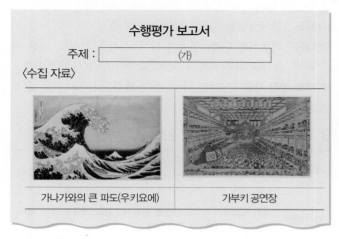

수행평가 보고서

주제 : (가)

〈수집 자료〉

| 가나가와의 큰 파도(우키요에) | 가부키 공연장 |

① 국가 불교의 사례
② 슈인장의 발급 목적
③ 조닌층이 향유한 문화
④ 과거제의 실시가 끼친 영향
⑤ 산킨코타이 제도 실시의 목적

416

자료에 나타난 시기의 동아시아 상황으로 옳은 것은?

- 각 지역에서는 한전(旱田)의 성질에 맞추어 옥수수 등의 곡식 이외에 고구마, 삼, 모시 등의 작물을 재배하여 큰 이익을 얻고 있다.
- 상추쌈에 둥굴게 싸 삼키고는 고추장에 파 뿌리도 곁들여 먹는다오.

① 영락제가 몽골 원정에 나섰다.
② 조카마치에 무사들이 거주하였다.
③ 청해진이 해상 교역을 장악하였다.
④ 정화가 함대를 이끌고 항해에 나섰다.
⑤ 아시카가 다카우지가 막부를 수립하였다.

417

다음 취지에 부합하는 학술 연구 경향으로 옳은 것은?

나는 어려서부터 사서(四書)의 주석을 읽고 그 내용을 믿었으며, …… 자라면서 그것들을 의심하기 시작하였다. 나는 이미 육경과 공자·맹자의 말을 깊이 읽고 이것들을 사서의 주석에 있는 말과 비교해, 주석이 말하는 심(心), 이(理), 성(性), 도(道)의 뜻이 육경 및 공자·맹자의 말과는 크게 다르다는 것을 발견하였다.

① 왕수인이 심즉리를 주장하였다.
② 옹정제가 『대의각미록』을 저술하였다.
③ 송시열이 조선 중화주의를 주장하였다.
④ 이토 진사이가 주희의 해석을 비판하였다.
⑤ 모토오리 노리나가가 『고사기』 연구에 매진하였다.

[418~419] 다음을 보고 물음에 답하시오.

에도 시대의 대표적인 사상가로 국학을 집대성한 (가) 은/는 중국에서 왕조가 교체되는 역성 혁명을 비판하고 일본 천황의 만세일계를 옹호하면서, 이것이야말로 일본 우월성의 증거라 역설하였다. 그리고 그 정당성의 근거를 아마테라스 오미카미와 혈통의 순수성에서 찾았다. 이러한 일본 우월주의 입장에서 (가) 은/는 일본을 본조, 황조, 황국이라 칭하고 중국을 외국, 이조, 심지어 서융이라고 표현하였다.

418

(가)에 들어갈 인물을 쓰시오.

419 ✍ 서술형

위 사상 경향이 끼친 영향을 서술하시오.

O9 새로운 국제 질서와 근대화 운동

✔ 출제 포인트　✔ 동아시아 각국의 개항　✔ 청의 근대화 운동　✔ 메이지 유신　✔ 대일본 제국 헌법

1. 개항과 동아시아 국제 질서의 변동

⭐1 동아시아 각국의 개항　불평등 조약 체결　ⓒ 87쪽 438번 문제로 확인

구분	계기	조약	주요 내용
청	제1차 아편 전쟁	난징 조약 (1842)	상하이 등 5개 항구 개항, 홍콩 할양, 공행 무역 폐지, 관세 자주권 상실, 영사 재판권 허용 등
일본	페리의 무력 시위	미·일 화친 조약(1854)	2개 항구 개항과 미국에 최혜국 대우 인정 → 미·일 수호 통상 조약으로 추가 개항
조선	운요호 사건	강화도 조약 (1876)	부산 외 2개 항구 개항, 일본의 해안 측량권과 영사 재판권 인정
베트남	크리스트교 탄압	제1차 사이공 조약(1862)	선교의 자유, 프랑스에 영토 할양, 항구의 개항, 배상금 지급 등

> **자료**　미·일 수호 통상 조약(1858)　ⓒ 87쪽 436번 문제로 확인
>
> • 시모다, 하코다테 외에 다음 장소를 기한 내에 개항한다. 가나가와, 나가사키, 니가타, 효고 등
> • 일본인에 대해 범법 행위를 한 미국인은 미국의 영사 재판소에서 조사하여 미국 법으로 처벌한다.
>
> **분석** 　미국의 요구로 체결된 미·일 수호 통상 조약은 항구의 추가 개항, 협정 관세, 미국의 영사 재판권 인정 등의 내용을 포함하였다.

2 국제 질서의 새로운 변화　청·일 수호 조규(1871, 일본과 청의 대등한 관계 규정), 조공·책봉 체제 → 근대적 조약 체제로 변화

2. 근대화 운동의 전개

⭐1 청의 근대화 운동

태평천국 운동	• 홍수전이 배상제회 조직 → 태평천국 건설 주도 • 청 왕조 타도('멸만흥한'), 평등 사회 건설, 토지 균분 등 주장
양무운동	• 태평천국 운동을 진압한 증국번, 이홍장 등이 주도 • '중체서용' → 중국 전통 유지, 서양의 군사력과 과학 기술 수용
변법자강 운동	• 캉유웨이, 량치차오 등이 주도 • 메이지 유신을 본보기로 입헌 군주제 도입 등 근대 개혁 추진

> **자료**　양무운동　ⓒ 88쪽 440번 문제로 확인
>
> 기계 제조라는 일은 오늘날 외국의 도전을 막아내기 위한 바탕이 되며, 자강의 근본입니다. …… 신이 밝히고자 하는 것은 서양식 기계가 농경이나 직포·인쇄·도자기 제조 등의 용구를 모두 제조할 수 있고, …… 원래부터 오로지 군사상의 무기만을 위해서 만들어진 것은 아니라는 점입니다.
> 　　　　　　　　　　　　　　　　　－『이홍장 전집』 －
>
> **분석** 　양무운동은 서양의 군사력과 과학 기술을 수용하여 부국강병을 이루려는 근대화 노력이었다. 그러나 의식, 제도 개혁 등이 뒷받침되지 않아 사회를 근본적으로 바꾸지 못하고 청·일 전쟁의 패배로 한계를 드러냈다.

⭐2 일본의 메이지 유신(1868)　ⓒ 89쪽 444번 문제로 확인

(1) **목표**　부국강병을 목표로 근대적 개혁 추진

(2) **내용**　폐번치현 단행, 징병제 실시, 식산흥업 정책, 신분 제 폐지, 소학교 의무 교육, 대학 설립, 이와쿠라 사절단 파견

(3) **대외 팽창 시도**　정한론 대두, 류쿠 병합, 타이완 침공, 운요호 사건 도발

3 조선의 개화 정책과 근대화 운동

개화 정책 추진	• 통리기무아문과 별기군 설치 • 수신사, 조사 시찰단, 영선사 등 시찰단 파견 • 위정척사 운동, 임오군란 등 개화 정책에 대한 반발
갑신정변	급진 개화파가 메이지 유신을 본보기로 제도 개혁 모색 → 청의 군사적 개입으로 3일 만에 실패
갑오·을미 개혁	왕실 사무와 정부 사무의 분리, 근대적 내각 수립, 신분제 폐지, 각종 폐습 타파, 태양력과 단발령의 시행 등

3. 근대 국민 국가 건설을 위한 노력

1 청의 신정 실시와 신해혁명

신정 실시	• 의화단 운동 실패 후 열강 침략의 확대 속에서 청 정부가 개혁의 필요성 인식, 개혁 추진 → 지식인이 입헌파와 혁명파로 나뉨 • 흠정헌법대강 반포(1908), 의회 설립 준비
신해혁명	우창에서 신군 봉기 → 각 성이 봉기하여 청의 지배 거부 → 쑨원을 임시 대총통으로 중화민국 수립(1912)

⭐2 자유 민권 운동과 대일본 제국 헌법의 제정

자유 민권 운동	1870년대부터 시작, 서양식 입헌 제도 요구
헌법 제정(1889)	메이지 정부가 대일본 제국 헌법 제정 → 제국 의회 설립 등 입헌 군주제에 바탕을 둔 근대 국가의 제도적 토대 마련

> **자료**　대일본 제국 헌법(1889)　ⓒ 90쪽 449번 문제로 확인
>
> 제1조　대일본 제국은 만세일계의 천황이 통치한다.
> 제4조　천황은 나라의 원수이며 통치권을 장악하고 이 법률의 조규에 의하여 이를 거행한다.
> 제10조　천황은 행정 각부를 관제하고 문무관의 봉급을 규정하며 문무관을 임명한다.
>
> **분석** 　대일본 제국 헌법은 천황을 신성 불가침한 존재로 규정하고 군통수권과 입법권 등 막강한 권한을 천황에게 부여하였다.

3 독립 협회와 대한 제국

독립 협회	• 문명개화와 자주독립 사상을 선전하는 민중 계몽 활동 전개 • 만민 공동회와 관민 공동회 개최
대한 제국	• 고종이 황제 즉위식 거행 → 대한 제국 수립 선포, 광무개혁 추진 • 독립 협회 해산 후 대한국 국제 반포

분석 기출 문제

» 바른답·알찬풀이 45쪽

빈칸에 들어갈 알맞은 말을 쓰시오.

420 아편 전쟁에서 패한 청은 영국과 (　　　　) 조약을 체결하였다.

421 (　　　　) 함대의 무력시위에 굴복한 에도 막부는 최혜국 대우를 인정하는 조약을 체결하였다.

422 (　　　　)은/는 중체서용을 내세워 중국의 전통을 그대로 유지하면서 서양의 군사력과 과학 기술을 수용하여 자강을 이루고자 한 근대화 운동이었다.

다음 내용이 옳으면 ○표, 틀리면 ×표를 하시오.

423 청·일 수호 조규는 서로 상대국에 영사관을 설치하고 외교관을 파견하여 영사 재판권을 갖도록 하였다. (　　　)

424 갑신정변은 일본의 간섭으로 3일 만에 실패하였으며, 이후 조선에 대한 일본의 내정 간섭은 심화되었다. (　　　)

425 메이지 정부는 폐번치현을 단행하여 중앙 집권 체제를 확립하였다. (　　　)

관련 있는 내용을 바르게 연결하시오.

426 신해혁명　　•　　　　•　㉠ 광무개혁 추진

427 대한 제국　　•　　　　•　㉡ 폐번치현 단행

428 메이지 유신　•　　　　•　㉢ 중화민국 수립

괄호 안에 들어갈 알맞은 말을 고르시오.

429 메이지 정부는 (㉠ 조사 시찰단, ㉡ 이와쿠라 사절단)을 미국과 유럽에 파견하였다.

430 캉유웨이와 량치차오 등은 (㉠ 변법자강, ㉡ 태평천국) 운동을 전개하였다.

431 독립 협회 해산 후 고종은 (㉠ 헌의 6조, ㉡ 대한국 국제)를 반포하였다.

다음에서 설명하는 활동을 〈보기〉에서 고르시오.

432 성리학적 전통 질서를 지키고 서양 세력을 배척하자는 운동이다. (　　　)

433 1870년대 일본에서 서양식 의회 설립과 헌법 제정을 요구한 운동이다. (　　　)

[보기]
ㄱ. 위정척사 운동　　　　ㄴ. 자유 민권 운동

434

(가)에 들어갈 내용으로 옳은 것은?

> 18세기 중반 이후 청과의 교역을 확대해 온 영국은 차 구매량이 늘어나면서 그 대가로 청에 지급할 은이 부족해졌다. 영국은 이 문제를 해결하기 위해 　(가)　

① 인도산 아편을 청에 몰래 팔았다.
② 마카오를 거점으로 무역 활동을 하였다.
③ 인도네시아에 동인도 회사를 건립하였다.
④ 마닐라를 거점으로 갈레온 무역을 전개하였다.
⑤ 나가사키의 데지마를 통해 일본과 교역하였다.

435

(가) 국가에 대한 설명으로 옳은 것은?

> 19세기 중반 베트남의 응우옌 왕조가 크리스트교를 대대적으로 탄압하는 과정에서 자국의 선교사를 처형하자 이를 빌미로 　(가)　 은/는 베트남을 침략하였다.

① 청으로부터 홍콩을 할양받았다.
② 영국과 연합하여 제2차 아편 전쟁을 일으켰다.
③ 페리 제독을 파견하여 일본에 개항을 요구하였다.
④ 베이징 조약을 중재한 대가로 연해주를 획득하였다.
⑤ 강화도 조약을 체결하여 조선의 문호를 개방하도록 하였다.

★빈출 436

(가), (나) 조약에 대한 설명으로 옳은 것은?

> (가) 영국 인민이 가족과 하인을 데리고 광저우·샤먼(아모이)·푸저우·닝보·상하이 등 다섯 항구에 기거하면서 아무런 방해 없이 무역 통상에 나설 수 있도록 허용한다.
>
> (나) 시모다, 하코다테 외에 다음 장소를 기한 내에 개항한다. 가나가와, 나가사키, 니가타, 효고 등

① (가) – 아편 전쟁의 결과로 체결되었다.
② (가) – 크리스트교 선교의 자유를 인정하였다.
③ (나) – 일본이 서구 열강과 체결한 최초의 조약이었다.
④ (나) – 연해 측량권 허용을 포함하였다.
⑤ (가), (나) – 영토 할양을 주요 내용으로 담았다.

437

(가), (나) 사이 시기의 사실로 옳은 것은?

> (가) 페리 제독은 '우호 통상, 석탄과 식료품의 공급, 난파선의 보호' 등을 요구하는 미국 대통령의 국서를 막부에 전달하였다. 그리고 미국과의 통상을 수락하지 않으면 전쟁이 일어날 것이라고 위협하기도 하였다. 막부에서는 일단 국서를 접수한 후 이듬해 답변을 주기로 약속하였다.
>
> (나) 일본 군함 운요호는 한반도 연안을 측량한다는 명분으로 강화도 앞바다를 불법으로 침략하였다. 조선군이 방어를 위한 공격을 하자, 운요호는 포격을 가하고 영종진에 상륙하여 조선 수군을 공격하고 인적·물적 피해를 입힌 후 퇴각하였다.

① 청·일 수호 조규가 체결되었다.
② 류큐가 오키나와현으로 바뀌었다.
③ 아편 전쟁의 결과 난징 조약이 체결되었다.
④ 조선은 불평등 조약을 맺고 부산을 개항하였다.
⑤ 청은 임칙서를 광저우에 보내 아편 무역을 단속하였다.

⭐빈출 438

다음 조약에 대한 설명으로 옳은 것만을 〈보기〉에서 고른 것은?

> 제1관 조선국은 자주의 나라이며 일본국과 평등한 권리를 가진다.
> 제4관 조선 정부는 부산과 제5관에서 제시하는 두 항구를 개방하고 일본인이 자유롭게 왕래하면서 통상할 수 있게 한다.
> 제10관 일본국 국민이 조선국이 지정한 각 항구에 머무르는 동안 죄를 범한 것이 조선국 국민에게 관계되는 사건일 때는 모두 일본국 관원이 심판한다.

[보기]
ㄱ. 영토 할양의 내용을 포함하였다.
ㄴ. 일본에 최혜국 대우를 인정하였다.
ㄷ. 운요호 사건이 조약 체결의 계기였다.
ㄹ. 일본에 조선 해안의 측량권을 허용하였다.

① ㄱ, ㄴ
② ㄱ, ㄷ
③ ㄴ, ㄷ
④ ㄴ, ㄹ
⑤ ㄷ, ㄹ

439

(가)에 대한 설명으로 옳은 것은?

> 청과 일본이 대등한 입장에서 [(가)]을/를 체결하였다. 이를 통해 일본은 중국 중심의 전통적인 동아시아 국제 질서에서 벗어나 청과 대등한 지위를 갖게 되었다.

① 조·일 수호 조규 체결의 영향을 받았다.
② 타이완을 일본에 할양하도록 규정하였다.
③ 양국의 개항장에 영사관 설치를 규정하였다.
④ 메이지 정부의 타이완 침공을 계기로 체결되었다.
⑤ 청이 베트남에 대한 종주권을 포기하는 계기가 되었다.

2. 근대화 운동의 전개

⭐빈출 440

다음 주장에 따라 전개된 중국의 근대화 운동에 대한 설명으로 옳은 것은?

> 기계 제조라는 일은 오늘날 외국의 도전을 막아내기 위한 바탕이 되며, 자강의 근본입니다. …… 신이 밝히고자 하는 것은 서양식 기계가 농경이나 직포·인쇄·도자기·제조 등의 용구를 모두 제조할 수 있고, …… 원래부터 오로지 군사상의 무기만을 위해서 만들어진 것은 아니라는 점입니다.

① 통리기무아문과 별기군을 설치하였다.
② 의회 설립과 헌법의 제정을 주장하였다.
③ 청·일 전쟁의 패배를 계기로 추진되었다.
④ 중체서용의 원칙을 바탕으로 전개되었다.
⑤ 아시아 최초 공화국 수립의 결과를 가져왔다.

441

(가)에 들어갈 근대화 운동에 대한 설명으로 옳은 것은?

> 량치차오는 캉유웨이와 더불어 [(가)]의 대표적인 지도자였다. 그는 국제 사회의 치열한 경쟁 속에서 중국이 살아남을 수 있는 방법으로 스스로 주도권을 잡고 변화를 시도해야 한다는 점을 강조하였다.

① 멸만흥한을 구호로 내세웠다.
② 메이지 유신을 개혁 모델로 삼았다.
③ 갑신정변의 주도 세력에게 큰 영향을 끼쳤다.
④ 일본의 자유 민권 운동 추진에 영향을 주었다.
⑤ 태평천국 운동을 진압한 한인 관료층이 주도하였다.

442

(가), (나) 사이 시기의 사실로 옳은 것은?

> (가) 함풍제가 총리각국사무아문의 설치를 승인하였다. 이후 한인 관료를 중심으로 한 개혁 운동이 시작되었다. 이들은 우선적으로 군사 방면에서 서구의 선진 기술을 받아들이기 위해 노력하였다.
>
> (나) 베트남을 보호국으로 만들고자 한 프랑스와 베트남에 대한 종주권을 주장하는 청 사이의 긴장은 전쟁으로 이어졌다. 이 전쟁은 청이 베트남에 대한 프랑스의 보호권을 인정함으로써 종결되었다.

① 일본이 명성 황후를 시해하는 을미사변을 일으켰다.
② 캉유웨이 중심의 개혁이 보수파의 반발로 실패하였다.
③ 홍수전이 청 왕조 타도와 평등 사회 건설을 주장하였다.
④ 미국이 페리 제독을 파견하여 일본의 개항을 요구하였다.
⑤ 천황 중심의 메이지 정부가 수립되어 개혁을 추진하였다.

443

다음 사절단에 대한 설명으로 옳은 것은?

> 이와쿠라 도모미를 전권대사로 삼고, 오쿠보 도시미치, 이토 히로부미, 기도 다카요시, 야마구치 나오요시 등을 중심으로 하였으며, 수행원과 유학생을 포함하여 100여 명으로 구성되었다. 이들은 요코하마를 출발하여 1년 10개월 동안 미국과 영국 등 12개국을 시찰하였다.

① 공화정 수립을 목표로 활동하였다.
② 중체서용을 내세운 근대화 운동을 추진하였다.
③ 중국의 문물을 배워 기기창 설립에 기여하였다.
④ 과거제 폐지, 신교육 실시 등의 개혁을 주장하였다.
⑤ 열강과 맺은 불평등 조약의 개정을 위해 노력하였다.

★빈출 444

밑줄 친 '신정부'의 정책으로 옳은 것만을 〈보기〉에서 고른 것은?

그림은 천황이 참석한 가운데 폐번치현의 조서를 읽고 있는 모습이다. 이를 계기로 신정부는 막번 체제를 해체하였다. 나아가 지조 개정을 통해 근대적 토지세 제도를 확립하여 재정적 기반을 마련하였다. 이를 통해 중앙 집권적 근대 국민 국가로 나아갈 수 있었다.

〔보기〕
ㄱ. 미·일 수호 통상 조약을 체결하였다.
ㄴ. 신분제를 개혁하여 사민평등을 표방하였다.
ㄷ. 타이완을 침공하였고, 운요호 사건을 일으켰다.
ㄹ. 통리기무아문을 설치하고 별기군을 창설하였다.

① ㄱ, ㄴ   ② ㄱ, ㄷ   ③ ㄴ, ㄷ
④ ㄴ, ㄹ   ⑤ ㄷ, ㄹ

445

자료의 주장이 제기된 근대화 운동에 대한 설명으로 옳은 것만을 〈보기〉에서 고른 것은?

> 1. 대원군을 가까운 시일 내에 돌아오게 하고 청에 대한 조공의 허례를 폐지할 것.
> 2. 문벌을 폐지하고 인민 평등의 권리를 제정하고 능력에 따라 관리를 등용할 것.
> 3. 지조법을 개정하여 아전의 부정을 막고 백성을 구제하며 재정을 넉넉하게 할 것.
> 12. 재정은 모두 호조에서 관할케 하고 그 밖의 재무 관청은 폐지할 것.

〔보기〕
ㄱ. 청·프 전쟁 발발이 계기가 되었다.
ㄴ. 청의 개입으로 3일 만에 실패로 끝났다.
ㄷ. 유교 지식인과 농민을 중심으로 전개되었다.
ㄹ. 양무운동 추진의 기본 원칙이 적극적으로 반영되었다.

① ㄱ, ㄴ   ② ㄱ, ㄷ   ③ ㄴ, ㄷ
④ ㄴ, ㄹ   ⑤ ㄷ, ㄹ

446

다음 민족 운동에서 제기된 주요 주장으로 옳은 것만을 〈보기〉에서 고른 것은?

아편 전쟁에서 패한 정부가 서구 열강에게 지급해야 할 배상금을 농민에게 떠넘기자 농민의 생활은 더욱 어려워졌다. 게다가 무역의 중심지가 광둥에서 상하이로 옮겨 가면서 강남 지역의 불만이 더욱 높아졌다. 이런 상황에서 비밀 결사 단체인 배상제회를 만든 홍수전은 농민과 유민을 기반으로 광시성에서 군대를 일으켰다.

[보기]
ㄱ. 문명개화   ㄴ. 중체서용
ㄷ. 멸만흥한   ㄹ. 남녀평등

① ㄱ, ㄴ   ② ㄱ, ㄷ   ③ ㄴ, ㄷ
④ ㄴ, ㄹ   ⑤ ㄷ, ㄹ

[447~448] 다음 글을 읽고 물음에 답하시오.

동학 농민 운동이 일어나자 청과 일본은 조선에 군대를 파병하였다. 이후 일본은 군사력을 동원하여 조선의 내정에 간섭하였고 새 내각을 구성하게 하여 개혁을 강요하였다. 개혁이 추진되는 도중 조선 내에서 개혁의 급진성에 대한 불만이 커졌고, 일본이 자신들의 내정 간섭에 반발하는 명성 황후를 시해하는 사건을 일으켰다. 이에 ___(가)___

447

밑줄 친 '개혁' 내용으로 옳지 않은 것은?

① 신분제 폐지   ② 각종 폐습 타파
③ 입헌 군주제 실시   ④ 태양력과 단발령 시행
⑤ 왕실과 정부의 사무 분리

448

(가)에 들어갈 내용으로 옳은 것만을 〈보기〉에서 고른 것은?

[보기]
ㄱ. 급진 개화파가 갑신정변을 일으켰다.
ㄴ. 유생들이 의병을 일으켜 저항하였다.
ㄷ. 고종이 러시아 공사관으로 거처를 옮겼다.
ㄹ. 폐번치현을 단행하여 중앙 집권화를 꾀하였다.

① ㄱ, ㄴ   ② ㄱ, ㄷ   ③ ㄴ, ㄷ
④ ㄴ, ㄹ   ⑤ ㄷ, ㄹ

3, 근대 국민 국가 건설을 위한 노력

[449~450] 자료를 읽고 물음에 답하시오.

(가) 제1조 대일본 제국은 만세일계의 천황이 통치한다.
     제4조 천황은 나라의 원수이며 통치권을 장악하고 이 법률의 조규에 의하여 이를 거행한다.
     제10조 천황은 행정 각 부를 관제하고 문무관의 봉급을 규정하며 문무관을 임면한다.
(나) 제1조 대한국은 만국이 공인한 자주독립 제국이다.
     제2조 대한 제국의 정치는 과거 500년간 전래되었고, 앞으로 만세토록 불변할 전제 정치이다.
     제3조 대한국 대황제는 무한한 군주권을 지니고 있다.
(다) 제1조 대청 황제는 대청 제국을 통치하며 만세일계이며 영원히 군림한다.
     제2조 군상(君上)은 신성·존엄하며 침범할 수 없다.
     제3조 반포하는 법률을 흠정하고 의안을 제안할 수 있는 권한을 갖는다.

★빈출
449

(가)~(다)를 발표한 각 정부의 정책으로 옳은 것만을 〈보기〉에서 고른 것은?

[보기]
ㄱ. (가) - 천황에게 군 통수권을 부여하였다.
ㄴ. (나) - 징병제와 소학교 의무 교육을 실시하였다.
ㄷ. (다) - 러·일 전쟁 후 입헌 준비에 나섰다.
ㄹ. (나), (다) - 입헌 군주제를 확립하였다.

① ㄱ, ㄴ   ② ㄱ, ㄷ   ③ ㄴ, ㄷ
④ ㄴ, ㄹ   ⑤ ㄷ, ㄹ

450

(가), (나) 발표의 사이 시기에 있었던 사실로 옳은 것은?

① 조선에서 임오군란이 일어났다.
② 일본이 러·일 전쟁에서 승리하였다.
③ 대한 제국이 독립 협회를 해산하였다.
④ 일본에서 자유 민권 운동이 일어났다.
⑤ 청의 지식인이 입헌파와 혁명파로 나뉘었다.

★빈출
451

지도와 같은 전개 과정을 거친 사건에 대한 설명으로 옳은 것은?

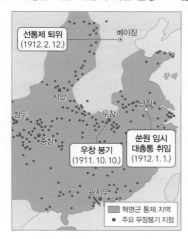

① 신문화 운동의 영향을 받았다.
② 증국번, 이홍장 등이 중심이 되어 일어났다.
③ 베이징에 외국군이 주둔하는 빌미가 되었다.
④ 서태후를 비롯한 보수파의 반격으로 실패하였다.
⑤ 중국에서 최초로 공화국이 수립되는 결과를 가져왔다.

★빈출
452

다음 주장을 제기한 운동에 대한 설명으로 옳은 것은?

> 신들이 애국하는 마음으로 나라를 구할 길을 강구해 보았는데, 오직 천하에 공의를 떨치는 길밖에 없습니다. 천하에 공의를 떨친다는 것은 백성이 뽑은 의원을 설립하는 길밖에는 없습니다. …… 지금 민선 의원을 설립한다면 정부와 인민이 소통하고 일체가 되어 국가가 강하게 될 것이며 정부도 강하게 될 것입니다.
> – 『민선의원설립건백서』 –

① 신해혁명의 영향을 받았다.
② 입헌 정치의 실현을 주장하였다.
③ 미·일 화친 조약이 체결되는 결과를 가져왔다.
④ 홍수전이 조직한 배상제회를 중심으로 전개되었다.
⑤ 잡지 『신청년』을 발행하고 유교 문화를 비판하였다.

[453~454] 자료를 읽고 물음에 답하시오.

> 청·프 전쟁, 청·일 전쟁에서 왜 패배하였는가? …… 정부가 민의를 존중하지 않으면 우수한 기계를 들여와도 잘 운영될 리가 없기 때문이다. 서구의 의회 제도는 군민일체와 상하일심의 정치를 이룩하는 것으로 중국이 채용해야 할 제도이다.

453

위 주장에서 지향하는 정치 체제를 쓰시오.

454

위 주장에서 지향하는 정치 체제를 수립하기 위해 나타났던 움직임을 청, 일본, 한국으로 구분하여 제시하시오.

[455~456] 다음 글을 읽고 물음에 답하시오.

> 열강들이 이권 침탈을 가속화하는 상황에서 조선의 일부 지식인들이 창립한 [(가)]은/는 문명개화와 자주독립 사상을 선전하는 민중 계몽 활동을 전개하였으며, 만민 공동회라는 대규모 집회를 열어 정부에 개혁을 요구하였다.

455

(가)에 들어갈 단체를 쓰시오.

456

(가) 단체가 지향한 정치 체제의 특징을 단체의 활동과 연관 지어 서술하시오.

적중 1등급 문제

» 바른답·알찬풀이 47쪽

457

(가), (나) 조약 체결 사이에 있었던 사실로 옳은 것만을 〈보기〉에서 고른 것은?

> (가) 제2조 시모다, 하코다테의 두 항구에 대해서 미국 배가 물자를 조달할 수 있도록 도래를 허가한다.
> 제9조 일본 정부가 외국인에 대하여 미국인에게 허가하지 않았던 사항을 허가했을 때에는 미국인에게도 같은 사항을 허가한다.
> (나) 제5조 프랑스인들은 다낭, 바랏, 꽝옌의 세 항구에서 자유로이 상업 활동을 할 수 있다.
> 제6조 베트남의 영토 할양에 관한 사안은 프랑스 황제의 동의를 받아야만 한다.

【 보기 】
ㄱ. 청·일 수호 조규가 체결되었다.
ㄴ. 상하이 등 5개 항구가 개항되었다.
ㄷ. 청이 크리스트교의 선교를 허용하였다.
ㄹ. 일본이 미국에 영사 재판권을 인정하였다.

① ㄱ, ㄴ   ② ㄱ, ㄷ   ③ ㄴ, ㄷ
④ ㄴ, ㄹ   ⑤ ㄷ, ㄹ

458

밑줄 친 '맹약'의 내용으로 옳은 것은?

동아시아사 신문	○○○○년 ○월 ○일

왜인이 양인(洋人)의 앞잡이가 되어 지난해 초지진을 파괴하고 영종진에 포격을 가한 사건을 빌미로 맹약을 요구하고 있다. 조정에서는 요구를 받아들여 화친을 추진하고 있다. 이에 대해 사교(邪敎)의 확산 등을 우려하면서 문호 개방에 반대하는 상소가 빗발치고 있다.

① 공행 무역을 폐지한다.
② 일본이 타이완을 차지한다.
③ 부산 등 3개 항구를 개항한다.
④ 수도에 외국 군대를 주둔시킨다.
⑤ 대한 제국의 외교권을 박탈한다.

459

밑줄 친 '그'에 대한 설명으로 옳은 것은?

> 그의 생일날 배상제회는 진톈에서 정식으로 혁명을 선포함으로써 생일을 경축했다. 그는 새로운 국가의 천왕이 되었다. 머리를 길게 기른 군대는 앞머리를 박박 깎아버리고 뒷머리를 길러 땋은 당시의 유행과는 다른 모습이었기 때문에 '장발적'이라고 불렸다.

① 멸만흥한을 내세웠다.
② 양무운동을 주도하였다.
③ 관민 공동회를 개최하였다.
④ 중화민국의 임시 대총통에 추대되었다.
⑤ 이와쿠라 사절단의 일원으로 참여하였다.

460

다음 자료를 활용한 탐구 활동으로 가장 적절한 것은?

> 제가 일찍이 영국, 프랑스 제독의 군함에 가서 보니 그곳에 있는 대포의 훌륭함, 탄약의 정교함, 무기의 정확함은 중국이 따라잡을 수 없는 것이었습니다. …… 중국의 무기가 서양에게 한참 뒤져 있는 것을 수치스럽게 느낍니다. 저는 또한 장병들에게 이득을 얻기 위해 겸허하게 치욕을 참고 서양인의 비법을 하나둘 배우라고 훈계합니다. 서양인의 우수한 기술을 취득하지 않으면 그 잘못을 크게 후회할 것입니다.

① 흠정헌법대강의 내용을 분석한다.
② 광무개혁이 끼친 영향을 찾아본다.
③ 조선이 수신사를 파견한 계기를 알아본다.
④ 자유 민권 운동이 전개된 배경을 살펴본다.
⑤ 양무운동을 주도한 인물의 주장을 조사한다.

461

다음 주장을 제기한 인물에 대한 설명으로 옳은 것만을 〈보기〉에서 고른 것은?

> 일본의 유신에서 귀감을 찾아야만 합니다. ······ 유신의 초기에 바꿔야 할 것은 아주 많았지만, 그 핵심은 다음 세 가지였습니다. 첫째는 군신과 더불어 서약함으로써 국시(國是)를 정한 것이고, 둘째는 대책을 세워 현명한 인재를 모집한 것이며, 셋째는 제도국을 열고 헌법을 정하는 것이었습니다.   ― 황제에게 올리는 여섯 번째 상소 ―

[보기]
ㄱ. 막부를 타도하였다.
ㄴ. 공양학의 영향을 받았다.
ㄷ. 통리기무아문을 설치하였다.
ㄹ. 변법자강 운동을 주도하였다.

① ㄱ, ㄴ   ② ㄱ, ㄷ   ③ ㄴ, ㄷ
④ ㄴ, ㄹ   ⑤ ㄷ, ㄹ

462

다음 법령을 발표한 정부에 대한 설명으로 옳은 것만을 〈보기〉에서 고른 것은?

> • 인민은 화족·사족·농민·공인·상인 및 부녀자를 불문하고 배우지 않는 자가 없는 것을 목표로 한다. 자녀들은 반드시 학교에 다니게 하도록 해야 한다.
> • 상급 학교는 그 재능에 따라 진학하지만 어린 자녀는 남녀의 구별 없이 소학교에 입학한다.

[보기]
ㄱ. 징병제를 시행하였다.
ㄴ. 폐번치현을 단행하였다.
ㄷ. 금릉 기기국을 건설하였다.
ㄹ. 교육 입국 조서를 반포하였다.

① ㄱ, ㄴ   ② ㄱ, ㄷ   ③ ㄴ, ㄷ
④ ㄴ, ㄹ   ⑤ ㄷ, ㄹ

463

(가)에 들어갈 내용으로 가장 적절한 것은?

〈역사 인물 카드〉

• 이름: ○○
• 생몰: 1866~1925
• 주요 활동
 ― 중국 혁명 동맹회 결성
 ― (가)
 ― 중국 국민당 창당

① 갑신정변 주도
② 동유 운동 전개
③ 태평천국 운동 진압
④ 영선사의 일행으로 참여
⑤ 중화민국 임시 대총통 취임

464

(가), (나)가 발표된 시기 사이에 있었던 사실로 옳은 것은?

> (가) 천하에 공의를 떨친다는 것은 백성이 뽑은 의원을 설립하는 길밖에는 없습니다. ······ 지금 민선 의원을 설립한다면 정부와 인민이 소통하고 일체가 되어 국가가 강하게 될 것이며 정부도 강하게 될 것입니다.
> (나) 제1조 대일본 제국은 만세일계의 천황이 통치한다.
> 제4조 천황은 나라의 원수이며 통치권을 장악하고 이 법률의 조규에 의하여 이를 거행한다.
> 제5조 천황은 제국 의회의 협찬을 받아 입법권을 실행한다.

① 임오군란이 일어났다.
② 양무운동이 시작되었다.
③ 대한국 국제가 반포되었다.
④ 페리 함대가 일본에 내항하였다.
⑤ 제1차 사이공 조약이 체결되었다.

10

Ⅳ 동아시아의 근대화 운동과 반제국주의 민족 운동

제국주의 침략 전쟁과 민족 운동

☑ 출제 포인트　☑ 청·일 전쟁　☑ 러·일 전쟁　☑ 동아시아 민족 운동의 전개　☑ 반제·반전을 위한 국제 연대

1. 제국주의 침략과 동아시아 국제 질서

1 일본의 제국주의 침략 전쟁

(1) 청·일 전쟁(1894~1895)

배경	조선을 둘러싸고 청과 일본 대립 → 동학 농민 운동을 계기로 양국 파병
전개	일본이 풍도 앞바다에서 청 군함 공격 → 평양 전투, 황해 해전에서 일본 승리, 시모노세키 조약 체결
영향	삼국 간섭(러시아, 프랑스, 독일) → 일본이 랴오둥반도를 청에 반환

> **자료**　**시모노세키 조약(1895)**　◉ 95쪽 480번 문제로 확인
>
> 제1조　청국은 조선국이 완전무결한 독립 자주국임을 확인한다.
> 제2조　청국은 아래 지역의 관리 권한 …… 일본국에 할양한다.
> 　　　　1. 봉천성 남부의 땅(랴오둥반도)
> 　　　　2. 타이완 전체와 그에 딸린 여러 섬
> 제4조　청국은 군비 배상금으로 은 2억 냥을 일본국에 지급할 것을 약속한다.
>
> [분석]　전쟁에서 패한 청은 조선에 대한 종주권 포기, 타이완과 랴오둥반도 할양, 거액의 전쟁 배상금 지급 등을 일본에 약속하였다.

(2) 러·일 전쟁(1904~1905)　◉ 95쪽 481번 문제로 확인

배경	삼국 간섭 후 한반도와 만주를 둘러싸고 러시아와 일본의 갈등
전개	일본이 제물포와 뤼순의 러시아 함대 공격 → 봉천 전투, 동해 해전에서 일본 승리 → 포츠머스 조약 체결 → 일본의 한국 침략 본격화

2 제국주의 열강의 중국 침략과 민족 운동

(1) 서구 열강의 침략　청의 차관 도입 → 열강이 차관 제공 대신 이권 차지, 각 항구에 조차지 설정 → 청의 영토 주권 손상

(2) 의화단 운동　'부청멸양' 구호 아래 교회와 철도 파괴 등 → 열강의 연합군에게 진압됨 → 신축 조약 체결(1901)

2. 제1차 세계 대전과 동아시아 민족 운동

1 제1차 세계 대전과 워싱턴 체제

제1차 세계 대전 (1914~1918)	• 일본이 영·일 동맹을 근거로 독일에 선전 포고 → 산둥반도와 태평양 일대의 섬 획득, 중국에 21개조 요구 제출 • 전후 처리를 위한 파리 강화 회의 개최
워싱턴 체제	• 워싱턴 회의 개최(1921~1922) • 각국의 해군 군비 제한, 영·일 동맹의 폐기 결정 • 열강의 중국 진출에 대한 기회 균등 보장

2 동아시아 민족 운동의 전개

한국	• 3·1 운동 → 대한민국 임시 정부 수립, 민족 운동 활성화 • 만주에서 무장 독립 투쟁 활발, 민족 유일당 운동(신간회 결성, 1927)
중국	신문화 운동, 5·4 운동 전개(1919), 제1차 국·공 합작, 북벌 단행

> **자료**　**21개조 요구**　◉ 97쪽 487번 문제로 확인
>
> • 산둥반도의 독일 이권을 일본에 양도한다.
> • 일본이 뤼순, 다롄을 조차하는 기한을 99년간 연장하고 남만주 등지에서의 이권을 인정한다.
> • 중국의 항만, 섬을 다른 나라에 할양·조차하는 것을 금지한다.
> • 일본인의 정치·재정·군사 고문과 일본인 경찰관을 채용한다.
>
> [분석]　파리 강화 회의에서 일본의 21개조 요구 철회, 산둥 지역의 권익 반환 요구가 거절되었다는 소식이 알려지자 베이징 대학생들이 대규모 시위를 전개하여 5·4 운동이 일어났다.

3. 침략 전쟁의 확대와 국제 연대

1 일본의 침략 전쟁 확대　◉ 98쪽 492번 문제로 확인

(1) 전쟁의 확대

만주 사변	일본군의 만주 침략(1931) → 만주국 수립(1932) → 국제 연맹이 리튼 조사단 파견 → 일본 규탄 및 일본군 철수 요구 → 일본의 국제 연맹 탈퇴
중·일 전쟁	• 루거우차오 사건을 빌미로 일본군이 중국 침략 → 난징 대학살, 삼광 작전 • 시안 사건(1936) → 중국 국민당과 공산당 연대(제2차 국·공 합작)
태평양 전쟁	• 일본의 동남아시아 침략 → 미국이 일본에 석유, 철강 등 대일 수출 금지, 영국과 함께 중국의 항일전 지원 → 일본의 진주만 공습으로 전쟁 발발 • 미국의 원자 폭탄 투하, 소련군 참전으로 일본 항복

(2) 일본의 총동원 체제와 동아시아의 고통

① 총동원 체제 : 국가 총동원법 제정, 황국 신민화 정책, 징용·징병제 시행, 일본군 '위안부'로 동원, 쌀·금속 공출

② 동아시아의 고통 : 국민 정신 총동원 조선 연맹(한국), 황민봉공회(타이완) 등 동원 조직을 이용하여 인적·물적 자원 수탈

2 국제 연대

(1) 항일을 위한 한·중 연합

만주 사변 이후	• 조선 혁명군과 한국 독립군의 한·중 연합 작전, 동북 인민 혁명군의 활동 • 한·중 민족 항일 대동맹(1932)
중·일 전쟁 이후	중국 국민당 정부의 지원 → 조선 의용대 조직(1938, 김원봉), 대한민국 임시 정부의 한국 광복군 창설(1940)

(2) 반제·반전을 위한 국제 연대　◉ 99쪽 498번 문제로 확인

아주 화친회	• 반제국주의를 목표로 조직된 동아시아 최초의 국제 연대(1907) • 도쿄에서 장빙린 등이 중심이 됨
무정부주의 활동	• 동방 무정부주의자 연맹, 항일 구국 연맹 등 조직 • 고토쿠 슈스이, 바진, 신채호 등 참여
반전·반제 활동가	우치무라 간조(반전론 주장), 박열과 가네코 후미코, 후세 다쓰지(한국 독립운동가 변호), 안중근(『동양 평화론』), 하세가와 데루, 일본 병사 반전 동맹(일본군에 투항과 탈영 호소) 등

•• 빈칸에 들어갈 알맞은 말을 쓰시오.

465 청·일 전쟁 후 러시아는 독일, 프랑스와 함께 일본에게 (   )을/를 청에 반환하도록 압력을 넣었다.

466 제1차 세계 대전 이후 열강들은 (   ) 회의를 통해 동아시아 지역에 대한 열강의 이해관계를 조정하고 해군의 군비를 축소하였다.

467 쑨원이 사망한 후 실권을 장악한 (   )은/는 군벌을 타도하고 중국을 통일하기 위해 북벌을 시작하였다.

•• 다음 내용이 옳으면 ○표, 틀리면 ×표를 하시오.

468 청·일 전쟁에서 패한 청은 일본에 뤼순과 다롄의 조차권, 창춘 이남의 철도 부설권을 넘겼다.　　　　(　　)

469 천두슈 등은 유교를 비판하고 서양 과학과 민주주의 수용을 주장하는 신문화 운동을 전개하였다.　　(　　)

470 루거우차오 사건을 빌미로 일본은 대규모 군대를 동원하여 만주 사변을 일으켰다.　　　　　(　　)

•• 각 사건과 관련 조약을 바르게 연결하시오.

471 청·일 전쟁　•　　　　　•　㉠ 신축 조약

472 의화단 운동　•　　　　　•　㉡ 포츠머스 조약

473 러·일 전쟁　•　　　　　•　㉢ 시모노세키 조약

•• 괄호 안에 들어갈 알맞은 말을 고르시오.

474 일본은 (㉠ 제1차 한·일 협약, ㉡ 을사조약)을 체결하여 한국의 외교권을 박탈하고 그들의 보호국으로 만들었다.

475 김원봉은 중국 국민당 정부의 지원을 받아 중국 관내에서 (㉠ 조선 의용대, ㉡ 한국 광복군)을/를 창설하였다.

476 일본은 침략 전쟁을 확대하면서 전쟁에 필요한 물자와 인력을 동원하기 위해 (㉠ 치안 유지법, ㉡ 국가 총동원법)을 만들었다.

•• 다음 활동과 관련 있는 인물을 〈보기〉에서 고르시오.

477 『동양평화론』을 집필하였다.　　　　(　　)

478 아주 화친회의 조직에 앞장섰다.　　　　(　　)

479 변호사로 한국의 독립운동을 지원하였다.　　(　　)

[보기]
ㄱ. 안중근　　　　ㄴ. 후세 다쓰지　　　　ㄷ. 장빙린

⭐ 빈출
480

(가), (나) 조약에 대한 설명으로 옳은 것은?

> ㈎ 제1조　청국은 조선국이 완전무결한 독립 자주국임을 확인한다.
>
> 　　제4조　청국은 배상금으로 은 2억 냥을 일본국에게 지급할 것을 약속한다.
>
> ㈏ 일본 정부는 그 대표자로 하여금 한국 황제 폐하의 밑에 1명의 통감을 두되, 통감은 오로지 외교에 관한 사항을 관리하기 위해 경성에 주재하고 친히 한국 황제 폐하를 알현할 권리를 가진다.

① (가) – 미국의 중재로 미국에서 체결되었다.

② (가) – 러·일 전쟁의 강화 조약으로 체결되었다.

③ (나) – 일본이 한국의 외교권을 강탈하는 데 이용되었다.

④ (나) – 청·일 전쟁에서 일본이 승리한 결과로 체결되었다.

⑤ (가), (나) – 영·일 동맹을 바탕으로 체결되었다.

Ⅳ

⭐ 빈출
481

지도에 나타난 전쟁의 결과로 옳은 것은?

① 일본이 류큐를 병합하였다.

② 시모노세키 조약이 체결되었다.

③ 일본이 뤼순과 다롄의 조차권을 얻었다.

④ 청이 조선에 대한 종주권을 상실하였다.

⑤ 일본이 승리하여 막대한 전쟁 배상금을 받았다.

482

(가) 단체가 주도한 민족 운동에 대한 설명으로 옳은 것은?

> 19세기 말 산둥반도에 등장한 [(가)]은/는 특정 무술을 익히
> 면 총에 맞아도 죽지 않는다고 여기는 일종의 종교 집단이었
> 다. 당시 열강의 침략으로 고통을 받던 하층민은 현실에서 벗
> 어나 새로운 세상을 만날 수 있다는 환상에 이 단체에 가입하
> 였다. 이들은 청 왕조를 도와 서양 귀신을 몰아내자는 구호를
> 내세우며 교회와 철도를 파괴하였다.

① 하급 무사들이 주도하였다.
② 을미사변이 일어나는 계기가 되었다.
③ 청이 조선에 대한 종주권을 상실하는 원인이 되었다.
④ 증국번, 이홍장 등 한인 관료의 진압으로 쇠퇴하였다.
⑤ 외국 군대의 베이징 주둔을 허용하는 결과를 가져왔다.

[483~484] 다음을 읽고 물음에 답하시오.

> (가) 전봉준이 이끄는 동학 농민군은 제폭구민과 보국안민을 내
> 세우며 전라도 일대를 장악하였다. 동학 농민군의 진압에
> 실패한 조선 정부는 청에 파병을 요청하였다.
> (나) 일본은 전쟁의 도발과 함께 대한 제국을 본격적으로 침략
> 하여 임의로 군용지를 사용할 수 있도록 대한 제국에 한·
> 일 의정서 체결을 강요하였다.

483

(가), (나) 사이 시기의 사실로 옳은 것은?

① 청은 일본에 타이완을 할양하였다.
② 구식 군인들이 임오군란을 일으켰다.
③ 중체서용을 내세운 개혁이 시작되었다.
④ 일본이 대한 제국의 군대를 해산하였다.
⑤ 한국은 을사조약 체결로 일본의 보호국이 되었다.

★빈출 484

(나)에서 밑줄 친 '전쟁'의 종결을 중재한 국가에 대한 설명으로 옳은 것은?

① 청으로부터 홍콩을 할양받았다.
② 함대를 앞세워 일본에 개항을 요구하였다.
③ 중국 베이징 정부에 21개조를 요구하였다.
④ 베트남을 공격하여 제1차 사이공 조약을 체결하였다.
⑤ 랴오둥반도를 청에 반환하도록 일본에 압력을 넣었다.

485

(가)에 들어갈 사실로 옳은 것은?

> 일본이 경복궁을 점령하고 조선에 새로운 내각을 구성하였다.
> ↓
> (가)
> ↓
> 러시아가 프랑스, 독일과 함께 삼국 간섭에 나섰다.

① 청 정부가 연합군과 신축 조약을 체결하였다.
② 고종이 만국 평화 회의에 특사를 파견하였다.
③ 동학 농민군이 정부와 전주 화약을 체결하였다.
④ 러시아가 봉천 전투와 동해 해전에서 패배하였다.
⑤ 일본군이 평양 전투와 황해 해전에서 승리하였다.

2. 제1차 세계 대전과 동아시아 민족 운동

★빈출 486

밑줄 친 '이 전쟁' 중에 일어난 사실로 옳은 것만을 〈보기〉에서 고른 것은?

> 이 전쟁이 끝나고 국제 질서가 재편되는 과정에서 미국의 윌슨
> 대통령은 민족 자결주의를 제창하였다. 이는 자기 민족의 운
> 명은 스스로 결정할 권리가 있다는 주장이다. 그러나 민족 자
> 결주의는 패전국의 식민지에만 적용되었다.

[보기]
ㄱ. 일본이 난징 대학살을 저질렀다.
ㄴ. 일본이 베이징 정부에 21개조 요구를 제출하였다.
ㄷ. 일본이 북위 50도 이남의 사할린섬을 넘겨받았다.
ㄹ. 일본이 영·일 동맹을 구실로 독일에 선전 포고하였다.

① ㄱ, ㄴ   ② ㄱ, ㄷ   ③ ㄴ, ㄷ
④ ㄴ, ㄹ   ⑤ ㄷ, ㄹ

★487

자료에 대한 설명으로 옳은 것은?

> • 산둥반도의 독일 이권을 일본에 양도한다.
> • 일본이 뤼순, 다롄을 조차하는 기한을 99년간 연장하고, 남만주 등지에서의 이권을 인정한다.
> • 중국의 항만, 섬을 일본 이외 다른 나라에 할양·조차하는 것을 금지한다.
> • 일본인의 정치·재정·군사 고문과 일본인 경찰관을 채용한다.

① 중·일 전쟁 중 일본이 요구한 것이다.
② 일본이 뤼순과 다롄을 조차하는 계기가 되었다.
③ 파리 강화 회의의 결과에 대한 반발로 작성되었다.
④ 대부분의 내용이 워싱턴 회의의 결과에 반영되었다.
⑤ 베이징에서 대규모 반일 시위가 일어나는 배경이 되었다.

488

(가), (나) 지역에 대한 설명으로 옳은 것만을 <보기>에서 고른 것은?

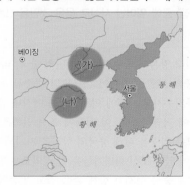

[보기]
ㄱ. (가) - 청·일 전쟁의 패배로 청이 일본에 할양하였다.
ㄴ. (가) - 장제스가 북벌을 추진하는 과정에 국민 정부를 수립한 도시가 포함되어 있다.
ㄷ. (나) - 5·4 운동 당시 중국인이 이권 반환을 요구한 지역이었다.
ㄹ. (나) - 러시아가 삼국 간섭을 통해 일본에 압력을 넣어 청에 반환하도록 하였다.

① ㄱ, ㄴ   ② ㄱ, ㄷ   ③ ㄴ, ㄷ
④ ㄴ, ㄹ   ⑤ ㄷ, ㄹ

★489

(가)에 들어갈 회의의 결과로 옳은 것은?

> 중국 대표단이 베르사유 조약의 조인을 거부함으로써 동아시아 문제는 제대로 마무리되지 못하였다. 또 일본과 서양 열강이 군사적 우위를 차지하려는 경쟁을 벌였다. 이 때문에 동아시아 지역에서 전쟁이 일어날 수 있다는 위기감이 높아졌다. 이런 상황에서 미국은 중국 문제와 열강들 사이의 세력 균형을 조절하기 위해 ___(가)___ 을/를 소집하였다.

① 일본이 국제 연맹을 탈퇴하였다.
② 한국 유학생들이 2·8 독립 선언을 발표하였다.
③ 산둥반도에 대한 일본의 이권이 중국에 반환되었다.
④ 한국에서 애국 계몽 운동과 의병 투쟁이 격화되었다.
⑤ 러시아가 삼국 간섭을 주도하여 일본에 압력을 넣었다.

490

밑줄 친 '만세 운동'에 대한 설명으로 옳은 것은?

> 한국에서는 종교계 인사들과 학생들이 독립 선언서를 발표하고 독립 만세 시위를 벌였다. <u>만세 운동</u>은 중소 도시와 농촌으로 확산되어 3개월간 약 200여만 명이 참가하였다.

① 5·4 운동의 영향을 받았다.
② 민족 유일당 운동으로 전개되었다.
③ 워싱턴 회의의 결과에 영향을 받았다.
④ 산둥의 이권 회수를 주요 구호로 삼았다.
⑤ 대한민국 임시 정부 수립의 계기가 되었다.

491

(가) 시기의 사실로 옳은 것은?

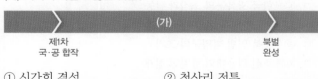

① 신간회 결성   ② 청산리 전투
③ 2·8 독립 선언   ④ 워싱턴 체제 형성
⑤ 극동 인민 대표 회의 개최

3, 침략 전쟁의 확대와 국제 연대

⭐빈출 492

다음 보고서 채택이 가져온 결과로 옳은 것은?

> 1. 동북 지역은 원래부터 중국의 일부이다.
> 2. 일본군의 행위는 합법적인 자위 수단으로 볼 수 없다.
> 3. 정부의 수반은 명목상 만주인이지만, 실권은 일본 관리와 그 고문들의 손에 놓여 있다. 현지의 중국인들이 보기에 만주국은 완전히 일본인을 위한 도구이다.

① 일본이 국제 연맹을 탈퇴하였다.
② 제1차 국·공 합작이 성립되었다.
③ 일본이 간도 협약 체결에 앞장섰다.
④ 북벌군이 장쭤린을 만주로 내몰았다.
⑤ 일본군이 남만주 철도의 일부를 폭파하였다.

[493~494] 다음 글을 읽고 물음에 답하시오.

> ㉠만주 사변을 계기로 만주의 한인 독립군과 중국군은 일본을 공동의 적으로 규정하고 ㉡연합하여 항일전을 전개하였다. 이후 ㉢중·일 전쟁이 일어나자 한국인은 중국 국민당 정부의 지원을 받아 여러 단체를 조직하여 ㉣중국군과 함께 항일전을 전개하였다.

493

밑줄 친 ㉠, ㉢ 사이 시기에 있었던 사실로 옳은 것은?

① 5·30 사건
② 아주 화친회 결성
③ 장제스의 북벌 완성
④ 윤봉길의 훙커우 의거
⑤ 제1차 국·공 합작 성립

⭐빈출 494

밑줄 친 ㉡, ㉣의 사례로 옳은 것만을 〈보기〉에서 고른 것은?

> [보기]
> ㄱ. ㉡ - 한국 광복군의 조직과 활동
> ㄴ. ㉡ - 한·중 민족 항일 대동맹의 결성
> ㄷ. ㉣ - 동북 인민 혁명군의 조직
> ㄹ. ㉣ - 조선 의용대의 항일전 전개

① ㄱ, ㄴ
② ㄱ, ㄷ
③ ㄴ, ㄷ
④ ㄴ, ㄹ
⑤ ㄷ, ㄹ

495

다음 법이 시행된 시기 동아시아 지역에서 볼 수 있는 모습으로 옳은 것만을 〈보기〉에서 고른 것은?

> • 정부는 전시에 국가 총동원상 필요할 때는 칙령이 정하는 바에 따라 제국 신민을 징용하여 총동원 업무에 종사하게 할 수 있다.
> • 물자의 생산·수리·배급·양도·기타의 처분, 사용·소비·소지 및 이동에 관하여 필요한 명령을 내릴 수 있다.

> [보기]
> ㄱ. 황민봉공회에 가입한 타이완인
> ㄴ. 일본의 탄광에 강제 동원된 한국인
> ㄷ. 토지 조사 사업 실시에 항의하는 한국인
> ㄹ. 옌안으로 향하는 대장정으로 힘들어하는 홍군

① ㄱ, ㄴ
② ㄱ, ㄷ
③ ㄴ, ㄷ
④ ㄴ, ㄹ
⑤ ㄷ, ㄹ

496

밑줄 친 '이 전쟁' 중에 일어난 사실로 옳은 것만을 〈보기〉에서 고른 것은?

> 만주 사변 이래 일본 제국주의는 수천만의 한국, 타이완 및 일본 근로 대중의 고혈을 짜내어 대규모의 대중국 침략 전쟁을 일으켰다. 루거우차오 사건에 이르러서는 마침내 중화 민족의 강렬한 저항에 직면하였다. 이 전쟁에 조선 민족은 응당 중국 편에 서서 모든 역량을 다해 중국의 항전을 지지해야 한다. 그러므로 중국에 있는 조선 혁명가들은 이 정의로운 항전에 직접 참가하기 위해 중국 형제와 함께 손을 잡고 필승의 신념으로 정의로운 항일 전선을 향해 용감하게 전진하자.
> – 조선 의용대 성립 선언문 –

> [보기]
> ㄱ. 워싱턴 회의가 개최되었다.
> ㄴ. 일본이 국제 연맹을 탈퇴하였다.
> ㄷ. 일본군의 삼광 작전이 전개되었다.
> ㄹ. 국민당 정부가 충칭으로 이동하였다.

① ㄱ, ㄴ
② ㄱ, ㄷ
③ ㄴ, ㄷ
④ ㄴ, ㄹ
⑤ ㄷ, ㄹ

497

(가), (나) 사이 시기의 사실로 옳은 것만을 〈보기〉에서 고른 것은?

> ㈎ 3개월 만에 상하이를 점령한 일본군은 수도인 난징을 비롯한 주요 도시를 빠르게 장악해 나가기 시작하였다. 특히 난징을 점령하는 과정에서 수많은 중국인을 학살하는 만행을 저질렀다.
>
> ㈏ 일본군은 하와이 진주만의 미국 태평양 함대를 기습 공격하고, 영국령 말레이반도에 상륙하여 영국군을 선제공격하였다.

[보기]
> ㄱ. 아주 화친회가 조직되었다.
> ㄴ. 조선 의용대가 창설되었다.
> ㄷ. 일본이 베트남을 침공하였다.
> ㄹ. 소련이 대일전에 참전하였다.

① ㄱ, ㄴ   ② ㄱ, ㄷ   ③ ㄴ, ㄷ
④ ㄴ, ㄹ   ⑤ ㄷ, ㄹ

★빈출 498

(가), (나) 인물에 대한 설명으로 옳은 것은?

> ㈎ 그는 농민, 노동자, 부락민 등의 권리 보호를 위해 힘썼으며, 식민지 민중의 권리 보호를 위해 각종 활동을 전개하였다. 2004년 일본인으로는 처음으로 한국 정부로부터 건국 훈장을 받았다.
>
> ㈏ 그는 자신이 쓴 『동양 평화론』에서 일본이 침략의 야욕을 버리고 불법으로 점령한 뤼순을 반환해야 한다고 주장하였다. 그리고 뤼순을 평화의 거점으로 삼아서 한·중·일의 공동 관리를 제안하였다.

① ㈎ – 박열과 가네코 후미코의 변호 활동을 하였다.
② ㈎ – 상하이에서 전쟁에 반대하는 대일 방송을 하였다.
③ ㈏ – 한·중 민족 항일 대동맹 결성을 주도하였다.
④ ㈏ – 마오쩌둥을 취재하여 『중국의 붉은 별』을 저술하였다.
⑤ ㈎, ㈏ – 무정부주의자로 활동하였다.

[499~500] 자료를 읽고 물음에 답하시오.

> 파리 강화 회의가 열렸을 때 우리가 희망한 것은 세계에 정의·인도·공리가 있다는 것이었습니다. 칭다오를 돌려주고 중국과 일본 사이의 밀약, 군사 협정, 기타 불평등 조약까지 취소하는 것이 바로 공리이고 정의입니다. 그런데 우리의 토지를 다섯 나라가 공동 관리하여 우리를 패전국인 독일, 오스트리아처럼 치부하는 것은 정의가 아닙니다. …… 산둥이 망하면 중국도 망합니다. 조선에서는 독립을 꾀하면서 "독립이 아니면 차라리 죽음을 달라"라고 외쳤습니다.

499

위 선언이 발표된 민족 운동을 쓰시오.

500

위 선언의 배경을 당시 국내외적 상황을 고려하여 서술하시오.

[501~502] 자료를 읽고 물음에 답하시오.

> 1. 쑨원 선생의 삼민주의를 중국 금일의 필수로 삼으며, 본당은 그 철저한 실현을 위해 분투한다.
> 2. 국민당 정권을 무너뜨리기 위한 모든 폭동 정책과 공산화 운동을 취소하고, 폭력으로 지주의 토지를 몰수하는 정책을 취소한다.
> 3. 홍군의 명칭 및 번호를 취소하고 국민 혁명군으로 개편하여 국민 정부의 지시를 받고, 아울러 지시를 기다려 출동하여 항일 전선의 직책을 떠맡는다.

501

밑줄 친 '본당'의 명칭을 쓰시오.

502

위 선언의 배경이 된 **두 가지** 사건을 구체적으로 서술하시오.

적중 1등급 문제

» 바른답·알찬풀이 52쪽

503

다음 자료의 상황이 나타나게 된 배경으로 가장 적절한 것은?

> 일본이 요구한 강화 조건 가운데 랴오둥반도를 일본의 소유로 하는 것은 베이징을 위험에 빠뜨릴 수 있을 뿐만 아니라 조선의 독립을 유명무실하게 만들 수 있다. 극동의 평화를 위해 러시아 정부는 일본 정부가 랴오둥반도의 영유를 포기할 것을 요청하는 바이다.

① 갑신정변이 발생하였다.
② 우창에서 신군이 봉기하였다.
③ 포츠머스 조약이 체결되었다.
④ 일본이 청·일 전쟁에서 승리하였다.
⑤ 미·일 수호 통상 조약이 체결되었다.

504

(가) 운동에 대한 설명으로 옳은 것만을 〈보기〉에서 고른 것은?

〈사진으로 보는 동아시아사〉

사진은 8개국 연합군의 모습이다. (가) 중 청은 열강에 선전 포고를 하였으나 오히려 8개국 연합군에 베이징을 점령당하고 말았다. 점령 직전 서태후와 광서제는 시안으로 피란하였다.

[보기]
ㄱ. '부청멸양'을 내세웠다.
ㄴ. 급진 개화파가 주도하였다.
ㄷ. 청·일 전쟁이 발발하는 배경이 되었다.
ㄹ. 신축 조약이 체결되는 결과를 가져왔다.

① ㄱ, ㄴ 　② ㄱ, ㄹ 　③ ㄴ, ㄷ
④ ㄴ, ㄹ 　⑤ ㄷ, ㄹ

505

다음 조약에 대한 설명으로 옳은 것은?

> 제2조 러시아는 일본이 한국에서 정치상·군사상 및 경제상의 탁월한 이익을 갖는다는 것을 인정하고, 일본이 한국에서 필요하다고 인정하는 지도, 보호 및 감리의 조치를 취하는 데 이를 저지하거나 간섭하지 않을 것을 약정한다.
> 제5조 러시아는 청국 정부의 승낙 하에 뤼순, 다롄 및 그 부근 영토 및 바다의 조차권 등을 일본에 이전 양도한다.

① 미국의 중재로 체결되었다.
② 타이완을 일본에 할양하였다.
③ 크리스트교 포교를 허용하였다.
④ 3·1 운동이 일어나는 계기가 되었다.
⑤ 서양 외교관의 베이징 주재를 인정하였다.

506

다음 자료를 활용한 탐구 활동으로 가장 적절한 것은?

> • 중국 정부는 앞으로 일본국 정부가 독일 정부와 협정을 체결함으로써 독일이 산둥성에 관하여 조약이나 기타 관계에 기초하여 중국 정부에 대해 누려 온 모든 권리와 이익을 양도 등의 처분을 하는 것에 대해 모두 승인한다.
> • 양 조약국이 서로 약정하여 뤼순, 다롄의 조차 기한 및 남만주, 안펑(安奉) 철로의 기한을 모두 99년으로 연장하기로 한다.

① 신해혁명의 결과를 알아본다.
② 광무개혁의 내용을 파악한다.
③ 캉유웨이가 주도한 개혁을 조사한다.
④ 5·4 운동이 발생한 배경을 분석한다.
⑤ 자유 민권 운동이 일어난 경위를 찾아본다.

507

다음 대화의 소재가 된 사건에 대한 설명으로 옳은 것은?

공산당원이 개인 자격으로 국민당에 입당한다고 합니다.

쑨원 선생이 이를 위해 소련과 협상을 벌이시더니 결국 해내셨네요.

① 군벌 타도를 목표로 삼았다.
② 시안 사건을 배경으로 성립되었다.
③ 중·일 전쟁 발발 직후에 이루어졌다.
④ 일본의 무조건 항복을 이끌어내었다.
⑤ 중화민국이 수립되는 계기가 되었다.

508

밑줄 친 '사건'이 일어난 시기를 연표에서 옳게 고른 것은?

사진은 리튼 조사단 일행을 접견하는 푸이 집정의 모습입니다. 리튼 조사단은 9월 18일 관동군이 일으킨 사건의 진상을 물었지만 푸이는 집정에 취임한 사정과 건국의 유래만 설명했다고 합니다.

(가)	(나)	(다)	(라)	(마)
제차 국·공 합작	신간회 결성	북벌 완성	일본, 국제 연맹 탈퇴	중·일 전쟁 발발	국가 총동원법 제정

① (가) ② (나) ③ (다) ④ (라) ⑤ (마)

509

다음 지도와 같이 전개된 전쟁 중에 있었던 사실로 옳은 것은?

① 동북 인민 혁명군이 결성되었다.
② 중국 공산당이 대장정을 시작하였다.
③ 한·중 민족 항일 대동맹이 조직되었다.
④ 국민당 정부가 수도를 충칭으로 옮겼다.
⑤ 한국 독립군이 한·중 연합 작전을 전개하였다.

510

(가) 부대에 대한 설명으로 옳은 것은?

> (가) 은/는 중화민국 국민과 합작하여 공동의 적인 일본 제국주의자를 타도하기 위해 연합군의 일원으로 항쟁을 계속한다. 지난 30년간 일본이 우리 조국을 병합 통치하는 동안 우리 민족은 확고한 독립 정신을 바탕으로 불명예스러운 노예 생활에서 벗어나기 위해 무자비한 압박자에 대한 영웅적인 항쟁을 계속해 왔다. …… 우리들은 한·중 연합 전선에서 우리 스스로의 끊임없는 투쟁을 감행하여 극동 및 아시아 인민 중에서 자유·평등을 쟁취할 것을 약속하는 바이다.
> — ○○○○년 ○○월 ○○일, 김구 —

① 국민 혁명에 참여하였다.
② 조선 의용군으로 재편되었다.
③ 제1차 세계 대전에 참전하였다.
④ 조선 의용대 병력 일부를 흡수하였다.
⑤ 만주 사변을 계기로 중국군과 연합하였다.

11

서양 문물의 수용

☑ 출제 포인트   ☑ 사회 진화론   ☑ 새로운 언론 매체의 발전   ☑ 철도의 건설   ☑ 근대 도시의 형성

1. 서구적 세계관의 수용

1 만국 공법

개념	서구 열강이 대외 침략 과정에서 확산시킨 근대적 국제법
수용	주권 국가 간의 대등한 관계를 원칙으로 새로운 국제 질서의 법적 근간 제공 → 청, 일본, 조선은 서로 다른 방식으로 수용
한계	명분에 불과, 실제 국제 관계는 이익과 힘에 의해 좌우됨

★2 사회 진화론

의미	다윈의 진화론을 인간 사회에 적용, 생존 경쟁과 약육강식의 논리
수용	• 동아시아에서는 자강의 논리로 수용 • 옌푸(『천연론』 출간), 가토 히로유키, 후쿠자와 유키치(탈아론), 량치차오, 유길준, 윤치호 등이 적극 수용

자료 사회 진화론 ⓒ 103쪽 526번 문제로 확인

대개 인생의 만사가 경쟁에 의지하지 않은 일이 없으니 크게는 천하와 국가의 일부터, 작게는 한 몸 한 집안의 일까지 실로 다 경쟁으로 말미암아 먼저 진보할 수 있는 바라. …… 만약 국가들 사이에 경쟁하는 바가 없으면 어떤 방법으로 그 광위와 부강을 증진할 수 있는가?
– 유길준, 「경쟁론」 –

분석 동아시아 지역에서 사회 진화론은 '우리도 힘을 길러야 한다'는 자강 운동의 근거로 변형되어 수용되었고, 강대국의 약소국 침략과 지배를 합리화하는 논리로 이용되었다.

2. 근대 지식의 확산

★1 근대 교육의 보급 ⓒ 104쪽 528번 문제로 확인

일본	• 소학교 – 중학교 – 대학교의 근대 학제 공포(1872) • 교육 칙어 발표 • 소학교 교육을 의무 교육으로 규정, 도쿄 제국 대학 등 고등 교육 기관 설립 노력
한국	• 동문학(1883)과 육영 공원(1886) 설립 • 교육입국 조서 발표(1895) • 애국 계몽 운동 시기에 각종 학교 설립
청	• 동문관(1862) 설립, 신정 추진으로 과거 폐지, 각종 교육 제도 개혁 • 국자감을 경사 대학당으로 개편(1898), 지방에 중·소 학당 설립

2 새로운 언론 매체의 발전

중국	• 상하이에서 영국 상인이 『신보』 발행 • 청 정부는 20세기 초에 신문 발행 허용
일본	최초의 일간지 『요코하마 마이니치 신문』 발행(1870) 이후 여러 신문 발행 → 반정부적 성향의 신문은 정부 압력으로 폐간
한국	『한성순보』(1883), 『독립신문』(1896) 발행, 애국 계몽 운동 단체에서 다양한 잡지 발행

3 여성 지위의 성장

중국	• 외국인 선교사가 세운 학교에서 여성 교육 시작 • 신문화 운동 후 가족 제도, 여성 교육 등이 개혁 과제로 논의
일본	• 1872년 근대 학제 공포 후 여성도 교육을 받도록 함 • 부인 교풍회가 일부다처와 매춘의 금지 주장 → 중혼 금지 법제화
한국	• 외국인 선교사가 세운 학교에서 여성 교육 시작 • 서울 양반 부인들이 '여권통문' 발표, 찬양회 조직

자료 여권통문 ⓒ 105쪽 533번 문제로 확인

우리도 옛것을 바꿔 새것을 좇아 타국과 같이 여학교를 설립하고 각각 여자 아이를 보내어 여러 재주와 규칙과 행세하는 도리를 배워 나중에 남녀가 일반 사람이 되게 하고자 여학교를 창설하고자 하니, 뜻있는 우리 동포 형제 여러 부녀 중 영웅호걸님네들은 각각 분발한 마음을 내어 우리 학교 회원에 드시기를 바라옵나이다.
– 『황성신문』, 1898. 9. 8. –

분석 여권통문은 서울의 양반 부인들이 발표한 우리나라 최초의 여권 선언문으로 본다. 이들은 여성 교육과 여성의 사회 진출을 주장하였으며 이후 찬양회를 조직하여 고종에게 관립 여학교 설립을 청원하였다.

3. 시간과 공간의 변화

★1 철도의 건설 ⓒ 105쪽 536번 문제로 확인

일본	• 중앙 집권 강화와 부국강병의 실현을 위해 철도 건설 • 최초로 도쿄 ~ 요코하마 간 철도 부설(1872)
한국	최초로 경인선 개통(1899), 철도가 일본의 침탈에 이용됨
중국	• 1876년에 처음 부설 → 열강의 침략과 풍수 문제로 반대 극심 • 1889년 철도 부설을 기본 정책으로 확정 • 신축 조약 체결 후 철도 대부분이 열강에게 넘어감

2 근대적 시간관념의 확산

일본	1873년부터 태양력 도입	• 하루 24시간, 1주일 7요일제 • 기차 이용, 학교생활을 통해 근대적 시간관념 확산
한국	1896년부터 태양력 도입	
중국	1912년부터 태양력 도입	

★3 근대 도시의 형성 ⓒ 106쪽 537번 문제로 확인

(1) **조계(거류지)** 개항장 내 일정 범위를 구획하여 외국인이 자유롭게 거주, 치외 법권 인정

(2) **각국의 주요 도시 성장**

중국	상하이, 톈진 등 개항 도시가 상거래와 무역의 중심지로 성장
일본	• 요코하마 등 개항 도시 : 서구 문화의 수용 통로로 성장 • 도쿄 : 긴자의 대화재 이후 긴자의 도로 확장, 서양식 거리로 변모
한국	• 개항장 : 부산, 인천(제물포) 등 개항장에 일본인 거류지 형성 • 한성 : 외국 공사관 설립, 황성 만들기 사업으로 근대 도시화

분석 기출문제

» 바른답·알찬풀이 54쪽

핵심 개념 문제

•• 빈칸에 들어갈 알맞은 말을 쓰시오.

511 (　　　　)은/는 중국 중심의 조공·책봉 질서와 달리 주권 국가 사이의 대등한 관계를 원칙으로 새로운 국제 질서의 법적 근간을 제공하였다.

512 (　　　　)은/는 다윈이 주장한 생물학적 진화론을 인간 사회에 적용한 이론으로 생존 경쟁과 약육강식을 핵심으로 한다.

513 서울 양반 부인들은 (　　　　)을/를 조직하고 여학교 설립을 요구하는 상소를 올렸다.

•• 다음 내용이 옳으면 ○표, 틀리면 ×표를 하시오.

514 동아시아 국가들은 사회 진화론을 자강 운동의 논리로 수용하였다. (　　　)

515 청은 서양 문물의 수용을 위해 외국어 교육 기관으로 동문학을 두었다. (　　　)

516 영국 상인이 조계지인 상하이에서 『신보』를 발간하였다. (　　　)

•• 각 인물과 관련 있는 주장을 바르게 연결하시오.

517 옌푸　　　　　•　　　　　• ㉠ 경쟁론

518 유길준　　　　　•　　　　　• ㉡ 탈아론

519 후쿠자와 유키치 •　　　　　• ㉢ 천연론

•• 괄호 안에 들어갈 알맞은 말을 고르시오.

520 일본에서는 (㉠ 요코하마 마이니치, ㉡ 아사히) 신문이 최초의 일간지로 발간되었다.

521 조선은 (㉠ 교육 칙어, ㉡ 교육입국 조서)를 발표하여 근대 학제를 제도적으로 뒷받침할 수 있도록 하였다.

522 조선은 (㉠ 1873, ㉡ 1896)년에 태양력을 도입하였다.

•• 다음 내용과 관련 있는 도시를 〈보기〉에서 고르시오.

523 난징 조약으로 개항하였으며, 공동 조계, 프랑스 조계 등이 형성되었다. (　　　)

524 미·일 수호 통상 조약으로 개항하여 각국 공동 거류지가 만들어졌다. (　　　)

[보기]
ㄱ. 상하이　　　ㄴ. 부산　　　ㄷ. 요코하마

525

(가)에 대한 설명으로 옳지 <u>않은</u> 것은?

> (가) 은/는 미국인 선교사 윌리엄 마틴이 1864년 미국 법학자 휘튼의 국제법 저서인 『국제법 원리, 국제법학사 개요 첨부』를 번역한 데에서 유래되었다. 서구형 국제 질서의 원리를 열강의 팽창과 함께 세계에 확산시킨 근대적 국제법이라고 볼 수 있다.

① 중국 중심의 동아시아 질서를 정당화하였다.
② 국가를 문명국, 반문명국, 미개국으로 구분하였다.
③ 청, 일본, 조선에서 서로 다른 방식으로 활용되었다.
④ 주권 국가들 사이의 대등한 관계를 원칙으로 하였다.
⑤ 열강에 의한 불평등 조약을 합리화하는 데 이용되었다.

★ 빈출
526

다음 주장의 배경이 된 논리에 대한 설명으로 옳은 것만을 〈보기〉에서 고른 것은?

> 대개 인생의 만사가 경쟁을 의지하지 않은 일이 없으니 크게는 천하와 국가의 일부터, 작게는 한 몸 한 집안의 일까지 실로 다 경쟁으로 말미암아 먼저 진보할 수 있는 바라. …… 만약 국가들 사이에 경쟁하는 바가 없으면 어떤 방법으로 그 광위와 부강을 증진할 수 있는가?
> — 유길준, 「경쟁론」 —

[보기]
ㄱ. 태평천국 운동의 이념적 바탕이 되었다.
ㄴ. 반제·반전 연대의 사상적 기반이 되었다.
ㄷ. 동아시아에서 자강 운동의 논리로 수용되었다.
ㄹ. 강대국의 약소국 침략을 합리화하는 데 이용되었다.

① ㄱ, ㄴ　　　　② ㄱ, ㄷ　　　　③ ㄴ, ㄷ
④ ㄴ, ㄹ　　　　⑤ ㄷ, ㄹ

527

다음을 주장한 인물에 대한 설명으로 옳은 것은?

> 한 편은 물경(物競)이요, 다른 한 편은 천택(天擇)이다. 물경은 생물이 자신의 생존을 위해 싸우는 것이며, 천택은 환경에 적응한 자가 살아남는다는 것이다. 사람과 동물은 세상에 함께 살아가면서 천지자연의 이익을 먹고 살아간다. …… 스스로 살아남아 종을 남기게 되는 것은 반드시 강인하고 지혜와 기교가 뛰어나 당시의 천시·지리·인사에 가장 잘 적응한 자이다.
> – 『천연론』 –

① 중국에 사회 진화론을 소개하였다.
② 자유 민권 운동은 망상이라고 비판하였다.
③ 애국심과 천황에 대한 충성을 강조하였다.
④ 법학자 휘튼의 저서를 만국 공법으로 번역하였다.
⑤ 조선 사회가 서구 자본주의를 받아들여야 한다고 주장하였다.

2. 근대 지식의 확산

★빈출
528

(가)에 들어갈 내용으로 적절한 것만을 〈보기〉에서 고른 것은?

> 외세의 압력으로 문호를 개방한 동아시아 각국은 부국강병을 이룩하기 위해 교육에 역점을 두었다. 이에 각국 정부는 전통 시대와 달리 교육 기회 균등의 원리에 따라 모든 사람을 교육의 대상으로 삼았고, 서구의 근대 학문과 일상생활에서 필요한 실용적인 내용을 가르치는 데 힘을 기울였다. 특히 일본에서는 [(가)]

【 보기 】
ㄱ. 경사 대학당을 건립하였다.
ㄴ. 소학교 교육을 의무 교육으로 하였다.
ㄷ. 서당이라는 서민 교육 기관이 처음 출현하였다.
ㄹ. 소학교–중학교–대학교의 근대 학제를 공포하였다.

① ㄱ, ㄴ   ② ㄱ, ㄷ   ③ ㄴ, ㄷ
④ ㄴ, ㄹ   ⑤ ㄷ, ㄹ

529

다음 발표문에 대한 설명으로 옳은 것은?

> 교육은 실로 나라를 보존하는 근본이 된다. …… 신민은 충군 애국하는 마음으로 덕·체·지를 함양하라. 왕실의 안전함도 신민의 교육에 있고, 국가의 부강함도 신민의 교육에 있다.

① 경사 대학당 설립으로 이어졌다.
② 소학교 의무 교육을 규정하였다.
③ 고등 교육 기관인 대학 설립의 의지를 밝혔다.
④ 근대 학제를 제도적으로 마련하는 기점이 되었다.
⑤ 천황에 대한 충성심과 효심이 교육의 근원임을 규정하였다.

★빈출
530

밑줄 친 '개혁'에서 교육 변화에 대한 설명으로 옳은 것은?

> 청·일 전쟁 패배와 열강 침탈의 확대 속에서 광서제가 <u>개혁</u>을 하겠다는 명령을 내리면서 무술변법의 막이 올랐다.

① 소학교 의무 교육을 법제화하였다.
② 경사 대학당과 중·소 학당을 건립하였다.
③ 교육 칙어를 제정하고 충·효를 강조하였다.
④ 동문관을 설립하여 외국어 교육을 실시하였다.
⑤ 교육입국 조서를 반포하고 관립 학교를 설립하였다.

531

다음 창간사가 실린 신문에 대한 설명으로 옳은 것은?

> 우리 조정에서도 박문국을 설치하고 관리를 두어 외국의 신문을 폭넓게 번역하고 아울러 국내의 일까지 기재하여 나라 안에 알리는 동시에 다른 나라까지 공포하기로 하고, 이름을 순보라 하여 견문을 넓히고 여러 가지 의문점을 풀어 주고, 상업에도 도움을 주고자 하였다.

① 한국 최초의 신문이었다.
② 거류지에서 창간·발행되었다.
③ 한글판과 영문판으로 발행되었다.
④ 독립 협회의 기관지 역할을 하였다.
⑤ 통감부가 신문지법을 내세워 탄압하였다.

532

(가)~(라) 신문에 대한 설명으로 옳은 것은?

> (가) 『독립신문』
> (나) 『대한매일신보』
> (다) 청에서 발행된 『신보』
> (라) 『요코하마 마이니치 신문』

① (가), (나) – 신문지법의 탄압을 받았다.
② (가), (다) – 관보의 성격을 띠었다.
③ (나), (다) – 각국에서 발행된 최초의 신문이다.
④ (나), (라) – 순한문으로 발행되었다.
⑤ (다), (라) – 개항장에서 발행되었다.

★빈출 533

다음을 발표한 사람들에 대한 설명으로 옳은 것은?

> 우리도 옛것을 바꿔 새것을 좇아 타국과 같이 여학교를 설립하고, …… 남녀가 일반 사람이 되게 하고자 여학교를 창설하고자 하니, 뜻있는 우리 동포 형제 여러 부녀 중 영웅호걸님네들은 각각 분발한 마음을 내어 우리 학교 회원에 드시기를 바라옵나이다.
> — 「황성신문」

① 부전족회를 만들어 천족운동을 전개하였다.
② 찬양회를 조직하고 순성 여학교를 설립하였다.
③ 「메이로쿠 잡지」를 발행하여 학문 전파에 힘썼다.
④ 천두슈 등이 주도한 신문화 운동의 영향을 받았다.
⑤ 부인 교풍회를 조직하고 매춘 금지 등을 주장하였다.

534

밑줄 친 ㉠의 예로 적절하지 <u>않은</u> 것은?

> 동아시아의 지식인들은 부국강병을 위해 여성도 남성과 동등한 국민으로 키워야 한다며 여성 교육을 강조하였다. 이러한 교육은 ㉠ 여성의 의식 성장에 도움을 주었으며 여성들의 적극적인 사회 활동 참여를 유도하였다.

① 중국에서 전족 풍습이 확산되었다.
② 치우진은 「중국여보」를 발행하였다.
③ 히라쓰카 라이초는 「세이토」를 창간하였다.
④ 한국의 찬양회는 여학교 설립을 요청하는 상소를 올렸다.
⑤ 일본의 부인 교풍회는 일부다처 금지를 주장하는 운동을 전개하였다.

535

(가)에 대한 설명으로 옳은 것만을 〈보기〉에서 고른 것은?

> 동아시아의 전통 사회에서는 사람들이 해가 뜨면 일어나 논밭을 갈고 해가 지면 들어와 잠을 자며 자연적인 시간의 흐름에 맞추어 살았다. 그러나 개항 후 서구식 시간관념이 도입되면서 동아시아인들의 일상생활에 많은 변화가 나타났다. 동아시아 각국은 개항 이후 근대화 과정에서 태양의 운행을 기준으로 하는 (가) 을/를 채택하였다.

【 보기 】
ㄱ. 한국에서는 을미개혁 과정에서 채택되었다.
ㄴ. 중국에서는 중화민국이 수립되면서 사용되었다.
ㄷ. 일본에서는 대일본 제국 헌법 제정 후에 도입되었다.
ㄹ. 농사와 명절 등 풍습과 관련해서 적용이 빠르게 이루어졌다.

① ㄱ, ㄴ   ② ㄱ, ㄷ   ③ ㄴ, ㄷ
④ ㄴ, ㄹ   ⑤ ㄷ, ㄹ

IV

★빈출 536

밑줄 친 '이것'에 대한 설명으로 옳은 것만을 〈보기〉에서 고른 것은?

> 산업 혁명의 산물인 이것은 원자재와 상품을 빠르게 수송할 수 있게 해 주었고, 사람들 간의 교류를 촉진하였다. 1825년 영국에서 최초로 만들어진 이후 일본에서는 1870년대 등장하였다.

【 보기 】
ㄱ. 제국주의의 침략 도구로 이용되었다.
ㄴ. 중국에서는 신해혁명 이후 처음 등장하였다.
ㄷ. 부산과 요코하마를 연결하는 주요 교통수단이었다.
ㄹ. 일본에서는 도쿄와 요코하마 사이에 처음 부설되었다.

① ㄱ, ㄴ   ② ㄱ, ㄹ   ③ ㄴ, ㄷ
④ ㄴ, ㄹ   ⑤ ㄷ, ㄹ

537

밑줄 친 '이 도시'에서 일어난 사실로 옳은 것은?

> • 이 도시에는 개항 이래 영국, 미국, 프랑스 등 서양 여러 나라의 조계가 자리 잡았다. 이후 미국과 영국 조계가 합병하고 공동 조계가 성립하여 본국민 거주지, 공동 조계, 프랑스 조계로 분할되었다.
> • 이 도시에서 윤봉길은 일본 천황의 생일과 전승을 축하하는 기념식이 열리는 홍커우 공원에 폭탄을 던져 일본 고위 관료와 군사 지휘관 다수를 살상하였다.

① 김원봉이 중국 조선 의용대를 창설하였다.
② 신해혁명의 도화선이 된 신군의 봉기가 시작되었다.
③ 군벌을 타도하고 통일하기 위한 북벌이 시작되었다.
④ 반제국주의 운동을 확산시킨 5·30 사건이 일어났다.
⑤ 중·일 전쟁의 빌미가 된 루거우차오 사건이 일어났다.

538

(가), (나) 도시를 지도에서 골라 옳게 묶은 것은?

> (가) 강화도 조약의 체결로 가장 먼저 개항한 도시이며, 왜관이 있던 초량에 일본인 거류지가 설정되었다.
> (나) 미·일 수호 통상 조약에 따라 개항한 도시로, 샌프란시스코와 상하이를 잇는 항로가 개설되고 수도 도쿄와 연결하는 최초의 철도가 개통되었다.

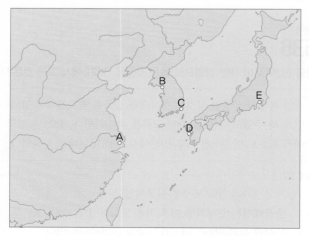

	(가)	(나)		(가)	(나)
①	A	B	②	B	D
③	B	E	④	C	D
⑤	C	E			

🔷 1등급을 향한 서답형 문제

[539~540] 자료를 읽고 물음에 답하시오.

> 생물계에서 강자의 권리 경쟁이 발생하면 몸과 마음이 우월한 자가 열등한 자를 쓰러뜨리는 것을 피할 수 없다. 우리 인간도 모든 생물과 그 근원을 같이하며 …… 그 몸과 마음의 강약에 따라 강자의 권리 경쟁이 발생하면, 강자가 약자에게 승리하는 것은 자연의 법칙이다. …… 사회가 진보하고 발달하는 것에 따라 사람들 사이에 능력의 차이가 생기며, 다른 인종들이 모인 사회에서는 그 인종의 우열로 귀천의 차이가 생겨난다.
> – 가토 히로유키 –

539

위 주장의 배경 논리이면서 19세기에 동아시아 각국에 수용된 이론을 쓰시오.

540

위 이론의 핵심 주장과 동아시아 각국의 이론 수용 과정에서 나타난 특징을 서술하시오.

[541~542] 다음 글을 읽고 물음에 답하시오.

> 대한 제국에서는 서울의 양반 부인들이 '여성이 정치에 참여할 권리, 직업을 가질 권리, 교육 받을 권리' 등을 주장하는 　(가)　을/를 발표하였다(1898). 또 찬양회를 조직하고 정부에 여학교 설립을 요청하는 상소를 올렸다. 일본에서는 부인 교풍회가 조직되어 　(나)　

541

(가)에 들어갈 선언문을 쓰시오.

542

(나)에 들어갈 활동 내용을 서술하시오.

적중 1등급 문제

» 바른답·알찬풀이 56쪽

543

(가) 이론에 대한 설명으로 옳지 <u>않은</u> 것은?

> 이 사람은 옌푸입니다. 청 말의 계몽사상가로 헉슬리의 『진화와 윤리』를 번역하여 『천연론』이라는 제목으로 출간하였습니다. 이 책을 통해 [(가)] 이/가 청에 본격적으로 소개되었습니다.

① 한국 – 애국 계몽 운동에 영향을 주었다.
② 한국 – 유길준, 윤치호 등이 받아들였다.
③ 중국 – 태평천국 운동의 사상적 배경이 되었다.
④ 일본 – 제국주의적 팽창을 정당화하는 데 이용되었다.
⑤ 일본 – 자유 민권 운동을 비판하는 논리로 활용되었다.

544

(가), (나)가 발표된 시기 사이에 있었던 사실로 옳은 것은?

> (가) 나의 신민들은 충과 효로 모든 사람이 마음을 하나로 해서 대대로 그 아름다움을 이루는 것이 국체의 정화이며 교육의 근원도 여기 있다. …… 국헌을 존중하고 국법을 지키며 위급할 때는 충의와 용기로 황운(皇運)을 받들어야 한다.
> (나) 지식이 개명하는 것은 교육이 잘된 데서 이루어지는 것이다. 교육은 실로 나라를 보존하는 근본으로 된다. …… 내가 정부에 지시하여 학교를 널리 세우고 인재를 양성하는 것은 너희들 신하와 백성이 학식으로 나라를 중흥시키는 큰 공로를 이룩하기 위해서이다.

① 갑오개혁이 시작되었다.
② 『독립신문』이 창간되었다.
③ 경사 대학당이 설립되었다.
④ 통리기무아문이 설치되었다.
⑤ 도쿄~요코하마 간 철도가 개통되었다.

545

밑줄 친 '올해'에 볼 수 있는 모습으로 가장 적절한 것은?

> 이와쿠라 사절단이 돌아왔다네. 앞으로 서양 문물을 더 많이 수용할 것 같아.

> 맞네. 올해 태양력이 도입되었지만, 앞으로 받아들일 문물이 아직 많아.

① 도쿄 대학을 설립하는 관리
② 여권통문을 발표하는 양반 부인
③ 육영 공원에서 공부를 하는 학생
④ 경인선을 타고 인천으로 향하는 관리
⑤ 『요코하마 마이니치 신문』을 읽는 청년

546

대화의 소재가 된 도시를 지도에서 옳게 고른 것은?

> 청과 영국이 체결한 조약에 따라 개방된 항구 중 가장 북쪽에 있어.

> 프랑스는 성벽과 영국 조계지 사이의 땅을 확보하였어.

> 미국은 홍커우라고 불리는 땅을 차지하였고 이후 영국 조계지와 합쳐 공동의 조계지를 만들었어.

① (가)　② (나)　③ (다)　④ (라)　⑤ (마)

09 새로운 국제 질서와 근대화 운동

547

다음 상황을 배경으로 일어난 사실로 옳은 것은?

> 영국에서 중국 내지의 화물을 가지고 가면 식용(食用)에 보탬이 될 뿐만 아니라 또한 각국에 나누어 팔아 세 배의 이익을 얻으니, 굳이 아편을 팔지 않더라도 세 배의 이익이 그대로 남는데, 어찌 차마 남을 해치는 물건을 가지고 끝없는 욕심을 채우려 한단 말입니까!
> – 임칙서 전집 –

① 천계령이 해제되었다.
② 삼번의 난이 일어났다.
③ 갑오개혁이 추진되었다.
④ 일조편법이 확대 시행되었다.
⑤ 제1차 아편 전쟁이 발발하였다.

548

다음 조약이 체결된 배경으로 가장 적절한 것은?

> 제1조 일본과 합중국은 그 인민의 영구불변한 화친을 맺고 장소와 사람의 불변이 없게 한다.
> 제2조 시모다, 하코다테 두 항구에 대해서 일본 정부는 미국 선박이 땔감, 물, 식량, 석탄 등 부족한 물품을 보급할 수 있도록 미국 선박의 도래를 허가한다.

① 갑신정변이 일어났다.
② 베이징이 함락되었다.
③ 에도 막부가 무너졌다.
④ 페리 함대가 내항하였다.
⑤ 청 정부가 신정을 실시하였다.

549

(가), (나) 사이에 있었던 사실로 옳은 것은?

> (가) 흥선 대원군의 하야 이후 일본이 운요호 사건을 일으켜 개항을 요구하였고, 강화도 조약이 체결되었다.
> (나) 프랑스가 베트남 하노이를 점령하여 베트남을 보호국화 하자, 청이 군대를 파견하여 전쟁이 벌어졌다.

① 폐번치현이 단행되었다.
② 광무개혁이 추진되었다.
③ 청이 홍콩을 할양하였다.
④ 오키나와현이 설치되었다.
⑤ 청·일 수호 조규가 체결되었다.

550

밑줄 친 '이 운동'에 대한 설명으로 옳은 것은?

이 사진은 금릉 기기국의 모습입니다. 청은 이 운동 시기에 전국에 금릉 기기국 등 20여 개의 군수 공장을 운영하여 근대 무기를 생산하였습니다.

① 멸만흥한을 내세웠다.
② 정한론이 제기되는 배경이 되었다.
③ 의화단 운동 실패 이후 추진되었다.
④ 독립 협회가 해산되면서 실패하였다.
⑤ 증국번, 이홍장 등 한인 관료가 주도하였다.

551

(가) 정책에 대한 설명으로 옳은 것만을 〈보기〉에서 고른 것은?

> [가] 은/는 판적봉환과는 전혀 다른 방식으로 실시되었다. 판적봉환은 밑으로부터의 청원을 천황이 승인하는 형식이었다면 [가] 은/는 지번사가 참석한 가운데 천황이 일방적으로 선언하였다. 이에 따라 기존의 제도는 폐지되고 300여 개의 현이 설치되었고, 같은 해 11월 구획을 정리하여 72현으로 통합하였다.

【 보기 】
ㄱ. 메이지 정부가 단행하였다.
ㄴ. 통리기무아문을 통해 시행되었다.
ㄷ. 이와쿠라 사절단이 파견된 해에 이루어졌다.
ㄹ. 우창 지역에서 신군이 봉기하는 배경이 되었다.

① ㄱ, ㄴ   ② ㄱ, ㄷ   ③ ㄴ, ㄷ
④ ㄴ, ㄹ   ⑤ ㄷ, ㄹ

552

다음 개혁안에 대한 설명으로 옳은 것은?

> 1. 대원군을 가까운 시일 안에 돌아오게 하고 청에 조공하는 허례를 폐지할 것.
> 2. 문벌을 폐지하여 인민 평등의 권리를 제정하고 능력에 따라 관리를 등용할 것.
> 3. 지조법을 개혁하여 아전의 부정을 막고 백성을 구제하며 재정을 넉넉하게 할 것.
> 12. 재정은 모두 호조에서 관할하게 하고 그 밖의 재무 관청은 폐지할 것.

① 급진 개화파가 제기하였다.
② 임오군란의 배경이 되었다.
③ 관민 공동회에서 결의되었다.
④ 자유 민권 운동의 토대가 되었다.
⑤ 변법자강 운동 과정에서 발표되었다.

553

밑줄 친 '그'에 대한 설명으로 옳은 것만을 〈보기〉에서 고른 것은?

> 1894년 하와이에서 흥중회라는 반청 혁명 조직을 만들었던 그는 이듬해 홍콩에 분회를 설립하고 광저우에서 봉기 계획을 수립하였으나 사전에 발각되어 실패하였다. 이후에도 곳곳에서 흥중회의 분회를 설비하고 봉기를 시도하던 그는 1905년 도쿄에서 반청 세력을 결합하여 중국 동맹회를 조직하여 지도자가 되었고 삼민주의를 혁명 이론으로 제창하였다.

【 보기 】
ㄱ. 제1차 국·공 합작을 주도하였다.
ㄴ. 중화민국의 임시 대총통으로 추대되었다.
ㄷ. 군벌을 타도하고 국민 혁명을 완수하였다.
ㄹ. 국민당군의 탄압을 피해 대장정을 이끌었다.

① ㄱ, ㄴ   ② ㄱ, ㄷ   ③ ㄴ, ㄷ
④ ㄴ, ㄹ   ⑤ ㄷ, ㄹ

554

자료를 활용한 탐구 활동으로 가장 적절한 것은?

> 신들이 애국하는 마음으로 나라를 구할 길을 강구해 보았는데, 오직 천하에 공의를 떨치는 길밖에 없습니다. 천하에 공의를 떨친다는 것은 백성이 뽑은 의원을 설립하는 길밖에는 없습니다. …… 지금 민선 의원을 설립한다면 정부와 인민이 소통하고 일체가 되어 국가가 강하게 될 것이며 정부도 강하게 될 것입니다.
>   – 『민선의원설립건백서』 –

① 대한국 국제의 내용을 분석한다.
② 견당사를 파견한 목적을 분석한다.
③ 대일본 제국 헌법의 제정 과정을 조사한다.
④ 『해체신서』의 간행이 끼친 영향을 파악한다.
⑤ 태평천국 운동 과정에서 제기된 개혁안을 찾아본다.

555

자료에 대한 설명으로 옳은 것만을 〈보기〉에서 고른 것은?

> 제1조 대한국은 만국이 공인한 자주독립 제국이다.
> 제5조 대한국 대황제는 국내의 육·해군을 통솔하고 군대의 편제를 정하며 계엄과 해엄을 명한다.
> 제6조 대한국 대황제는 법률을 제정하여 그 반포와 집행을 명하고, 대사·특사·감형·복권을 한다.
> 제9조 대한국 대황제는 각 조약국에 사신을 파견하고, 선전·강화 및 제반 조약을 체결한다.

┌ 보기 ┐
ㄱ. 자유 민권 운동의 요구 사항이 반영되었다.
ㄴ. 대한 제국의 정치 체제가 전제 군주제임을 확고히 하였다.
ㄷ. 청·일 전쟁의 패배 후 변법자강 운동의 성과로 제정되었다.
ㄹ. 독립 협회 해산 후 황제 중심의 근대 국가 수립을 위해 선포되었다.

① ㄱ, ㄴ 　　② ㄱ, ㄷ 　　③ ㄴ, ㄷ
④ ㄴ, ㄹ 　　⑤ ㄷ, ㄹ

[556~557] 다음을 보고 물음에 답하시오

556

위 지도와 같이 전개된 전쟁을 쓰시오.

557 ✏ 서술형

위 전쟁 결과 체결된 조약의 내용을 <u>두 가지</u> 이상 서술하시오.

---

10 제국주의 침략 전쟁과 민족 운동

558

(가) 조약에 대한 설명으로 옳은 것은?

사진은 일본 정부가 세운 야하타 제철소로 1897년에 착공하여 1901년에 완공되었다. 청과의 전쟁에서 승리한 일본은 ⌈ (가) ⌋ 을/를 체결하여 막대한 배상금을 확보하였다. 배상금의 상당 부분은 군비 증강에 사용되었고, 제철소, 철도 건설 등 기간 산업 육성에도 활용되었다.

① 수신사의 파견으로 이어졌다.
② 크리스트교 포교의 자유를 인정하였다.
③ 외국 군대의 베이징 주둔을 허용하였다.
④ 일본이 타이완을 차지하는 계기가 되었다.
⑤ 청이 관세 자주권을 상실하는 결과를 가져왔다.

559

(가), (나) 국가에 대한 설명으로 옳은 것은?

① (가) - 극동 인민 대표 회의를 개최하였다.
② (가) - 중체서용에 기반한 개혁을 추진하였다.
③ (나) - 만주 사변을 일으켰다.
④ (나) - 삼국 간섭을 주도하였다.
⑤ (가), (나) - 워싱턴 회의에 참가하였다.

560

밑줄 친 '요구 사항'에 대한 설명으로 옳은 것만을 〈보기〉에서 고른 것은?

일본이 중국 정부에 제출한 요구 사항에는 산둥성에서 독일이 누려 온 권리와 이익을 일본에 양도할 것, 뤼순·다롄의 조차 기한 연장, 남만주와 동부 내몽골에서 일본의 특수 권익 인정 등 중국의 주권을 침해하는 내용이 담겨 있었다. 일본의 위협에 굴복한 중국 정부는 이 중 일부 내용만 미룬 채 요구를 수용하였다.

[보기]
ㄱ. 의화단의 반발을 초래하였다.
ㄴ. 제1차 세계 대전 중에 제기되었다.
ㄷ. 5·4 운동이 일어나는 배경이 되었다.
ㄹ. 만주에서 한·중 연합 작전이 전개되는 계기가 되었다.

① ㄱ, ㄴ   ② ㄱ, ㄷ   ③ ㄴ, ㄷ
④ ㄴ, ㄹ   ⑤ ㄷ, ㄹ

561

(가) 운동에 대한 설명으로 옳은 것은?

사진은 [(가)] 기간에 발간된 잡지 『신청년』이다. 창간호의 명칭은 『청년잡지』였고, 제2권부터 명칭을 『신청년』으로 바꾸어 1926년까지 발간되었다. 『신청년』은 유교 중심의 봉건적 이데올로기를 가차 없이 비판하고, 서구의 과학 사상과 민주주의를 수용하여 중국 사회를 발전시켜야 한다고 주장하였다.

① 천두슈 등이 주도하였다.
② '부청멸양'을 구호로 내세웠다.
③ 입헌 군주제 수립을 목표로 하였다.
④ 조선의 급진 개화파에 영향을 주었다.
⑤ 새 국가를 건설하고 난징을 수도로 삼았다.

562

(가), (나) 사이에 있었던 사실로 옳은 것은?

(가) 고종이 갑작스럽게 서거하자, 일부 종교계 지도자들은 한국 민족의 독립을 꾀할 좋은 기회라고 판단하고, 거족적인 만세 시위를 본격적으로 계획하였다.

(나) 6·10 만세 운동 이후 국내의 민족주의 진영과 사회주의 진영의 타협이 이루어지면서 이상재를 회장으로 하는 신간회가 결성되었다.

① 만주국이 수립되었다.
② 신축 조약이 체결되었다.
③ 중·일 전쟁이 발발하였다.
④ 일본이 진주만을 공습하였다.
⑤ 제1차 국·공 합작이 이루어졌다.

563

(가) 사건이 끼친 영향으로 가장 적절한 것은?

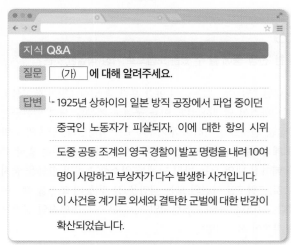

지식 Q&A

질문 [(가)] 에 대해 알려주세요.

답변 1925년 상하이의 일본 방직 공장에서 파업 중이던 중국인 노동자가 피살되자, 이에 대한 항의 시위 도중 공동 조계의 영국 경찰이 발포 명령을 내려 10여 명이 사망하고 부상자가 다수 발생한 사건입니다. 이 사건을 계기로 외세와 결탁한 군벌에 대한 반감이 확산되었습니다.

① 중화민국이 수립되었다.
② 장제스가 북벌을 시작하였다.
③ 국가 총동원법이 제정되었다.
④ 파리 강화 회의가 개최되었다.
⑤ 위안스카이가 임시 대총통에 취임하였다.

564

다음 협정 체결의 배경으로 가장 적절한 것은?

> • 한·중 양군은 어떤 열악한 환경을 막론하고 장기 항전을 맹세한다.
> • 한·중 양군의 전시 후방 교련은 한국군의 장교가 부담하고, 한국 독립군의 군수 물자는 중국군이 공급한다.
>
> — 중국 항일군과 한국 독립군의 합의 사항 —
>
> • 조선 혁명군의 군량과 장비는 중국 당국에서 공급할 것.
> • 조선 혁명군이 일단 압록강을 건너 한국 본토 작전을 전개할 때 중국군은 전력을 기울여 한국 독립 전쟁을 원조할 것.
>
> — 요령 민중 자위군과 조선 혁명군의 협정 —

① 일본이 베트남을 침공하였다.
② 일본이 만주 사변을 일으켰다.
③ 장제스가 시안에서 구금되었다.
④ 일본이 진주만을 기습 공격하였다.
⑤ 히로시마에 원자 폭탄이 투하되었다.

565

밑줄 친 '전쟁' 중에 볼 수 있는 모습으로 가장 적절한 것은?

> 1937년 7월 7일, 일본군의 야간 훈련 중 병사 1명이 행방불명되는 사건이 발생하였다. 이를 구실로 이튿날 새벽 일본군은 중국군 진지를 공격하여 루거우차오를 점령했다. 양측의 공방이 계속되는 가운데 협상이 진행되었다. 11일 일본은 중국 측에 베이징 내의 모든 반일 단체를 일소하고 반일 활동을 중지할 것, 7월 7일 사건의 모든 책임을 질 것 등의 조건을 제시하였다. 그러나 협상은 결렬되었고, 일본군의 전면적인 공격으로 전쟁이 시작되었다.

① 대장정을 감행하는 마오쩌둥
② 만주국의 집정으로 취임하는 푸이
③ 난징에서 학살을 자행하는 일본군
④ 국제 연맹의 탈퇴를 선언하는 일본 대표
⑤ 발트 함대를 향해 공격을 가하는 일본 군함

566

(가), (나) 사건을 계기로 이루어진 국제 연대 활동으로 옳은 것은?

> (가) 일본 정치의 전면에 등장한 군부와 우익 세력은 정당 정치를 무너뜨리고 군사력을 통한 문제 해결을 모색하였다. 일본 관동군은 만주 사변을 일으켜 만주 일대를 점령하고 만주국을 수립하였다.
> (나) 일본은 대규모 군대를 동원하여 중국을 본격적으로 침략하였다. 3개월 만에 상하이를 점령한 일본군은 난징을 비롯한 주요 도시를 빠르게 장악하였다.

① (가) - 김원봉이 조선 의용대를 조직하였다.
② (가) - 한·중 민족 항일 대동맹이 결성되었다.
③ (가) - 일본 병사 반전 동맹이 일본군의 투항을 호소하였다.
④ (나) - 동북 인민 혁명군이 조직되었다.
⑤ (나) - 아주 화친회가 도쿄에서 조직되었다.

[567~568] 다음을 보고 물음에 답하시오

이 그림은 ⊙ 전쟁을 중재하는 미국의 모습을 묘사한 풍자화이다. 미국의 시어도어 루스벨트 대통령은 양측 대표를 미국으로 초청하여 ⓒ 조약 체결을 이끌어 냈으며, 그 공로를 인정받아 노벨 평화상을 수상하였다.

567

밑줄 친 ⊙ 전쟁과 ⓒ 조약의 명칭을 각각 쓰시오.

568 ✐ 서술형

밑줄 친 ⓒ 조약의 내용을 두 가지 서술하시오.

11 서양 문물의 수용

569

(가)에 들어갈 내용으로 가장 적절한 것은?

○○○ 정부는 근대 학제를 마련하고 소학교의 의무 교육을 시행하였다. 또한 고등 교육 기관으로 도쿄 제국 대학을 설립하였고, 가족적 국가관과 충·효를 강조하며 (가)

▲ 소학교 수업 풍경

① 과거제를 폐지하였다.
② 여권통문을 발표하였다.
③ 교육 칙어를 반포하였다.
④ 육영 공원을 설치하였다.
⑤ 애국 계몽 운동을 전개하였다.

570

(가), (나) 신문에 대한 설명으로 옳은 것은?

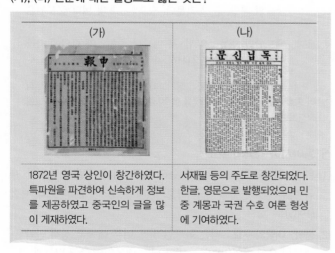

(가)	(나)
1872년 영국 상인이 창간하였다. 특파원을 파견하여 신속하게 정보를 제공하였고 중국인의 글을 많이 게재하였다.	서재필 등의 주도로 창간되었다. 한글, 영문으로 발행되었으며 민중 계몽과 국권 수호 여론 형성에 기여하였다.

① (가) - 상하이에서 발간되었다.
② (가) - 영국인 베델이 발행에 참여하였다.
③ (나) - 신문화 운동에서 주도적 역할을 하였다.
④ (나) - 민간 학술 단체인 메이로쿠샤가 발행하였다.
⑤ (가), (나) - 신문지법에 의해 탄압을 받았다.

571

(가) 도시에 대한 설명으로 옳은 것은?

(가) 에 조계를 가장 먼저 설치한 나라는 일본이다. 조계 설치 후 거류민이 늘어나자 일본은 매립 사업 등을 통해 조계를 확장하기도 하였다. 이어 청과 서양 각국도 (가) 에 조계를 설정하였다. 1899년 수도와 연결된 철도가 부설되고, 상하이 등 주요 도시를 연결하는 항로가 생겨나면서 교역의 거점이자 상공업 도시로 성장하였다.

① 아주 화친회가 조직되었다.
② 강화도 조약에 따라 개항되었다.
③ 제2차 아편 전쟁 과정에서 함락되었다.
④ 청·일 전쟁을 마무리하는 조약이 체결되었다.
⑤ 대한 제국 시기 황성 만들기 사업이 추진되었다.

[572~573] 다음을 보고 물음에 답하시오.

세계에 있는 것은 강자의 권리일 뿐이다. 강자가 늘 약자를 다스릴 뿐 다른 힘이라는 게 따로 없다. 그게 진화의 가장 큰 보편적인 원칙이다. 자유권을 얻고자 한다면 먼저 강자가 되는 방법밖에 별 도리가 없다. — 량치차오, 『음빙실문집』 —

572

위 자료에 나타난 사상을 쓰시오.

573 ✅ 서술형

위 사상이 한국, 중국, 일본에 끼친 영향을 각각 서술하시오.

12 제2차 세계 대전 전후 처리와 냉전 체제

☑ 출제 포인트   ☑ 연합국의 전후 처리   ☑ 샌프란시스코 강화 조약   ☑ 베트남 전쟁   ☑ 냉전의 완화

1. 제2차 세계 대전의 종결과 전후 처리

1 연합국의 전후 처리 구상

(1) 제2차 세계 대전 중의 국제 회의

카이로 회담 (1943. 11.)	미국·영국·중국 참가, 일본의 항복을 받아내기 위한 군사 행동 지속, 일본의 식민지 독립 및 반환 약속
얄타 회담 (1945. 2.)	미국·영국·소련 참가, 소련의 대일전 참전 확정
포츠담 회담 (1945. 7.)	미국·영국·중국 참가, 일본의 무조건 항복 요구, 카이로 선언의 이행 강조, 전범 처벌 규정

(2) 일본 항복   미국이 원자 폭탄 투하, 소련의 대일전 참전 → 일본의 무조건 항복(1945. 8. 15.)

(3) 한반도 분단   38도선을 경계로 미군과 소련군이 분할 점령 → 1948년 대한민국, 조선 민주주의 인민 공화국 선포, 분단

✪2 미군의 일본 점령과 전후 개혁   ⓒ 115쪽 588번 문제로 확인

(1) 미군 주도의 연합군 최고 사령부(GHQ)의 점령 통치   일본의 비군사화와 민주화 목표

(2) 일본의 전후 개혁   천황을 상징적 존재로 규정, 전쟁 포기를 명시한 일본국 헌법 제정(평화 헌법, 1946), 극동 국제 군사 재판 단행(천황에 면죄부, 아시아 국가의 의견 미반영)

2. 냉전과 동아시아

1 냉전 체제

(1) 냉전 형성   제2차 세계 대전 이후 미국과 소련을 중심으로 자본주의 진영과 사회주의 진영으로 나뉘어 대립

✪(2) 미국의 동아시아 전략 변화

① 배경 : 중국의 공산화, 6·25 전쟁 발발

② 일본에 대한 정책 변화 : 일본을 동아시아의 반공 기지화 → 경제 재건 지원, 경찰 예비대(자위대 전신) 창설(1950) 등

③ 샌프란시스코 강화 조약 체결(1951) : 일본의 주권 회복과 국제 사회 복귀, 직후 미·일 안보 조약 체결

> **자료**   샌프란시스코 강화 조약(1951. 9. 8.)   ⓒ 116쪽 592번 문제로 확인
>
> • 연합국은 일본 및 그 영해에 대한 일본 국민의 완전한 주권을 승인한다.
> • 연합국은 본 조약에 특별한 규정이 있는 경우를 제외하고 연합국의 모든 배상 청구권, 전쟁 수행 과정에서 일본 및 그 국민이 자행한 어떤 행동으로부터 발생한 연합국 및 그 국민의 다른 청구권, 그리고 점령에 따른 직접적인 군사적 비용에 관한 연합국의 청구권을 포기한다.
>
> 분석   중국이 공산화되고 6·25 전쟁이 일어나자 미국은 일본을 동아시아의 반공 기지로 삼고자 연합국과의 강화 조약을 중재하였다. 하지만 한국과 중국 등 피해 당사국은 회의에 초청받지 못하였다.

2 중국의 국·공 내전

(1) 전개   중국 국민당 우세 → 국민당의 부정부패, 공산당이 점령지에서 토지 개혁 시행 등으로 전세 역전 → 공산당 승리

(2) 결과   중화 인민 공화국 수립(1949), 국민당의 타이완 이동

3 6·25 전쟁

(1) 전쟁 직전 상황   소련과 중국의 북한 지원, 애치슨 선언

(2) 전개   북한 남침(1950. 6. 25.) → 유엔군 참전→ 인천 상륙 작전 → 한국군과 유엔군이 북진 → 중국군 개입 → 1·4 후퇴 → 서울 재수복 → 정전 협정 체결(1953. 7. 27.)

(3) 영향   남북 간 적대감 심화, 한·미 상호 방위 조약 체결

✪4 베트남의 전쟁과 통일   ⓒ 117쪽 596번 문제로 확인

(1) 베트남 독립 전쟁   제2차 세계 대전 후 베트남 민주 공화국 수립 선포(1945) → 프랑스의 불인정, 전쟁 → 디엔비엔푸 전투에서 프랑스 패배

(2) 분단   제네바 회담(1954) → 미국 주도로 남베트남에 베트남 공화국 수립 → 남베트남 민족 해방 전선 결성, 대립 격화

(3) 베트남 전쟁

① 미국 참전 : 통킹만 사건을 구실로 미국이 북베트남 폭격

② 전쟁 확대 : 한국군 파병, 중국·북한 등이 북베트남 지원

③ 종결 : 닉슨 독트린 발표(1969), 미군의 단계적 철수 → 파리 평화 협정(1973) → 북베트남이 사이공 점령

> **자료**   파리 평화 협정(1973)   ⓒ 119쪽 602번 문제로 확인
>
> 제5조   협정이 조인된 날로부터 60일 이내에 미국과 그 외 동맹국들의 군인, 군사 고문단, 군 기술자 및 여타 군무원은 남베트남에서 완전히 철수한다.
> 제15조   베트남의 재통일은 남·북 베트남의 논의와 협의에 따라 평화적인 방법으로 서서히 이루어져야 한다.
>
> 분석   미국은 베트남 전쟁이 장기화되자 닉슨 독트린을 발표하고, 파리 평화 협정을 체결한 뒤 미군을 철수시켰다. 이어 북베트남이 사이공을 점령하면서 전쟁은 끝났다.

5 동아시아 각국의 수교

(1) 한국 – 일본의 국교   미국의 수교 요구, 경제 개발에 필요한 자금 마련(한국), 수출 시장 확보(일본) → 한·일 기본 조약 체결 (1965)

(2) 중국 – 미국의 수교   닉슨 독트린 발표 이후 대중국 정책 변화 → 중국의 유엔 가입(1971) → 미국 닉슨 대통령의 중국 방문과 미·중 공동 성명 발표(1972) → 미·중 수교(1979)

(3) 중국 – 일본의 수교   중·일 공동 성명 발표(1972), 일본이 중국을 유일한 합법 정부로 인정 → 타이완이 일본과 국교 단절

(4) 한국 – 중국의 수교   1980년대 후반 냉전 체제 붕괴, 노태우 정부의 북방 외교 추진 → 한·중 수교(1992)

분석 기출 문제

» 바른답·알찬풀이 61쪽

•• 빈칸에 들어갈 알맞은 말을 쓰시오.

574 1943년 미국·영국·중국의 수뇌부는 (   )을/를 개최하여 한국 등 일본 식민지의 독립과 점령지 반환을 결정하였다.

575 미국은 (   )을/를 체결하여 일본의 주권을 회복시켜 주었다.

576 중국과 일본은 1972년 (   )에 조인함으로써 국교 정상화를 이루었다.

•• 다음 내용이 옳으면 ○표, 틀리면 ×표를 하시오.

577 종전 후 미군정은 일본에 전쟁 포기 내용을 담은 일본국 헌법 제정을 종용하였다. (   )

578 미국은 1950년 애치슨 선언을 발표하여 한국과 타이완을 미국의 태평양 지역 방위선에서 제외하였다. (   )

579 한국은 1992년 중국과 국교를 수립하였으며, 타이완과의 국교를 그대로 유지하였다. (   )

•• 각 전쟁과 관련 있는 내용을 바르게 연결하시오.

580 6·25 전쟁 •   • ㉠ 통킹만 사건

581 국·공 내전 •   • ㉡ 유엔군 참전

582 베트남 전쟁 •   • ㉢ 중화 인민 공화국 수립

•• 괄호 안에 들어갈 알맞은 말을 고르시오.

583 베트남 전쟁은 (㉠ 제네바, ㉡ 파리 평화) 협정의 체결과 북베트남의 사이공 점령으로 종결되었다.

584 한국에서는 식민 지배에 대한 사죄와 배상 없는 (㉠ 일본, ㉡ 중국)과의 수교는 굴욕 외교라는 비판이 높았다.

•• 다음 내용에 해당하는 국가를 〈보기〉에서 고르시오.

585 1971년 국제 연합이 안전 보장 이사회 상임 이사국으로 받아들였다. (   )

586 1946년 '평화 헌법'을 제정하여 전쟁 포기를 명시하였다. (   )

[보기]
ㄱ. 중국   ㄴ. 일본   ㄷ. 소련

587

밑줄 친 '회담'에서 결정한 내용으로 옳은 것만을 〈보기〉에서 고른 것은?

1943년 11월 중국의 장제스, 미국의 루스벨트, 영국의 처칠이 회담을 통해 전후 처리 문제를 논의하였다.

[보기]
ㄱ. 소련의 대일전 참전을 확정한다.
ㄴ. 적당한 시기에 한국을 독립시킨다.
ㄷ. 일본의 항복을 받아내기 위해 군사 행동을 지속한다.
ㄹ. 한반도를 38도선을 경계로 미·소군이 분할 점령한다.

① ㄱ, ㄴ   ② ㄱ, ㄷ   ③ ㄴ, ㄷ
④ ㄴ, ㄹ   ⑤ ㄷ, ㄹ

☆빈출
588

밑줄 친 '현행 헌법'의 내용으로 옳은 것만을 〈보기〉에서 고른 것은?

2014년 7월 1일 일본의 아베 신조 내각은 임시 내각 회의를 열어 전쟁 포기 등의 내용을 규정한 현행 헌법에 대한 해석을 변경하여 집단적 자위권을 행사하기로 결정하였다. 이로써 일본은 '공격받지 않아도 공격할 수 있는 나라'로 돌아갔다. 이에 대해 우리 정부는 "한반도의 안보와 국익에 나쁜 영향을 미쳐서는 안 된다."라고 하며 우려를 표명하였다.

[보기]
ㄱ. 주권 재민
ㄴ. 천황제 폐지
ㄷ. 군사력 보유 금지
ㄹ. 미국 중심의 군정 시행 수용

① ㄱ, ㄴ   ② ㄱ, ㄷ   ③ ㄴ, ㄷ
④ ㄴ, ㄹ   ⑤ ㄷ, ㄹ

589

다음 선언에 대한 설명으로 옳은 것은?

> 1. 미합중국 대통령, 중화민국 정부 주석 및 영국 수상은 우리 수억 국민을 대표하여 협의한 결과, 일본국에 대하여 지금의 전쟁을 종결할 기회를 주기로 의견을 일치하였다.
> 2. 카이로 선언의 조항은 이행되어야 하며, 또한 일본국의 주권은 혼슈, 홋카이도, 규슈 및 시코쿠와 함께 우리가 결정하는 여러 작은 섬에 국한될 것이다.
> 3. 우리는 일본국 정부에 대해 즉시 모든 일본 군대의 무조건 항복 선언을 요구한다.

① 한국의 독립을 재확인하였다.
② 소련의 대일전 참전에 합의하였다.
③ 일본의 평화 헌법 제정을 결정하였다.
④ 미국과 소련의 한반도 분할 점령을 확정하였다.
⑤ 샌프란시스코 강화 조약 체결의 계기가 되었다.

590

밑줄 친 '이 재판'에 대한 설명으로 옳은 것은?

이 재판은 일본의 수상, 육군상 등 A급 전범 28명을 심리하고, 심리 도중 사망한 2명, 정신 이상으로 기소가 중지된 1명을 제외하고 7명에게 사형, 16명에게 종신형, 2명에게 금고형을 선고하였다. 포로수용소를 관리하던 군인과 민간인 군속 등 B, C급 전범은 아시아 각지의 법정에서 재판을 받았다.

① 포츠담 선언에 따라 이루어졌다.
② 일본 천황에 대한 재판도 이루어졌다.
③ 일본 55년 체제 붕괴에 영향을 주었다.
④ 샌프란시스코 강화 조약 체결 이후에 진행되었다.
⑤ 한국 등 주요 피해국인 아시아 국가의 의견이 적극 반영되었다.

---

2. 냉전과 동아시아

591

밑줄 친 '내전'의 결과로 옳은 것만을 〈보기〉에서 고른 것은?

> 중·일 전쟁이 일어나자 중국 국민당과 공산당은 협력하여 일본과 싸웠으나, 제2차 세계 대전이 끝난 후 다시 대립하였다. 위기가 고조되자 이를 막기 위해 국민당과 공산당 지도부가 평화 교섭을 벌였다. 미국은 평화 교섭을 중재하였으나 실패하고, 결국 1946년 전면적인 내전이 발발하였다.

[보기]
ㄱ. 일본에서 평화 헌법이 제정되었다.
ㄴ. 북한에서 정권 수립이 발표되었다.
ㄷ. 중화 인민 공화국 수립이 선포되었다.
ㄹ. 중국 국민당이 타이완으로 이동하였다.

① ㄱ, ㄴ　　② ㄱ, ㄷ　　③ ㄴ, ㄷ
④ ㄴ, ㄹ　　⑤ ㄷ, ㄹ

★빈출 592

다음 조약에 대한 설명으로 옳은 것만을 〈보기〉에서 고른 것은?

> • 연합국은 일본 및 그 영해에 대한 일본 국민의 완전한 주권을 승인한다.
> • 연합국은 본 조약에 특별한 규정이 있는 경우를 제외하고 연합국의 모든 배상 청구권, 전쟁 수행 과정에서 일본 및 그 국민이 자행한 어떤 행동으로부터 발생한 연합국 및 그 국민의 다른 청구권, 그리고 점령에 따른 직접적인 군사적 비용에 관한 연합국의 청구권을 포기한다.

[보기]
ㄱ. 베트남 전쟁 중에 체결되었다.
ㄴ. 제네바 회담의 합의를 계승하였다.
ㄷ. 일본이 국제 사회에 복귀하는 계기가 되었다.
ㄹ. 한국과 중국 등 피해국이 협상에서 제외되었다.

① ㄱ, ㄴ　　② ㄱ, ㄷ　　③ ㄴ, ㄷ
④ ㄴ, ㄹ　　⑤ ㄷ, ㄹ

593

(가)에 들어갈 내용으로 적절한 것만을 〈보기〉에서 고른 것은?

전쟁 후 미국은 유럽 지역의 복구와 아시아 지역에서의 전후 처리를 위하여 노력하였다. 유럽에서는 그리스 등의 국가 경제를 살리기 위해 마셜 계획을 발표하였다. 문제는 동아시아 지역이었다. ____(가)____ 을/를 계기로 미국의 아시아 정책에 커다란 변화가 일어났다. 먼저 타이완에 대한 원조 확대를 단행하였고, 이어 샌프란시스코 강화 조약을 통해 일본의 주권을 회복시켰다.

【 보기 】
ㄱ. 중국의 공산화 　　　　　ㄴ. 6·25 전쟁 발발
ㄷ. 디엔비엔푸 전투 　　　　ㄹ. 한·일 기본 조약 체결

① ㄱ, ㄴ　　　　② ㄱ, ㄷ　　　　③ ㄴ, ㄷ
④ ㄴ, ㄹ　　　　⑤ ㄷ, ㄹ

594

지도에 나타난 전쟁 중의 동아시아 상황으로 옳은 것은?

① 문화 대혁명이 일어났다.
② 통킹만 사건이 발생하였다.
③ 애치슨 선언이 발표되었다.
④ 베트남 민주 공화국이 수립되었다.
⑤ 샌프란시스코 강화 조약이 체결되었다.

595

다음 조약이 체결되기 직전의 상황으로 옳은 것은?

평화 조약 및 이 조약의 효력 발생과 동시에 일본은 미국의 군대를 일본 국내 및 그 부근에 배치할 권리를 허락하고, 미국은 이를 수락한다. 이 군대는 극동의 평화와 안전에 기여하고, 외부의 공격 및 외국의 선동 등에 의한 일본의 내란과 소요를 진압하기 위하여 일본 정부의 요청에 따라 일본의 안전을 목적으로 사용할 수 있다.

① 일본의 주권이 회복되었다.
② 제네바 회담이 개최되었다.
③ 6·25 전쟁의 정전 협정이 맺어졌다.
④ 한·미 상호 방위 조약이 체결되었다.
⑤ 중국에서 문화 대혁명이 발생하였다.

★빈출
596

지도에 표시된 군사 분계선을 결정한 국제회의로 옳은 것은?

① 얄타 회담　　　　　② 포츠담 회담
③ 카이로 회담　　　　④ 제네바 회담
⑤ 파리 평화 협정

597

밑줄 친 '이 전쟁'에 대한 설명으로 옳은 것만을 〈보기〉에서 고른 것은?

> 미국은 통킹만 사건을 계기로 이 전쟁에 직접 개입하였다. 전쟁이 장기화되면서 막대한 재정 부담과 인명 피해로 궁지에 몰리게 된 미국 정부는 파리 평화 협정을 맺고 철군하였다.

【 보기 】
ㄱ. 한국이 전투병을 파견하였다.
ㄴ. 유엔군의 참전으로 장기화되었다.
ㄷ. 공산당과 국민당의 내전으로 발생하였다.
ㄹ. 베트남 사회주의 공화국이 수립되는 결과를 낳았다.

① ㄱ, ㄴ   ② ㄱ, ㄹ   ③ ㄴ, ㄷ
④ ㄴ, ㄹ   ⑤ ㄷ, ㄹ

598

(가), (나) 전쟁의 공통점으로 옳은 것만을 〈보기〉에서 고른 것은?

> (가) 북한군의 전면 남침으로 시작되었다. 이후 유엔군과 중국군이 개입하면서 전쟁은 장기화되었으며, 유엔군과 북한군·중국군 사이에 정전 협정이 체결되면서 마무리되었다.
> (나) 통킹만 사건을 구실로 미군이 투입되면서 본격화되었으며, 파리 평화 협정의 체결과 북베트남의 사이공 점령으로 종결되었다.

【 보기 】
ㄱ. 소련군이 참전하였다.
ㄴ. 제네바 회담의 대상이었다.
ㄷ. 일본의 경제 성장에 영향을 주었다.
ㄹ. 냉전 체제라는 상황에서 발생하였다.

① ㄱ, ㄴ   ② ㄱ, ㄷ   ③ ㄴ, ㄷ
④ ㄴ, ㄹ   ⑤ ㄷ, ㄹ

599

다음 조약에 대한 설명으로 옳은 것만을 〈보기〉에서 고른 것은?

> 제2조   1910년 8월 22일 및 그 이전에 대한 제국과 대일본 제국 간에 체결된 모든 조약 및 협정이 이미 무효임을 확인한다.
> 제3조   대한민국 정부가 국제 연합 총회의 결의 제195(III)호에 명시된 바와 같이, 한반도에 있어서의 유일한 합법 정부임을 확인한다.

【 보기 】
ㄱ. 베트남 독립 전쟁의 종결에 영향을 주었다.
ㄴ. 냉전 체제가 붕괴되는 상황에서 체결되었다.
ㄷ. 한·미·일 공동 안보 체제 강화에 기여하였다.
ㄹ. 체결 과정에서 한·일 양국민의 반대에 부딪혔다.

① ㄱ, ㄴ   ② ㄱ, ㄷ   ③ ㄴ, ㄷ
④ ㄴ, ㄹ   ⑤ ㄷ, ㄹ

600

(가), (나) 협정 체결 사이 시기에 있었던 사실로 옳은 것은?

> (가) 제2조   1. 양국(한국과 일본)은 …… 청구권에 관한 문제가 …… 완전히 그리고 최종적으로 해결되었음을 확인한다.
> (나) 제1조   이 성명이 공포된 날부터 중화 인민 공화국과 일본 사이에 지금까지의 비정상적 상태가 종식되었음을 선포한다.
>   제2조   일본 정부는 중화 인민 공화국 정부가 중국의 유일한 합법 정부임을 승인한다.

① 닉슨 독트린이 발표되었다.
② 한국과 중국이 수교하였다.
③ 일본에서 평화 헌법이 제정되었다.
④ 북베트남군이 사이공을 점령하였다.
⑤ 미국과 중국이 정식으로 국교를 수립하였다.

601

다음 내용을 담은 선언이 동아시아 각국에 끼친 영향으로 옳은 것만을 〈보기〉에서 고른 것은?

> • 미국은 앞으로 베트남 전쟁과 같은 군사적 개입을 피한다.
> • 강대국의 핵에 의한 위협을 제외하고는 내란이나 침략에 대하여 아시아 각국이 스스로 협력하여 그에 대처하도록 한다.

[보기]

ㄱ. 한국 – 미국과 상호 방위 조약을 체결하였다.
ㄴ. 중국 – 마오쩌둥이 미국 대통령의 방문을 맞이하였다.
ㄷ. 일본 – 중화 인민 공화국을 중국의 유일한 합법 정부로 인정하였다.
ㄹ. 타이완 – 중국의 합법적 정부 대표권을 가지고 국제 연합에 가입하였다.

① ㄱ, ㄴ 　② ㄱ, ㄷ 　③ ㄴ, ㄷ
④ ㄴ, ㄹ 　⑤ ㄷ, ㄹ

★빈출 602

다음 협정이 체결된 배경을 알아보기 위한 탐구 활동으로 가장 적절한 것은?

> 제5조　협정이 조인된 날로부터 60일 이내에 미국과 그 외 동맹국들의 군인, 군사 고문단, 군 기술자 및 여타 군무원은 남베트남에서 완전히 철수한다.
> 제15조　베트남의 재통일은 남·북 베트남의 논의와 협의에 따라 평화적인 방법으로 서서히 이루어져야 한다.

① 통킹만 사건의 발생 배경을 살펴본다.
② 제네바 회담의 진행 과정을 조사한다.
③ 닉슨 독트린의 주요 내용을 분석한다.
④ 북베트남의 사이공 점령 이후 변화를 알아본다.
⑤ 도이머이 정책 실시 이후의 사회 상황을 파악한다.

[603~604] 자료를 읽고 물음에 답하시오.

> 제1조　천황은 일본국의 상징이자 일본 국민 통합의 상징이며, 이 지위는 주권을 지닌 일본 국민의 총의에 근거한다.
> 제3조　천황의 국사에 관한 모든 행위는 내각의 조언과 승인을 필요로 하며, 내각이 그 책임을 진다.
> 제9조　① 일본 국민은 정의와 질서를 기조로 하는 국제 평화를 성실히 희구하며, 국제 분쟁을 해결할 수단으로서 국권의 발동인 전쟁과 무력에 의거한 위협 또는 무력행사를 영구히 포기한다.
> 　　　② 전항의 목적을 달성하기 위하여 육·해·공군 그 외 전력을 보유하지 아니한다. 국가의 교전권을 인정하지 아니한다.
> 　　　　　　　　　　　　　　　　　　　　　– 일본국 헌법 –

603

제9조 내용을 반영하여 부르고 있는 위 헌법의 <u>다른 명칭</u>을 쓰시오.

604

미국이 위 헌법 제정을 통해 추구한 바를 헌법 내용과 연관 지어 서술하시오.

[605~606] 자료를 읽고 물음에 답하시오.

> (가) 중국 인민 해방 전쟁과 인민 혁명의 위대한 승리는 제국주의와 봉건주의, 관료 자본주의의 중국에서의 통치 시대에 대해 종결을 선언하였다. …… 중국 인민 정치 협상 회의는 중화 인민 공화국의 성립을 선언하고 중앙 정부를 조직한다.
> (나) 우리는 적이 38선을 넘어 북으로 진격하는 시점에서 수개 사단을 북한으로 보낼 계획이다. 그러나 우리의 참전이 심각한 사태를 야기할 수 있다고 생각한다.

605

(가), (나) 선언의 계기가 된 사건을 각각 쓰시오.

606

(가), (나) 선언의 계기가 된 두 사건이 미국의 동아시아 전략에 끼친 영향을 서술하시오.

607

(가), (나) 선언 사이에 있었던 사실로 옳은 것은?

> (가) 3대 동맹국은 한국인의 노예 상태에 유의하여 적당한 시기에 한국을 자주 독립시킬 결의를 한다. 이를 위해 3대 동맹국은 일본과 교전 중인 여러 국가와 협조하여, 일본의 무조건적인 항복을 받아내는 데 필요한 중대하고도 장기적인 작전을 계속할 것이다.
>
> (나) 카이로 선언의 조항은 이행되어야 하며, 또 일본국의 주권은 혼슈, 홋카이도, 규슈, 시코쿠 및 우리들이 결정하는 여러 작은 섬에 국한될 것이다.

① 얄타 회담이 개최되었다.
② 국제 연합이 출범하였다.
③ 일본이 진주만을 기습하였다.
④ 국가 총동원법이 제정되었다.
⑤ 미국이 원자 폭탄을 투하하였다.

608

밑줄 친 '새 헌법'에 대한 설명으로 옳은 것은?

이것은 일본의 새 헌법에 대한 이해를 돕기 위해 문부성에서 발행한 책에 실린 그림이다. 전쟁 포기를 뜻하는 문구와 함께 무기를 녹여 건설 및 사회 간접 자본에 사용한다는 의미를 담고 있다.

① 천황을 상징적 존재로 규정하였다.
② 제국 의회의 설립의 근거가 되었다.
③ 대한국 국제의 제정에 영향을 주었다.
④ 농업의 집단화, 기업의 국유화 등을 규정하였다.
⑤ 일본뿐만 아니라 한국과 타이완에도 적용되었다.

609

밑줄 친 '이 재판'이 진행되던 시기에 있었던 사실로 옳은 것은?

> 이 재판은 일본의 전쟁 범죄자 중 A급 전범으로 회부된 46명을 대상으로 진행되었다. 46명 중 28명이 기소되었으며 기소된 사람 중 재판이 불가한 3명을 제외하고 25명에 대한 판결이 내려졌다. 도조 히데키 등 7명에게는 사형 판결이 내려졌다.

① 시안 사건이 일어났다.
② 국·공 내전이 전개되었다.
③ 경찰 예비대가 창설되었다.
④ 파리 평화 협정이 체결되었다.
⑤ 미·일 안보 조약이 체결되었다.

610

밑줄 친 '이 조약'의 결과로 옳은 것은?

> 대한민국은 일본과 전쟁 상태에 있지 않았기 때문에 이 조약에 서명을 하지 않는다. 한국은 전쟁이 시작되기 훨씬 전에 독립을 잃었고 일본이 항복하기까지 독립을 다시 찾지 못하였다. 많은 한국인이 부동의 신념을 갖고 일본과 싸웠다. 그러나 개인으로 싸웠지 승인된 정부로서 싸운 것은 아니다. …… 이 조약에 의하여 연합국은 한국의 독립을 일본이 정식으로 승인하도록 할 것이다.

① 일본이 주권을 회복하였다.
② 소련이 대일전에 참전하였다.
③ 베트남이 남북으로 분단되었다.
④ 한국과 일본의 국교가 수립되었다.
⑤ 일본이 산둥반도를 중국에 반환하였다.

611

밑줄 친 '협상' 이후에 있었던 사실로 옳은 것은?

사진은 미국의 중재로 개최된 장제스와 마오쩌둥의 협상 당시의 모습이다. 협상은 장제스의 제안과 미국의 중재로 충칭에서 한 달 이상 진행되었으며, 그 결과 장제스와 마오쩌둥은 공동 성명을 발표하였다.

① 만주 사변이 발생하였다.
② 카이로 회담이 개최되었다.
③ 제2차 국·공 합작이 이루어졌다.
④ 중화 인민 공화국이 수립되었다.
⑤ 일본이 연합국에 무조건 항복하였다.

612

다음 대화의 소재가 된 전쟁의 배경으로 가장 적절한 것은?

유엔군이 참전했지만 적의 남하를 즉각적으로 저지하지는 못했어.

맞아. 한동안 불리한 상황이 이어졌지. 하지만 인천 상륙 작전으로 전세를 역전시켰어.

① 애치슨 라인이 발표되었다.
② 디엔비엔푸 전투가 일어났다.
③ 루거우차오 사건이 발생하였다.
④ 한·미 상호 방위 조약이 체결되었다.
⑤ 미국이 일본으로 석유 등의 수출을 금지하였다.

613

밑줄 친 '전쟁'에 대한 동아시아 각국의 대응으로 옳은 것만을 〈보기〉에서 고른 것은?

미 국무성은 통킹만에서 미국 구축함이 북베트남 어뢰정의 공격을 받았다고 발표했다. 존슨 미국 대통령은 항공모함 탑재기로 보복 폭격을 가한 데 이어, 다음 해 2월부터는 북베트남에 대규모 폭격을 개시했다. 이어 3월에 미군 해병대가 남베트남 다낭에 상륙한 것을 시작으로 대규모 미군 전투 부대를 전쟁에 투입하였다.

[보기]
ㄱ. 한국 – 전투병을 파병하였다.
ㄴ. 일본 – 경찰 예비대를 조직하였다.
ㄷ. 중국 – 대규모 인민군을 파병하였다.
ㄹ. 북한 – 북베트남을 군사적으로 지원하였다.

① ㄱ, ㄴ   ② ㄱ, ㄹ   ③ ㄴ, ㄷ
④ ㄴ, ㄹ   ⑤ ㄷ, ㄹ

614

교사의 질문에 대한 학생의 답변으로 적절한 것은?

사진은 마오쩌둥과 닉슨 대통령이 만나는 모습입니다. 닉슨은 미국 대통령으로서 처음으로 중화 인민 공화국을 방문했습니다. 닉슨 대통령의 방문이 이루어진 해에 있었던 사건에는 무엇이 있을까요?

① 닉슨 독트린이 발표되었다.
② 한·일 기본 조약이 체결되었다.
③ 중·일 공동 성명이 발표되었다.
④ 중·일 양국이 평화 우호 조약을 맺었다.
⑤ 노태우 정부가 북방 정책을 추진하였다.

13 경제 성장과 정치 발전~갈등과 화해

☑ 출제 포인트　☑ 일본의 고도성장과 55년 체제　☑ 중국의 정치·경제 변화　☑ 동아시아의 영토 분쟁

1. 일본의 고도성장과 55년 체제

1 고도성장과 55년 체제의 성립 ◎ 123쪽 627번 문제로 확인

(1) **고도성장**　전쟁 패배로 경제적 혼란 지속 → 6·25 전쟁, 베트남 전쟁 특수로 1973년까지 연평균 10% 이상 성장

(2) **55년 체제 성립(1955)**　안보와 재무장 문제를 둘러싸고 보수와 진보의 대립 → 보수당의 연합체인 자유 민주당(자민당), 사회당의 양당이 정치 주도 → 55년 체제 성립

2 장기 불황과 국가주의 강화

(1) **경제 상황의 변화**

1970년대	제1, 2차 석유 파동 → 기술 개발과 경영 합리화로 위기 극복
1980년대	최대 경제 호황 → 주가와 부동산 가격 폭등 → 거품 경제 형성
1990년대 이후	주가와 부동산 가격 폭락으로 장기 불황 → 실업률 증가와 사회 불안 등 문제 발생

(2) **55년 체제 붕괴**　1970년대 정경유착에 따른 부정부패 심화, 장기 불황 → 1993년 비자민당 연립 정권 수립(55년 체제 붕괴) → 민주당이 총선 승리로 정권 장악(2009)

(3) **국가주의의 강화**　2012년 총선에서 자민당 승리, 아베 정권 우경화(국가주의에 바탕을 두고 평화 헌법 개정 시도)

2. 한국과 타이완의 경제 성장과 민주화

1 한국의 경제 성장과 민주화 ◎ 124쪽 630번 문제로 확인

(1) **전후 정치의 변화**　이승만 정부의 장기 집권 시도에 반발하여 4·19 혁명 → 장면 내각 → 5·16 군사 정변, 박정희 정부

(2) **경제 성장과 유신 체제**　미국의 경제 원조, 1960년대 초부터 경제 개발 5개년 계획을 통해 고도성장, 박정희 정부가 유신 헌법 제정(1972)으로 영구 집권 획책 → 10·26 사태로 유신 체제 붕괴(1979)

(3) **민주주의의 발전과 경제 변화**
① 민주화 진전 : 5·18 민주화 운동(1980) → 6월 민주 항쟁(1987)
② 경제 변화 : 3저 호황(1980년대) → 1997년 말 외환 위기와 극복

2 타이완의 경제 성장과 민주화

(1) **경제 성장**　1950년대에 국내 시장 개발과 경공업 중심으로 수입 대체 정책에 중점, 경제 건설 4개년 계획

(2) **민주화의 진전**
① 계엄 통치 : 국민당 일당 독재 지속 → 1980년대 민주화 요구 고조
② 민주화 진전 : 1987년 계엄령 해제 → 총통 직선제, 복수 정당제 등 시행 → 천수이볜 당선(2000), 최초의 여야 정권 교체

3. 사회주의권의 정치와 경제적 변동

1 중국의 정치·경제 변화 ◎ 125쪽 636번 문제로 확인

(1) **사회주의 경제 체제 기반 마련**　농업 집단화, 기업 국유화

(2) **대약진 운동(1958~1960년 초)**　인민공사 설립, 철강 증산 운동 등 → 생산력 저하를 가져와 마오쩌둥의 권력 기반 약화

(3) **문화 대혁명(1966~1976)**　마오쩌둥의 권력 재장악

(4) **덩샤오핑의 개혁·개방 정책**　4개 부문 현대화, 시장 경제 체제 요소 도입, 경제특구 건설 등 추진 → 중국 경제의 고도성장

(5) **톈안먼 사건(1989)**　학생, 시민, 노동자들이 대규모로 모여 정치 민주화 요구 → 중국 정부가 유혈 진압

2 북한과 베트남의 정치·경제 변화

(1) **북한**　김일성 독재 체제 → 김정일(선군 정치)에 이은 김정은의 권력 세습, 1980년대 합영법 제정, 1990년대 경제특구 건설 등으로 개혁·개방 정책 시도

(2) **베트남**　통일 이후 집단 농장화, 국유화 등으로 경제 혼란 지속 → 1980년대 후반 이후 도이머이 정책 추진

4. 갈등과 화해

1 역사 갈등

(1) **일본의 역사 왜곡**　식민 지배를 은폐·미화, 야스쿠니 신사 참배, 일본군 '위안부' 강제 동원 부인 등

(2) **동북공정**　고조선·고구려·발해사를 중국사에 귀속하여 한국과 갈등

2 영토 분쟁　남쿠릴 열도 분쟁(러-일), 센카쿠 열도 분쟁(중-일), 시사(파라셀) 군도 및 난사(스프래틀리) 군도 분쟁(중국, 동남아시아 국가들)

자료　동아시아의 영토 분쟁 ◎ 126쪽 640번 문제로 확인

분석　동아시아의 해양 영토 분쟁은 식민지 지배의 처리 과정이나 전후 점령지의 처리 과정에서 비롯된 경우가 대부분이다.

3 화해를 위한 노력　국제 연대 활동, 공동 역사 교재 발간, 청소년 교류 확대, 문화·관광 교류 활성화 등

분석 기출 문제

>> 바른답·알찬풀이 65쪽

•• 빈칸에 들어갈 알맞은 말을 쓰시오.

615 일본에서 1955년 이후 형성된 보수적인 자민당과 진보적
인 사회당의 양당 체제를 (   )(이)라고 부른다.

616 (   )은/는 이승만 정부의 장기 집권에 맞서 일
어난 민주화 운동이다.

617 중국은 1958년부터 (   )을/를 추진하면서 인민
공사를 확대하고 철강 증산 운동을 추진하였다.

•• 다음 내용이 옳으면 ○표, 틀리면 ×표를 하시오.

618 일본은 1990년대에 거품 경제가 붕괴되면서 장기 불황
에 빠져들었다. (   )

619 베트남은 1980년대 후반부터 도이머이 정책을 추진하여
경제 성장의 발판을 마련하였다. (   )

•• 각 인물과 관련 사실을 바르게 연결하시오.

620 마오쩌둥 •   • ㉠ 개혁·개방 정책

621 덩샤오핑 •   • ㉡ 문화 대혁명 주도

•• 괄호 안에 들어갈 알맞은 말을 고르시오.

622 (㉠ 무라야마, ㉡ 아베) 정부는 주변국과 다수 일본 국민
의 반발에도 평화 헌법 9조의 '해석'을 바꾸어 집단 자위
권을 인정하였다.

623 한국에서는 (㉠ 5·18 민주화 운동, ㉡ 6월 민주 항쟁)으로
대통령 직선제가 이루어져 민주화가 크게 진전되었다.

624 (㉠ 대약진 운동, ㉡ 문화 대혁명)은 수정주의 세력을
숙청하고자 벌인 정치·권력 투쟁으로, 홍위병이 동원되
었다.

•• 다음에서 설명하는 대상 지역을 <보기>에서 고르시오.

625 제2차 세계 대전 이후 러시아가 지배하고 있는 가운데 일
본이 영유권을 지속적으로 주장하고 있다. (   )

626 일본이 실효 지배하는 가운데 중국과 타이완이 영유권을
주장하고 있다. (   )

[보기]
ㄱ. 남쿠릴 열도   ㄴ. 센카쿠 열도(댜오위다오)

★ 빈출
627

(가) 정치 체제가 유지된 시기의 동아시아 상황으로 옳지 않은 것은?

> 1951년에 미·일 안보 조약이 체결된 후 일본 내부에서는 안
> 보와 재무장 문제를 둘러싸고 보수와 진보의 대립이 격화되었
> 다. 보수 정당들이 평화 헌법의 개정을 주장하자 1955년 사회
> 당의 좌·우파가 '재무장 반대'와 '평화·헌법 유지'를 내걸고 통
> 합하였다. 이에 보수 정당인 민주당과 자유당도 통합하여 자
> 유 민주당(이하 자민당)을 만들었다. 그리하여 양당이 정치를
> 주도하는 이른바   (가)   이/가 성립하였다.

① 한국 – 유신 체제가 성립되었다.
② 중국 – 문화 대혁명이 발생하였다.
③ 일본 – 경찰 예비대가 창설되었다.
④ 타이완 – 계엄령이 해제되었다.
⑤ 베트남 – 베트남 전쟁이 전개되었다.

628

**자료에 나타난 경제 상황 변화의 배경을 파악하기 위한 탐구 활동으로
적절한 것만을 <보기>에서 고른 것은?**

> 일본은 제2차 세계 대전에서 패배한 뒤 경제 정책의 혼선과 물
> 자 부족으로 경제가 파탄 지경에 이르렀다. 그러나 1950년대
> 후반부터 1970년대 초반까지 연평균 10% 이상의 고도성장
> 을 꾸준히 지속하며 미국 다음가는 '경제 대국'의 위치에 오르
> 게 되었다.

[보기]
ㄱ. 6·25 전쟁이 끼친 영향을 살펴본다.
ㄴ. 거품 경제 붕괴가 가져온 효과를 분석한다.
ㄷ. 냉전 체제가 가져온 미국의 대외 정책 변화를 파악한다.
ㄹ. 국제 통화 기금의 금융 지원을 받게 된 배경을 조사한다.

① ㄱ, ㄴ   ② ㄱ, ㄷ   ③ ㄴ, ㄷ
④ ㄴ, ㄹ   ⑤ ㄷ, ㄹ

빈출
629

(가) 시기 동아시아 각국의 경제 상황으로 옳은 것은?

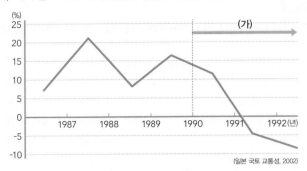

▲ 일본의 땅값 변화

(일본 국토 교통성, 2002)

① 한국 – 미국으로부터 무상 원조를 받았다.
② 한국 – 경제 개발 5개년 계획이 추진되었다.
③ 중국 – 철강 증산 운동이 전개되었다.
④ 일본 – 주가가 하락하면서 장기 불황이 나타났다.
⑤ 타이완 – 경공업 중심의 수입 대체 정책이 추진되었다.

 한국과 타이완의 경제 성장과 민주화

빈출
630

다음 경제 개발 계획이 추진된 시기의 동아시아 상황으로 옳은 것만을
〈보기〉에서 고른 것은?

제1차 경제 개발 5개년 계획

〈배경 및 취지〉

① 휴전 이후 경제가 2차 산업을 중심으로 지속 성장(연평균 4.7%)하여 1957년을 전후로 6·25 전쟁의 피해가 일부 복구되어 안정적인 위치에 도달
② 최근 정치 정세의 변동과 성장 과정에서 내재적 불균형이 도출됨으로써 1957년 이후 성장률이 저하되고 인플레이션이 만연되어 경제 발전에 애로가 발생하여, 이를 극복하기 위한 종합적이고 체계적인 장기 경제 발전 계획을 수립

[보기]

ㄱ. 일본 – 거품 경제가 붕괴되었다.
ㄴ. 중국 – 대약진 운동으로 경제가 악화되었다.
ㄷ. 한국 – 수출 주도형 성장 정책이 추진되었다.
ㄹ. 타이완 – 3저 현상에 힘입어 아시아 4대 신흥국으로 성장하였다.

① ㄱ, ㄴ   ② ㄱ, ㄷ   ③ ㄴ, ㄷ
④ ㄴ, ㄹ   ⑤ ㄷ, ㄹ

631

(가) 국가의 경제 성장 정책으로 옳은 것은?

　(가)　은/는 베트남 전쟁에 1964년에서 1973년까지 총 32만여 명의 군인을 파견하였다. 미국은 파병 대가로 파병에 드는 모든 비용을 부담하고, 　(가)　 군대의 현대화와 경제 발전을 위한 기술 및 차관, 특별 경제 원조를 제공하였다. 건설 기업도 베트남에 진출하여 각종 수주를 따냈다.

---

① 도이머이 정책을 채택하였다.
② 경제 개발 5개년 계획을 추진하였다.
③ 집단적 협동 농장 체제를 강화하였다.
④ 사회주의 계획 경제 체제를 채택하였다.
⑤ 나진·선봉 지역을 경제특구로 지정하였다.

632

다음 민주화 운동에 대한 설명으로 옳은 것만을 〈보기〉에서 고른 것은?

신군부가 비상계엄을 전국으로 확대하고, 일체의 정치 활동을 중지시키자 5월 18일 광주에서 시민과 학생들이 비상계엄 확대에 저항하는 대규모 시위를 벌였다.

[보기]

ㄱ. 홍위병의 주도로 전개되었다.
ㄴ. 시민군이 조직되어 활동하였다.
ㄷ. 계엄군에 의해 무력 진압되었다.
ㄹ. 55년 체제의 개혁을 요구하였다.

① ㄱ, ㄴ   ② ㄱ, ㄷ   ③ ㄴ, ㄷ
④ ㄴ, ㄹ   ⑤ ㄷ, ㄹ

633

(가) 국가의 경제 성장 과정에 대한 설명으로 옳은 것은?

> ⎡ (가) ⎤의 국민은 국민당의 일당 독재를 비판하면서 민주화 운동을 벌이기 시작하였다. 이에 국민당 정부가 1987년 계엄령을 해제하고 이어서 총통 직선제와 복수 정당제를 시행함으로써 위로부터의 민주화를 원만하게 추진하였다. 그러나 중국의 급격한 부상과 함께 분리 독립을 추구하는 민진당과 이에 반대하는 국민당 간의 대립이 격화되었다. 그리하여 ⎡ (가) ⎤에서는 경제 정책의 실패와 맞물려 양당 사이에 정권 교체가 빈번하게 이루어지고 있다.

① 집단 농장 제도를 확대하였다.
② 거품 경제 붕괴로 장기 불황에 빠져들었다.
③ 사회주의 체제에 시장 경제 요소를 도입하였다.
④ 개혁·개방을 추진하면서 4개 부문 현대화를 추진하였다.
⑤ 1950년대에 국내 시장 개발과 경공업에 중점을 두었다.

634

(가)에 들어갈 기사 제목으로 가장 적절한 것은?

동아시아사 신문

기획 특집 한국과 타이완, ⎡ (가) ⎤

▲ 김대중 정부 출범   ▲ 천수이볜 총통 당선

① 흑묘백묘론을 제기하다
② 유신 체제의 막을 내리다
③ 일당 독재 체제를 무너뜨리다
④ 선거를 통한 평화적 정권 교체를 이루다
⑤ 자본주의적 사상과 문화에 대한 투쟁을 선언하다

635

자료에 나타난 운동에 대한 설명으로 옳은 것은?

> **루산 회의에 제출된 의견서**
>
> 미곡 생산량에 관한 통계 수치가 과대하게 보고되자, 이제 공업 발전에만 전력을 기울이면 된다는 기분에 사로잡혀 있다. 철강업을 발전시킨다는 사고방식에도 중대한 오류가 발견된다. 농업 집단화의 급진적 추진도 민중의 저항에 직면했다. 정책의 목표는 자꾸 올라가 수십 년이 걸리는 일들이 1년 만에 달성해야 하는 목표치가 되고 말았다. 요컨대 우리가 작년부터 추진해 온 운동이 균형을 잃어가고 있다.
>
> – 펑더화이 –

① 홍위병의 주도로 전개되었다.
② 도이머이 정책을 모델로 삼았다.
③ 수출 주도형의 경제 성장 정책이었다.
④ 마오쩌둥의 권력이 약화되는 결과를 가져왔다.
⑤ 일본과 국교 정상화를 추진하는 상황에서 추진되었다.

⭐빈출 636

(가), (나) 상황에 대한 설명으로 옳은 것은?

> (가) 마오쩌둥이 사망한 지 약 한 달 뒤 중국 공산당 중앙 위원회는 4인방에 대해 다음과 같은 결정문을 발표하였다. "이들은 당권을 빼앗을 음모를 꾸며 반사회주의적인 죄를 저질렀으므로 체포한다." 이날 바로 4인방이 모두 체포되면서 문화 대혁명은 막을 내렸다.
>
> (나) 후야오방 사망 이후 학생들은 톈안먼 광장에 모여 "관료는 부패하고 민주 인사들은 해외로 망명하고 있다. 이에 우리는 죽음을 무릅쓰고 투쟁할 것이다."라는 내용의 선언문을 발표하고 민주화를 요구하였다.

① (가) – 홍위병이 구성되는 계기가 되었다.
② (가) – 개혁·개방 정책에 대한 비판적 움직임의 결과이다.
③ (나) – 군대에 의해 유혈 진압되었다.
④ (나) – 최고 통치자의 하야를 이끌어 냈다.
⑤ (가), (나) – 대약진 운동 시기에 발생하였다.

637

(가), (나) 민주화 운동에 대한 설명으로 옳은 것은?

(가)  (나)

비상계엄 확대에 반발하여 시위를 벌이는 광주 시민과 학생

톈안먼 앞에서 대규모 시위를 전개하는 베이징의 시민과 학생

① (가) – 5·16 군사 정변으로 실패하였다.
② (가) – 신군부의 정권 장악에 저항하였다.
③ (나) – 문화 대혁명 발생에 영향을 주었다.
④ (나) – 마오쩌둥의 권력 강화에 이용되었다.
⑤ (가), (나) – 대통령 직선제를 요구하였다.

빈출
638

(가) 인물에 대한 설명으로 옳은 것만을 〈보기〉에서 고른 것은?

〈인물 카드〉

(가) (1904~1997)

이른바 '흑묘백묘론'을 주장한 인물이다. 대약진 운동의 실패로 마오쩌둥이 권력 일선에서 잠시 물러나자 류사오치 등과 새로운 지도부가 되어 사회주의 경제 정책의 일부를 수정하였다. 문화 대혁명 후 집권에 나서 농업·공업·국방·과학 기술의 4개 부문 현대화를 기본 방침으로 세우고 경제 발전에 주력하였다.

【 보기 】
ㄱ. 문화 대혁명을 주도하였다.
ㄴ. 개혁·개방 정책을 취하였다.
ㄷ. 톈안먼 사건 당시 최고 통치자였다.
ㄹ. 중국 국민당을 이끌고 타이완으로 이동하였다.

① ㄱ, ㄴ   ② ㄱ, ㄷ   ③ ㄴ, ㄷ
④ ㄴ, ㄹ   ⑤ ㄷ, ㄹ

639

다음 선언이 등장한 시위에 대한 설명으로 옳은 것만을 〈보기〉에서 고른 것은?

이러한 시각[1989년 5월]에 이르러, 물가는 폭등하였고 관료는 부패하였으며 강권은 높이 걸려 있고 민주 인사들은 해외로 망명하지 않을 수 없으며, 사회의 치안은 날로 혼란에 빠지고 있습니다. 민족의 존망이 달린 생사의 갈림길에서 동포 여러분, 양심을 지닌 일부 동포 여러분, 우리의 외침을 들어 주십시오.
국가는 인민의 국가입니다.
인민은 우리의 인민입니다.
정부는 우리의 정부입니다.

【 보기 】
ㄱ. 민주화를 요구하였다.
ㄴ. 군대에 의해 진압되었다.
ㄷ. 부정 선거를 계기로 일어났다.
ㄹ. 최고 통치자의 퇴진을 이끌어 냈다.

① ㄱ, ㄴ   ② ㄱ, ㄷ   ③ ㄴ, ㄷ
④ ㄴ, ㄹ   ⑤ ㄷ, ㄹ

4. 갈등과 화해

빈출
640

밑줄 친 '이 지역'을 지도에서 옳게 고른 것은?

이 지역은 동중국해 남서부에 위치한 다섯 개의 무인도와 세 개의 암초로 구성된 군도로, 타이완과 류큐 제도 사이에 있다. 중국, 타이완, 일본이 영유권을 주장하고 있으며, 현재 일본이 실효적으로 지배하고 있다.

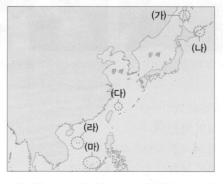

① (가)   ② (나)   ③ (다)   ④ (라)   ⑤ (마)

641

자료에 담긴 역사 인식을 파악할 수 있는 사례로 적절한 것은?

> 우리 일본은 멀지 않은 과거의 한 시기에 국가 정책을 그르치고 전쟁에의 길로 나아가 국민을 존망의 위기에 빠뜨렸으며, 식민지 지배와 침략으로 많은 나라들, 특히 아시아 국가들에게 큰 손해와 고통을 주었습니다. 저는 미래에 잘못이 없도록 하기 위하여 의심할 여지도 없는 이와 같은 역사의 사실을 겸허하게 받아들이고, 여기서 다시 한 번 통절한 반성의 뜻을 표하며 진심으로 사죄의 마음을 표명합니다. 또 이 역사로 인한 내외의 모든 희생자 여러분에게 깊은 애도의 뜻을 바칩니다.
> – 무라야마 담화(1995. 8. 15.) –

① 아베 총리가 야스쿠니 신사 참배를 강행하였다.
② 평화 헌법의 전쟁 금지 조항 개정이 추진되고 있다.
③ 식민 지배를 정당화하는 교과서가 검정을 통과하였다.
④ 대한민국 영토인 독도에 대한 분쟁 지역화가 시도되었다.
⑤ 일본군 '위안부' 강제 동원을 인정한 고노 담화가 발표되었다.

642

(가)에 들어갈 내용으로 가장 적절한 것은?

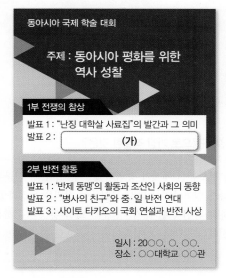

① 대한 제국 국권 피탈의 과정
② 아베 정권의 국가주의 경향
③ 일본 55년 체제 형성의 문제점
④ 일본군 '위안부'의 강제 동원 사례
⑤ 일본의 거품 경제 붕괴가 가져온 결과

[643~644] 그래프를 보고 물음에 답하시오.

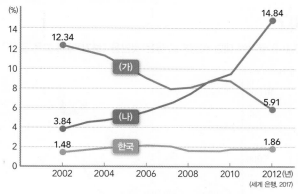

▲ 동아시아 3국이 세계 경제에서 차지하는 비중

643

(가), (나)에 해당하는 국가를 쓰시오.

644

(나) 국가의 경제 성장 배경을 정책의 측면에서 간략하게 서술하시오.

[645~646] 자료를 읽고 물음에 답하시오.

> (가) 오늘 우리는 전 세계의 이목이 우리를 주시하는 가운데 40년 독재 정치를 청산하고 희망찬 민주 국가를 건설하기 위한 거보를 전 국민과 함께 내딛는다. …… 현 정권에게 국민의 분노가 무엇인지를 분명히 보여 주고, 국민적 여망인 개헌을 일방적으로 파기한 4·13 폭거를 철회시키기 위한 민주 장정을 시작한다.
>
> (나) 이 햇빛이 찬란한 5월 속에 우리는 톈안먼 앞에서 단식을 하고 있습니다. 이 아름다운 청춘의 시절에 우리는 도리어 모든 삶의 아름다움과 절연하고 그것들을 우리 뒤에 내버려 두지 않을 수 없게 되었습니다. …… 민주주의는 인생의 가장 숭고한 생존 감정이며, 자유는 사람이 태어나면서 하늘로부터 부여받은 인권입니다.

645

(가), (나) 선언이 발표된 사건을 쓰시오.

646

(가), (나) 두 사건에서 공통적으로 주장한 요구를 서술하시오.

적중 1등급 문제

» 바른답·알찬풀이 68쪽

647

(가), (나) 국가에 대한 설명으로 옳은 것만을 〈보기〉에서 고른 것은?

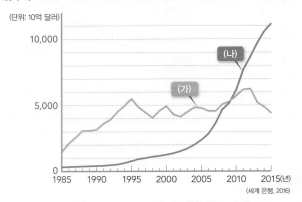

▲ 동아시아 (가), (나) 국가의 국내 총생산(GDP) 변화

[보기]
ㄱ. (가) – 대약진 운동을 전개하였다.
ㄴ. (가) – 주가와 부동산 가격의 폭락으로 장기 불황에 빠졌다.
ㄷ. (나) – 덩샤오핑 주도로 개혁·개방 정책을 전개하였다.
ㄹ. (나) – 미국의 원조에 의존한 소비재 공업이 발전하였다.

① ㄱ, ㄴ   ② ㄱ, ㄷ   ③ ㄴ, ㄷ
④ ㄴ, ㄹ   ⑤ ㄷ, ㄹ

648

(가)에 들어갈 내용으로 가장 적절한 것은?

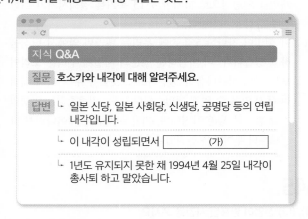

지식 Q&A

질문 호소카와 내각에 대해 알려주세요.

답변 └ 일본 신당, 일본 사회당, 신생당, 공명당 등의 연립 내각입니다.
└ 이 내각이 성립되면서 ___(가)___
└ 1년도 유지되지 못한 채 1994년 4월 25일 내각이 총사퇴하고 말았습니다.

① 계엄령이 해제되었습니다.
② 안보 투쟁이 전개되었습니다.
③ 외환 위기가 발생하였습니다.
④ 55년 체제가 붕괴하였습니다.
⑤ 경제특구 건설이 추진되었습니다.

649

(가), (나) 사이에 있었던 사실로 옳은 것만을 〈보기〉에서 고른 것은?

(가) 정·부통령을 뽑는 선거에서 자유당 정권이 부정 선거를 저지르자, 이에 분개한 학생과 시민들은 전국적인 시위를 전개하였다. 이에 정부는 계엄령을 선포하고 진압에 나섰다.
(나) 5·4 운동 70주년을 기념하기 위해 많은 학생과 지식인들이 다양한 준비를 하던 중, 정치 개혁을 지지하던 후야오방이 사망하였다. 이에 정치적 민주화를 요구하는 대규모 시위가 일어났다.

[보기]
ㄱ. 도쿄 올림픽이 개최되었다.
ㄴ. 천리마 운동이 시작되었다.
ㄷ. 6·29 민주화 선언이 발표되었다.
ㄹ. 민진당의 천수이벤이 총통에 당선되었다.

① ㄱ, ㄴ   ② ㄱ, ㄷ   ③ ㄴ, ㄷ
④ ㄴ, ㄹ   ⑤ ㄷ, ㄹ

650

(가)에 들어갈 내용으로 가장 적절한 것은?

10·26 사태로 유신 체제가 붕괴되었으나, 얼마 후 신군부 세력의 쿠데타가 일어나면서 다시 군인들이 정권을 독점하였다. 이에 대항하여 '유신 헌법 폐지', '신군부 퇴진' 등을 요구하는 시위가 이어졌다. 신군부는 비상계엄을 전국으로 확대하고, 일체의 정치 활동을 중지시켰다. 그러자 ___(가)___

① 톈안먼 사건이 발생하였다.
② 6월 민주 항쟁이 전개되었다.
③ 5·18 민주화 운동이 일어났다.
④ 가오슝 민주화 시위가 벌어졌다.
⑤ 사회당의 좌·우파가 대통합을 이루었다.

651

다음 경제 상황이 끼친 영향으로 가장 적절한 것은?

> 플라자 합의는 미국의 적자를 개선하기 위해 마르크화와 엔화에 대한 달러화의 가치를 낮추기로 한 합의를 말한다. 이 합의의 결과 원화의 대달러 환율은 크게 변화하지 않으면서 원화의 엔화 대비 가치가 크게 하락하게 되었다. 여기에 제2차 석유 파동으로 치솟았던 원유 가격이 지속적으로 하락했고, 선진국들의 경기 불황으로 국제 이자율이 낮은 수준으로 유지되었다.

① 한국 – 3저 호황으로 고도성장을 이루었다.
② 한국 – 경제 개발 5개년 계획이 시작되었다.
③ 중국 – 4개 부문의 현대화가 추진되었다.
④ 중국 – 농업의 집단화와 기업의 국유화가 추진되었다.
⑤ 일본 – 연평균 10% 이상의 경제 호황이 나타났다.

652

다음 기사가 발표된 해에 있었던 사실로 옳은 것은?

> **동아시아사 신문** ○○○○년 ○○월 ○○일
>
> ### 타이완, 민주화의 첫걸음을 내딛다
>
> 타이완 정부가 오늘 타이완 본섬과 평후 제도에 내렸던 계엄령을 해제한다고 발표하였다. 계엄령이 해제됨에 따라 향후 타이완에서도 민주화가 진전될 것으로 예상된다.

① 제네바 협정이 체결되었다.
② 닉슨 독트린이 발표되었다.
③ 5·16 군사 정변이 일어났다.
④ 베트남 공화국이 수립되었다.
⑤ 6월 민주 항쟁이 전개되었다.

653

밑줄 친 '쇄신'과 유사한 성격을 가진 정책으로 옳은 것만을 〈보기〉에서 고른 것은?

> 가정 경제 발전을 권장한다. …… 민간 자본 경제의 일부 분야를 수많은 국가 자본 경제 형식으로 개조한다. 민간 상업 자본을 폐지한다. 공동 이익, 법률 앞에 평등이란 원칙에 따라 각 경제 성분 간 수많은 연결 형식을 확대한다. …… 각 경제 단위와 노농 군중이 신나게 생산 발전을 하고, 생산력, 품질 및 경제 효과를 제고할 수 있도록 촉진하는 기반을 조성하기 위해 경제 관리를 쇄신[刷新 : 도이머이]한다.

[보기]
ㄱ. 북한의 합영법 제정
ㄴ. 중국의 경제특구 신설
ㄷ. 한국의 경제 개발 계획 수립
ㄹ. 일본의 기업 경영 합리화 추진

① ㄱ, ㄴ   ② ㄱ, ㄷ   ③ ㄴ, ㄷ
④ ㄴ, ㄹ   ⑤ ㄷ, ㄹ

654

자료의 상황이 나타난 배경으로 가장 적절한 것은?

> • 지금 우리의 목적은 자본주의의 길을 걷는 류사오치 등 당권파와 싸우고 모든 상부 구조를 개혁하는 것이다.
> • 마오쩌둥이 나이 어린 중학생과 고교생 등에게 호소하여 실질적으로 당 지도 세력을 공격하라고 요청하고 있다.

① 유신 헌법이 제정되었다.
② 대약진 운동이 실패하였다.
③ 인민공사 설립이 시작되었다.
④ 중화 인민 공화국이 수립되었다.
⑤ 덩샤오핑이 남순강화를 발표하였다.

단원 마무리 문제

12 제2차 세계 대전 전후 처리와 냉전 체제

655

다음 결정 이후에 있었던 사실로 옳은 것은?

> 미·영·소 삼국의 지도자는 독일이 항복하고 또한 구주(歐洲) 전선이 종결된 후 2월 또는 3월 이내에 소련이 다음 조건에 의하여 연합국에 참가하여 대일전에 참가할 것을 협정하였다.

① 시안 사건이 일어났다.
② 한국 광복군이 창설되었다.
③ 포츠담 선언이 발표되었다.
④ 카이로 회담이 개최되었다.
⑤ 국가 총동원법이 제정되었다.

656

밑줄 친 '정책'의 내용으로 옳은 것만을 〈보기〉에서 고른 것은?

> 본 문서는 항복 후의 일본에 대한 초기의 전반적 정책에 관한 성명서이다. …… 일본에 관한 미국의 궁극 목적으로써 초기의 정책이 따라야 할 것은 다음과 같다.
> • 일본이 다시 미국의 위협이 되거나 또는 세계의 평화 및 안전의 위협이 되지 않는 것을 확실히 하는 것.
> • 타 국가의 권리를 존중하고 국제 연합 헌장의 이상과 원칙에 나타난 미국의 목적을 지지해야 할 평화적이고 책임 있는 정부를 궁극적으로 수립하는 것.

[보기]
ㄱ. 경찰 예비대를 창설하였다.
ㄴ. 일본국 헌법을 제정하였다.
ㄷ. 미·일 안보 조약을 체결하였다.
ㄹ. 군국주의자를 공직에서 추방하였다.

① ㄱ, ㄴ   ② ㄱ, ㄷ   ③ ㄴ, ㄷ
④ ㄴ, ㄹ   ⑤ ㄷ, ㄹ

657

교사의 질문에 대한 학생의 답변으로 적절한 것만을 〈보기〉에서 고른 것은?

[보기]
ㄱ. 천황에게 면죄부를 주었어요.
ㄴ. 포츠담 선언에 따라 개최되었어요.
ㄷ. 일본의 국제 연맹 탈퇴를 초래하였어요.
ㄹ. 일본이 주권을 회복한 이후에 진행되었어요.

① ㄱ, ㄴ   ② ㄱ, ㄷ   ③ ㄴ, ㄷ
④ ㄴ, ㄹ   ⑤ ㄷ, ㄹ

658

(가) 조약이 체결된 시기를 연표에서 옳게 고른 것은?

① (가)   ② (나)   ③ (다)   ④ (라)   ⑤ (마)

659

(가)에 들어갈 내용으로 가장 적절한 것은?

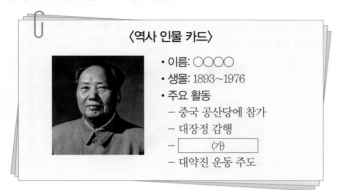

〈역사 인물 카드〉

· 이름: ○○○○
· 생몰: 1893~1976
· 주요 활동
  – 중국 공산당에 참가
  – 대장정 감행
  – (가)
  – 대약진 운동 주도

① 흠정헌법대강 반포
② 개혁·개방 정책 추진
③ 톈안먼 사건 무력 진압
④ 중화민국 임시 대총통 취임
⑤ 중화 인민 공화국 수립 선포

660

(가), (나) 세력에 대한 설명으로 옳은 것은?

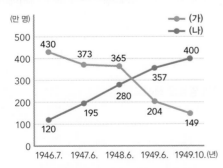

▲ 내전 시기 (가), (나)의 병력 증감 비교

① (가) – 프랑스에 대해 독립을 선언하였다.
② (가) – 점령지에서 토지 개혁을 시행하였다.
③ (나) – 장제스가 이끌었다.
④ (나) – 내전 결과 타이완으로 이동하였다.
⑤ (가), (나) – 미국이 중재하는 평화 교섭에 참여하였다.

661

자료를 활용한 탐구 활동으로 가장 적절한 것은?

지도에 표시된 선은 미국 국무 장관 애치슨이 발표한 미국의 태평양 방위선이다. 알류샨 열도에서 일본을 거쳐 필리핀으로 이어지는 선으로 한국이 제외되어 있다.

① 포츠머스 조약의 내용을 살펴본다.
② 6·25 전쟁의 발발 배경을 조사한다.
③ 얄타 회담이 개최된 시기를 찾아본다.
④ 통킹만 사건이 끼친 영향을 분석한다.
⑤ 한국과 중국이 수교하게 된 계기를 알아본다.

662

(가), (나) 사이에 있었던 사실로 옳지 않은 것은?

(가) 안전 보장 이사회는 북한군의 대한민국에 대한 무력 공격을 평화의 파괴 행위로 규정하고 북한 당국에 전투를 즉각 중지하고 군대를 북위 38도선까지 철수시킬 것을 촉구한다.

(나) 한 개의 군사 분계선을 확정하고 쌍방이 이 선으로부터 각기 2km씩 후퇴함으로써 적대 군대 간에 한 개의 비무장 지대를 설정한다. 한 개의 비무장 지대를 설정하여 이를 완충 지대로 함으로써 적대 행위의 재발을 초래할 수 있는 사건의 발생을 방지한다.

① 인천 상륙 작전이 전개되었다.
② 타이완과 일본이 국교를 맺었다.
③ 베트남과 프랑스가 전쟁을 벌였다.
④ 샌프란시스코 강화 조약이 체결되었다.
⑤ 베트남 민주 공화국의 수립이 선포되었다.

663

다음 발표가 끼친 영향으로 가장 적절한 것은?

> 북베트남의 통킹만 밖 공해상을 순찰 중이던 미국 구축함 매덕스호는 북베트남 어뢰정 3척의 공격을 받았다. 매덕스호는 항공 모함 타이콘데로가호에 지원을 요청, 함재 전투기의 긴급 지원을 얻어 반격을 가했다. 8월 4일, 같은 통킹만에서 미국 구축함 매덕스와 터너조이 두 함은 다시 북베트남 어뢰정의 공격을 받고, 응수하여 어뢰정 3척을 격침하였다.

① 디엔비엔푸 전투가 벌어졌다.
② 판보이쩌우가 동유 운동을 전개하였다.
③ 남베트남 민족 해방 전선이 결성되었다.
④ 한국이 베트남에 전투 부대를 파병하였다.
⑤ 베트남이 북위 17도선을 경계로 분단되었다.

664

다음 성명의 결과로 옳은 것은?

> 중·일 양국은 이웃 국가로 오랜 전통적 우호의 역사를 갖고 있다. 양국 국민은 양국 간에 이제까지 존재해 온 비정상적인 상태의 종지부를 찍는 것을 희망하고 있다. 전쟁 상태의 종결과 중·일 국교 정상화라는 양국 국민 바람의 실현은 양국 관계의 역사에 새로운 문을 여는 것이 될 것이다.

① 55년 체제가 성립되었다.
② 국·공 내전이 본격화되었다.
③ 타이완이 일본과 단교하였다.
④ 한·미 상호 방위 조약이 체결되었다.
⑤ 프랑스 군대가 베트남에서 철수하였다.

665

(가)에 들어갈 내용으로 가장 적절한 것은?

냉전이 해체되는 상황에서 노태우 정부는 북방 외교를 전개했지.

맞아. 그 결과 소련과 외교 관계를 맺게 되었어. 또한 (가)

① 파리 평화 협정을 맺었어.
② 중국과의 수교도 이루어졌어.
③ 타이완과 평화 조약을 체결하였어.
④ 극동 국제 군사 재판을 개최하였어.
⑤ 일본과 국교 수립을 위한 회담을 추진하였어.

[666~667] 다음을 보고 물음에 답하시오.

> 〈 　(가)　 (1969)〉
> • 미국은 앞으로 베트남 전쟁과 같은 군사적 개입을 피한다.
> • 미국은 아시아 여러 나라와의 조약상 약속을 지키지만, 강대국의 핵에 의한 위협의 경우를 제외하고는 내란이나 침략에 대하여 아시아 각국이 스스로 협력하여 그에 대처해야 할 것이다.

666

(가) 외교 정책의 명칭을 쓰시오.

667 ✔ 서술형

(가) 발표 이후 중국에 대한 미국의 정책 변화 내용을 서술하시오.

13 경제 성장과 정치 발전 ~ 갈등과 화해

668

(가)에 들어갈 내용으로 가장 적절한 것은?

수행평가 보고서

주제 : (가)

〈수집 자료〉

▲ 소비 침체 속에 등장한 저가 상품점   ▲ 일본의 땅값 변화

① 남순강화와 경제 변화
② 경제특구 건설의 영향
③ 대약진 운동과 경제 침체
④ 거품 경제의 붕괴와 장기 불황
⑤ 개성 공단과 남북 교류의 확대

669

다음 사진의 상황에 대한 학생들의 발표 내용으로 가장 적절한 것은?

▲ 아베 총리의 야스쿠니 신사 참배

① 평화 헌법 제정에 영향을 주었습니다.
② 한국과 수교하려는 노력에 해당합니다.
③ 비자민당 연립 내각 수립에 기여하였습니다.
④ 일본의 국가주의 강화와 우경화를 의미합니다.
⑤ 록히드 사건으로 인한 위기를 극복하려는 움직임입니다.

670

(가)에 들어갈 내용으로 가장 적절한 것은?

〈 ○○의 경제 성장 〉

1) 미국의 원조 물자에 의존한 소비재 공업 발달

2) 경제 개발 5개년 계획 추진

3)   (가)

4) 외환 위기 발생과 극복

① 농업의 집단화 추진
② 천리마 운동의 전개
③ 도이머이 정책의 추진
④ 3저 호황과 무역 흑자
⑤ 사회주의 계획 경제의 실시

671

(가), (나) 사이에 동아시아에서 있었던 사실로 옳은 것은?

(가) 이승만 정부의 부정 선거로 촉발된 혁명으로 이승만 대통령이 하야하고 자유당 정권이 붕괴되었다.

(나) 장기 집권을 꾀하던 정부는 '10월 유신'을 선포하고 헌법을 개정하여 모든 권력을 대통령에게 집중시켰다.

① 한국 – 박정희가 피살당하였다.
② 한국 – 5·16 군사 정변이 일어났다.
③ 중국 – 톈안먼 사건이 발생하였다.
④ 일본 – 55년 체제가 붕괴되었다.
⑤ 타이완 – 총통 직선제와 복수 정당제가 시행되었다.

672

다음 선언이 발표된 계기로 가장 적절한 것은?

> 여야 합의하에 조속히 대통령 직선제 개헌을 하고 새 헌법에 의한 대통령 선거를 통해 1988년 2월 평화적인 정부 이양을 실현토록 해야 하겠습니다. …… 오늘의 이 시점에서 저는, 사회 혼란을 극복하고 국민적 화해를 이룩하기 위하여 대통령 직선제를 택하지 않을 수 없다는 결론에 이르렀습니다.

① 6·25 전쟁이 발발하였다.
② 문화 대혁명이 발생하였다.
③ 6월 민주 항쟁이 전개되었다.
④ 5·18 민주화 운동이 일어났다.
⑤ 유신 헌법에 대한 반대 시위가 벌어졌다.

673

(가)에 들어갈 내용으로 가장 적절한 것은?

〈사진으로 보는 ○○○의 민주화 역사〉
→ (가) →
▲ 가오슝 민주화 시위   ▲ 천수이볜 총통 당선

① 계엄령의 해제를 선포하는 총통
② 정전 협정에 서명하는 유엔군 대표
③ 타이완으로 정부를 이동하는 장제스
④ 일·화 평화 조약을 체결하는 양국 관리
⑤ 제1차 경제 개발 5개년 계획을 발표하는 관료

674

(가) 운동에 대한 설명으로 옳은 것은?

> 역사용어 카드
>
> **인민공사**
>
> (가) 기간에 설립된 농촌의 사회생활 및 행정 조직의 기초 단위이다. 당시 정부는 인민공사를 통해 농업을 집단화하고 철강 증산을 위해 노동력을 동원하였다.

① 헌법의 제정으로 이어졌다.
② 류사오치 등의 비판을 받았다.
③ 마오쩌둥의 권력을 강화시켰다.
④ 거품 경제가 형성되는 결과를 낳았다.
⑤ 개혁·개방 정책의 일환으로 추진되었다.

675

(가) 사건 기간에 있었던 사실로 옳은 것은?

그림은 세 명의 홍위병이 펜과 마오쩌둥 어록을 들고 있는 모습으로 (가) 당시 사용된 교과서의 표지이다. 마오쩌둥은 홍위병을 동원해 (가) 을/를 일으킨 후 사망할 때까지 10년간 권력을 장악하였다.

① 4·19 혁명이 일어났다.
② 닉슨 독트린이 발표되었다.
③ 한국이 베트남과 국교를 맺었다.
④ 덩샤오핑이 경제특구를 건설하였다.
⑤ 재래식 용광로로 철강 증산을 시도하였다.

676

(가)에 들어갈 내용으로 가장 적절한 것은?

〈○○의 정치·경제 변화〉

| 사회주의 헌법을 공포하여 김일성 유일 지배 체제 강화 |
↓
| (가) |
↓
| 김일성 사후 김정일이 국방 위원장으로 취임 |

① 4대 현대화 노선 확정
② 제1차 7개년 계획 수립
③ 세계 3대 쌀 수출국으로 성장
④ 금강산 개발 등 남북 교류 전개
⑤ 외국 자본 유치를 위해 합영법 제정

677

다음 그래프를 활용한 탐구 활동으로 가장 적절한 것은?

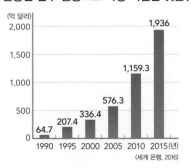

▲ 베트남의 국내 총생산(GDP) 변화

① 경제 건설 4개년 계획의 내용을 분석한다.
② 흑묘백묘론을 주장한 인물의 활동을 조사한다.
③ 난징 조약 체결 이후 교역량의 변화를 알아본다.
④ '아시아의 작은 용'이라 불린 국가의 경제 성장 과정을 찾아본다.
⑤ 도이머이 정책의 추진으로 나타난 경제 상황의 변화를 분석한다.

678

(가) 지역에 대한 설명으로 옳은 것은?

① 난징 조약의 결과 영국에 할양되었다.
② 중국 국민당 정부가 근거지로 삼았다.
③ 청·일 전쟁으로 일본이 차지하게 되었다.
④ 일본과 러시아가 영유권을 주장하고 있다.
⑤ 일본의 패망 이후 미국이 군대를 주둔시켰다.

[679~680] 다음을 보고 물음에 답하시오.

> 이러한 시각(1989년 5월)에 이르러, 물가는 폭등하였고 관료는 부패하였으며 강권은 높이 걸려 있고 민주 인사들은 해외로 망명하지 않을 수 없으며, 사회의 치안은 날로 혼란에 빠지고 있습니다. 민족의 존망이 달린 생사의 갈림길에서 동포 여러분, 양심을 지닌 일부 동포 여러분, 우리의 외침을 들어 주십시오.
> 국가는 인민의 국가입니다.
> 인민은 우리의 인민입니다.
> 정부는 우리의 정부입니다.
>
> – 단식 선언서 –

679

위 선언이 발표된 사건을 쓰시오

680 ✎ 서술형

위 선언과 관련된 대규모 시위에 대한 당시 중국 정부의 입장과 시위의 결과를 서술하시오.

memo

기출 분석 문제집

1등급 만들기

동아시아사
680제

빠른답 체크
Speed Check

◀ 이곳을 열면 정답을 바로 확인할 수 있습니다.

1등급 만들기 동아시아사 680제

빠른답 체크
Speed Check

빠른답 체크 후 틀린 문제는
빠른답 · 알찬풀이에서
꼭 확인하세요.

01 동아시아의 자연환경과 생업 ~ 선사 문화

001 유목	002 구석기	003 토기	004 ×
005 ○	006 ○	007 ㉣	008 ㉢
009 ㉠	010 ㉡	011 ㉠	012 ㉡
013 ㄴ	014 ㄱ		

015 ①	016 ④	017 ③	018 ⑤
019 ①	020 ④	021 ⑤	022 ①
023 ④	024 ①	025 ①	026 ①
027 게르	028 해설 참조		
029 랴오허강 유역, 훙산 문화			
030 해설 참조			

031 ③	032 ①	033 ⑤	034 ③

02 국가의 성립과 발전

035 얼리터우		036 갑골문	037 ○
038 ×	039 ○	040 ㉢	041 ㉠
042 ㉡	043 ㉠	044 ㉡	045 ㄷ
046 ㄱ			

047 ③	048 ②	049 ⑤	050 ⑤
051 ②	052 ②	053 ③	054 ②
055 ⑤	056 ①	057 ③	058 ②
059 ③	060 ⑤	061 ④	062 ②
063 군국제		064 해설 참조	
065 흉노		066 해설 참조	

067 ③	068 ②	069 ⑤	070 ⑤
071 ⑤	072 ④	073 ②	074 ②

Ⅰ 단원 마무리 문제

075 ①	076 ④	077 ②	078 ①
079 ③	080 ②	081 ④	
082 다원커우 문화		083 해설 참조	
084 ③	085 ⑤	086 ④	087 ④
088 ②	089 ③	090 ①	091 ⑤
092 ④	093 ④	094 ①	095 ②
096 ②	097 ③	098 ①	
099 한 무제		100 해설 참조	

03 인구 이동과 정치·사회 변동

101 한화	102 야마토	103 고구려	104 ×
105 ×	106 ○	107 ㉢	108 ㉡
109 ㉠	110 ㉢	111 ㉡	112 ㉠
113 ㄴ	114 ㄱ	115 ㄷ	

116 ④	117 ④	118 ⑤	119 ④
120 ⑤	121 ①	122 ⑤	123 ①
124 ⑤	125 ③	126 ②	127 ②
128 ③	129 ③	130 ①	131 ⑤
132 다이카 개신		133 해설 참조	
134 백강 전투		135 해설 참조	

136 ①	137 ③	138 ⑤	139 ①
140 ⑤	141 ⑤	142 ③	143 ②

04 국제 관계의 다원화

144 조공		145 북면관제	
146 쩐흥다오		147 ×	148 ○
149 ○	150 ㉢	151 ㉠	152 ㉡
153 ㉠	154 ㉡	155 ㉠	156 ㄱ
157 ㄷ			

158 ①	159 ③	160 ④	161 ③
162 ⑤	163 ④	164 ②	165 ②
166 ③	167 ①	168 ②	169 ③
170 ③	171 ②	172 ①	173 ①
174 ④	175 ②	176 ③	
177 해설 참조		178 역참	
179 해설 참조			
180 ④	181 ⑤	182 ⑤	183 ④
184 ⑤	185 ④	186 ①	187 ②

05 유학과 불교

188 법가	189 대승	190 호국 불교	
191 ○	192 ×	193 ○	194 ㉢
195 ㉠	196 ㉡	197 ㉠	198 ㉠
199 ㄷ	200 ㄱ		

201 ①	202 ①	203 ②	204 ②
205 ②	206 ①	207 ④	208 ⑤
209 ②	210 ①	211 ③	212 ④
213 ①	214 ①	215 ①	216 ④
217 ①	218 ①		
220 한 무제		221 해설 참조	
222 성리학		223 해설 참조	

224 ②	225 ①	226 ①	227 ②
228 ④	229 ①	230 ②	231 ③

Ⅱ 단원 마무리 문제

232 ②	233 ①	234 ①	235 ③
236 ④	237 ④	238 ⑤	
239 다이카 개신		240 해설 참조	
241 ④	242 ②	243 ①	244 ①
245 ①	246 ②	247 ④	
248 왕안석		249 해설 참조	
250 ④	251 ①	252 ④	253 ④
254 ②	255 ①	256 ②	
257 현장		258 해설 참조	

기출 분석 문제집

1등급 만들기

❶ 핵심 개념 잡기
  시험 출제 원리를 꿰뚫는 핵심 개념을 잡는다!

❷ 1등급 도전하기
  선별한 고빈출 문제로 실전 감각을 키운다!

❸ 1등급 달성하기
  응용 및 고난도 문제로 1등급 노하우를 터득한다!

1등급 만들기로, 실전에서 완벽한 1등급 달성!

- **국어** 문학, 독서
- **수학** 고등 수학(상), 고등 수학(하),
  수학Ⅰ, 수학Ⅱ, 확률과 통계, 미적분, 기하
- **사회** 통합사회, 한국사, 한국지리, 세계지리,
  생활과 윤리, 윤리와 사상, 사회·문화,
  정치와 법, 경제, 세계사, 동아시아사
- **과학** 통합과학, 물리학Ⅰ, 화학Ⅰ, 생명과학Ⅰ, 지구과학Ⅰ,
  물리학Ⅱ, 화학Ⅱ, 생명과학Ⅱ, 지구과학Ⅱ

고등 도서안내

개념서

비주얼 개념서

룩 LOOK

이미지 연상으로 필수 개념을 쉽게 익히는
비주얼 개념서

국어　문법
영어　분석독해

내신 필수 개념서

NEW 올리드

개념 학습과 유형 학습으로
내신 잡는 필수 개념서

사회　통합사회, 한국사, 한국지리, 사회·문화,
　　　생활과 윤리, 윤리와 사상
과학　통합과학, 물리학Ⅰ, 화학Ⅰ,
　　　생명과학Ⅰ, 지구과학Ⅰ

기본서

문학

손쉬운

작품 이해에서 문제 해결까지
손쉬운 비법을 담은 문학 입문서

현대 문학, 고전 문학

수학

수학중심

개념과 유형을 한 번에 잡는 강력한
개념 기본서

고등 수학(상), 고등 수학(하),
수학Ⅰ, 수학Ⅱ, 확률과 통계, 미적분, 기하

유형중심

체계적인 유형별 학습으로 실전에서 더욱 강력한
문제 기본서

고등 수학(상), 고등 수학(하),
수학Ⅰ, 수학Ⅱ, 확률과 통계, 미적분

1등급 만들기

동아시아사
680제

바른답·알찬풀이

Mirae N 에듀

바른답·알찬풀이

1등급 만들기

동아시아사 680제

바른답·
알찬풀이

I 동아시아 역사의 시작

분석 기출 문제

7~10쪽

[핵심 개념 문제]

001 유목	**002** 구석기	**003** 토기	**004** ×	**005** ○	**006** ○
007 ㉁	**008** ㉢	**009** ㉠	**010** ㉠	**011** ㉠	**012** ㉁
013 ㄴ	**014** ㄱ				

015 ①	**016** ④	**017** ③	**018** ⑤	**019** ①	**020** ④
021 ⑤	**022** ①	**023** ④	**024** ⑤	**025** ①	**026** ①

[1등급을 향한 서답형 문제]

027 게르 **028** 예시답안 유목민은 양, 염소, 말, 소, 낙타 등 가축을 길렀으며, 가축의 먹이를 구하기 위해 계절에 따라 생활 터전을 옮겨 다니며 살았기 때문에 제작과 해체가 쉬운 게르와 같은 이동식 가옥에서 거주하였다.

029 랴오허강 유역, 홍산 문화 **030** 예시답안 농경을 하면서 정착 생활을 하였고 가축을 길렀다.

015
밑줄 친 '이 지역'은 동아시아 지역이다. 동아시아에는 전통적으로 한민족, 한족, 몽골족 등이 분포해 살고 있다. 계절풍의 영향을 받아 여름철에는 대체로 고온다습하며, 겨울철에는 저온건조한 곳이 많다.

바로잡기 ㄷ. 대륙의 동쪽으로 갈수록 해발 고도가 낮아지며, 동쪽은 바다와 여러 섬으로 이루어져 있다. ㄹ. 서유럽 지역의 국가들이 신항로 개척 이후 해외 식민지 개척에 적극적으로 나섰다.

016
(가)는 한국, 중국, 일본, 베트남, 몽골이 포함된 지역으로 동아시아 문화권에 해당한다. 동아시아 지역은 일찍부터 상호 교류를 통해 문화적인 영향을 주고받아 유교, 불교, 한자, 율령 체제의 공통 문화가 발달하였다. 동아시아 국가 간에 서로 전쟁을 벌이기도 하였다.

바로잡기 ④ 서안 해양성 기후는 유라시아 대륙의 서쪽 지역에 나타난다. 동아시아 지역은 계절풍의 영향을 받는다.

017
(가) 지역은 연 강수량이 400mm 이상의 농경 지역에 해당한다. 이 지역에서는 밭농사, 벼농사 등 농경이 이루어졌다. 또한 농경에 필요한 치수 사업이 중시되었으며, 집단적인 노동 조직이 발달하였다.

바로잡기 ① 유목민이 가축의 먹을 것을 찾아 초원 지역에서 이동하며 생활하였다. ② 유목민이 삶에 필요한 생필품을 가축으로부터 얻었다. ④ 안장, 등자는 말을 탈 때 필요한 도구로 유목민에 의해 개발되었다. ⑤ 농경민이 생필품을 얻기 위해 유목 지역을 공격하지는 않았다. 오히려 유목민이 부족한 생필품을 얻기 위해 농경 지역을 공격하였다.

018
(가)는 유목 생활, (나)는 농경 생활을 보여 준다. 유목은 연 강수량 400mm 이하 초원 지역에서 주로 볼 수 있는 생활 모습이다. 연 강수량 400mm 이상의 지역에서 이루어지는 농경은 공동 노동이 필요하기 때문에 이 지역에서는 집단 노동 조직이 발달하게 되었으며, 일찍부터 정착 생활이 이루어졌다.

바로잡기 ㄱ. 유목민은 평소 부족 단위로 생활하여 부족장의 권한이 강하였다. ㄴ. 농경 사회에서 치수 사업이 활발하였다.

019
(가) 작물은 벼이다. 벼는 물이 많고 습한 지역에서 잘 자라는 작물이기 때문에 벼농사를 짓기 위해서 사람들은 수리 시설 등을 만드는 대규모 치수 사업을 전개하였다.

바로잡기 ②, ③ 벼는 연 강수량 800mm 이상, 물이 많은 저습지에서 잘 자란다. ④ 전근대 시기에 만주에서는 주로 밭농사와 목축이 이루어졌다. ⑤ 벼는 생육 기간이 짧아 1년에 두 번 이상 재배할 수 있는 작물이다.

1등급 정리 노트 동아시아 지역의 농경과 유목

농경	유목
• 연 강수량 400mm 이상 지역 → 기원전 8000년경 황허강 유역에서 밭농사 시작, 기원전 6000년경 창장강 유역에서 벼농사 시작 • 많은 인원이 참여하는 치수 사업, 집단 노동 조직 발달 → 국가 형성으로 이어짐	• 연 강수량 400mm 이하 지역 → 계절에 따라 생활 터전을 옮김, 주로 이동식 가옥에서 생활 • 가축을 생활의 자원으로 활용, 부족 단위의 생활(부족장 권한 강함) • 농경민과의 교류·약탈을 통해 부족한 생필품 획득

020
학생의 발표 내용은 구석기 시대의 생활에 관한 것이다. 구석기인은 작은 무리를 이루어 공동생활을 하였고, 경험이 많거나 지혜로운 자가 무리를 이끌었다. 동물을 사냥하고 열매를 채집하거나 어로 생활을 하였으며, 주먹도끼, 찍개 등 뗀석기와 뼈로 만든 도구를 사용하였다. ④ 중국 산시성에서 출토된 찍개이다.

바로잡기 ① 빗살무늬 토기이다. ② 일본 야요이 시대에 만들어진 동탁이다. ③ 만주와 한반도 일대에서 발견되는 청동기 시대 유물인 비파형 동검이다. ⑤ 황허강 중류 유역에서 발달한 신석기 문화의 채도이다.

021
밑줄 친 '이 지역'은 창장강 하류 유역으로, 기원전 6000년 무렵부터 벼농사가 시작되었고 이를 기반으로 한 허무두 문화가 발달하였다. 허무두 문화에서는 간석기 등으로 농기구를 제작하고 가축을 길렀다. 토기는 흑도, 회도, 홍도 등을 만들었는데, 돼지 그림, 벼 이삭 무늬를 넣은 토기가 발견되고 있다.

바로잡기 ① 일본 신석기 시대의 조몬 토기이다. ② 한반도 신석기 시대에 주로 제작된 빗살무늬 토기이다. ③ 랴오허강 유역에서 발달한 홍산 문화의 토기이다. ④ 황허강 중류 유역에서 발달한 양사오 문화의 채도이다.

1등급 정리 노트 황허강, 창장강 유역의 신석기 문화

황허강 유역		창장강 유역
• 양사오 문화 : 황허강 중류 유역, 채도 등 제작 • 다원커우 문화 : 황허강 하류 유역, 백도, 홍도, 흑도 등 제작	룽산 문화로 발전	허무두 문화 → 벼농사를 기반으로 발달, 흑도와 회도, 홍도 등 제작

022

(가) 지역은 한반도이다. 한반도에서는 기원전 8000년경부터 신석기 시대가 시작되었다. 한반도의 신석기 시대에는 이른 민무늬 토기와 덧무늬 토기가 만들어지다가 점차 빗살무늬 토기가 제작되었다.

(바로잡기) ② 상 후기의 도읍이었던 은허에서 발견된 네 발 달린 청동 솥이다. ③ 홍산 문화 지역에서 발견된 용 모양의 옥기이다. ④ 다원커우 문화의 백도 주전자이다. ⑤ 룽산 문화 지역에서 발견된 흑도이다.

023

신석기 시대에 인류는 농경과 목축을 시작하여 스스로 식량을 생산하는 단계에 이르렀고, 이에 따라 생산력이 높아져 인구도 증가하고 사회가 발전하는 토대가 마련되었다. 이러한 이유로 농경과 목축의 시작을 신석기 혁명이라고 부른다. ㄴ. 갈돌과 갈판은 열매나 곡물의 껍질을 벗기고 가루로 만드는 데 사용한 간석기이다. ㄹ. 기원전 6000년 무렵부터 벼농사가 시작된 창장강 하류 유역, 허무두 문화 지역에서는 벼 이삭 무늬가 새겨진 토기가 발견되었다.

(바로잡기) ㄱ. 청동기 문화의 유물이다. 몽골 지역에서는 한쪽만 날이 있는 칼이 많이 사용되었다. ㄷ. 동탁은 의례용 청동 유물이다.

024

제시된 카드의 유물은 일본 신석기 시대의 조몬 토기이다. 조몬 토기란 이름은 토기 표면에 새끼줄 무늬가 새겨졌다는 의미로 붙여진 것이다. 일본 열도에서는 신석기 시대에 농경보다는 사냥과 채집, 어로 활동을 하면서 강가나 해안가에 움집을 짓고 살았다.

(바로잡기) ① 유목민은 내륙의 고원과 초원 지대에 주로 거주하였다. ② 다원커우 문화는 황허강 하류 지역에서 발달한 신석기 문화였다. ③ 일본 열도의 청동기 문화는 한반도의 영향을 받았다. ④ 동아시아 지역에서 가장 먼저 국가가 수립된 지역은 황허강 중류 유역 일대이다.

025

(가)의 랴오허강 유역에서는 홍산 문화가 발달하였다. 이 지역에서는 밭농사 유적지와 다양한 형태의 돌보습, 돌호미, 돌쟁기 등의 농기구, 대규모 신전 유적이 발견되었다. 또 용, 멧돼지 등을 형상화한 옥기가 다량으로 출토되었다.

(바로잡기) ② 조몬 토기는 신석기 시대 일본 열도에서 제작, 사용된 토기이다. ③ 황허강 유역에서 룽산 문화권이 형성되었다. ④ 홍산 문화가 야요이 문화보다 일찍 발달하였다. ⑤ 벼농사는 창장강 유역에서 시작되어 한반도로 전파되었으며, 그 후 규슈 지역으로 전해졌다.

026

제시된 유물은 황허강 중류 유역, 랴오허강 유역, 한반도에서 신석기 시대에 주로 사용된 토기들이다. 이 지역에서는 농경을 하면서 정착 생활을 하였고, 양·소·돼지 등의 가축도 길렀다.

(바로잡기) ㄷ. 청동기 시대 이후 금속 무기가 제작되었다. ㄹ. 청동기 시대에 계급이 분화하면서 지배자를 위한 거대한 무덤이 축조되었다.

027

게르는 나무로 뼈대를 세우고 그 위에 양털을 압축하여 가공한 펠트를 덮어 만든 이동식 가옥이다.

028

유목민은 가축이 먹을 풀이 풍부한 지역을 찾아 이동 생활을 했기 때문에 이동식 가옥에 거주하였다.

채점 기준	수준
가축 사육을 위한 이동 생활을 하기 때문에 제작과 해체가 쉬운 가옥 형태가 필요하였음을 정확하게 서술한 경우	상
이동 생활을 하기 때문에 제작과 해체가 쉬운 가옥 형태가 필요하였음을 서술한 경우	중
유목민의 이동 생활만 언급한 경우	하

029

양사오 토기는 황허강 중류 유역, 허무두 토기는 창장강 하류 유역, 홍산 토기는 랴오허강 유역, 빗살무늬 토기는 한반도에서 사용된 신석기 시대의 토기이다.

030

신석기 시대 사람들은 농경을 시작하고 정착 생활을 하면서 양, 소, 돼지 등의 가축을 길렀다.

채점 기준	수준
정착 생활과 농경, 가축 사육의 경제 활동을 모두 서술한 경우	상
농경과 가축 사육을 서술한 경우	중
농경이나 가축 사육 중 한 가지만 언급한 경우	하

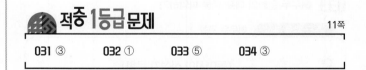

적중 1등급 문제

11쪽

031 ③	032 ①	033 ⑤	034 ③

031 유목민의 생활 모습 파악하기

(1등급 자료 분석) 농경민과 유목민의 문화 교류

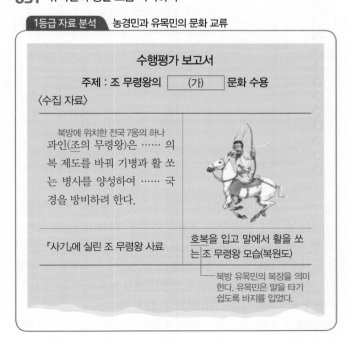

수행평가 보고서

주제 : 조 무령왕의 (가) 문화 수용

〈수집 자료〉

북방에 위치한 전국 7웅의 하나 과인(조의 무령왕)은 …… 의 복 제도를 바꿔 기병과 활 쏘는 병사를 양성하여 …… 국경을 방비하려 한다.

『사기』에 실린 조 무령왕 사료

호복을 입고 말에서 활을 쏘는 조 무령왕 모습(복원도)

└ 북방 유목민의 복장을 의미한다. 유목민은 말을 타기 쉽도록 바지를 입었다.

제시된 자료는 농경민이 북방 유목민의 풍습을 받아들이는 상황을 나타낸 것이다. 기원전 4세기 무렵 전국 시대 북방의 강국이었던 조의 무령왕은 유목민과의 전쟁에서 승리하기 위해 병사의 복장을 말을 타고 달리기가 편한 유목민의 복장으로 바꾸었다. ㄴ. 유목민은 양, 염소, 말, 소, 낙타 등을 길렀으며 삶에 필요한 생필품을 가축으로부터 얻었다. ㄷ. 유목민은 가축에게 먹일 물과 풀을 찾아 계절에 따라 생활 터전을 옮겨 다니면서 조립과 분해가 쉬운 이동식 가옥인 게르에서 거주하였다.

바로잡기 ㄱ. 조몬 토기는 일본 열도의 신석기 문화를 대표하는 유물이다. ㄹ. 연 강수량 400mm 이하 지역에서 목축이 이루어졌다.

032 구석기 시대의 생활 모습 이해하기

1등급 자료 분석   주먹도끼와 슴베찌르개

주먹도끼는 짐승의 가죽을 벗기는 등 다용도로 사용된 구석기 시대의 대표적인 뗀석기이다.

슴베찌르개는 후기 구석기 시대에 사용되었으며, 주로 자루에 연결하여 창이나 화살촉으로 사용된 도구이다.

제시된 자료는 구석기 시대에 널리 사용된 주먹도끼와 슴베찌르개이다. ㄱ. 구석기 시대 사람들은 주로 동굴이나 강가에 막집을 짓고 살았다. ㄴ. 구석기 시대 사람들은 뗀석기로 사냥, 채집, 어로 생활을 하면서 사냥감을 찾아 이동하였다.

바로잡기 ㄷ. 신석기 시대부터 토기가 제작되었다. ㄹ. 신석기 시대부터 농경이 시작된 이후 수리 시설 축조를 위한 공동 노동 조직이 발전하였다.

033 허무두 문화의 대표 유물 파악하기

1등급 자료 분석   허무두 문화

〈동아시아 신석기 문화〉

주제 : ○○○ 문화

• 창장강 하류 지역에서 성립하였다.
• 벼농사를 기반으로 한 문화이다.
• 습지가 많아 고상 가옥을 제작하였다.
• 대표 유물

(가)

제시된 자료는 창장강 이남에서 발전한 허무두 문화에 대한 설명이다. 창장강 하류 지역에서는 기원전 5000년경부터 벼농사를 기반으로 한 허무두 문화가 발전하였는데, 이 지역에서는 나무 기둥으로 기초를 세우고 바닥을 지면에서 띄운 고상 가옥이 만들어지기도 하였다. ⑤ 허무두 문화에서는 돼지 그림을 새긴 토기가 만들어졌는데, 이를 통해 목축이 이루어졌음을 알 수 있다

바로잡기 ① 한반도의 신석기 문화를 대표하는 빗살무늬 토기이다. ② 일본

열도의 신석기 문화를 대표하는 조몬 토기이다. ③ 풍요와 다산을 기원하며 제작된 여성 모양의 토우로, 일본 열도에서 발견되었다. ④ 황허강 중류의 양사오 문화를 대표하는 양사오 토기이다.

034 홍산 문화의 특징 이해하기

1등급 자료 분석   홍산 문화의 주요 특징

이 지역에서는 수천 년 전의 제사 유적인 제단과 여신의 신전, 돌무지무덤 등이 발견되었다. 산 정상에 건립된 신전에서는 여신과 용 모양을 한 동물의 조각상, 그리고 제사용품이 발굴되었다. 이 중 사람들의 관심을 끈 것은 푸른 옥으로 눈을 만든 여신의 두상이었다. 또한 위와 아래가 뚫려 있는 토기가 발견되었는데, 이러한 유물들은 제사에 사용된 것으로 여겨진다.

돌무지무덤 유적지에서 대량으로 출토되었다. 제사용으로 추정된다.

홍산 문화를 대표하는 랴오닝성 뉴허량의 유적에서 출토되었다.

제시된 자료는 홍산 문화에 대한 설명이다. ③ 랴오허강 유역에서 발달한 홍산 문화에서는 채도를 비롯한 토기와 용 모양의 옥기 등 세련된 옥기가 다수 출토되었다. 또한 안은 비어 있고 밑바닥이 없는 토기와 여신 모양의 얼굴 조각상이 출토되었다. 이는 제사에 사용된 것으로 여겨진다.

바로잡기 ① 베트남의 풍응우옌 문화, ② 허무두 문화, ④ 한반도의 신석기 문화, ⑤ 일본 열도의 조몬 문화에 해당한다.

분석 기출 문제

[핵심 개념 문제]

035 얼리터우	**036** 갑골문	**037** ○	**038** ×	**039** ○
040 ⓒ	**041** ㉠	**042** ㉡	**043** ㉠	**044** ㉡	**045** ㄷ
046 ㄱ				

- -

047 ③	**048** ②	**049** ⑤	**050** ⑤	**051** ①	**052** ②	**053** ③
054 ②	**055** ⑤	**056** ①	**057** ③	**058** ②	**059** ③	**060** ⑤
061 ④	**062** ②					

1등급을 향한 서답형 문제

063 군국제 **064** 예시답안 한 고조는 진의 실패를 되풀이하지 않고, 막강한 세력을 가진 공신들을 제후로 봉하여 왕조를 빨리 안정시키기 위해 주의 봉건제와 진의 군현제를 절충한 군국제를 시행하였다. 이는 수도를 중심으로 서쪽에는 군현을 두어 지방관을 파견하여 황제가 직접 다스리고, 나머지 지역은 황족이나 공신을 제후로 삼아 다스리게 하는 방식이었다.

065 흉노 **066** 예시답안 군사적으로 우위에 있던 흉노의 묵특 선우가 만리장성을 넘어 한을 공격하자, 한 고조가 평성에서 이들과 맞섰지만 포위당하는 수모를 겪고 가까스로 빠져나왔다. 화친을 맺은 한 고조는 영토를 보전하고 평화를 유지하기 위해 흉노에 매년 공물을 보내고 황실의 여자를 선우에게 시집보내기로 약속하였다.

047

기원전 2000년경에서 1500년경 만주와 한반도 지역에서는 독자적인 청동기 문화가 발전하였다. 이 지역에서는 비파형 동검과 고인돌로 대표되는 청동기 문화가 발전하였으며, 이를 바탕으로 고조선이 성립하였다.

바로잡기 ㄱ. 황허강 중류 유역의 얼리터우 문화 지역에서 출토된 청동 술잔으로, 제사 의식에 사용된 것으로 보인다. ㄹ. 일본 열도의 청동기·철기 시대인 야요이 시대에 만들어진 동탁이다.

048

(가)는 상의 네 발 달린 청동 솥, (나)는 일본 야요이 시대의 동탁이다. 중국의 상은 실제 존재가 확인된 중원 지역 최초의 왕조로, 황허강 유역에서 성장·발전하였다. 일본 열도에서는 기원전 3세기경에 한반도로부터 벼농사 기술과 청동기·철기 제작 기술이 전해져 농경에 바탕을 둔 야요이 시대가 시작되었다.

바로잡기 ㄴ. 만주와 한반도 지역이 같은 청동기 문화권에 속한다. ㄷ. 묵특 선우는 흉노의 전성기를 이루었다.

1등급 정리 노트 황허강 유역과 일본 열도의 청동기 문화

황허강 유역	일본 열도
• 얼리터우 문화를 배경으로 하와 상의 성장 • 청동으로 만든 도구와 무기, 제사 용기 사용	기원전 3세기경 한반도로부터 벼농사 기술과 청동기·철기 문화가 전해짐 → 야요이 문화 발달

049

교사가 가리키는 청동 솥은 황허강 유역에서 성장한 상의 유물이다. 중원 지역의 청동기 문화는 실존이 확인된 최초의 왕조 상에서 본격적으로 발전하였다. 기원전 1600년경 세워진 상의 유적지에서는 다량의 갑골문이 발굴되었는데, 갑골문은 상의 왕이 제사장을 겸하며 종교적 권위에 의지하여 국가를 통치하였음을 보여 준다. 상에서 청동은 주로 무기와 제기, 도구 등을 만드는 데 사용되었는데, 제기에는 사악한 귀신을 물리칠 목적으로 귀수 얼굴 등을 장식하였다.

바로잡기 ㄱ. 몽골 초원 지역에서 사슴돌, 판석묘로 대표되는 청동기 문화가 발달하였다. ㄴ. 기원전 3세기경 한반도에서 전래된 벼농사 기술과 청동기·철기 문화를 바탕으로 일본 열도에서 야요이 문화가 성장하였다.

050

제시된 자료에서 '천자', '분봉을 받은 제후', '봉토'를 통해 주 대에 시행된 봉건제임을 알 수 있다. 상을 무너뜨리고 중원 지역을 차지한 주는 혈연관계를 바탕으로 한 봉건제를 시행하였다. 주 왕은 스스로를 하늘의 명을 받아 나라를 다스리는 천자라 부르고, 백성을 덕으로 다스려야 한다는 덕치를 강조하였다.

바로잡기 ㄱ. 진의 시황제가 만리장성을 축조하였다. ㄴ. 진의 왕 정이 전국 시대를 통일하였으며, 시황제의 칭호를 사용하였다.

051

(가)는 주이다. 기원전 11세기경 상을 무너뜨린 주는 혈연관계를 바탕으로 종법적 봉건제를 시행하여 발전하였으나 기원전 8세기경 견융족의 침입을 받아 호경에서 동쪽의 뤄양으로 천도하였다. 이후부터 주 왕실의 권위가 약화되면서 여러 제후국이 경쟁하는 춘추 시대가 시작되었다.

바로잡기 ① 한 무제가 고조선과 남비엣을 정복하였다. ③ 후한이 멸망하고 성립한 삼국 중 위에서 히미코 여왕에게 '친위왜왕'의 칭호를 주었다. ④ 한의 고조가 평화 유지를 위해 공주를 흉노에 시집보내고 예물을 바쳤다. ⑤ 고조선이 한과 한반도의 남부 사이에서 중계 무역을 하였다.

052

지도는 기원전 8세기경~기원전 3세기까지 이어진 춘추·전국 시대로, 진이 전국 시대를 통일하기 이전까지의 상황을 나타낸 것이다. 이 시기에 청동기 문화를 바탕으로 랴오닝 지역과 한반도 북부에 걸쳐 고조선이 성장하고 있었다.

바로잡기 ① 기원전 6000년경에 창장강 유역에서 벼농사가 시작되었다. ③ 기원전 1세기에 신라, 고구려, 백제가 건국되었다. ④ 기원전 2000년경 황허강 유역에서 얼리터우 문화가 형성되었다. ⑤ 3세기경 일본 열도에 30여 개의 소국이 존재하였으며, 이 중 히미코 여왕이 다스리는 야마타이국이 가장 강성하였다.

053

밑줄 친 '그'는 전국 시대를 통일한 진의 왕, 즉 진시황제이다. 전국 시대를 통일한 진 왕은 '황제' 칭호를 처음 사용하였고, 중앙 집권 체제 강화를 위해 법가를 바탕으로 사상 통제를 강화하면서 분서갱유를 단행하였다. 또 흉노의 침입을 막기 위해 만리장성을 축조하였다.

바로잡기 ㄱ. 한 무제의 공격으로 고조선이 멸망하였다. ㄹ. 후한 광무제가 왜에 금인을 하사하였다.

054

제시된 자료는 시황제가 실시한 분서갱유의 내용이다. 시황제는 중앙 집권 체제 강화를 위해 화폐·문자·도량형을 통일하였으며, 법가 사상을 바탕으로 사상 통제를 강화하였다.

바로잡기 ① 균전제는 북위 효문제 때 실시되었다. ③ 한 무제가 재정 확보를 위해 소금과 철의 전매제를 시행하였다. ④ 후한 대에 쯩짝·쯩니 자매의 독립 운동을 진압하였다. ⑤ 위만이 준왕을 몰아내고 정권을 장악하였다.

055

제시된 자료는 기원전 3세기 진시황제 사후 혼란과 진의 멸망, 한이 건국되기 직전 초의 항우와 한의 유방이 세력 다툼을 벌이는 상황까지를 보여 준다. 진·한 교체기의 사회 혼란이 지속되자 고조선 지역으로 이주하는 중국 유이민의 수가 증가하였다.

바로잡기 ① 4세기경 야마토 정권이 수립되었다. ② 5세기 선비족이 세운 북위가 화북 지역을 통일하였다. ③ 7세기 신라와 당의 연합으로 백제와 고구려가 멸망하였다. ④ 1세기 베트남의 쯩짝·쯩니 자매가 독립 운동을 하였다.

056

제시된 자료에서 '소금과 철의 전매제', '균수·평준법' 시행을 통해 교사가 설명하는 황제가 한 무제임을 알 수 있다. 한 무제는 흉노 정벌을 위해 장건을 서역에 파견하였다. 이후 흉노를 북쪽으로 몰아내고 고조선과 남비엣을 정복하였다.

바로잡기 ㄷ. 당 왕조가 베트남 지역에 안남 도호부를 설치하였다. ㄹ. 한 고조가 군현제와 봉건제를 절충한 군국제를 실시하였다.

057

(가)는 한이다. 한은 건국 초기부터 군사적으로 우위에 있던 흉노의 압박에 시달리면서 공주를 흉노의 선우에게 시집보내고 예물을 제공하기도 하였다. 그러나 한 무제가 즉위하면서 적극적으로 흉노 정벌에 나섰다. 한 무제는 흉노에 대항하기 위해 기마병을 육성하였고, 위청과 곽거병 등 유능한 장수의 활약으로 흉노에 승리를 거두었다. 결국 흉노는 고비 사막을 넘어 후퇴하였다.

바로잡기 ㄱ. 주 왕조에 대한 설명이다. ㄹ. 진시황제 때 흉노를 막아내기 위해 만리장성을 축조하였다.

058

(가)는 흉노이다. 기원전 3세기경 초원 지역을 통일하고 동아시아 최초의 유목 민족 국가로 성장한 흉노는 한 고조를 압박하고 한으로부터 예물을 제공받기도 하였다. 또한 최고 통치자를 '선우'라 불렀으며, 선우의 부인은 '연지'라고 불렀다. 흉노는 묵특 선우 때 전성기를 맞았다.

바로잡기 ㄴ. 고조선은 사회 질서 유지를 위해 8조법을 제정하였다. ㄹ. 한반도에 철기가 보급되면서 만주 쑹화강 일대에 들어선 부여에 대한 설명이다.

059

(가)는 '묵특 선우', 동호와 월지를 공격하였다는 내용으로 보아 흉노, (나)는 중국을 통일하고 유방이 군국제를 실시하였다는 등의 내용으로 보아 한임을 알 수 있다. 흉노의 묵특 선우는 한 고조(유방)와의 백등산 전투에서 승리하였다. 이때 한은 평화를 유지하는 조건으로 흉노에게 공주를 시집보내고 예물을 제공하기로 약속하였다.

바로잡기 ① 한은 건국 초기에 흉노의 압박에 시달렸으나 흉노의 공격으로 멸망하지는 않았다. ② 흉노와 한 사이에는 조공·책봉 관계가 형성되지 않았다. ④ 기원전 8세기 견융족의 침입을 받은 주 왕실이 호경에서 뤄양으로 천도하였다. ⑤ 흉노의 침입을 막아내기 위해 진이 만리장성 축조를 시작하였다.

060

(가)는 흉노이다. 동아시아 유목 민족 최초의 국가였던 흉노는 묵특 선우 때 전성기를 이루었다. 흉노의 최고 통치자 선우는 영역을 중앙과 좌방, 우방으로 삼분하여 중앙은 선우가 직접 통치하고, 좌방은 좌현왕을 비롯한 좌방왕장들이, 우방은 우현왕과 우방왕장들이 다스리게 하였다.

061

밑줄 친 ㉠은 위만이 고조선의 왕위를 찬탈한 사실, ㉡은 고조선의 멸망을 가져온 한의 공격에 해당한다. 즉, 기원전 2세기 동아시아의 상황을 묻는 것이다. 고조선은 한의 공격을 받아 1년여 동안 저항하였지만 무너졌다. ④ 기원전 209년 묵특 선우가 즉위하면서 전성기를 맞은 흉노는 한을 압도하여 한으로부터 비단 등 공물을 받기도 하였다. 또 한의 황실은 공주를 선우에게 시집보내기도 하였다.

바로잡기 ① 기원전 8세기경부터 춘추 시대가 시작되었고, 기원전 3세기에 진이 전국 시대를 통일하였다. ② 1세기경 외척 출신 왕망이 한의 왕위를 찬탈하여 신을 세웠다. ③ 기원전 5세기에 전국 시대가 시작되면서 주 왕실은 사실상 무너졌다. ⑤ 3세기의 사실이다. 히미코 여왕이 위에 조공하였고, 위는 히미코에게 '친위왜왕'이라는 칭호와 거울 등을 하사하였다.

062

제시된 지도는 기원전 2세기 초 동아시아 상황을 나타낸 것으로, (가)는 고조선이다. 진·한 교체기의 혼란을 피해 위만이 연으로부터 무리를 이끌고 고조선에 들어왔다. 위만은 변경의 업무를 담당하면서 세력을 키워 준왕을 몰아내고 고조선의 왕이 되었다.

바로잡기 ① 고조선 멸망 이후의 상황이다. ③ 후한의 광무제가 왜왕에게 금 도장을 하사하였다. ④ 진시황제가 흉노를 막아내기 위해 만리장성을 축조하였다. ⑤ 흉노가 한때 한과 서역 사이에서 중계 무역을 하였다.

063

제시된 자료는 한 초기에 군현제 시행 지역과 봉건제 시행 지역이 구분되어 있었음을 보여 준다.

064

한 고조는 진의 실패를 되풀이하지 않기 위해 군국제를 시행하였지만, 이후 한에서는 군현제가 확대되었다.

채점 기준	수준
진과 같은 실패 방지, 국내 정치 안정의 목적과 함께 군국제가 주의 봉건제, 진의 군현제를 절충하였음을 구체적으로 서술한 경우	상
시행 목적을 미흡하게 언급하였지만 주의 봉건제와 진의 군현제를 절충한 방식임을 구체적으로 서술한 경우	중
주의 봉건제와 진의 군현제를 절충한 방식이라고만 서술한 경우	하

065

제시된 자료에서 '선우', '연지'를 통해 (가)는 흉노임을 알 수 있다. '선우'는 흉노의 군주, 연지는 선우의 부인을 말한다.

066

건국 초기에 한은 평화 유지를 위해 흉노에 공주와 예물을 보내는 등 굴욕적인 외교 관계를 맺었다.

채점 기준	수준
한 고조와 흉노의 묵특 선우 간 백등산(평성) 전투 등을 언급하여 사건을 설명하고 영토 보전과 평화 유지를 위한 것이었음을 모두 서술한 경우	상
구체적인 인물의 언급 없이 건국 초기에 한이 군사적 우위에 있는 흉노와의 전쟁에서 패하면서 영토 보전과 평화 유지의 필요 때문이었음을 서술한 경우	중
한 건국 초기에 흉노가 군사적 우위에 있었기 때문이라고만 서술한 경우	하

적중 1등급 문제

18~19쪽

067 얼리터우 문화의 특징 파악하기

1등급 자료 분석 얼리터우 문화

(가) 은/는 룽산 문화권에서 발전한 청동기 문화이다. 여기에서 (황허강 유역의 양사오 문화와 다원커우 문화를 아우르면서 발전) 는 크기가 동서 100m, 남북 108m에 이르는 대규모 건물 유적이 발견되었고, 다른 건물의 흔적도 있었다. 또한 건물터를 따라 성벽이 갖추어져 있었다. 이 유적은 문헌 기록상 중국 최초의 왕조인 '하'와 관련된 것으로 여겨진다. (문헌에는 '하'에 대한 기록이 있으나 실재했는지에 대해서는 이견이 있다.)

양사오 문화와 다원커우 문화를 아우르면서 발전한 룽산 문화는 기원전 2000년경 청동기 문화에 기반을 둔 얼리터우 문화로 발전하였다. 얼리터우에서는 대규모 궁전 유적이 발굴되었는데, 청동으로 만든 도구와 무기, 제사 용기 등이 발견되었다. ③ 얼리터우에서 발견된 청동 술잔으로 제사에 사용된 것으로 여겨진다.

바로잡기 ① 룽산 문화의 흑도, ② 양사오 문화의 채도, ④ 상의 청동 솥, ⑤ 만주·한반도 지역의 청동기 문화를 대표하는 비파형 동검이다.

068 몽골과 일본 열도의 청동기 문화 이해하기

1등급 자료 분석 몽골과 일본 열도의 청동기 문화

유라시아 초원 지역으로, 중원 지역과는 계통을 달리하는 청동기 문화가 발전하였다. (가)

일본 열도 지역으로, 한반도로부터 청동기, 벼농사, 철기 문화가 전해져 야요이 문화가 발전하였다. (나)

(가)는 몽골로 대표되는 유라시아 초원 지역, (나)는 일본 열도 지역이다. ㄱ. 몽골 초원 지대에서는 기원전 1700년경 청동기 문화가 시작되었는데, 단검과 같은 청동 무기, 재갈 등 기마 도구, 사슴돌, 판석묘 등이 만들어졌다. ㄷ. 일본 열도에서는 기원전 3세기경 한반도로부터 벼농사·청동기와 철기가 전해져 야요이 문화가 발전하였다. 제사용으로 사용된 동탁은 야요이 문화를 대표하는 유물이다.

바로잡기 ㄴ. 고인돌은 만주·한반도 지역의 청동기 문화를 대표하는 문화유산이다. ㄹ. 창장강 하류 지역에서 발달한 신석기 문화인 다원커우 문화에서 세발 달린 백도가 제작되었다.

069 주의 천도 배경 파악하기

1등급 자료 분석 주의 천도

호경은 주의 첫 수도, 낙읍(뤄양)은 견융족의 침입으로 주 왕실이 천도한 곳이다.

제시된 지도는 주의 수도 변화를 나타낸 것이다. ⑤ 기원전 8세기 견융족이 서북쪽에서 침략하자 주는 수도를 동쪽인 낙읍(뤄양)으로 옮겼다. 이때부터를 춘추 시대라고 하는데, 주 왕실은 제후를 통제할 힘을 상실하였고 유력 제후들이 정치를 주도하였다.

바로잡기 ① 상은 기원전 11세기 주에 의해 멸망하였다. ② 진시황제 사후 진승과 오광 등이 봉기를 일으켰다. ③ 주가 수도를 옮긴 이후 춘추 5패가 성장하였다. ④ 한 건국 직후 위만이 연 지역에서 고조선으로 망명하였고 이후 준왕을 몰아내고 왕위에 올랐다.

070 진의 중원 통일 이해하기

1등급 자료 분석 진의 부국강병과 전국 통일

(가) 태자가 법을 범하자, 상앙은 "법이 잘 시행되지 않는 것은 위에 (진에 등용되어 개혁을 추진한 법가 사상가이다.) 있는 자부터 법을 어기기 때문이다."라고 하면서 태자를 처벌하려 하였으나 태자가 다음 임금이 될 사람이므로 태자의 스승을 처벌하였다.

(가) "박사관이 아니면서 감히 『시』, 『서』 및 제자백가의 책을 소장하고 있으면 모두 지방관에게 보내 불태우게 하십시오. 감히 『시』 (이사가 진시황제에게 건의한 내용으로, 이를 받아들여 진시황제가 분서갱유를 단행하였다.) 와 『서』를 말하는 자가 있으면 저잣거리에서 처형하소서."라고 건의하였다.

(가)는 진의 전국 통일 이전, (나)는 진의 전국 통일 이후 상황이다. ⑤ 전국 7웅 중 하나였던 진은 법가 사상가인 상앙을 등용하여 부국강병을 이루기 위한 개혁을 추진하였고, 이를 바탕으로 기원전 221년 전국 시대를 통일하였다. 전국 시대를 통일한 진왕 정은 스스로 시황제라 칭하였으며, 군현제를 시행하고 도량형, 화폐, 문자를 통일하였다. 또한 사상을 통제하기 위해 분서갱유를 단행하였다.

① 진시황제 사후 한을 건국한 한 고조가 군국제를 실시하였다. ② 한 무제가 왕검성을 함락하고 고조선을 멸망시켰다. ③ 한 무제가 대월지와 동맹을 맺기 위해 장건을 파견하였다. ④ 진시황제 사후 즉위한 흉노의 묵특 선우가 동호를 복속시켰다.

071 한 무제의 정책 파악하기

1등급 자료 분석 한 무제의 장건 파견

한 무제가 흉노를 견제하기 위해 장건을 대월지에 파견하였다.

그대는 부디 대월지와 동맹을 맺고 돌아오게.

황제 폐하의 명을 반드시 수행하겠나이다.

한 무제는 흉노와의 전쟁을 준비하면서 흉노가 서쪽으로 쫓아낸 대월지와 동맹을 맺기 위해 장건을 파견하였다. 따라서 밑줄 친 '황제'는 한 무제이다. ⑤ 한 무제는 기원전 111년 남비엣을 멸망시켰고, 9군을 두었다.

① 8조법은 고조선이 마련하였다. ② 한 황실의 외척으로 정권을 장악한 왕망이 한을 무너뜨리고 신을 세웠다. ③, ④ 전국 시대를 통일한 진시황제는 최초로 황제 칭호를 사용하였으며, 몽염을 보내 흉노를 몰아내고 만리장성을 쌓았다.

072 고조선의 발전 이해하기

1등급 자료 분석 한 무제의 대외 정책

> 한은 동쪽으로는 (가) 을/를 정복하여 몇 개의 군을 설치하였다.
> 한 무제는 동쪽의 고조선을 멸망시킨 후 낙랑군 등 4개의 군현을 설치하였다.
> 서쪽으로는 주천군을 두어 강(羌)과 흉노의 통로를 차단하였다. 또한 서쪽의 대하와 교류하고 공주를 오손왕에게 시집보내는 등 서역의 여러 나라와 흉노의 사이를 단절시켜 놓았다.
> 한 무제는 흉노와 주변국의 관계를 단절시켰다.

(가) 국가는 고조선이다. 위만의 손자 우거왕은 한반도 남부와 한 사이의 교역을 막고 중계 무역의 이익을 독점하고자 하였다. 팽창 정책을 추진하던 한 무제는 흉노와 고조선이 연결될 것을 우려하여 수군과 육군을 동원하여 고조선을 공격하였다. 고조선은 1년 동안 항전하였으나 지배층의 분열로 왕검성이 함락되어 결국 멸망하였다. ④ 기원전 3세기경 고조선은 부왕과 준왕이 왕위를 세습하였으며, 상·대부·장군 등의 관직을 두었다.

① 야요이 문화는 일본 열도에서 발전하였다. ② 부여에는 사출도가 있었는데 큰 종족적 기반을 가진 대가들이 나누어 다스렸다. ③ 한을 무너뜨리고 신을 세운 왕망은 급진적인 토지 개혁을 추진하였다. ⑤ 주가 혈연에 기초한 종법적 봉건제를 실시하였다.

073 흉노의 국가 체제 파악하기

1등급 자료 분석 백등산 전투

> 한 고조에 해당한다.
> 황제가 병사를 거느리고 (가) 을/를 격파하기 위해 평성에 도착하였다. 묵특 선우의 군대가 백등산을 에워싸니 황제가 포위되는 치
> 흉노의 지배자로 백등산에서 한 고조를 패퇴시켰다.
> 욕을 겪었다. 묵특이 군사를 이끌고 돌아간 다음 황제가 사신을 보내 화친 조약을 맺었다.
> 한은 흉노와 형제 관계를 맺고 황실의 여인을 선우의 부인으로 보냈으며, 비단 등 공물을 제공하였다.

제시된 자료는 기원전 200년에 일어난 백등산 전투이다. 이때 한 고조는 흉노의 묵특 선우에게 패배하였다. 따라서 (가) 국가는 흉노이다. ㄱ. 흉노의 최고 통치자는 선우라고 불렀다. 선우는 흉노 제국을 중앙과 좌방, 우방으로 삼분하여 다스렸다. 또한 좌골도후와 우골도후를 두었다. ㄷ. 흉노는 진시황제에 의해 만리장성 밖으로 밀려났다가 묵특 선우 때에 만리장성을 넘어 오르도스 지방을 차지하였다. 이곳에서는 흉노의 금관이 발견되기도 하였다.

ㄴ. 진시황제가 3공 9경의 관료를 두었다. ㄹ. 고조선에 해당한다.

074 광무제와 히미코의 활동 이해하기

1등급 자료 분석 중원 왕조와 왜의 관계

> • 왜의 노국이 공물을 바치고 조공하였는데, 사신은 대부를 자처하
> 야요이 시대의 소국이었던 노국이 후한의 광무제에게 조공하였다.
> 였다. (가) 은/는 노국 사자에게 도장을 하사하였다.
> 광무제는 '한위노국왕'이라는 글씨가 새겨진 도장을 하사하였다.
> • 왜국이 어지러워 여러 해 동안 전쟁이 끊이지 않았다. 한 여자를 왕으로 함께 세웠는데, 이름은 (나) 라고 하였다.
> 야요이 시대의 여러 소국 중 야마타이국이 가장 강성하였는데, 히미코가 다스렸다.

왜의 노국으로부터 조공을 받고 책봉하였다는 내용을 통해 (가)가 광무제임을 알 수 있다. 또 왜국이 어지러울 때 여성으로 왕이 되었다는 내용을 통해 (나)가 히미코임을 알 수 있다. ㄱ. 광무제는 호족의 지원을 받아 신을 무너뜨리고 후한을 세웠다. ㄹ. 야마타이국을 이끈 히미코는 3세기경 위에 조공하고 '친위왜왕'으로 책봉되었다.

ㄴ. 항우를 물리친 한 고조 유방은 중원을 재통일하였다. ㄷ. 한 무제는 재정 확보를 위해 소금과 철의 전매제를 시행하였다.

01 동아시아의 자연환경과 생업 ~ 선사 문화

075 ①   **076** ④   **077** ②   **078** ①   **079** ③   **080** ②   **081** ④

082 다원커우 문화   **083** 예시답안 황허강 하류에서 발달한 다원커우 문화에서는 백도, 홍도, 흑도가 제작되었고, 양사오 문화와 함께 룽산 문화로 발전하였다.

02 국가의 성립과 발전

084 ③   **085** ⑤   **086** ④   **087** ④   **088** ②   **089** ⑤   **090** ①

091 ⑤   **092** ④   **093** ④   **094** ③   **095** ②   **096** ②   **097** ①

098 ①   **099** 한 무제

100 예시답안 한 무제는 고조선을 무너뜨리고 4개의 군을 설치하였으며, 남비엣을 정복하고 9군을 설치하였다.

075

(가) 지역은 건조 기후 지역이다. 이 지역은 초원과 사막이 나타나는 지역으로 기온이 낮고 강수량이 적어 농경이 어렵다. 또한 초지가 널리 분포하여 계절에 따라 일정한 지역을 오가며 가축을 기르는 유목이 발달하였다.

바로잡기 ② 중국의 화남, 일본의 규슈 남부 등지에 해당한다. ③ 연 강수량 800mm 이상 지역에서는 벼농사가 널리 행해졌다. ④ 주로 온대 기후 지역에 해당한다. ⑤ 농경이 행해지는 지역이 전통적으로 인구가 밀집한 지역에 해당한다.

076

돌궐 제국은 유목민이 세운 대표적인 유목 제국이다. 따라서 밑줄 친 '우리'는 유목민이다. ㄴ, ㄹ. 유목민은 가축에게 먹일 풀을 찾아 계절에 따라 이동하며 생활하였으며, 조립과 분해가 쉬운 게르에 거주하였다.

바로잡기 ㄱ. 연 강수량이 400mm가 넘는 지역에서 밭농사가 이루어졌다. ㄷ. 농경민은 물을 확보하기 위한 치수 사업 등 공동 노동이 필요하였기 때문에 많은 사람이 모여 정착 생활을 하였다.

077

(가) 작물은 벼이다. 허무두 토기에는 벼 이삭 무늬가 새겨져 있고, 이 타즈케 유적은 벼를 재배한 곳이다. ㄱ. 기원전 3세기경 한반도로부터 청동기 문화, 벼농사, 철기 문화가 전래되어 일본 열도에서 야요이 문화가 발전하였다. ㄷ. 벼농사는 기원전 6000년경 기온이 높고 강수량이 풍부하며 늪지가 많은 창장강 중하류 지역에서 시작되었다.

바로잡기 ㄴ. 내륙 고원 지대에서는 유목이 이루어졌다. ㄹ. 만주에서는 밭농사와 유목이 동시에 행해졌다.

078

제시된 자료는 구석기 시대의 주요 유적지와 인류의 흔적을 나타낸 것이다. 따라서 (가) 시대는 구석기이다. ① 구석기 시대의 주먹도끼이다. 주먹도끼는 찍거나 자르는 등 다양한 용도로 사용할 수 있어서 구석기 시대에 널리 활용되었다.

바로잡기 ② 황허강 중류의 신석기 문화를 대표하는 양사오 토기이다. ③ 양사오 문화와 다원커우 문화를 아우르며 발전한 룽산 문화의 흑도이다. ④ 랴오허강 유역의 신석기 문화인 훙산 문화의 토기이다. ⑤ 북방 초원 지역의 청동기 문화를 대표하는 단검이다.

079

제시된 자료는 한반도의 신석기 문화를 대표하는 빗살무늬 토기와 일본 열도의 신석기 문화를 대표하는 조몬 토기이다. ③ 신석기 시대 사람들은 뼈바늘을 이용하여 옷감과 그물을 만들었고 토기를 제작하여 사용하였다.

바로잡기 ① 청동기 문화를 바탕으로 국가가 등장하였다. ② 청동기 문화를 기반으로 상, 고조선 등 제정일치의 지배자가 다스리는 국가가 성립하였다. ④ 주먹도끼, 찍개는 구석기 시대에 처음 만들어졌다. ⑤ 구석기 시대 사람들이 동굴이나 막집에 거주하였다.

080

제시된 자료의 돼지 그림이 새겨진 토기는 허무두 문화를 대표하는 유물이다. 기원전 5000년경부터 창장강 하류 지역에서는 벼농사를 기반으로 하는 허무두 문화가 발전하였다. 이 지역에서는 흑도, 회도 등이 만들어졌다.

바로잡기 ① 양사오 문화, ③ 훙산 문화, ④ 한반도의 신석기 문화, ⑤ 조몬 문화에 해당한다.

081

제시된 자료는 랴오허강에서 발달한 훙산 문화를 대표하는 문화유산이다. 훙산 문화의 제사용 건축 유적에서 여신의 얼굴로 추정되는 얼굴상이 발견되었고, 용 모양의 옥기가 다량 출토되었다.

바로잡기 ① 조몬 문화는 일본 열도에서 발전한 신석기 문화이다. ② 허무두 문화는 창장강 하류 지역에서 발달한 신석기 문화이다. ③ 다원커우 문화는 황허강 하류 지역에서 발달한 신석기 문화이다. ⑤ 양사오 문화는 황허강 중류 지역에서 발달한 신석기 문화이다.

082

황허강 하류에서는 신석기 문화인 다원커우 문화가 발전하였다.

083

다원커우 문화에서는 백도 이외에도 홍도, 흑도를 제작하였으며, 양사오 문화와 함께 룽산 문화로 발전하였다.

채점 기준	수준
황허강 하류에서 발전하였고, 백도, 홍도, 흑도 등을 제작하였으며, 양사오 문화와 함께 룽산 문화로 발전하였음을 정확히 서술한 경우	상
황허강 하류에서 발전하였고 양사오 문화와 함께 룽산 문화로 발전하였음을 서술하였으나 백도, 홍도, 흑도 등을 서술하지 않은 경우	중
황허강 하류 지역에서 발전하였다는 내용만을 서술한 경우	하

084

제시된 자료는 청동기에 기반한 얼리터우 유적에서 발견된 궁전 유적이다. 얼리터우 유적에서는 제기로 사용된 것으로 추정되는 세 발 달린 청동 술잔이 출토되었다.

바로잡기 ① 몽골 초원의 북방식 동검, ② 일본 열도의 동탁, ④ 만주·한반도 지역의 고인돌, ⑤ 오르도스 지방에서 발견된 흉노의 금관이다.

085

제시된 자료는 몽골 초원의 청동기 문화를 대표하는 사슴돌과 판석 묘이다. 몽골 초원 지대에서는 기원전 1700년경부터 청동기 문화가 시작되었는데, 표면에 사슴 등이 새겨진 거대한 사슴돌이 만들어졌고, 무덤 주변에 판석을 세운 판석묘 등이 조성되었다.

바로잡기 ① 고인돌은 만주와 한반도 지역에 분포한다. ② 일본 열도의 동탁은 제사용으로 사용된 것으로 여겨진다. ③ 얼리터우 문화는 황허강 중류에서 발전한 청동기 문화이다. ④ 신석기 시대에는 농경과 목축이 이루어졌다.

086

제시된 자료는 상의 국왕이 점친 결과를 기록한 갑골문이다. 따라서 밑줄 친 '이 나라'는 상이다. 상은 여러 도시가 연맹하여 만든 나라로, 주위의 소국을 복속시키면서 차츰 세력을 확대해 나갔다. 상에 복종한 국가의 운영은 독립적으로 이루어졌다. 그중 하나였던 주가 기원전 11세기경 상을 멸망시켰다.

바로잡기 ① 흉노가 북흉노와 남흉노로 분열된 후 남흉노가 후한의 일부로 자리 잡았다. ② 주가 견융족의 침입으로 낙읍(뤄양)으로 천도하였다. ③ 흉노 등이 북방의 초원 지대를 통일하였다. ⑤ 주는 호경을 도읍으로 삼고 세력을 확대하였다.

087

제시된 자료는 춘추 시대를 나타낸 지도이다. 기원전 8세기 견융족이 서북쪽에서 침범하자 주는 수도를 호경에서 낙읍(뤄양)으로 천도하였다. 이때 춘추 5패 등 유력 제후들이 주왕을 받든다는 명분을 내세워 정치를 주도하는 춘추 시대가 전개되었다. 이후 기원전 5세기경에는 전국 시대가 시작되었다. 한편 춘추·전국 시대에는 우경과 철제 농기구가 보급되어 농업 생산력이 크게 증대되었다.

바로잡기 ㄱ. 기원 전후에 성장한 변한이 우수한 철을 수출하여 낙랑 등과 일본 열도에 수출하였다. ㄷ. 주는 상을 멸망시키고 중원 지역을 지배하였다.

088

제시된 자료에서 '주의 문왕과 무왕', '일족의 자제들에게 분봉' 등의 내용으로 자료에 나타난 통치 체제가 혈연을 바탕으로 운영된 주의 종법적 봉건제임을 알 수 있다. 주는 도읍 부근은 천자(왕)가 직접 통치하고 나머지 영토를 친족과 공신에게 나누어 주는 봉건제를 시행하였다. 이러한 봉건제하에서 천자의 지위는 적장자가 상속하고 나머지 아들들은 한 등급 낮춘 제후의 지위로 봉해졌다.

바로잡기 ㄴ. 한 초기에 봉건제와 군현제를 절충한 군국제를 시행하였으나 점차 군현제를 확대하였다. 한 무제는 고조선을 멸망시킨 후 4군을 설치하였다. ㄹ. 봉건제는 지방 분권적인 통치 체제이다.

089

(가)는 군현제를 실시한 진의 영역을 나타낸 것이다. (나)는 군현제와 봉건제를 절충하여 시행한 한의 영역을 나타낸 것이다. 진시황제 사후 진이 혼란에 빠지자 유방과 항우가 군사를 일으켜 다투었는데, 유방이 세운 한이 중국을 재통일하였다.

바로잡기 ① 고조선은 한 무제의 공격으로 멸망하였다. ② 한 무제는 남비엣을 공격하여 멸망시키고 9군을 설치하였다. ③ 왜는 후한 광무제와 위에 조공하였다. ④ 기원전 11세기 상을 멸망시킨 주는 종법적 봉건제를 실시하였다.

090

제시된 자료는 진시황제의 정책을 정리한 것이다. 전국 시대를 통일한 진왕 정은 처음으로 황제의 칭호를 사용하였고, 반량전으로 화폐를 통일하였으며, 제자백가의 서적 등을 소각하는 분서갱유를 단행하였다. 또한 몽염에게 대군을 주어 흉노를 공격하게 하여 흉노를 북방 초원 지대로 몰아내고 오르도스 지방을 차지하였다. 이후 전국 시대에 여러 나라가 쌓은 장성을 연결하여 만리장성을 건설하였다.

바로잡기 ② 진시황제는 전국에 군현제를 실시하였다. 군국제는 한 초기에 시행되었다. ③ 한을 무너뜨린 왕망이 토지 국유제를 실시하였다. ④, ⑤ 한 무제가 재정 확보를 위해 소금과 철에 대한 전매제를 실시하였으며 대월지와의 동맹을 위해 장건을 파견하였다.

091

제시된 자료는 고조선에서 시행한 8조법이다. 고조선의 8조법은 현재 3개 조항이 전해지는데, 이를 통해 고조선이 사유 재산을 중시하였으며, 형벌과 노비가 존재한 계급 사회였음을 알 수 있다. ⑤ 고조선은 기원전 4세기 이후 전국 7웅 중 하나였던 연과 대립하였으나 연의 공격을 받아 서쪽 영토를 상실하였다.

바로잡기 ① 진이 전국 시대를 통일하였다. ② 진시황제가 3공 9경의 관료를 두었다. ③ 흉노의 묵특 선우가 월지를 서쪽으로 몰아내었다. ④ 백등산 전투 이후 한은 황실의 여인을 흉노의 선우에게 시집보냈다.

092

제시된 자료는 고조선의 변천을 나타낸 표이다. 기원전 3세기경 고조선에서는 부왕과 준왕이 왕위를 세습하였다. 이후 한 건국 초기의 혼란을 피해 위만이 무리를 이끌고 고조선으로 망명하였다. 위만은 기원전 194년 준왕을 몰아내고 고조선의 왕위를 차지하였다.

바로잡기 ① 상은 기원전 11세기경 주에 의해 멸망하였다. ② 히미코는 3세기경 위에 조공하였다. ③ 한 황실의 외척이었던 왕망이 1세기 초 신을 세우고 한을 멸망시켰다. ⑤ 한 무제는 기원전 133년경부터 흉노와 전쟁을 시작하였다.

093

제시된 자료는 흉노의 통치 조직을 나타낸 것이다. 흉노의 선우는 제국을 중앙과 좌방, 우방으로 삼분하여 다스렸다. 중앙은 선우가 직접 통치하였으며, 좌방은 좌현왕을 비롯한 좌방왕장들이, 우방은 우현왕을 비롯한 우방왕장들이 다스렸다. ④ 흉노는 초원 지역에 흩어져 살던 부족들을 통일하여 동아시아 최초의 유목 제국을 건설하였다.

바로잡기 ① 8조법은 고조선의 법률이다. ② 변한에 해당한다. ③ 한 초기에 군현제와 봉건제를 절충한 군국제가 실시되었다. ⑤ 고조선이 한과 한반도 남부 사이에서 중계 무역을 주도하였다.

094

백등산에서 고조를 포위하였다는 내용을 통해 고조가 한 고조임을, (가)가 흉노의 묵특 선우임을 알 수 있다. 기원전 209년 묵특 선우가 즉위하면서 흉노는 전성기를 맞이하였다. 묵특 선우는 동쪽으로 동호를 공격하여 복속시켰고, 서쪽으로는 월지를 몰아내었으며, 오르도스 지방을 정복하였다.

바로잡기 ① 진시황제가 도량형과 문자를 통일하였다. ② 주가 천명사상과 덕치를 내세웠다. ④ 주의 뤄양 천도가 대표적이다. ⑤ 한 무제가 흉노를 고비 사막 이북으로 몰아내었다.

095

중국에서 출발하여 대월지로 간 경로를 통해 (가) 인물이 장건임을 알수 있다. 한 무제는 흉노와의 전쟁을 준비하면서 흉노가 서쪽으로 쫓아낸 대월지와 동맹을 맺기 위해 기원전 139년 장건을 서역에 파견하였다.

(바로잡기) ① 부여는 중원의 한과 우호 관계를 유지하였으며, 북방의 여러 민족과 교류하였다. ③ 삼한은 여러 소국이 형성한 연맹체로, 제정분리 사회였다. ④ 춘추·전국 시대에 제자백가가 출현하였다. ⑤ 시황제 사후 사회가 혼란해졌고, 진승과 오광의 난 등이 일어났다.

096

기원후 57년 왜의 노국왕에 보낸 사자에게 '한위노국왕'이라는 글씨가 새겨진 금도장을 하사하였다는 내용을 통해 (가)가 후한의 광무제임을 알 수 있다. ② 1세기 초 외척인 왕망이 한을 무너뜨리고 신을세웠으나, 호족의 후원을 받은 광무제가 한을 다시 세웠다.

(바로잡기) ① 은허는 상 후기의 도읍이다. ③ 왕망에 대한 설명이다. ④ 한 고조가 흉노에 공물을 제공하였다. ⑤ 진에 대한 설명이다.

097

마가, 우가, 저가, 구가 등이 사출도를 다스렸다는 내용을 통해 밑줄친 '나라'가 부여임을 알 수 있다. 만주와 한반도 일대에 철기가 보급되면서 여러 나라가 등장하였는데, 만주 쑹화강 일대에서는 예맥족이 세운 부여가 연맹 국가로 발전하였다.

(바로잡기) ② 주가 종법적 봉건제를 실시하였다. ③ 진이 흉노를 몰아내고 오르도스 지방을 차지하였다가 묵특 선우가 이 지역을 다시 차지하였다. 이후 한무제가 흉노를 고비 사막 이북으로 몰아내었다. ④ 상에 해당한다. ⑤ 부여는 철기 문화를 기반으로 성립하였다.

098

야마타이국을 이끈 여성이라는 점에서 밑줄 친 '그녀'가 히미코임을 알 수 있다. 히미코는 후한이 멸망한 후 위에 조공하였고 위는 히미코에게 '친위왜왕'이라는 칭호와 거울 등을 주었다.

(바로잡기) ㄷ, ㄹ. 고조선의 우거왕이 한 무제의 침략에 맞서 항전하였다.

099

흉노에 대한 전면전을 시작한 한 무제는 위청과 곽거병 등 유능한 장수의 활약으로 흉노에 승리를 거두었다.

100

한 무제는 흉노를 공격하여 세력을 약화시키고 고조선과 남비엣을공격하여 멸망시켰다.

채점 기준	수준
고조선 멸망, 남비엣 정복, 군현 설치를 정확히 서술한 경우	상
남비엣 정복과 9군 설치만 서술한 경우	중
고조선 정복과 4개의 군 설치만 서술한 경우	하

II 동아시아 세계의 성립과 변화

03 인구 이동과 정치·사회 변동

분석 기출문제

[핵심 개념 문제]

101 한화	102 야마토		103 고구려	104 ×	105 ×
106 ○	107 ㉢	108 ㉡	109 ㉠	110 ㉠	111 ㉡	112 ㉠
113 ㄴ	114 ㄱ	115 ㄷ				

116 ④	117 ④	118 ⑤	119 ④	120 ⑤	121 ①	122 ⑤
123 ①	124 ⑤	125 ③	126 ④	127 ②	128 ⑤	129 ③
130 ⑤	131 ⑤					

[1등급을 향한 서답형 문제]

132 다이카 개신 **133** (예시 답안) 나카노오에 황자와 당 유학생을 중심으로 당의 율령 체제를 본떠 군주 중심의 중앙 집권적 통치 체제를 만들고자 하였다.

134 백강 전투 **135** (예시 답안) 백제 멸망 후 백제에서 부흥 운동이 일어나자 왜가 이를 돕기 위해 지원군을 파견하여 당과 신라의 연합군과 전투를 벌였다.

116

제시된 자료는 한족이 창장강 이남 방면으로 이동하였다는 점, 건강을 중심으로 동진이 건국되었다는 내용 등을 통해 5호의 이동에 따른한족의 남하에 관한 것임을 알 수 있다. 3세기 말 이후 중국 북방 지역의 다섯 유목 민족인 선비, 흉노, 갈, 저, 강족 등 5호가 화북 지역으로 이동하여 여러 국가를 건국하자 이 지역에 살고 있던 한족이 이들을 피해 창장강 이남 지역으로 이동하여 동진을 건국하였다.

(바로잡기) ① 황소의 난은 9세기 후반에 일어났다. ② 청이 베이징을 점령한 것은 17세기 중반의 일이다. ③ 거란이 연운 16주를 차지한 것은 10세기 중반의 일이다. ⑤ 토번이 비단길을 장악하고 세력을 확장한 것은 7세기경의 일이다.

117

(가) 지역은 창장강 하류 지역, (나) 지역은 일본의 기나이 지방, 아스카지역에 해당한다. 북방 민족의 남하로 한족이 창장강 유역으로 이동하면서 저습지 개간 등이 활발히 이루어져 강남 지방의 생산력이 크게 증대되었다. 삼국 항쟁 시기의 한반도 주민과 중국 남북조 시기에창장강 유역에 살던 한족 가운데 일부가 일본 열도로 이주하였는데이들을 '도왜인'이라 부른다. 도왜인은 각종 선진 기술을 일본에 전해주어 야마토 정권의 성립과 발전에 크게 이바지하였다. 특히 한반도도왜인이 가지고 온 문화는 아스카 문화의 발달에 큰 영향을 주었다.

(바로잡기) ㄱ. 벼농사는 기원전 6000년경 창장강 유역에서 시작되었다. ㄷ. 일본의 센고쿠 시대가 시작된 것은 15세기 후반이다.

118

제시된 자료는 진(晉)의 황제가 포로로 잡혔다는 내용, 사마예가 건강에서 동진(東晉)을 건국하였다는 내용 등을 통해 5호의 화북 지역점령을 피해 한족이 창장강 이남 지역으로 남하한 상황을 보여 준 것임을 알 수 있다. 이주한 한족의 노동력과 선진 토목 기술을 바탕으로 강남 지방의 개발이 진척되고 농업 생산력이 크게 증대되었다.

① 오닌의 난은 일본 무로마치 막부 시기인 15세기에 쇼군의 후계자 문제를 둘러싸고 무사들 간에 벌인 대립을 말한다. ② 백제 부흥 운동을 지원하기 위해 7세기 중반 왜가 군대를 파견하였다. 그러나 왜는 백강 전투에서 당과 신라의 군대에 패하였다. ③ 전연의 맹약은 11세기 초 송과 거란(요) 사이에 체결되었다. ④ 가마쿠라 막부가 붕괴된 것은 14세기이다.

119

제시된 자료의 (가)는 백제 멸망(660) 후 백제 유민이 일본 열도로 이동한 사실, (나)는 5호의 화북 점령으로 한족이 대거 창장강 이남 지역으로 이주한 사실, (다)는 중국의 진·한 교체기에 위만이 무리를 이끌고 고조선으로 이주한 사실, (라)는 고구려에서 비류·온조 집단이 한반도 남쪽으로 남하한 사실에 관한 것이다. ㄴ. 한족이 대규모로 창장강 이남 지역으로 남하하여 한족 왕조인 동진을 건국하였다. ㄹ. 고구려 내부의 갈등으로 지배층 일부가 한강 유역으로 남하하여 백제를 건국하였다.

ㄱ. 야마토 정권은 4세기경 유력 호족의 연합으로 성립하였다. ㄷ. 만주와 한반도 일대에서는 기원전 2000년~1500년 무렵에 청동기 문화가 시작되었다. 이와 같은 청동기 문화를 기반으로 고조선이 성립하였다. 고조선은 위만이 왕위를 차지한 이후 철기 문화를 본격적으로 받아들였다.

120

왼쪽 자료는 흉노, 선비, 저족 등 북방 민족이 화북 지역으로 이동하여 각기 나라를 세운 5호 16국 시대의 형성을 보여 준다. 오른쪽 자료는 고구려 내부에 정치적 갈등이 발생하자 주몽의 아들 비류와 온조 세력이 남쪽으로 이동한 사실로, 이는 백제 건국으로 이어졌다. 두 자료 모두 인구의 이동과 이로 인한 새로운 왕조 성립에 관한 것임을 알 수 있다.

① 천명사상의 등장은 주 대에 해당한다. ② 일본의 헤이안 시대는 헤이안쿄로 천도한 8세기 후반에 시작되었다. ③ 명은 16세기에 북쪽의 몽골과 동남쪽의 왜구의 침입에 시달리며 사회 혼란을 겪었다. ④ 북위 효문제가 적극적인 한화 정책을 추진하여 점차 유목 문화와 한족 문화의 융합이 이루어졌다.

121

제시된 자료에서 5호가 화북에 여러 나라를 세웠다는 교사의 설명, 진(서진)의 연호 '영가', 동진의 연호 '영화' 등을 통해 5호가 화북 지역을 점령하면서 진(晉)의 한족이 남하하여 창장강 이남 지역으로 이동한 상황과 관련 있음을 알 수 있다. 5호에게 화북 지방을 빼앗기고 창장강 이남 지역으로 이동한 한족 세력은 동진을 건국하고, 화북의 5호 정권과 대립하였다.

② 다루가치는 몽골 제국의 관직이다. 고려 후기에 원이 고려의 내정을 간섭하기 위해 다루가치를 고려에 파견하였다. ③ 안남도호부 설치는 7세기 당 대에 이루어졌다. ④ 일본에서 7세기 중반에 다이카 개신이 단행되었다. ⑤ 기원전 203년에 찌에우다가 베트남 지역에 남비엣을 세웠다.

1등급 정리 노트 ⟋ 5호의 남하와 한족 이동

5호 남하	한족의 이동
북방의 유목 민족(선비, 흉노, 갈, 저, 강족)이 후한 말 이후 혼란기에 대거 이동 → 화북 지역에 여러 나라 건국(5호 16국)	화북 지역의 한족이 창장강 이남 지역으로 이동 → 동진 건국 후 5호의 국가들과 대립

122

제시된 자료에서 가야로부터 오름 가마 기술이 보급되어 스에키 토기가 제작되었다는 내용, 백제의 영향을 받은 호류사 5층 목탑 건립 등의 내용을 통해 중국이나 한반도에서 일본 열도로 건너온 도왜인(도래인)이 일본 문화의 발전에 영향을 주었음을 알 수 있다.

① 17세기 초 수립된 에도 막부는 조선의 통신사를 통해 선진 문물 등을 수용하였다. ② 견당사는 일본이 당에 파견한 사절단이다. ③ 연행사는 조선이 청에 파견한 사절단이다. ④ 5세기에 화북 지방을 통합한 북위가 한화 정책을 추진하면서 화북 지역에서 유목민의 문화와 한족의 문화가 융합하는 호한 융합이 나타났다.

123

제시된 자료는 백제와 고구려 멸망 후 백제 유민과 고구려 유민이 일본 열도와 당의 영토로 이동한 사실에 관한 것이다. 인구 이동은 기후 변화, 자연재해 등 자연적 원인과 인구 증가와 종족 간의 정치적 갈등 등 내부 원인, 그리고 침략이나 패전국 주민의 강제 이동과 같은 외부 원인 등 다양한 이유로 이루어진다. 자료의 백제, 고구려 유민의 이동은 정치 상황의 변화와 패전국 주민의 강제 이동과 관련 있다고 볼 수 있다. 한반도의 삼국 통일 과정에서 660년 백제 멸망 후 많은 백제 유민이 일본 열도로, 668년 고구려 멸망 후 많은 고구려 유민이 당의 영토로 이주하거나 끌려갔다.

② 흉노, 선비 등 5호는 3세기 말~4세기경 화북 지역으로 대거 진출하였다. ③ 진 대 이후 중원의 한족과 북방 유목 민족이 대립하였다. 이들의 대립은 백제, 고구려 유민의 이동과 관련이 없다. ④ 중국과 한반도에서 이주한 도왜인이 6세기경 아스카 문화 발전에 영향을 주었다. ⑤ 기원전 3세기에 진이 전국 시대를 통일하여 중국 최초의 통일 왕조가 되었다.

124

중국은 후한이 멸망한 이후 수가 통일하기까지 360여 년 이상 분열과 혼란을 거듭하였는데, 이 시기를 위·진·남북조 시대라고 하며, (가)는 남북조 시대에 해당한다. 남북조 시대는 북위가 화북 지방을 통일한 4세기에서 수가 남북조를 통일한 6세기 후반까지 이어졌다. 4세기에 수립된 야마토 정권은 지배자의 권위를 나타내기 위해 앞은 네모지고 뒤는 원형을 띤 거대한 전방후원분을 축조하였다.

① 발해는 7세기 말에 건국되었다. ② 흉노의 묵특 선우는 기원전 3세기에 한과 여러 차례 전투를 벌였다. ③ 한 무제는 기원전 108년 고조선을 멸망시키고 한반도에 4군을 설치하였다. ④ 왜에서는 7세기 중반에 당 유학생을 중심으로 다이카 개신이 단행되었다.

125

'북방의 언어를 금지하고 중원의 언어만 사용하도록 한다'는 말을 통해 북위의 효문제임을 알 수 있다. 북위의 효문제는 수도를 평성에서 뤄양으로 옮기고, 중국식 언어와 풍습을 적극 수용하였으며, 선비족과 한족의 혼인 장려 등의 정책을 추진하여 호한 융합을 꾀하였다.

① 대운하는 수 대에 건설되었다. ② 한의 무제가 남비엣을 정복하였다. 이후 베트남은 약 1000년간 중국의 지배를 받았다. ④ 야마토 정권이 호족을 중앙 정치에 편입시키기 위해 '성'을 하사하는 제도를 실시하였다. ⑤ 진의 시황제에 해당한다.

126

(가)에 해당하는 국가는 북위이다. 북위는 화북 일대를 장악하여 5호 16국 시대의 혼란을 수습하였다. 그리고 효문제 때 수도를 뤄양으로 옮기고 적극적인 한화 정책을 추진하여 한족의 언어와 풍습을 적극적으로 수용하였다.

바로잡기 ① 다루가치를 지방에 파견한 나라는 몽골 제국이다. ③ 수가 대운하를 건설하였다. ④ 시박사는 중국의 해상 무역 관계를 담당한 관청으로, 당대에 처음 설치되었고 송~명 대까지 유지되었다. ⑤ 호라즘을 공격하여 동서 무역로를 확보한 나라는 몽골 제국이다.

127

제시된 자료에서 평성(현재 다퉁)에 도읍을 정하고 5호가 세운 여러 나라를 통합하여 화북을 통일하였다는 내용, 옷깃과 소매가 좁은 북방 민족의 옷(호복)을 입지 말라는 조칙을 지키지 않았음을 탓하는 내용을 통해 북위의 발전과 한화 정책에 관한 것임을 알 수 있다. 북위는 5호 16국 시대를 통일하였고, 효문제 때 적극적인 한화 정책을 추진하여 선비족의 언어와 풍습을 금지하는 등의 조치를 취하였다.

바로잡기 ① 월지는 기원전 흉노에게 패배하고 서역으로 이동하였다. ③ 부여족의 내분으로 주몽 집단이 압록강 유역의 졸본 지역으로 남하하여 고구려를 건국하였다. ④ 거란은 유목민에게는 고유의 관습, 농경민에게는 중국적인 지배 방식을 적용하는 이원적 지배 체제를 채택하였다. ⑤ 일본은 8세기 후반 헤이조쿄에서 헤이안쿄로 천도하였다.

128

(가)는 612년 고구려와 수의 전투인 살수 대첩, (나)는 663년 당군과 왜군이 벌인 백강 전투에 관한 것이다. 고구려 침공에 실패한 수가 무너지고 뒤를 이어 들어선 당은 신라와 연합하여 백제를 멸망시켰다(660). 이후 나·당 연합군은 백제 부흥 세력을 돕기 위해 파견된 왜군과 백강에서 격돌하여 승리하였다.

바로잡기 ① 진의 시황제가 분서갱유를 일으켰다. ② 일본 열도에서 4세기경 야마토 정권이 수립되었다. ④ 3세기경 히미코 여왕이 야마타이국을 다스렸다. ⑤ 기원전 3세기에 흉노의 묵특 선우가 동쪽으로 동호를 공격하여 복속하고, 서쪽으로는 월지를 몰아냈다.

129

제시된 자료에서 고구려 정벌에 번번이 실패하였고, 신라와 연합하여 백제를 무너뜨렸다는 내용으로 보아 (가)는 당 왕조임을 알 수 있다. 당은 백성에게 일정한 면적의 토지를 지급하고, 토지를 받은 백성은 이에 대한 반대급부로 조용조라는 조세를 납부하고 부병의 의무를 지게 하였다.

바로잡기 ① 7세기 이후 일본에서는 '천황'이라는 칭호를 사용하였다. ② 청이 광저우에 공행을 설치하였다. ④ 일본의 무로마치 막부는 명과 감합 무역을 하였다. ⑤ 수가 남북조를 통일하고 과거제를 실시하였다.

130

제시된 자료에서 '수를 이은 통일 왕조', '동아시아 각국 도성의 모델이 된 장안성', '빈공과에 합격한 신라 유학생 최치원' 등의 내용으로 보아 (가)는 당 왕조임을 알 수 있다. 당은 신라와 나·당 연합군을 결성하여 백제를 멸망시켰다(660).

바로잡기 ① 일본에서 당의 수도 장안을 본떠 헤이조쿄가 건설되었다. ② 만주족은 청을 건국하였다. ③ 일본 가마쿠라 막부, 베트남의 쩐 왕조는 몽골 제국의 침략을 격퇴하였다. ④ 흉노는 최고 통치자를 '선우'라고 불렀다.

131

제시된 자료에서 도성이 상경성이고, 문왕이 8세기에 상경으로 천도하였다는 내용으로 보아 (가)는 발해임을 알 수 있다. 당의 수도 장안은 바둑판 모양으로 도로가 뻗어 있고 내부가 구획된 계획도시였다. 이러한 장안의 형태는 발해와 일본 등 여러 나라에 영향을 주었다. ⑤ 발해는 교육 기관으로 주자감을 두어 유학을 가르쳤다.

바로잡기 ① 구분전은 북위와 수·당 대 균전제를 바탕으로 국가가 개인에게 나누어 준 토지이다. 일본에서도 균전제를 모방한 반전수수법을 실시하여 농민에게 구분전을 지급하기도 하였다. ② 다이호 율령은 8세기 초 일본에서 반포되었다. ③ 일본은 중앙 관제로 2관 8성을 운영하였는데, 2관의 하나인 신기관은 제사를 담당하였다. ④ 독서삼품과는 신라에서 실시되었다.

132

관료제 도입과 지방관 파견은 중앙 집권 체제를 도모한 조치로, 7세기 중반에 일본 열도에서 추진된 다이카 개신임을 알 수 있다. 다이카 개신은 국가 체제를 확립하는 큰 계기가 되었다.

133

일본은 당 유학생을 중심으로 당을 모방한 중앙 집권 체제를 표방하기 위해 대표적인 호족 세력 소가씨를 제거하고 다이카 개신을 단행하였다.

채점 기준	수준
나카노오에 황자와 당 유학생을 중심으로 당의 통치 체제를 본떠 군주 중심의 중앙 집권적 통치 체제를 만들고자 하였음을 서술한 경우	상
당의 통치 체제를 본떠 군주 중심의 중앙 집권적 통치 체제를 만들고자 한 내용은 서술하였으나 당 유학생을 중심으로 추진되었다는 내용은 언급하지 않은 경우	중
단순하게 중앙 집권적 통치 체제를 만들고자 하였다는 내용만 서술한 경우	하

134

제시된 자료에서 '백제 부흥군', '백강', 당군과 일본군이 충돌하였다는 내용 등을 통해 백강 전투에 관한 것임을 알 수 있다.

135

백강 전투는 백제 부흥군을 지원하기 위해 파견된 왜(일본)의 수군과 신라·당의 연합군이 벌인 전투이다. 이 싸움에서 나·당 연합군이 왜선 4백여 척을 불태우는 등 왜군을 크게 격퇴하였다.

채점 기준	수준
백제가 멸망한 후 백제 부흥 세력을 돕기 위해 왜(일본)가 지원군을 파견하여 신라·당 연합군과 전투를 벌였다는 내용을 서술한 경우	상
백제가 멸망한 후 부흥 세력을 돕기 위해 왜(일본)가 지원군을 파견하였다는 내용만 서술한 경우	중
왜(일본)가 백제를 돕기 위해 군대를 보냈다고 서술한 경우	하

136 ①	137 ②	138 ⑤	139 ①	140 ⑤
141 ⑤	142 ③	143 ②		

136 한반도의 인구 이동 파악하기

1등급 자료 분석 | 부여족의 남하

> 맏아들 대소가 왕에게 말하기를 "<u>주몽</u>은 …… 사람됨이 또한 용감
> <small>부여 내부에서 벌어진 정치적 분열을 의미한다.</small>
> 합니다. …… 후환이 있을까 두려우니 그를 제거할 것을 청하옵니
> 다."라고 하였다. …… <u>주몽이 이에 오이, 마려, 협보 등 세 사람과 친
> 구가 되어 길을 떠났다.</u> <small>부여족의 주몽이 남하하여 고구려를 건국하였다.</small>

기원전 1세기 무렵 만주 북부 쑹화강 지역의 부여족 내부에서 분열이
일어나자, 주몽 집단이 압록강 중류의 졸본 지역으로 남하하였다. 주
몽 집단은 토착 세력과 결합하여 고구려를 세웠고, 점차 세력을 강화
하면서 토착 세력을 누르고 나라의 주도권을 장악하였다.

바로잡기 | ② 온조의 남하, ③ 부여족의 한반도 남부 이동, ④, ⑤ 고조선 유민
들의 이동을 나타낸다.

137 기원 전후 ~ 7세기 이전 동아시아의 인구 이동 이해하기

1등급 자료 분석 | 동아시아의 인구 이동 사례

> 〈학술대회 발표회〉
> <small>7세기는 당의 성립과 발전 시기에 해당한다.</small>
> • 주제 : 기원 전후 ~ <u>7세기</u> 이전 동아시아의 인구 이동
> 1. 부여족의 이동이 끼친 영향
>   <small>부여족이 남하하여 고구려와 백제가 건국되었다.</small>
> 2. _____(가)_____
> 3. 야마토 정권의 선진 문화 수용 사례
>   <small>도왜인이 야마토 정권의 발전에 기여하였다.</small>
> • 일시 : 20○○년 10월 ○○일 ○○시
> • 장소 : ○○대학교

기원 전후부터 동아시아 일대에서 대규모 이동이 일어났다. 2세기 들
어 후한이 정치적으로 혼란스러워졌고, 후한의 지배자들은 북방 민
족을 끌어들여 군사적으로 이용하려 하였다. ② 변경의 방어가 느슨
해지자 흉노, 선비, 갈, 강, 저의 5호가 화북 지역을 장악하였다.

바로잡기 | ①, ③, ④, ⑤ 기원전에 일어난 일이다.

138 4세기 초 동아시아의 정세

1등급 자료 분석 | 서진의 멸망

> 유요가 <u>서진</u>의 수도인 장안을 포위하자 민제는 울면서 "지금 이렇
> <small>위·촉·오의 삼국을 통일한 국가</small>
> 게 힘든데 밖에서 도와줄 이가 없으니, 나라와 함께 죽는 것이 짐이
> 할 일이다. 적에게 항복하는 글을 보내라."라고 말하였다.
> <small>서진은 흉노가 세운 유연에 의해 멸망하였다.</small>

자료는 4세기 초 서진이 멸망하는 상황을 나타낸 것이다. 서진은 위·
촉·오의 분열을 통일하였으나 3세기 말 내분으로 급속히 쇠퇴하였
고, 4세기 초 흉노에 의해 멸망하였다. ⑤ 4세기 초 고구려가 낙랑
군을 멸망시키자 낙랑군의 유민 일부가 한반도 남부로 이주하였다.

바로잡기 | ① 북위는 439년 화북 일대를 통일하였다. ② 고구려는 5세기에 한
강 유역을 차지하였다. ③ 히미코는 3세기 위에 조공하고 친위왜왕으로 책봉되
었다. ④ 기원전 1세기경 고구려의 온조가 남하하여 한강 유역에서 백제를 세
웠다.

139 기원 전후 ~ 7세기 이전 동아시아의 인구 이동 파악하기

1등급 자료 분석 | 도왜인의 활동

답사 계획서

주제 : _____(가)_____

〈주요 방문 장소〉

오사카에 위치한 백제왕을 제사 | 사이타마현에 있는 보장왕의 아
지내는 신사 | 들을 기리는 신사

백제 멸망 이후 백제계 도왜인이 살던 | 보장왕의 아들 약광은 고구려 멸망 후
곳에 세운 것으로 추정된다. | 유민들을 이끌고 일본에 건너간 것으
 | 로 여겨진다.

제시된 자료는 한반도에서 일본 열도로 건너간 사람들과 관련이 있
다. ① 삼국 항쟁이 전개되는 과정에서 한반도 주민 일부가 일본 열
도로 건너갔는데, 이들을 도왜인이라고 한다. 이들은 선진 기술과 유
학·불교 등을 전하여 야마토 정권의 발전에 기여하였다.

바로잡기 | ② 북방 민족을 피해 창장강 이남으로 내려간 한족에 의해 강남 개
발이 시작되었다. ③ 진시황제 때에 진이 흉노를 몰아내고 만리장성을 쌓았다.
④ 야마타이국의 여왕 히미코가 위에 조공하였다. ⑤ 진시황제 사후 농민들의
봉기가 잇따라 일어났다.

140 효문제의 활동 알아보기

1등급 자료 분석 | 북위의 효문제

> 탁발부가 세운 이 나라는 화북을 통일하였습니다. 이후 이 나
> <small>5호 16국을 통일한 북위를 의미한다.</small>
> 라의 황제는 남제 정벌을 내세워 뤄양으로 천도하였습니다.
> <small>남제는 남조의 제를 말한다. 효문제는 남제 정벌을
> 구실로 평성에서 뤄양으로 천도하였다.</small>

밑줄 친 '황제'는 북위의 효문제이다. 효문제는 수도를 평성에서 남쪽
의 뤄양으로 옮겼다. ⑤ 효문제는 선비족의 성씨를 한족의 성씨로 바
꾸고 한족과의 결혼을 장려하였으며 조정에서 선비어의 사용을 금지
하는 등 적극적인 한화 정책을 추진하였다.

바로잡기 ①, ③ 일본 야마토 정권, ② 한 고조, ④ 후한 광무제에 해당한다.

141 수의 대외 정책 파악하기

1등급 자료 분석 수의 건국과 살수 대첩

(가) 북조를 무너뜨린 황제는 진(陳)을 토벌하라는 조서를 내렸다.
　　　　　　　　　　남조의 마지막 왕조로, 북조를 무너뜨린
　　　　　　　　　　수가 진을 멸망시키고 중국을 통일하였다.
이에 대군이 창장강 유역까지 남하한 후 진의 도성을 공격하여
멸망시켰다.

(나) 9군이 처음 랴오허강을 건널 때는 30만 5000명이었는데, 살수에서
　　　　　　　　　　　　　　수 양제의 침입을 고구려가 살수에서 격파하였다.
패배한 다음 요동성으로 돌아온 것은 겨우 2천 700명이었다.

(가)는 581년 수의 중원 통일, (나)는 612년 고구려가 수의 침입을 물리친 살수 대첩이다. ⑤ 수는 남북조를 통일한 이후 북방에서 큰 세력을 형성하고 중원을 압박하던 돌궐을 여러 차례 공격하였다. 이어 고구려를 공격하였으나 실패하였다.

바로잡기 ① 다이카 개신은 645년 소가씨가 제거된 이후 일본에서 추진되었다. ② 상앙은 전국 시대 진에 등용되어 개혁을 추진하였다. ③ 대조영은 698년 발해를 건국하였다. ④ 일본은 630년부터 894년까지 견당사를 파견하였다.

142 나·당 연합과 삼국 통일 과정 알아보기

1등급 자료 분석 백강 전투

당의 장군이 함선 170척을 이끌고 백강에 진을 쳤다. 일본의 수군
　　　　　　　　　　　　　　왜의 군대가 백제 부흥군을 지원하기 위해 백강에 도착하였다.
중 처음 도착한 배들이 당의 수군과 싸웠지만, 불리하여 후퇴하였
다. 당군은 좌우에서 수군을 출동시켜 협공하였다. 눈 깜짝할 사이
에 일본군이 패하였다.
　　　　백강 전투에서 왜의 지원군이 나·당 연합군에게 패배하였다.

제시된 자료는 백강 전투에 대한 것이다. ③ 660년 백제가 나·당 연합군에 의해 멸망한 후 백제 부흥 운동이 일어났다. 왜는 백제 부흥 운동을 지원하기 위해 군대를 파견하였으나 663년 백강 전투에서 당과 신라군에게 패배하였다. 이후 668년 나·당 연합군은 고구려를 멸망시켰다.

143 당의 대외 정책 파악하기

1등급 자료 분석 8세기경 동아시아의 정세

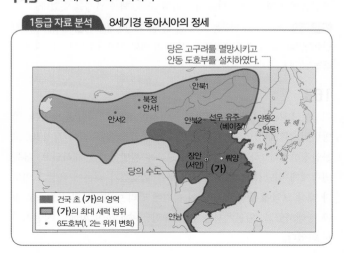

(가) 국가는 당이다. ② 백제와 고구려가 멸망한 후 당은 신라를 포함해 한반도 전체를 지배하려 하였고, 결국 양측의 대립은 전쟁으로 이어졌다. 신라는 전쟁을 통해 당 세력을 축출하고 676년 삼국 통일을 완성하였다.

바로잡기 ① 신라, ③ (서)진, ④ 한, ⑤ 진(秦)에 해당한다.

분석 기출문제

35~39쪽

[핵심 개념 문제]

144 조공	145 북면관제		146 쩐흥다오	147 ×	1 4 8
○	149 ○	150 ⓒ	151 ㉠	152 ⓛ	153 ㉠
154 ⓛ	155 ㉠	156 ㄱ	157 ㄷ		

158 ①	159 ③	160 ④	161 ③	162 ⑤	163 ④	164 ②
165 ②	166 ③	167 ①	168 ②	169 ①	170 ⑤	171 ②
172 ①	173 ①	174 ③	175 ②	176 ③		

1등급을 향한 서답형 문제

177 **예시 답안** 조광윤(태조)은 송을 건국한 이후 문치주의를 통치 이념으로 채택하였다. 이에 따라 절도사의 권한을 대폭 축소하였으며, 과거제에 전시를 도입하는 등의 정책을 추진하여 황제권 강화와 문신 관료제 확립을 이루었다. 그러나 국방력은 약화되어 북방 민족보다 군사적으로 크게 열세를 보여 그들의 침입을 방어하기 어려워졌다. **178** 역참 **179** **예시 답안** (1) 목적 : 몽골 제국은 역사상 가장 광대한 제국을 형성하였다. 넓은 제국을 효율적으로 통치하기 위해서는 교통·통신 시설의 정비가 필요하였다. (2) 영향 : 역참을 이용하면 몽골 제국의 곳곳을 안전하게 여행할 수 있었다. 이 때문에 각국 상인들이 유라시아 대륙을 오가면서 동서 교역이 활발하게 이루어졌다.

158

제시된 자료는 중원 왕조와 주변국 간의 조공·책봉 관계를 보여 주고 있다. 주 대에 처음 등장한 조공·책봉은 본래 왕의 제후 책봉과 제후의 조공 상납으로 이루어지는 지배·종속의 관계였다. 그러나 한 대에 동아시아 지역의 국제 질서로 확대되면서 실질적인 지배·종속의 의미는 사라지고 중원 왕조와 주변국 간의 의례적인 외교 관계로 변화하였다.

바로잡기 ① 조공·책봉 체제가 처음 등장한 것은 주 왕조 시기였다.

159

제시된 자료는 『남제서』의 기록으로, 고구려가 북위, 남제에 모두 조공하는 외교 관계를 맺었으나, 당시 고구려의 세력이 강력하였기 때문에 남제에서 고구려를 함부로 다루지 못하였고, 북위에서도 고구려 사신을 남제와 동등하게 최고 위치에서 대우하였음을 알 수 있다. 조공·책봉 외교 관계의 핵심은 필요에 따라 체결된 의례적인 외교 관계일 뿐이지 실질적인 지배·종속의 의미는 아니었다.

바로잡기 ㄱ. 조공·책봉의 외교 관계는 반드시 지켜야 하는 규정이 아니라 양국의 대내외적인 상황에 따라 중단되기도 하였다. ㄹ. 수와 당이 초기에 스스로 돌궐의 신하라고 자처하며 조공 사절을 파견한 것과 같이 중원 왕조와 주변국 사이의 역학 관계에 따라 많은 변화를 겪었다.

160

제시된 자료에서 설명하는 국가는 당이다. 당은 신라와 동맹을 맺어 백제와 고구려를 멸망시켰으며, 발해와 신라뿐만 아니라 그 외 주변국과 조공·책봉 관계를 형성하였다. 하지만 토번, 위구르 등 당에 군

사적으로 위협이 되는 국가에는 화번 공주를 시집보내 화친을 유지하려고 노력하기도 하였다.

바로잡기 ① 진은 법가 사상을 기반으로 전국 시대의 혼란을 통일하였다. ② 한의 무제는 유교 이념을 채택하였고, 고조선·남비엣 등의 주변국을 복속하였다. ③ 수는 남북조의 분열을 통일하였다. ⑤ 조광윤이 건국한 송은 문치주의를 통치 이념으로 채택하였다.

161

제시된 자료는 한 대 주변국과의 관계에 관한 것이다. 첫 번째 자료에서는 한 고조(유방)와 흉노의 전쟁 이후 양국이 화친을 맺은 상황에서 고조의 아들인 문제도 물자를 제공하여 우호 관계를 유지하였음을 알 수 있다. 두 번째 자료는 왜의 노국이 신하를 자처하여 후한에 조공을 바치고 책봉을 받아간 기록으로, 필요에 따라 주변국 스스로 중원 왕조와 조공·책봉 관계를 맺었음을 보여 준다.

바로잡기 ㄱ. 조공·책봉 관계는 주 대에 처음으로 등장하였는데, 이는 중원 왕조 내부에서 천자와 제후 사이에 맺은 지배·종속 관계였다. 한 대에 이르러 중원 왕조가 강한 군사력을 바탕으로 주변 국가에 조공을 바칠 것을 요구하면서 동아시아 사회의 국제 질서로 확대되었다. ㄹ. 중원 왕조와 주변국 간의 조공·책봉 관계는 직접적인 지배나 실제적인 간섭과 관련이 없는 형식적인 외교의 틀이자 의례적인 관계였다.

162

제시된 지도는 5세기 동아시아의 상황으로, 중국은 남북조 시대에 해당한다. 후한 멸망 이후 삼국 시대, 5호 16국으로 이어지는 혼란이 지속되었다. 4세기 말 화북 지역은 유목 민족 왕조인 북위가 통일하였고, 강남에는 동진 이후 송-제-양-진의 한족 왕조가 이어졌다. 강남의 한족 왕조들은 화북 지역의 북위 및 그 뒤를 이은 중원 왕조와 대립하였는데, 6세기 말까지 중국이 남북으로 나뉘어 대립한 이 시기를 남북조 시대라고 부른다. 북조와 남조는 주변의 소국들을 책봉하고 그들로부터 조공을 받았다. 이 시기 한반도에서는 고구려, 백제, 신라가 경쟁하는 한편 남북조와 활발하게 외교 활동을 벌였다. 5세기에 고구려는 북조와 남조 모두와 조공·책봉 관계를 맺어 두 세력을 이용하는 외교 정책을 펼치면서 남진 정책을 추진하였다. 백제는 고구려 남진 정책의 위협을 막기 위해 북위에 조공 사절을 보내 고구려를 공격해 달라고 요청하였으나 거절당하였다. 이에 북위에 대한 조공을 중지하고 주로 남조의 국가와 조공·책봉 관계를 맺었다.

바로잡기 ㄱ. 북조와 남조는 서로 상대방을 자신에게 조공을 바치는 나라로 간주하였다. ㄴ. 신라와 연합군을 결성하여 백제, 고구려를 멸망시킨 중원 왕조는 당이다.

163

지도는 10세기 후반~11세기의 동아시아 교역을 나타낸 것이다. 국방력이 취약하였던 송은 북방 민족의 침입을 자주 받아 정치적으로 불안정하였다. 하지만 경제적인 교류는 활발하게 전개하였고, 유목 민족에게 비단길 등의 육상 교역로를 빼앗겼기 때문에 육상 교역보다 해상 교역에 주력하였다. 이 시기에 멀리 아라비아의 상인들도 송에 왕래하였고, 일본에서는 송의 동전을 수입하여 화폐로 사용하기도 하였다.

바로잡기 ④ 고려 시대에는 국제 무역항으로 수도 개경 부근에 위치한 벽란도가 번성하였다. 경주와 가까웠던 울산항은 신라의 국제 무역항으로 번성하였다.

164

제시된 자료는 거란(요)의 이원적 지배 체제를 나타낸 것으로, 북면관제·남면관제이다. 야율아보기가 부족을 통일하고 세운 거란(요)은 유목민과 농경민에게 다른 통치 방식을 적용하였는데, 한인, 발해인 등 농경민이 거주하는 지역을 주현으로 편성하고, 거란인 등 유목민을 부족으로 편제하였다. 그리고 남면관과 북면관이 각각 주현과 유목민을 통치하도록 하였다. ② 건국 이후 거란은 동쪽으로 발해를 멸망시켜 세력을 확장하였으며, 연운 16주를 차지하여 만리장성 이남으로 영역을 넓힌 후 국호를 요로 바꾸었다.

바로잡기 ① 아구다는 여진족을 통합하고 금을 건국하였다. ③ 송이 5대 10국의 분열을 통일하였다. ④ 북위의 효문제가 한족의 문화를 적극적으로 수용하는 한화 정책을 추진하였다. ⑤ 금에 대한 설명이다.

165

지도의 (가)는 금에 해당한다. 금은 북송을 멸망시킨 후 화북 지역을 차지하였으며, 남송을 압박하여 맹약을 체결하고 매년 막대한 세폐를 바치게 하였다. 금은 요의 이원적 지배 체제를 계승하여 유목민에게는 맹안·모극제를 적용하고, 한족 등 농경민은 중국식 제도로 다스렸다. 또 독자적인 문자를 만들어 사용하고 여진족 고유의 풍습을 유지하고자 노력하였다. 그러나 점차 중원 문화에 동화되어 갔다.

바로잡기 ㄴ. 11세기 초 탕구트족이 세운 서하에 대한 설명이다. ㄹ. 거란은 세 차례에 걸쳐 고려를 공격하였으나, 서희, 강감찬 등의 활약으로 물러났다.

1등급 정리 노트 거란(요)과 금의 통치

구분	거란(요)	금
유목민	북면관제(부족제)	맹안·모극제
농경민	남면관제(주현제)	주현제
송과의 관계	연운 16주를 놓고 대립 → 전연의 맹약	카이펑 함락, 송 황제를 포로로 잡아감(송을 남으로 밀어냄) → 남송에게 세폐를 받음
특징	• 농경민과 유목민을 분리하여 통치 • 고유 문자 제정, 고유 문화를 지키기 위해 노력	

166

(가)는 문치주의에 해당한다. 절도사 출신이었던 조광윤은 송을 건국한 이후 절도사의 강력한 군사권이 국가 혼란의 이유라고 생각하여 문치주의 정책을 추진하였다. 이에 따라 송은 절도사의 권한을 축소하고 과거에 전시를 도입하였으며 문신 관료 기구를 확대하였다. 그 결과 황제권이 강화되고 문신 관료제가 확립되었다. 그러나 지나친 문치주의 강조로 국방력이 약화되어 북방 민족 등 이민족의 침략에 시달렸다.

바로잡기 ㄱ. 육유는 명의 홍무제가 백성의 교화를 위해 반포한 6개 항목의 가르침이다. ㄹ. 원의 황실에서는 라마 불교(티베트 불교) 관련 행사를 자주 열어 재정이 악화되었다.

167

밑줄 친 '이곳'은 역참을 말한다. 몽골 제국에서는 역참 제도가 잘 정비되어 통행증을 소지한 사람은 역참에서 편의를 제공받으면서 제국 내 곳곳을 안전하게 여행할 수 있었다.

바로잡기 ② 교초는 원에서 발행한 지폐이다. ③ 울루스는 몽골어로 '백성' 또는 '나라'라는 의미로, 몽골 제국을 구성하는 정치 단위를 말한다. ④ 신라방은 당에 설치되었던 신라인의 집단 거주지이다. ⑤ 시박사는 당 대 이후 중국에서 해상 무역 관련 업무를 담당한 관청이다.

168

제시된 자료를 통해 원에서는 소수의 몽골인과 주로 이슬람교를 믿는 서역계 색목인이 지배 계층을 이루었으며, 한인과 남인이 피지배 계층을 이루고 있었음을 알 수 있다. 원은 몽골 제일주의(지상주의)를 바탕으로 사회를 운영하였는데, 몽골인은 최고 지배층으로서 정치와 군사의 요직을 독점하였고, 색목인은 재정과 행정을 담당하면서 몽골인을 보조하는 역할을 담당하였다. 피지배 계층의 한인에는 과거 금의 지배를 받았던 화북의 한인과 다른 여러 민족이 포함되었으며, 남인은 몽골에 끝까지 저항한 남송의 한인을 말한다. 한인은 하급 관리로 선발되기도 하였으나 남인의 경우에는 관직 진출이 어렵고 다른 계층보다 훨씬 무거운 부담을 져야 했다.

바로잡기 ② 한인의 경우 하급 관리로 선발되기도 하였으며, 남인도 관직 진출이 매우 어렵기는 하였으나 일체의 기회가 없었던 것은 아니었다.

169

(나) 테무친은 몽골계 부족을 통합한 후 쿠릴타이에서 1206년에 칭기즈 칸으로 추대되었다. (가) 그 후 서쪽으로 진출하여 이슬람 제국인 호라즘을 멸망시키고 비단길을 장악하여 동서 무역을 독점하였다. (다) 칭기즈 칸의 후손인 쿠빌라이 칸은 남송을 정복하고(1279), 유목 민족이 세운 국가로서는 처음으로 중국 전체를 지배하게 되었다.

170

제시문의 쩐흥다오는 쩐 왕조의 왕족이자 장군으로서 바익당강 전투에서 몽골 군대를 격퇴함으로써 국가의 독립을 지켜 냈다. 이러한 활약으로 쩐흥다오는 오늘날까지 베트남 민족의 구국 영웅으로 추앙받고 있다.

바로잡기 ① 정화의 항해는 15세기 명의 영락제 때 추진되었다. ② 위·촉·오 삼국 시대의 분열이 끝나고 진(晉)에 의해 통일이 이루어진 무렵부터 5호 세력이 화북 지방에 이주하여 정착하였다. ③ 대월지와 동맹을 맺어 흉노를 견제하려는 한 무제의 의도에 따라 장건이 서역에 파견되었다. ④ 한의 무제는 고조선, 남비엣을 공격하여 멸망시켰으며, 북쪽의 흉노를 공격하여 세력을 크게 약화시켰다.

171

(가)는 『삼국유사』, (나)는 『대월사기』로, 두 역사서 모두 몽골 제국의 대외 팽창과 침략에 자극을 받아 편찬되었다. 몽골의 침입은 당시 동아시아 각국에 민족의식을 일깨우는 계기가 되었는데, 고려에서는 『삼국유사』, 『제왕운기』 등이 편찬되어 단군을 시조로 하는 자주적 역사관이 자리 잡았다. 베트남에서는 항전 과정에서 민족의식이 성장하여 쯔놈 문학이 유행하였으며, 『대월사기』와 같이 자주의식을 강조한 역사서가 편찬되었다.

ㄴ. 고려 중기에 김부식이 편찬한 『삼국사기』가 대표적이다. ㄹ. 기전체 서술 방식에 대한 설명이다. 『삼국유사』는 일정한 서술 방식에 따르지 않았으며, 『대월사기』는 편년체로 서술되었다.

1등급 정리 노트　몽골의 침략과 각국의 항쟁

고려	• 강화도로 수도를 옮기고 끈질기게 항쟁 • 몽골과의 강화 이후에도 삼별초가 계속 항쟁 → 진압 • 민족의식 성장 → 『삼국유사』, 『제왕운기』 등 자주성을 강조한 역사서 편찬
베트남 (쩐 왕조)	• 쩐흥다오의 활약으로 격퇴 • 민족의식 성장 → 쯔놈 문학 유행, 『대월사기』 편찬
일본	몽골·고려 연합군이 두 차례 침략, 태풍으로 침략 실패 → 일본에서 '신이 지켜 주는 나라'라는 신국 사상 확산

172

제시된 인물은 명을 건국한 주원장(홍무제)이다. 명의 태조 홍무제는 몽골 지배의 흔적을 없애고 한족의 문화 회복에 노력하였다. 육유를 제정하여 유학을 장려한 것은 이와 같은 목적에서 이루어졌다. 또 재상제를 폐지하여 황제권을 강화하려 하였으며, 이갑제를 실시하여 이장호에게 조세 징수와 향촌 교화의 책임을 맡겨 효율적인 향촌 통치를 도모하였다.

② 왕안석은 송의 재정 악화와 군사력 약화의 문제를 해결하려는 개혁을 추진하였다. ③ 한의 고조는 흉노와의 전쟁에서 패하고 흉노에게 예물을 바치며 화친 관계를 맺어 영토를 지켜 낼 수 있었다. ④ 송은 문치주의를 채택하여 과거의 위상을 강화하고 과거 시험의 최종 단계로 황제가 직접 주관하는 전시를 도입하였다. ⑤ 봉건제는 주 대에 처음 실시되었다.

173

지도는 명의 영락제 때 시작된 정화의 항해 노선을 나타낸 것이다. 영락제는 명의 국력을 과시하고 자국 중심의 조공·책봉 질서를 확대하기 위해 정화로 하여금 동남아시아와 인도양 일대를 항해하도록 하여 아프리카 동부 해안까지 진출하였다. 이러한 정화의 항해는 명 중심의 조공 질서가 동남아시아 지역으로 확대되는 결과를 가져왔다. 하지만 영락제 사후 명의 대외 정책은 점차 폐쇄적으로 바뀌어 더 이상의 해양 진출이 추진되지 않았다.

② 정화의 항해는 주변 여러 나라로부터 조공을 받고 우호 관계를 맺기 위해 추진되었다. 성리학 사상의 보급과는 관련이 없으며, 성리학은 주로 한국, 일본 등 동아시아 지역으로 확산되었다. ③ 해금 정책은 정화의 항해 이후 추진되었다. ④ 후한 말 이후 북방 5호의 남진을 피해 화북 지역의 한족이 창장강 이남 지역으로 대거 이주하였다. ⑤ 왜구는 일본 쪽에서 건너온 해적 세력을 말하는데, 정화의 항해 방향은 왜구의 활동 영역과 관련이 없다.

174

제시문은 명의 홍무제가 시행한 이갑제에 관한 설명이다. 홍무제는 110호를 1리로 편성하고 이장호에게 조세 징수, 치안 유지, 향촌 교화 등의 업무를 담당하게 함으로써 효율적인 향촌 통치를 도모하였다.

① 한의 고조가 봉건제와 군현제를 절충하여 군국제를 시행하였다. ② 군현제는 전국 시대부터 확산되다가 진시황제에 이르러 전국적으로 시행되었다. ④ 시박사는 당 대 이후 해상 무역 관계를 담당한 관청이다. ⑤ 견당사는 일본이 7~9세기에 걸쳐 당에 파견한 사절단이다.

1등급 정리 노트　이갑제의 운영

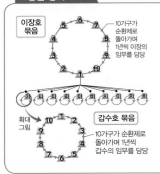

이갑제는 모두 110호를 1리로 편성하여 운영되었다. 이 중 부유한 10호가 이장호 묶음을 구성하고, 나머지 100호를 10호씩 묶어 갑수호 묶음을 구성하였다. 각 호는 10년마다 한 번씩 이장 혹은 갑수를 담당하여 조세 징수와 치안 유지의 의무를 담당하였다.

175

제시된 지도는 15세기 전반 동아시아 상황이며, 명 중심의 국제 질서를 보여 준다. 당시 명은 주변국에 사신을 보내 조공을 요구하였고, 조선, 일본, 대월(베트남), 류큐 등이 이를 수용함으로써 조공·책봉 관계가 형성되었다. 조선은 사대교린 정책에 따라 명에 조공하고, 주변국과는 화친을 유지하였다. 일본은 무로마치 막부가 성립하고 3대 쇼군인 아시카가 요시미쓰 때 명의 책봉을 받아 국교를 수립한 이후 조공을 보냈다. 명의 영락제에게 잠시 정복당한 베트남에서는 레 러이가 끈질기게 항쟁하여 명의 군대를 물리치고 레 왕조를 세웠다. 레 왕조는 명과 조공·책봉 관계를 맺고 명의 문물을 도입하여 왕권을 강화하였다.

ㄴ. 가마쿠라 막부는 12세기 말에 수립되어 14세기 중반에 무너졌다. 이후 아시카가 다카우지가 교토에 무로마치 막부를 세웠다. ㄹ. 한 무제의 남비엣 정복(기원전 111년) 이후 약 1000년간 베트남은 독립을 상실한 채 중원 왕조의 직접 지배를 받았다.

176

제시된 자료는 무로마치 막부의 3대 쇼군 아시카가 요시미쓰가 명에 보낸 조공 국서의 일부 내용이다. 무로마치 막부의 성립 직후부터 한동안 일본에서는 남북조의 분열이 전개되었다. 3대 쇼군이 이를 통일한 후 명에 조공을 보냈고, 이후 명과 일본 사이에 감합 무역이 전개되었다.

177

송은 지나치게 문치주의를 강조하여 국방력이 약화되었고, 이로 인해 북방 민족의 침입을 방어하는 것이 어려워졌다. 이에 굴욕적인 화친 조약을 체결하였다.

채점 기준	수준
정책 내용을 언급하여 문치주의 정책이 추진되었으나 결과적으로 국방력이 약화되어 북방 민족의 침입에 굴복하였음을 모두 서술한 경우	상
지나친 문치주의 정책 추진이 국방력 약화를 가져왔다는 내용만 서술한 경우	중
단순히 문치주의 정책만을 서술한 경우	하

178

제시된 자료는 마르코 폴로의 『동방견문록』 중에서 역참에 관해 서술한 부분이다.

179

몽골 제국이 안정되면서 상인들의 역참 이용이 증가하였고, 역참은 동서 간 교류를 증진하는 역할을 하였다.

	채점 기준	수준
(1) 목적	넓은 제국의 효율적인 통치를 위해 교통·통신 시설의 정비가 필수적인 요소였음을 서술한 경우	상
	단순히 효율적인 통치 목적만을 언급하여 서술한 경우	하
(2) 영향	안전한 여행이 가능, 동서 간의 교류가 활성화되었음을 모두 서술한 경우	상
	위 내용 중 한 가지만 서술한 경우	하

적중 1등급 문제

40~41쪽

180 ④	181 ⑤	182 ⑤	183 ④	184 ⑤
185 ④	186 ①	187 ②		

180 고구려의 대외 관계 파악하기

1등급 자료 분석 광개토 대왕릉비 비문

호태왕은 18세에 왕위에 올라 칭호를 영락대왕이라
<u>광개토 대왕이 '영락'이라는 연호를 사용하였다.</u>
하였는데, 그 은혜와 혜택이 크고 넓은 하늘에 미치었고, 위엄과 무공은 온 세상에 떨치었다. …… 백제와 신라는 과거부터 우리의 속민이었기 때문에 조공을 바쳐 왔다.
<u>고구려는 백제와 신라를 자국의 조공국으로 간주하는 독자적 천하관을 가지고 있었다.</u>
– 광개토 대왕릉비 비문 –

제시된 자료는 고구려의 독자적인 천하관을 보여 주는 광개토 대왕릉비 비문으로, 밑줄 친 '우리'는 고구려이다. ㄴ. 고구려는 612년 수의 대군을 살수에서 물리쳤다. 이를 살수 대첩이라고 한다. ㄹ. 고구려의 장수왕은 북조의 북위와 남조의 송에 모두 조공하였다.

(바로잡기) ㄱ. 송의 동전을 대량으로 수입한 것은 가마쿠라 막부이다. ㄷ. 한 무제가 남비엣을 정복하고 9군을 설치하였다.

181 당과 발해의 관계 파악하기

1등급 자료 분석 당과 발해의 관계

(가)는 당, (나)는 발해이다. 발해는 건국 초 당과 책봉 관계를 맺었지만, 한때 당의 산둥반도를 공격하는 등 당 중심의 국제 질서 편입을 거부하였다. 이후 당과 친선 관계를 맺고 당의 제도와 문물을 받아들였으나 독자적인 연호를 사용하는 등 주체적인 태도를 견지하였다. ⑤ 발해는 당과 신라를 견제하기 위해 돌궐과 연대하고 일본과 교류하기도 하였다.

(바로잡기) ① 흉노가 백등산 전투에서 한을 격파하였다. 한은 이후 흉노에 공물을 바치고 황실의 여성을 시집보내는 등 굴욕적인 외교 관계를 맺었다. ② 11세기 송에서는 왕안석이 재정 수입을 늘리고 국방력 강화를 위해 신법을 시행하였다. ③ 왜는 백제의 중개로 남조에 조공하였다. ④ 백제 부흥 운동을 지원하기 위해 파견된 왜의 군대는 백강 전투에서 나·당 연합군에게 패배하였다.

182 서하의 성장 파악하기

1등급 자료 분석 서하 문자

왼쪽의 글자는 탕구트족 출신의 이원호
<u>이원호는 서하를 건국하였다.</u>
가 세운 이 나라의 문자이다. 이를 통해 이 나라가 한자가 아닌 고유 문자를 사용하였음을 알 수 있다.
<u>거란, 여진, 서하는 한자가 아닌 고유 문자를 사용하였다.</u>

밑줄 친 '이 나라'는 서하이다. 11세기 초 티베트 계통의 탕구트족이 세운 서하는 과거제 등 중국식 제도로 체제를 정비하는 한편, 독자적인 문자를 제정하여 고유의 문화를 유지하려 하였다. 서하는 송과 책봉과 교역을 둘러싼 마찰로 여러 차례 전쟁을 벌였으나 서하가 송에게 신하의 예를 갖추는 대신 송이 매년 막대한 양의 세폐를 제공하는 조건으로 화약을 맺었다. ⑤ 서하는 비단길의 동부를 장악하고 동서 교역을 중계하며 발전하였다.

(바로잡기) ① 금은 유목민을 맹안·모극제로, 농경민을 주현제로 다스렸다. ② 조광윤이 세운 송은 5대 10국의 분열을 통일하였다. ③ 거란은 농경민과 유목민을 분리하여 통치하는 이원적 정책으로 남면관제와 북면관제를 실시하였다. ④ 몽골의 쿠빌라이 칸은 가마쿠라 막부가 조공 요구를 거부하자 고려·몽골 연합군을 조직하여 2차례에 걸쳐 일본을 침공하였다.

183 12세기 중국의 정세 파악하기

1등급 자료 분석 금과 남송의 관계

해릉은 연경에서 옮겨 와 머물렀다. 해릉은 여러 달 동안 정사는 돌보지 않고 남벌을 준비하면서 여러 장수들에게 군무를 나누어 맡겼다. 장호가 아뢰기를 "장수들이 모두 신진의 젊은 사람이니 국사를 그르칠까 염려됩니다. 마땅히 나이 든 사람 가운데 군무에 능숙한 자를 구하여 천부장과 모극으로 삼아야 합니다."라고 하였다.
<u>여진이 세운 금은 맹안·모극제를 실시하였다.</u>
그러나 해릉은 장호의 말을 듣지 않고 친히 군대를 통솔하여 변경을 출발하였다.
<u>금은 송을 공격하여 변경(카이펑)을 점령하였고, 송의 황족이 남송을 세웠다.</u>

제시된 자료는 금이 송의 수도인 변경(카이펑)을 차지한 후 남송을 공격하는 상황을 나타내고 있다. 해릉은 금의 4대 황제로 1160년 남송을 공격하다가 반란으로 제거되었다. ④ 12세기 전반 금은 고려에 조공을 요구하였고, 고려는 결국 금과 군신 관계를 맺었다.

바로잡기 ① 견당사는 9세기 헤이안 시대에 파견이 중단되었다. ② 거란은 10세기 초 연운 16주를 차지하였다. ③ 당은 토번 등에 화번 공주를 시집보내는 화친 정책을 추진하였다. ⑤ 8세기 일본의 야마토 정권은 당의 수도 장안을 본떠 헤이조쿄를 건설하였다.

184 14세기 말 동아시아의 정세 파악하기

1등급 자료 분석 이성계의 위화도 회군

> 대군이 압록강을 건너 위화도에 머무르니 도망가는 아군이 끊이지 않았다. 대군의 통솔권을 지닌 이성계가 여러 장수에게 "내가 글을 <u>고려 말 요동 정벌에 나선 이성계는 위화도에서 회군하여 실권을 장악하였다.</u> 올려 군사를 돌이킬 것을 청하였으나, 왕도 살피지 아니하고 최영도 들어주지 않았다. 이제 우리가 군사를 돌이켜야 하지 않겠는가?"라고 말하니, 여러 장수가 이에 동의하였다.

제시된 자료는 1388년 이성계가 위화도에서 회군하는 상황을 나타낸 것이다. 명은 건국 이후 원을 북쪽으로 몰아내고 고려에 철령 이북 영토를 요구하였다. 고려는 이에 반발하여 요동을 정벌하려 하였다. 그러나 이성계가 위화도 회군을 단행하여 고려의 실권을 장악하고, 1392년 조선을 건국하였다. 이후 조선은 세종 때 여진족을 토벌하고 4군과 6진을 개척하여 압록강과 두만강 이남의 영토를 확보하였다.

185 원 대 중국의 사회 상황 알아보기

1등급 자료 분석 마르코 폴로의 『동방견문록』

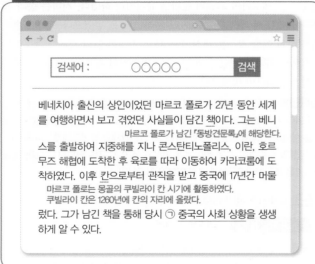

> 검색어 : ○○○○○   검색
>
> 베네치아 출신의 상인이었던 마르코 폴로가 27년 동안 세계를 여행하면서 보고 겪었던 사실들이 담긴 책이다. 그는 베니 <u>마르코 폴로가 남긴 『동방견문록』에 해당한다.</u> 스를 출발하여 지중해를 지나 콘스탄티노폴리스, 이란, 호르무즈 해협에 도착한 후 육로를 따라 이동하여 카라코룸에 도착하였다. 이후 칸으로부터 관직을 받고 중국에 17년간 머물 <u>마르코 폴로는 몽골의 쿠빌라이 칸 시기에 활동하였다.</u> <u>쿠빌라이 칸은 1260년에 칸의 자리에 올랐다.</u> 렀다. 그가 남긴 책을 통해 당시 ㉠ 중국의 사회 상황을 생생하게 알 수 있다.

원(몽골) 대 중국을 방문한 베네치아 출신의 상인 마르코 폴로는 『동방견문록』을 남겼다. 그는 이 책을 통해 중국의 역참을 비롯한 선진 문명을 유럽에 알렸다. 따라서 밑줄 친 ㉠은 원 대 중국의 상황에 해당한다. ④ 몽골 제국은 광대한 영역을 효율적으로 통치하기 위해 수도에서 각지에 이르는 도로망을 정비하고, 주요 도로에 일정한 간격마다 역참을 설치하였다.

바로잡기 ① 송은 문치주의를 내세워 절도사의 권한을 축소시키고 황제권의 강화에 힘썼다. ② 중국의 5~6세기, 일본에서는 14세기에 남북조의 분열이 나타났다. ③ 문치주의 정책으로 군사력이 약해진 송은 주변국과 화친하는 대가로 세폐를 지급하여 평화를 유지하려고 하였다. ⑤ 고려 말에는 신진 사대부

세력이 성장하였다. 이들 중 혁명파 신진 사대부와 이성계 등의 신흥 무인 세력이 손잡고 조선을 건국하였다.

186 난징의 역사 알아보기

1등급 자료 분석 영락제의 베이징 천도

> 지난날 선제(先帝)께서는 천명을 받아 화이(華夷)를 아우 <u>명을 세운 주원장(홍무제)에 해당한다.</u> 르는 군주가 되시어 [(가)]에 도읍을 두고 나라의 기초를 다지셨다. 외람되게 짐이 대통을 이어받아 대업을 진작시키며, 오직 나라가 영원히 이어지기를 마음에 품어 왔다. 베이징은 실로 도읍지로 삼을 만하고, 상서로운 곳이라 여겨져 새로운 궁전(자금성)을 창건하였다. <u>정변을 통해 집권한 영락제는 베이징에 자금성을 짓고 천도하였다.</u>

제시된 자료에서 자금성을 짓고 베이징으로 천도한다는 내용을 통해 명 영락제가 발표한 것임을 알 수 있다. 따라서 자료의 '선제'는 명을 세운 홍무제(주원장)이며, (가)는 난징이다. 14세기 중엽 원이 쇠퇴하자 홍건적 출신의 주원장이 난징에 도읍하고 명을 세웠다. 이어 대도를 점령하고 몽골 세력을 초원 지역으로 내쫓았다. ① 난징은 서진이 멸망한 후 세워진 동진의 수도였다.

바로잡기 ② 안동, 안서, 안남, 안북 등, ③ 대도(베이징), ④ 백등산, ⑤ 뤄양에 해당한다.

187 13세기 ~ 15세기 초의 동아시아 상황 이해하기

1등급 자료 분석 쿠빌라이 칸과 아시카가 요시미쓰

> (가) 여러 왕자들이 개평부에 모여서 관례에 따라 무릎을 꿇고 충성을 서약하면서 쿠빌라이를 칸으로 추대하였다.
> (나) 3대 쇼군은 명 황제에게 사신단을 파견하여 조공을 바쳤다. <u>무로마치 막부의 아시카가 요시미쓰를 의미한다.</u> …… 황제는 그들을 후하게 예우한 뒤 감합과 일본 국왕임을 인 <u>아시카가 요시미쓰는 영락제로부터 일본 국왕으로 책봉되었다.</u> 정하는 금인을 하사하였다.

(가)는 1260년 쿠빌라이 칸이 칸의 자리에 오르는 상황이다. (나)는 15세기 초 무로마치 막부의 3대 쇼군이었던 아시카가 요시미쓰가 일본 국왕으로 책봉되는 상황을 나타낸다. ㄱ. 고려는 몽골과 강화한 후 1270년에 개경으로 환도하였다. ㄷ. 무로마치 막부가 세워진 후 고다이고 천황이 요시노로 피신하였고, 이에 막부는 교토에 다른 천황을 옹립하여 두 명의 천황이 존재하는 남북조 시대가 열렸다. 그러나 3대 쇼군인 아시카가 요시미쓰 때에 남북조의 분열이 종식되었다.

바로잡기 ㄴ. 호라즘은 칭기즈 칸의 공격으로 멸망하였다. ㄹ. 서희는 거란과 외교 담판을 벌였다. 거란은 금에 의해 멸망하였다.

분석 기출 문제

43~47쪽

[핵심 개념 문제]

188 법가	**189** 대승	**190** 호국 불교	**191** ○	**192** ×
193 ○	**194** ㉢	**195** ㉠	**196** ㉡	**197** ㉠	**198** ㉠	**199** ㄷ
200 ㄱ				

---

201 ①	**202** ③	**203** ②	**204** ②	**205** ②	**206** ①	**207** ④
208 ⑤	**209** ②	**210** ③	**211** ③	**212** ④	**213** ②	**214** ⑤
215 ①	**216** ④	**217** ④	**218** ④	**219** ④		

[1등급을 향한 서답형 문제]

220 한 무제　　**221** (예시 답안) (1) 정치 이념 : 유교 사상 (2) 채택 목적 : 유교의 천명사상과 엄격한 국가 의례를 이용하여 황제권을 강화하기 위해서이다. 즉 천명사상에 따르면 황제는 천자(하늘을 대신하는 존재)로서 신성한 존재로 격상되기 때문에 유교 사상의 보급은 군주권 강화에 도움이 될 수 있었다.

222 성리학　　**223** (예시 답안) '거경궁리'는 잡념을 끊은 상태에서 마음속에 본래 갖추어져 있는 이치를 밝히는 것을 말한다. '격물치지'는 사물의 의미를 끝까지 탐구하여 깨달음에 이르는 것을 말한다.

201

정남에게 영업전과 구분전을 지급하고, 영업전은 자손에게 세습할 수 있도록 한 토지 제도는 균전제이다. 북위의 효문제 때 처음 시행된 균전제는 수·당을 거치면서 정비되었다. 수·당에서는 균전제를 바탕으로 조용조(조세)와 부병제(군사)를 운영하였다.

(바로잡기) ② 정전제는 중국 고대에 시행되었다는 이상적인 토지 제도이다. ③ 한전제는 조선 후기 실학자 이익이 제시하였다. ④ 여전제는 조선 후기 실학자 정약용이 주장하였다. ⑤ 조용조는 균전제를 바탕으로 운영한 수취 제도이다. 토지를 받은 농민이 이에 대한 반대급부로 조용조를 바쳤다.

202

제시된 자료는 당 대 균전제-조용조-부병제의 운영을 도식화한 것이다. 당 조정에서는 농민 생활의 안정을 위해 균전제를 정비하여 구분전과 영업전을 지급하였다. 토지를 받은 농민은 이에 대한 반대급부로 매년 일정량의 조세를 납부하고(조용조), 일정 기간 군역에 복무하여야 했다(부병제).

(바로잡기) ㄱ. 균전제-조용조-부병제의 운영은 수·당 대에 정착되었다. ㄹ. 지급되는 토지는 기본적으로 영업전과 구분전으로 구분되었다.

203

수 대에 시작되었고 당 대에 제도적으로 정비된 관리 선발 제도는 과거제이다. 특히 송 대에 이르러 과거 시험의 최종 단계로 황제가 직접 주관하는 전시를 도입하여 과거제의 위상을 강화하였다.

(바로잡기) ① 골품제는 신라 사회에서 운영된 신분 제도이다. ③ 9품중정제는 위·진·남북조 시기에 운영된 관리 선발 제도이다. ④ 독서삼품과는 국학의 학생을 3등급으로 나누어 관리 등용에 참고한 신라의 제도로, 8세기 후반 원성왕 때 실시되었다. ⑤ 향거리선제는 한의 관리 선발 제도이다.

204

(가)는 당의 3성 6부제, (나)는 일본의 2관 8성제이다. 당에서 정비된 3성 6부제는 발해, 고려, 일본에 수용되었고 동아시아 각국에서 통치 조직을 정비하는 본보기가 되었다.

(바로잡기) ① 율령 체제는 전국 시대에 법가 사상의 영향으로 형성되기 시작하여 당 대에 완성되었다. ③ 발해의 중앙 관제에서 찾아볼 수 있는 특징이다. ④ 2관 8성제는 다이호 율령에 의해 정비되었으며, 메이지 유신은 19세기에 추진된 근대적 개혁이다. ⑤ 고려는 당의 3성 6부제를 수용하여 2성 6부의 중앙 조직을 정비하였다.

205

제시된 자료는 율령 체제의 구체적 내용을 정리한 판서의 내용이다. 율은 형벌 규정, 령은 정부 운영 제도, 격은 개정하거나 보완·추가된 규정이며, 식은 율과 령을 집행하는 시행 세칙이다. 이 네 가지로 구성된 체제를 율령 체제라고 한다. 율령 체제는 수·당 대에 체계적으로 완성되어 동아시아 각국에 전파되었으며, 유교, 불교, 한자와 함께 동아시아 문화권의 공통 요소가 되었다.

(바로잡기) ㄴ. 발해, 고려, 일본 등 동아시아 여러 나라는 당의 율령 체제를 수용하였다. ㄹ. 율령 체제는 상앙, 한비 등의 법가 사상에 뿌리를 두었다.

206

해골에 괸 물을 마시고 깨달음을 얻었고, 사람들이 '나무아미타불'의 염불을 외도록 하였다는 내용으로 보아 (가) 인물은 통일 신라의 승려 원효임을 알 수 있다. 삼국 시대에 한반도에 전래된 불교는 귀족 중심의 종교에 머물러 있었다. 삼국 통일 이후 원효, 의상 등의 노력으로 불교는 일반 대중에게까지 확산되었다.

(바로잡기) ② 고려 말 신진 사대부에 해당한다. ③ 삼국은 중앙 집권 국가로 성장하는 과정에서 불교를 수용하였다. ④ 신라 말 호족에 해당한다. ⑤ 남인도 출신의 달마가 도교의 영향을 받아 선종을 창시하였다.

[1등급 정리 노트] **한반도의 불교 수용과 확산**

고구려	소수림왕 때 전진에서 수용(4세기)	
백제	침류왕 때 동진에서 수용(4세기) → 왜에 불교 전파(6세기)	지배층 중심의 불교
신라	고구려에서 불교 수용(5세기 초) → 법흥왕 때 공인(이차돈의 순교, 6세기)	
통일 신라	• 원효(아미타 신앙), 의상(관음 신앙) → 불교의 대중화 • 선종 유행 → 새로운 사회 건설의 사상적 배경	

207

제시된 지도에서 중앙아시아를 거쳐 동아시아 국가들로 불교 전파가 이루어진 것으로 보아 (가)는 대승 불교임을 알 수 있다. 초기의 불교(상좌부 불교)는 동남아시아 지역에 주로 전파되었으나 대승 불교는 사막길을 통해 중국, 한국, 일본 등 동아시아 지역에 전파되었다. 상좌부 불교가 개인적인 노력을 통한 해탈을 중시한 것과 달리 대승 불교는 출가 수행자가 아닌 일반 신도의 깨달음을 중시하였다. 대승 불교는 부처를 신격화하여 그의 자비에 의한 중생 구제를 강조하였고, 중생을 구제하는 이상적인 존재를 보살이라고 하였다.

(바로잡기) ④ 상좌부 불교에 해당한다.

208

제시된 자료는 윈강 석굴의 불상에 관한 것이다. 윈강 석굴은 북위 때인 5세기 후반에 만들어진 것이며, 불상은 북위 황제의 얼굴을 본떠 만들어진 것이다. 북위는 유목 민족인 선비족이 세운 국가로 한족 중심의 유학을 대체할 사상으로 민족 차별이 없는 불교를 적극적으로 수용하였다. 북위를 비롯한 북조의 황실은 '황제가 곧 부처'라는 왕즉불 사상에 근거하여 지배를 정당화하고, 화려한 사찰과 거대한 불상을 건립하여 군주의 권위와 신앙심을 드러내고자 하였다.

바로잡기 ㄱ. 성리학은 남송 대 주희에 의해 집대성되었다. ㄴ. 통일 신라의 석굴암 불상은 8세기에 만들어졌다.

209

첫 번째 자료는 신라가 황룡사 9층탑을 세우게 된 배경을 나타낸 글이고, 두 번째 자료는 일본 도다이사의 대불을 조성하게 된 배경을 보여 주는 내용이다. 동아시아 지역에서는 불교가 전통 신앙이나 토착 신앙과 결합하였으며, 호국 불교의 성격을 띠었다.

210

제시된 자료는 효행을 강조한 『부모은중경』의 일부 내용이다. 원래 불교에는 효행, 충성 등의 개념이 없는데, 동아시아 지역에 불교가 들어온 이후 승려로 출가하는 것은 부모에 대한 큰 불효라는 비판을 받았다. 이러한 비판을 피하고 불교도 진정으로 효행을 강조하는 종교임을 알리기 위해 『부모은중경』과 같은 경전을 만들었다.

211

백제를 통해 일본에 불교가 전파되었으나, 일본에는 토착 신앙인 신토[神道]의 영향력이 매우 강하였다. 이 때문에 불교는 일본에 정착하면서 신토와 결합하여 발전하였다. 이를 '신불습합'이라고 한다.

바로잡기 ① 거경궁리는 성리학의 수행 방법으로 잡념을 끊은 상태에서 마음속에 본래 갖추어져 있는 이치를 밝히는 것을 말한다. ② 천명사상은 하늘의 명에 따라 군주가 백성을 통치한다는 이념으로 주 대에 통치 사상으로 등장하였다. ④ 격물치지는 사물의 의미를 끝까지 탐구하여 깨달음에 이르는 것을 말한다. ⑤ 도교 이론으로 인위적인 힘을 더하지 않은 자연 그대로를 말한다.

1등급 정리 노트	동아시아 불교의 토착화
유교 결합	• 『부모은중경』: 유교의 덕목인 효행 강조 • 호국 불교 : 유교 덕목인 군주에 대한 '충' 강조
토착 신앙 결합	• 한국 : 한국의 산신 사상, 신선 사상과 결합 → 사찰에 산신각, 칠성각 등 조성 • 일본 : 신불습합(신토와 불교의 결합) → 신토의 신인 하치만 신상을 사찰에 안치

212

당의 승려로 불교의 발상지 인도에 순례를 다녀왔으며, 고전 소설 『서유기』와의 관련성을 언급한 것으로 보아 (가) 인물은 현장이다. 당에서는 현장이 가져온 불경을 보관하기 위하여 자은사에 벽돌을 쌓아 대안탑을 조성하였다. 현장은 인도 순례 이후에 『대당서역기』를 저술하였으며, 그 내용은 후에 『서유기』의 소재가 되었다.

바로잡기 ① 6세기 초 남인도 출신의 달마가 선종을 창시하였다. ② 신라의 승려 혜초가 인도 순례를 다녀온 후 『왕오천축국전』을 남겼다. ③ 당의 승려 감진은 8세기 무렵 일본에 건너가 불교의 계율을 전해 주었다. ⑤ 고구려의 승려 혜자는 일본에 건너가 쇼토쿠 태자의 스승이 되었다.

213

제시된 자료는 불교와 신라의 전통 신앙인 신선 사상이 결합되었음을 보여 준다. 동아시아 지역에 전래된 불교는 유교, 토착 신앙 등과 결합하였다. 이에 따라 원래 인도의 불교에는 없던 현상들이 동아시아 불교에 많이 나타났다. 사찰에 산신각, 칠성각이 세워지고, 『부모은중경』과 같은 효행 실천을 강조한 불교 경전의 편찬이 대표적이다.

바로잡기 ① 선종은 직관적 깨달음과 참선을 중시한 불교 종파로, 6세기 초 남인도 출신 달마가 창시하였다. ③ 왕즉불 사상은 군주권 강화에 이용된 이념이다. ④ 유교와 불교의 융합도 불교의 토착화 과정에서 나타난 현상이지만, 제시된 사료를 활용하는 수업 주제로는 적절하지 않다. ⑤ 신불습합과 하치만 신상은 일본 불교의 토착화와 관련된 주제이다.

214

제시된 불탑은 대안탑으로, 벽돌로 세운 전탑이다. 당의 현장이 인도에서 가져온 불경과 불상 등을 보관하기 위한 목적으로 세워졌다. 동아시아의 불탑은 재료에 따라 전탑, 석탑, 목탑으로 구분되는데, 황토가 많은 중국에서는 벽돌로 쌓은 탑(전탑)이 발달하였다.

바로잡기 ㄱ. 대안탑은 7세기에 건립되었고, 불국사 3층 석탑은 8세기에 만들어졌다. ㄴ. 호류사 5층 목탑에 대한 설명이다.

1등급 정리 노트	동아시아 삼국의 불탑	
주변에서 쉽게 구할 수 있는 재료로 불탑 건립		
↓		
구분	대표적 불탑 양식	대표 불탑
중국	전탑(벽돌로 쌓은 탑)	대안탑(7세기)
한국	석탑(돌로 쌓은 탑)	불국사 3층 석탑(8세기)
일본	목탑(나무로 만든 탑)	호류사 5층 목탑(7세기)

215

제시문은 유학을 공부하는 순서에 대한 주희의 글이다. 주희는 송 대에 형성된 신유학(성리학)을 집대성한 인물이다. 성리학은 우주의 원리와 인간의 심성을 철학적으로 탐구하려는 경향을 보였다.

바로잡기 ② 율령 체제는 당 대에 완성되었다. ③ 『오경정의』는 당 대에 공영달이 훈고학을 집대성한 책이다. ④ 전국 시대의 진이 법가를 통치 이념으로 채택하였다. ⑤ 양명학을 집대성한 왕수인에 해당한다.

216

제시된 자료는 하야시 라잔이 성리학에 대하여 서술한 글이다. 정유재란 당시에 포로로 끌려간 조선의 성리학자 강항과 교류한 후지와라 세이카가 성리학을 배우게 되었고, 그의 제자인 하야시 라잔에 의해 일본에서 성리학에 대한 이해가 깊어졌다.

바로잡기 ① 진시황제는 법가와 일부 실용 학문을 제외한 다른 사상을 탄압하였다. ② 한 무제는 동중서의 건의로 유교를 통치 이념으로 채택하였다. ③ 『부모은중경』은 유교 윤리를 수용하여 효행을 강조한 불교 경전이다. ⑤ 심즉리, 양지는 양명학에서 주장한 우주 만물의 이치를 깨닫는 수행 방법이다.

217

(가)에 들어갈 학문은 양명학이다. 명 대에 성리학이 관학화되면서 과거 합격만을 위한 학문으로 여겨지고 사회 모순에 적절하게 대응하지 못하는 상황에서 실천을 강조하는 양명학이 발전하였다. 명 대 양명학을 집대성한 왕수인은 마음이 곧 만물의 원리라는 '심즉리'와 실천을 강조하는 '지행합일'을 주장하였다.

바로잡기 ① 난학은 에도 막부 시기에 네덜란드를 통해 수용된 서양 학문을 말한다. ②, ③ 고증학과 공양학은 청 대에 발달한 유학이다. ⑤ 금석학은 글자가 새겨진 비석이나 금속 또는 고문서 등을 연구하는 학문을 말한다.

218

밑줄 친 '시설'은 이름 있는 유학자를 기리는 제사와 성리학 연구 및 교육이 이루어진 서원이다. 서원에는 유생들이 학문 연구에 집중할 수 있도록 강당, 숙소 같은 공간이 갖추어졌다. 또 별도의 공간에 사당을 마련하여 선현의 위패를 안치하였다. 조선에서는 중기 이후 성리학적 규범이 확산되었으며, 중종 때 주세붕이 최초로 서원을 건립한 이후 각 지역에서 활발하게 건립되었다.

바로잡기 ① 서원은 성리학적 정신 세계를 반영한 건축물로, 이곳에서는 성리학 연구와 교육이 이루어졌다. ② 서구 문물의 본격적인 유입은 개항 이후의 상황에 해당한다. ③ 전란 후 사회 혼란을 해결하기 위해 구호·구제 시설의 설치가 이루어질 수 있다. 서원 건립의 확산과는 관련이 없다. ⑤ 원효, 의상은 통일 신라 시대의 승려이다.

219

범중엄은 송 대에 활약한 학자로, 「악양루기」에서 사대부 세력이 어떠한 정치의식을 가지고 살아야 하는지 피력하였다. 송 대에 과거의 위상이 강화됨에 따라 유교 지식과 교양을 쌓은 지식인이 과거를 통해 관료가 되어 사대부라는 새로운 지배층이 형성되었다. 이들은 귀족과 달리 출생 신분보다 능력에 기반을 둔 계층으로, 능력을 향상하여 과거에 합격하기 위해 학문에 전념하였고, 관료가 된 후에는 군주권 강화와 중앙 집권 체제를 뒷받침하는 정치에 대해 책임 의식을 가졌다. 또 이들은 백성의 생활을 안정시키고 유교적 사회 질서를 유지하는 것이 자신의 소임이라고 여겼다.

바로잡기 ㄱ. 헤이안 시대 이후 무사 계층(사무라이)이 지배층을 형성하였고, 학자는 무사를 보조하는 역할을 하였다. ㄷ. 신라 말에 새로운 사회 건설을 주도한 세력은 지방 호족과 일부 6두품 세력이다.

1등급 정리 노트 송 대 이후 한·중·일의 지배 계층

구분	주요 지배 계층	시대적 특징
중국	사대부(송), 신사(명·청)	• 학문적 능력으로 관직 진출 • 원 대에는 몽골인이 정권 장악 • 일시적인 무인 집권기도 존재
한국	신진 사대부(고려 말), 양반(조선)	
일본	무사(사무라이)	• 학문적 능력보다 무예 숭상 • 학자는 무사를 보조하는 역할

220

한의 무제는 동중서의 건의를 받아들여 유교를 통치 이념으로 채택하였다. 이를 위하여 최고 교육 기관인 태학을 설립하였으며, 여기에 오경박사를 두어 학생들을 가르치게 하였다.

221

한 무제가 채택한 정치 이념은 유교 사상이다. 유교의 천명사상에 따르면 황제는 하늘을 대신하는 존재인 천자이기 때문에 그 지위가 신성한 위치로 격상되었다. 따라서 유교 사상의 보급은 왕권을 강화하는 데에 도움이 될 수 있었다.

채점 기준	수준
유교의 천명사상과 황제의 지위 및 권한 강화를 연관 지어 구체적으로 서술한 경우	상
천명사상과 황제권 강화를 언급하였으나 연관성을 미흡하게 서술한 경우	중
단순히 황제권 강화에 도움이 되었다고만 서술한 경우	하

222

제시된 자료는 주희가 저술한 『근사록』의 일부 내용이다. '성즉리'를 통해 성리학임을 알 수 있다.

223

송 대의 신유학인 성리학을 집대성한 주희는 학문을 수행하는 방법으로 거경궁리와 격물치지를 제시하였다.

채점 기준	수준
거경궁리, 격물치지 두 용어를 모두 바르게 쓰고, 그 의미를 옳게 서술한 경우	상
두 용어 사용이나 의미 서술 중 일부가 적절하지 않은 경우	중
용어 사용과 의미 서술의 대부분이 적절하지 않은 경우	하

적중 1등급 문제

48~49쪽

224 ②	225 ③	226 ①	227 ②	228 ④
229 ③	230 ②	231 ③		

224 당의 율령 체제 이해하기

1등급 자료 분석 당의 통치 체제

> (가) 의 현종 시기에 시행된 문서 행정에 관한 법률 조문들에
> *당 현종을 의미한다. 율령 중 령(영)에 해당한다.*
> 따르면 관문서에 잘못이 있으면 해당 관리는 장관에게 물어서 바르게 고쳐야 하고, 이를 지키지 않을 경우 태형 40대에 처하게 되어 있었다. 이때의 태형은 상서성 소속의 형부에서 집행하였다.
> *당은 3성 중 상서성이 6부를 관할하였다. 형부는 6부의 하나이다.*
> (가) 대에 완성된 율령 체제는 주변국으로 전파되었다.

제시된 자료에서 현종, 상서성, 형부, 율령 체제 완성 등의 내용을 통해 (가) 국가가 당임을 알 수 있다. 율령 체제를 완성한 당은 백성을 균전제, 조용조제, 부병제를 통해 지배하였다. ② 당은 일정한 기준에 따라 토지를 농민에게 분배하는 균전제를 실시하였고, 토지를 받은 농민은 이에 대한 반대급부로 조용조라는 조세를 바쳤다. 또 부병이 되어 변경 수비, 도성 방어 등을 담당하였다.

① 통일 신라는 국학의 학생들을 경전의 이해 정도를 시험하여 관리 임용에 참고하는 독서삼품과를 시행하였다. ③ 발해는 교육 기관으로 주자감을 설치하였다. ④ 발해는 3성 6부제를 도입하였으나 정당성 아래 좌사정과 우사정을 두었고 6부에 유교적 명칭을 사용하였다. ⑤ 중무성, 식부성은 일본의 2관 8성에 포함된 관청이다.

225 일본의 헤이조쿄 특징 파악하기

1등급 자료 분석 헤이조쿄

이 건물은 8세기에 조성된 (가) 에 위치한 궁궐의 정전
  8세기에 일본에서는 헤이조쿄가 조성되었다.
이다. 군주 즉위식이나 외국 사절의 접견 등 각종 의례가 거행된 곳으로, 남쪽에는 주작문이 있었고 동남쪽에는 식부성
  장안성을 본뜬 헤이조쿄와 발해 상경성에는 남쪽으로 주작대로가 있었다.
  또한 식부성은 일본 2관 8성 중 8성의 하나로 인사·학교를 담당하였다.
등의 관청 건물이 있었다.

제시된 자료에서 8세기에 조성되었고, 주작문과 식부성이 있었다는 내용을 통해 (가)가 일본의 헤이조쿄임을 알 수 있다. 당의 수도 장안은 바둑판 모양으로 도로가 뻗어 있는 계획도시였다. 성벽에 둘러싸인 형태로 내부가 구획된 당의 수도 장안의 구조는 동아시아 여러 나라의 수도 구조에 영향을 주었다. 특히 발해의 상경성, 일본의 헤이조쿄는 당의 장안성을 본떠 만들어졌다.

① 황룡사는 신라 수도 경주에 위치하였다. ② 삼별초는 고려의 개경 환도에 맞서 진도, 제주도 등지에서 항쟁을 전개하였다. ④ 가마쿠라 막부의 소재지는 가마쿠라였다. ⑤ 3성 6부는 당, 발해 등에서 실시하였다. 일본에서는 2관 8성의 중앙 관제가 마련되었다.

226 송의 과거제 알아보기

1등급 자료 분석 송 대 과거제

○○월 ○○일
오늘 황제께서 응시자를 직접 시험하셨다. 이러한 방식은
  중국 과거의 마지막 시험인 전시에 해당한다.
우리 왕조 초기 한림학사 이방이 사사로운 정을 개입시켜 합격과 불합격을 결정하였다고 제소당한 이후 당시 황제께서 최종 시험장에서 불합격된 사람 360명의 이름을 명부에 기재한 뒤, 그들을 소견하고 195명을 선발한 제도에서 시작되었다. …… 이후 우리 왕조에서 전시가 정례화되어 오늘에 이르고 있는 것이다.
  전시는 송 대부터 정례화되어 실시되었다.

제시된 자료에서 과거에서 전시를 정례화하였다는 내용을 통해 밑줄 친 '우리 왕조'가 송임을 알 수 있다. 송 대에는 과거의 최종 단계로 황제가 시험을 직접 주관하는 전시 제도를 도입하는 등 과거제를 엄격히 시행하여 황제 중심의 문신 관료 체제가 성립되었다. ① 그 결과 기존의 세습적인 귀족이 몰락하고 글공부를 많이 한 지식인이 관료가 되어 사대부라는 새로운 지배층을 형성하였다. 과거를 통해 관리가 된 사대부층은 보통 지주 출신이 많았다.

② 이사는 진 대에 활동한 법가 사상가이다. ③ 룽먼 석굴 사원은 북위 후기부터 당 대에 걸쳐 조성되었다. ④ 호류사는 6세기 불교 전래 이후 일본에서 건립되었다. ⑤ 몽골이 지방에 행성을 설치하고 정복지에 다루가치를 파견하여 정치를 감독하였다.

227 고구려의 불교 수용 과정 파악하기

1등급 자료 분석 5호 16국 시대

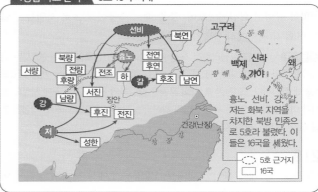

제시된 자료는 4~5세기 5호가 화북 지역을 차지하고 16국을 세운 상황을 나타낸 것이다. 1세기경 사막길을 통해 중국으로 전해진 불교는 5호 16국 시대에 유목 민족 국가들의 후원을 받아 본격적으로 화북 지역에 확산되었다. ② 이 시기 5호 16국의 하나인 북중국의 전진이 고구려에, 남중국의 동진이 백제에 불교를 전하였다. 신라는 고구려를 통해 불교를 받아들였다.

① 12세기 초 여진이 성장하자 고려의 윤관이 별무반을 이끌고 정벌에 나섰다. ③ 6세기 말~7세기 수와 당이 돌궐에 화번 공주를 파견하였다. ④ 송, 원 대에 명주, 취안저우, 광저우 등 주요 항구에 시박사가 설치되어 해상 무역을 관할하였다. ⑤ 3세기경 야마타이국의 히미코가 위로부터 친위왜왕의 칭호를 받았다.

228 대안탑에 대해 알아보기

1등급 자료 분석 대안탑의 조성

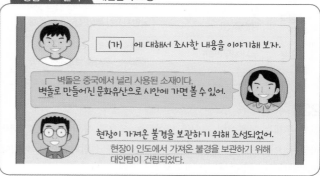

(가) 에 대해서 조사한 내용을 이야기해 보자.

벽돌은 중국에서 널리 사용된 소재이다.
벽돌로 만들어진 문화유산으로 시안에 가면 볼 수 있어.

현장이 가져온 불경을 보관하기 위해 조성되었어.
  현장이 인도에서 가져온 불경을 보관하기 위해
  대안탑이 건립되었다.

벽돌로 만들어졌으며, 현장이 가져온 불경을 보관하기 위해 조성되었다는 내용을 통해 제시된 자료가 대안탑에 대한 대화 내용임을 알 수 있다. ④ 7세기 당의 현장은 인도를 순례하고 돌아왔다. 이때 그가 가져온 불경을 보관하기 위해 대안탑이 세워졌다.

바로잡기 ① 도다이사 금당(대불전), ② 하치만 신상, ③ 윈강 석굴 사원 대불, ⑤ 불국사 3층 석탑이다.

229 9세기 동아시아의 상황 파악하기

1등급 자료 분석 엔닌의 활동

> ┌ 일본은 630년부터 견당사를 파견하였고 헤이안 시대에 견당사 파견을 중단하였다.
> 견당선을 타고 온 일본 승려와 제자 일행은 현재 적산 법화
> └ 9세기 장보고가 중국에 건립한 사찰이다.
> 원에 머물고 있다고 한다. 이들이 오대산을 비롯한 여러 성지를 돌아보고자 주·현의 관문과 나루를 통과할 수 있는 공문을 청하였다. 이에 그들에게 공문을 주어 증거 문서로 삼도록 한다.

일본은 7세기 이후 활발하게 견당사를 파견하여 당의 문물을 도입하였다. 제시된 자료의 적산 법화원은 신라의 장보고가 중국에 세운 사찰로, 특히 9세기 견당사 일행으로 당에 유학한 일본의 승려 엔닌은 장보고의 도움으로 적산 법화원에 머무르다 일본으로 귀국할 수 있었다. ③ 9세기 신라의 장보고는 청해진을 설치하고 동아시아의 해상 교역을 장악하였다.

바로잡기 ① 6세기 불교 수용 이후 당시 일본 수도였던 아스카 일대에 사찰이 세워졌다. ② 감진은 8세기에 일본에 건너갔다. ④ 벽란도는 10세기 이후 번창한 고려의 무역항이었다. ⑤ 혜초는 8세기 인도를 순례하고 『왕오천축국전』을 저술하였다.

230 성리학의 확산 이해하기

1등급 자료 분석 성리학

> 사람은 본래 이(理)를 가지지만 단지 기(氣)를 받아
> └ 성즉리를 의미한다.
> 물욕(物欲)에 가리어진다. 만약 사물의 이치를 끝까지 파고 들어가 앎에 이르지 못한다면 …… 거듭 실패하게 된다. …… 무릇 배우는 자는 내면적으로 집중하고 엄숙한 태도를 유지하면서 이치를 궁리하여야 한다. └ 주희가 수양 방법으로 제시한
> 거경궁리, 격물치지에 해당한다.

제시된 자료의 인물은 성리학을 집대성한 주희이다. 남송 시대의 학자인 주희는 만물의 근본 원리인 '이(理)'를 중시하였다. 특히 성즉리를 주장하였으며 인간 본성을 회복하기 위한 실천적 수양 방법으로 '거경궁리'와 '격물치지'를 강조하였다. ② 성리학은 중국과 조선에서 서원과 향약을 통해 확산되었다.

바로잡기 ① 다이호 율령은 701년 일본에서 반포된 율령이다. ③ 진시황제는 법가 사상을 기반으로 개혁을 추진하였다. ④ 불교가 북인도를 거쳐 동아시아에 전해졌다. ⑤ 한 무제 때 동중서의 건의에 따라 유학이 통치 이념이 되었다. 이 시기의 유학을 훈고학이라고 한다.

231 일본 성리학의 발전 파악하기

1등급 자료 분석 후지와라 세이카의 활동

정유재란 때 일본에 포로로 끌려간 강항은 후지와라 세이카와 교유하며 성리학을 전해주었다.

이 글은 강항이 남긴 것입니다. 밑줄 친 '그'에 대해 말해 볼까요?

> 묘수원의 승려인 그는 두뇌가 총명하고 옛글을 익히 다룰 줄 아는 사람으로, 어느 책이나 모르는 것이 없고 성품은 아주 꼿꼿하였다. …… 그는 과거 절차, 공자를 제사지내는 절차, 왕에게 유학 경전을 강의하며 나라를 다스리는 도를 가르치는 일 등을 내게 물었다.
> └ 승려이지만, 유학에 관심이 많은 사람임을 알 수 있다.

밑줄 친 '그'는 후지와라 세이카이다. 승려였던 후지와라 세이카는 정유재란 때 일본에 포로로 잡혀 온 강항과 교류하면서 성리학을 깊이 이해하게 되었다. 그는 일본 최초의 사서오경 주석본인 『사서오경왜훈』을 간행하는 한편 하야시 라잔 등의 제자를 길렀다.

바로잡기 ① 이차돈, ② 엔닌, ④ 혜자, ⑤ 달마에 대한 설명이다.

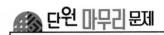

03 인구 이동과 정치·사회 변동

232 ② 233 ① 234 ① 235 ③ 236 ④ 237 ④ 238 ⑤
239 다이카 개신 240 예시답안 다이카 개신은 당의 율령 체제를 본떠 군주 중심의 중앙 집권적 통치 체제를 만들고자 하였다.

04 국제 관계의 다원화

241 ④ 242 ② 243 ① 244 ② 245 ① 246 ① 247 ④
248 왕안석 249 예시답안 송이 채택한 문치주의 통치 이념은 결과적으로 송의 국방력을 크게 약화시켰다. 이 때문에 송은 북방 민족의 침략에 시달려야 했고, 북방 민족과 맹약을 맺고 막대한 세폐를 제공함으로써 평화를 유지할 수 있었다. 이러한 이유로 재정이 크게 악화되었고, 재정과 군사 분야의 개혁이 반드시 필요하였다.

05 유학과 불교

250 ④ 251 ① 252 ④ 253 ④ 254 ② 255 ① 256 ②
257 현장 258 예시답안 인도를 다녀온 현장은 『대당서역기』를 남겼다. 또한 현장은 귀국할 때 많은 불경을 가져왔는데, 이를 보관하기 위해 대안탑이 세워졌다.

232
제시된 자료는 기원 전후 시기부터 4세기까지의 한족의 이동을 나타낸 것이다. 2세기 들어 후한이 정치적으로 혼란스러워지면서 후한의 지배자들은 북방 민족을 끌어들여 군사적으로 이용하려 하였다. 또한 변경의 방어가 느슨해지자 흉노, 선비 등 5호가 북중국 일대로 들어와 화북 지방을 장악하였다. 이후 4세기경부터 5호 16국 시대가 전개되었다.
바로잡기 ① 기원전 3세기경 벼농사, 청동기, 철기가 전래되면서 일본에서 야요이 문화가 발달하였다. ③ 당 멸망 후 5대 10국 시대가 전개되었다. ④ 위만은 한 건국 직후에 고조선으로 이주하였다. ⑤ 기원전 8세기 주 왕실이 뤄양으로 천도한 이후 춘추·전국 시대가 전개되었다.

233
첫 번째 자료는 (서)진이 멸망하는 상황, 두 번째 자료는 고구려에서 비류와 온조가 이주하는 상황이다. (서)진이 멸망한 이후 강남 지방에서 동진이 세워졌고, 고구려에서 이주한 온조는 한강 유역에서 백제를 세웠다. ① 두 인구 이동 모두 새로운 국가의 건설로 이어졌다.
바로잡기 ② 진시황제가 흉노를 몰아내고 만리장성을 쌓았다. ③ 한반도 등지에서 일본으로 건너간 도왜인이 야마토 정권의 발전에 기여하였다. ④ 온조의 이동은 집단 내부의 정치적 변동으로 인해 일어났다. ⑤ 제시된 자료 중 (서)진 멸망에만 해당하는 내용이다.

234
(가)는 3세기 이전 강남 지역의 개발이 이루어지지 않은 상황이다. (나)는 3세기 이후 북방 민족의 남하에 따라 한족이 강남 지역으로 이주하면서 이루어진 강남 개발에 대한 것이다. 북방 민족의 남하로 한족이 강남 지역으로 이주하여 동진을 세웠다.

235
바로잡기 ② 진시황제는 기원전 3세기경 사망하였다. ③ 일본은 7세기부터 천황이라는 칭호를 사용하였다. ④ 한 무제는 기원전 2세기경 적극적인 대외 정책을 펼쳤다. ⑤ 고구려는 5세기에 한반도의 주도권을 장악하였다.

덩이쇠를 생산하였고 일본에 영향을 끼쳤다는 점을 통해 (가) 국가가 가야임을 알 수 있다. 가야 문화의 영향으로 일본에서는 스에키 토기가 제작되었다.
바로잡기 ① 낙랑군은 4세기 초 고구려에 의해 멸망하였다. ② 기원전 1세기 주몽과 온조의 이동에 해당한다. ④ 한강 유역에서 세워진 백제는 마한 세력을 통합하며 세력을 확대하였다. ⑤ 한 무제 때 한이 남비엣을 정복하고 9군을 설치하였다.

236
제시된 자료의 밑줄 친 '황제'는 효문제이다. 효문제는 적극적인 중국화(한화) 정책을 추진하여 한족의 언어와 풍습을 받아들였다. 선비족의 성씨를 한족의 성으로 바꾸고 한족과의 결혼을 장려하였으며, 조정에서 선비어의 사용을 금지하였다.
바로잡기 ① 일본, ② 당, ③ 한 고조, ⑤ 위에 해당한다.

237
야마토 정권의 지배자들은 다이센 고분과 같은 거대한 전방후원분을 만들어 권력을 과시하였다. ㄴ. 야마토 정권은 각지의 호족을 중앙 정치 체제에 편입시키기 위해 씨성 제도를 시행하였다. ㄹ. 야마토 정권은 4세기경 유력 호족들의 연합으로 수립되었다.
바로잡기 ㄱ. 신라는 초기에 사로국이라는 이름을 사용하였다. ㄷ. 1세기경 왜의 노국에 대한 설명이다.

238
(가)는 중국의 남북조를 통일한 수이다. 수는 581년부터 618년까지 존속하였다. ⑤ 6세기경 신라는 진흥황 때 한강 유역을 차지하고 대가야를 정복하였다. 이후 신라는 한강 유역을 발판으로 황해를 거쳐 중국과 직접 교류하였다.
바로잡기 ① 후한은 3세기 초에 멸망하였다. ② 수를 이은 당이 문성 공주를 토번에 시집보냈다. ③ 백제와 고구려는 7세기 나·당 연합군의 공격으로 멸망하였다. ④ 663년 백제 부흥 운동을 지원하기 위해 파견된 왜의 지원군이 백강에서 나·당 연합군에게 패배하였다.

239
일본 열도의 야마토 정권은 7세기 이후 중앙 집권 체제를 정비하였다. 특히 다이카 개신은 중앙 집권 체제 확립의 계기가 되었다. 이후 '천황'이라는 칭호와 '일본' 국호를 사용하였다.

240
다이카 개신은 당의 율령 체제를 본떠 군주 중심의 중앙 집권적 통치 체제를 만들고자 하였다.

채점 기준	수준
당의 율령 체제 모방과 중앙 집권 체제 강화를 모두 서술한 경우	상
당의 율령 체제 모방을 중심으로만 서술한 경우	중
중앙 집권 체제 강화만 서술한 경우	하

241

제시된 자료는 백제가 탐라를 조공국으로 여기고, 일본이 스스로를 수와 대등하게 여겼음을 보여 준다. 한반도와 일본 열도의 국가는 주변과 교류하며 독자적 천하관을 바탕으로 자국 중심의 질서를 주변국에 적용하려 하였다.

바로잡기 ① 수, 당이 주변국과의 화친을 위해 화번 공주를 보냈다. ② 두 번째 자료는 삼국 항쟁과 큰 관련이 없다. ③ 견수사와 견당사는 일본이 파견하였다. ⑤ 제시된 자료는 중국 이외의 국가들이 자국 중심의 천하관을 가지고 있었음을 보여 준다.

242

제시된 자료에서 백제와 대결하고 있으며, 북위의 황제가 변방의 신하로 여겼다는 내용을 통해 (가) 국가가 고구려임을 알 수 있다. ② 고구려는 여러 차례에 걸친 수와 당의 침입을 격퇴하였다.

바로잡기 ① 흉노, ③ 몽골, ④ 고조선, 남비엣 등, ⑤ 후한에 해당한다.

243

(가)는 9성을 여진에게 돌려주는 상황, (나)는 고려가 금의 군신 관계 요구를 수용하는 상황이다. 12세기 초 고려 윤관이 여진을 물리치고 동북 지방에 9성을 쌓았으나 1년 만에 돌려주었다. 이후 1115년 아구다가 부족을 통일하고 금을 세웠다. 금은 송과 연합하여 거란을 멸망시키고 화북을 차지하였으며, 고려와 군신 관계를 맺었다.

바로잡기 ② 11세기 초의 사실이다. ③ 기원전 2세기 한이 고조선을 멸망시키고 4군을 설치하였다. ④ 기원전 2세기 흉노가 한의 공격을 받아 고비 사막 이북으로 쫓겨났다. ⑤ 12세기 후반 일본에서 가마쿠라 막부가 수립되었다.

244

(가)는 서하, (나)는 고려이다. ㄱ. 서하는 송과 전쟁을 벌여 독립을 인정받았고 송으로부터 매년 막대한 물자(세폐)를 지급받았다. ㄷ. 12세기 초 고려의 윤관은 별무반을 이끌고 나가 여진을 물리치고 동북 지방에 9성을 쌓았다.

바로잡기 ㄴ. 거란이 고려를 세 차례 침략하였다. ㄹ. 5대 10국 시기에 거란이 연운 16주를 차지하였고, 이후 5대 10국의 혼란을 수습한 송과 연운 16주를 두고 대립하였다.

245

남송을 공격하였고 규슈에서 일본군과 교전하였다는 내용을 통해 (가) 가 몽골임을 알 수 있다. 13세기 초 칸의 자리에 오른 칭기즈 칸은 천호제를 정비하였다.

바로잡기 ② 거란(요), ③ 여진(금)에 해당한다. ④ 헤이조쿄는 8세기 일본 나라 시대의 수도이다. ⑤ 7세기 중엽 소가씨가 제거된 이후 일본에서 다이카 개신이 단행되었다.

246

막부가 수립된 직후 남북조의 분열이 전개되었다는 내용을 통해 밑줄 친 '막부'가 무로마치 막부임을 알 수 있다. 1336년에 수립된 무로마치 막부는 15세기 초부터 명과 감합 무역을 전개하였다.

바로잡기 ② 퀼 테긴 비는 8세기 초 세워진 돌궐의 비석이다. ③ 1004년 거란과 송 사이에 전연의 맹약이 맺어졌다. ④ 베트남에서 레반흐우가 1272년에 편년체의 『대월사기』를 편찬하였다. ⑤ 미나모토노 요리토모 사후 호조씨가 가마

쿠라 막부의 실권을 차지하였다.

247

자금성을 짓고 베이징으로 천도하였다는 내용을 통해 밑줄 친 '황제'가 명 영락제임을 알 수 있다. ④ 영락제는 적극적인 대외 정책을 채택하여 수차례에 걸쳐 몽골 원정에 나섰고 남으로는 한때 대월을 점령하였다. 또한 정화의 원정을 추진하였다.

바로잡기 ① 명 홍무제, ②, ⑤ 몽골 제국(원)의 쿠빌라이 칸, ③ 고려의 이성계에 해당한다.

248

11세기 송의 왕안석은 재정 수입을 늘리고 국방력을 강화하기 위해 신법을 시행하였다.

249

문치주의 정책으로 국방력이 약화된 송은 평화 유지를 위해 북방 민족에게 매년 막대한 세폐를 제공하였다. 그 결과 송의 재정이 크게 악화되었다. 왕안석의 신법은 이러한 위기를 극복하기 위해 추진되었다.

채점 기준	수준
문치주의 채택, 국방력의 약화, 평화 유지를 위한 세폐 납부에 따른 재정 악화의 내용을 연관 지어 모두 서술한 경우	상
문치주의 채택으로 인한 국방력 약화만을 서술한 경우	하

250

동중서는 한 초기에 활동하였던 유학자이다. 한 무제는 동중서의 건의를 받아들여 유교를 통치 이념으로 삼고자 하였다. 한 무제는 오경박사를 두어 오경을 가르치게 하였고 지방에서 추천받은 유교 지식인 등을 관리로 임명하였다.

바로잡기 ① 균전제는 북위 때부터 실시되었다. ② 과거제는 수·당 대에 시작되어 이후 왕조로 계승되었다. ③ 명 홍무제가 재상제를 폐지하였다. ⑤ 진시황제가 분서갱유를 단행하였다.

251

제시된 자료는 신라에서 실시한 독서삼품과이다. 통일 후 신라는 국학을 설립하여 유교 경전을 가르쳤다. 또 국학의 학생들을 경전의 이해도에 따라 3등급으로 나누어 평가하고 관리 임용에 참고하는 독서삼품과를 실시하였다.

바로잡기 ② 송, ③ 한 초기, ④, ⑤ 진(秦)에 해당한다.

252

태정관 아래에 8성이 있는 점에서 자료가 일본의 중앙 관제임을 알 수 있다. 일본에서는 701년 당 율령의 영향을 받아 다이호 율령이 완성되었고, 2관 8성의 관제가 마련되었다. ④ 이 시기 일본은 농민에게 토지를 지급하는 반전수수제를 실시하였다.

바로잡기 ① 조선, ② 당, ③ 발해, ⑤ 신라에 해당한다.

253

자료는 8세기경 신라에서 제작된 『무구정광대다라니경』이다. ④ 8세기 당 승려 감진은 일본 견당사의 요청으로 여러 차례 배가 난파되는 어려움을 겪으면서도 일본에 건너가 계율을 전하였다.

① 엔닌은 9세기에 당에 유학하였고 『입당구법순례행기』를 저술하였다. ② 호류사는 5~6세기에 활동한 쇼토쿠 태자의 발원으로 만들어졌다고 한다. ③ 대안탑은 7세기 현장이 인도에서 가져온 불경을 보관하기 위해 만들어졌다. ⑤ 6세기 신라 법흥왕 때 이차돈이 처형당하였다.

254

제시된 자료는 신라와 고려 불교의 호국적 성격을 보여 준다. 특히 황룡사는 신라의 호국 사찰로, 국가의 평안을 기원하기 위한 법회가 자주 열렸다. 이처럼 동아시아의 불교는 군주의 권한을 정당화하고 지지하는 역할을 하였다. ㄱ. 8세기 일본의 쇼무 천황은 국가를 지키는 사찰로 도다이사를 짓고 모든 재난을 막아 주는 힘을 지닌 대불을 조성하였다. ㄷ. 북위 때에 만들어진 윈강 석굴의 대불로 황제의 모습을 하고 있다.

ㄴ. 한반도의 금동 미륵보살 반가 사유상으로 일본에도 영향을 끼쳤다. ㄹ. 신불습합의 사례에 해당하는 하치만 신상이다.

255

소가씨와 함께 불교를 수용하였다는 내용을 통해 (가) 인물이 쇼토쿠 태자임을 알 수 있다. 6세기 이후 쇼토쿠 태자의 적극적인 후원 아래 수도인 아스카 일대에 백제의 영향을 받은 사찰이 많이 세워지는 등 불교문화가 융성하였다. 이를 아스카 문화라고 한다.

② 일본 헤이안 시대, ③ 가마쿠라 막부, ④ 7세기, ⑤ 무로마치 막부 시기에 해당한다.

256

하야시 라잔은 도쿠가와 이에야스에게 등용되어 에도 막부의 제도와 의례를 정비하는 데 공헌하였다. 따라서 밑줄 친 '막부'는 에도 막부이다. 에도 막부는 사농공상의 신분적 차별을 인정한 성리학이 무사 중심의 사회 질서를 유지하는 데 효과적이었기 때문에 성리학을 관학으로 삼고 적극적으로 보호하였다.

① 가마쿠라 막부가 슈고와 지토를 파견하였다. ③ 『백만탑다라니경』은 8세기에 간행되었다. ④ 630년부터 파견된 견당사에 해당한다. 견당사는 894년까지 파견되었다. ⑤ 『부모은중경』은 당 대에 처음 편찬되었다.

257

당의 승려 현장은 인도에서 10여 년 동안 순례를 마친 후 많은 불경을 가지고 귀국하였다.

258

인도를 다녀온 현장은 『대당서역기』를 남겼다. 또한 현장은 귀국할 때 많은 불경을 가져왔는데, 이를 보관하기 위해 대안탑이 세워졌다.

채점 기준	수준
『대당서역기』를 남기고, 많은 불경을 가져와 대안탑 건립에 영향을 주었다는 내용을 서술한 경우	상
대안탑 건립에 영향을 주었다는 내용만을 서술한 경우	중
『대당서역기』를 남겼다는 내용만 서술한 경우	하

Ⅲ 동아시아의 사회 변동과 문화 교류

06 17세기 전후 동아시아 전쟁

분석 기출 문제

57~61쪽

[핵심 개념 문제]

259 몽골	260 임진왜란		261 통신사		262 ×	263 ○
264 ○	265 ㉠	266 ㉢	267 ㉡	268 ㉠	269 ㉠	270 ㉡
271 ㄱ	272 ㄷ	273 ㄴ				

274 ②	275 ④	276 ④	277 ④	278 ③	279 ③	280 ②
281 ⑤	282 ③	283 ⑤	284 ④	285 ⑤	286 ⑤	287 ①
288 ④	289 ①	290 ④	291 ③	292 ①		

1등급을 향한 서답형 문제

293 조총 294 (예시 답안) 조총이 전래될 당시 일본은 각지의 다이묘들이 내전을 벌인 센고쿠 시대였다. 조총의 사용은 활을 사용하던 기마 부대를 중심으로 한 전법을 무력화하였다. 도요토미 히데요시는 조총 부대를 활용하여 센고쿠 시대를 통일하였다. 295 명 296 (예시 답안) 병자호란 이후 조선에서는 청을 정벌하여 치욕을 씻자는 북벌 운동이 제기되었다. 또 조선이 중화를 계승하였다는 조선 중화주의가 대두하였고, 청의 연호가 아닌 명의 연호를 사용하였으며, 대보단과 만동묘를 세워 명의 황제 제사를 지냈다.

274

현재 우리가 볼 수 있는 만리장성은 중국 최초의 통일 왕조인 진 대에 만들어진 것이 아니라 명 대에 개축·보수한 것이다. 명은 15세기 이래 몽골의 위협이 계속되면서 이를 막기 위한 장성의 필요성을 인식하여 개축 작업에 나섰다. 15세기 중반에 몽골은 토목보에서 벌어진 싸움에 직접 나선 명의 황제(정통제)를 생포하기도 하였고, 16세기 중반에는 명의 수도 베이징을 포위하기도 하였다. 몽골의 압박과 침략에 시달리던 명은 만리장성 보수에 꾸준히 힘을 기울였다.

① 거란의 연운 16주 차지는 10세기의 사실이며, 이 지역을 두고 송과 대립하였다. ③ 왜구의 침입과 약탈은 해안 지역, 특히 명의 동남부 해안 지역에 집중되었다. ④ 12세기 고려의 윤관은 별무반을 이끌고 여진을 정벌한 후 그들의 근거지였던 동북 지역에 9성을 쌓았다. ⑤ 4세기에 화북 지역을 장악한 5호가 여러 나라를 세웠고, 이에 화북 지역의 한족은 창장강 이남으로 남하하여 한족 왕조를 세웠다.

1등급 정리 노트 명 대의 북로남왜

북로	• 몽골(오이라트, 타타르)이 명에 무역을 요구하며 수시로 국경 침범, 토목보의 변(1449) → 명이 만리장성 개축에 힘씀 • 몽골이 베이징 포위(1550)
남왜	• 왜구가 명의 동남 해안 지방에 침입, 약탈 • 닝보의 난(1523) 이후 감합 무역 중단 → 왜구 극성, 밀무역 활발 • 척계광이 절강전법을 마련하여 대응

275

제시된 자료는 명 대 장거정의 개혁에 대한 것이다. 16세기 북로남왜와 환관의 발호와 당쟁으로 정국이 불안한 상황에서 등용된 장거정이 개혁을 추진하였다. 장거정은 행정 개혁을 통해 경비를 절감하고 잡다한 항목의 세금을 토지세와 역이라는 두 기준으로 정비하여 이를 은으로 내게 하는 일조편법의 시행을 확대하였다.

바로잡기 ① 교초는 원 대에 널리 사용되었다. ② 백운동 서원은 조선에서 건립되었다. ③ 정화의 원정은 명 초기 영락제~선덕제 시기에 이루어졌다. ⑤ 일본의 헤이조쿄는 8세기 초에 건설되었다.

276

제시된 자료는 오닌의 난 이후 100여 년 동안 이어진 센고쿠 시대에 대한 설명으로, '10여 년간 이어진 난'은 1467~1477년까지 이어진 오닌의 난을 말한다. 일본에서 센고쿠 시대의 혼란이 전개되었던 시기에 조선에서는 지방의 사림 세력이 중앙 정치 무대에 새롭게 등장하여 정권을 잡고 있던 훈구 세력과 충돌하였다.

바로잡기 ① 쿠빌라이는 1279년 남송을 무너뜨리고 중원을 차지한 몽골 제국(원)의 칸이다. ② 쩐 왕조의 쩐흥다오는 13세기 몽골의 침입을 막아내었다. ③ 일본은 다이호 율령을 반포(701)하여 2관 8성제로 통치 체제를 정비하였다. ⑤ 663년에 나·당 연합군과 왜군 사이에 백강 전투가 일어났다.

277

제시된 자료는 1575년에 벌어진 센고쿠 시대의 나가시노 전투이다. 오다 노부나가는 이 전투에서 조총을 이용한 전법으로 당시 일본 최강으로 알려진 다케다 가쓰요리의 기마 군단을 물리쳤다. 포르투갈에서 들여온 조총을 활용한 오다 노부나가는 센고쿠 시대를 평정해 갔고, 그의 뒤를 이은 도요토미 히데요시가 통일을 이루었다.

바로잡기 ① 고다이고 천황은 가마쿠라 막부를 무너뜨렸다. ② 삼포 왜란은 1510년에 일어났다. ③ 수, 당 등 중원 왕조가 토번, 돌궐 등 주변 국가에 화번 공주를 보냈다. ⑤ 10세기에 거란이 고려에 침입하자 서희는 거란 장수 소손녕과 외교 담판을 벌였다.

278

제시된 자료는 16세기 말 도요토미 히데요시가 취한 무기 몰수령이다. 센고쿠 시대를 통일한 도요토미 히데요시는 지방에 관리를 파견하고 토지를 조사하여 세금을 매기는 기준을 마련하고 도량형을 통일하였다. 또 농민의 무기를 몰수하여 농민들이 무사 신분으로 상승하는 것을 막았다.

바로잡기 ① 1600년에 일어난 세키가하라 전투에서 도쿠가와 이에야스가 이끈 동군이 승리하였다. ② 계해약조는 1443년 조선이 일본 쓰시마 도주와 세견선 등 무역에 관해 맺은 조약이다. ④ 명의 장수 모문룡에 대한 설명이다. ⑤ 명, 청 대의 일조편법, 지정은제에 해당한다.

279

제시된 자료에서 도요토미 히데요시가 명을 공격하기에 앞서 입조를 요구하는 내용으로 보아 밑줄 친 '귀국'은 조선임을 알 수 있다. 조선은 세종 때 왜구의 근거지인 쓰시마를 공격하여 왜구의 힘을 약화시켰다.

바로잡기 ① 명의 영락제가 베이징에 자금성을 건설하였다. ② 당의 승려 현장이 인도 순례에서 돌아온 후, 그가 가져온 불경 등을 보관하기 위해 대안탑

이 세워졌다. ④ 고려는 10세기 후반~11세기 초반 세 차례에 걸쳐 침입한 거란을 물리쳤다. ⑤ 당, 발해 등에 해당한다.

280

제시된 자료는 임진왜란이 일어나기 직전 일본의 정세를 파악하기 위해 파견한 통신사의 보고 내용이다. 통신사로 파견된 황윤길과 김성일은 일본의 침략 가능성에 대하여 상반된 보고를 하였고, 조선 정부는 일본이 침략하지 않을 것이라는 김성일의 의견에 따라 상황을 안일하게 받아들였다가 전란을 당하였다.

281

(가)는 임진왜란이다. 조선이 전쟁을 일으킨 주체가 왜임을 강조한 명칭 사용, 중국이 '항왜원조 전쟁'이라고 부른다는 점을 통해 이를 알 수 있다. 임진왜란의 휴전 협상 때 일본은 명 공주를 천황의 후궁으로 출가시킬 것, 조선 남부의 4도를 할양할 것 등의 요구 조건을 내세웠다. 명은 일본의 무리한 요구를 거절하였고, 결국 3년여에 걸친 협상은 결렬되었다. 요구 조건을 충족하지 못한 도요토미 히데요시는 다시 전쟁을 일으켰다(정유재란).

바로잡기 ① 연운 16주를 두고 송과 요(거란)가 충돌하였다. ② 송(북송)이 무너진 후 항저우를 수도로 하여 남송이 세워졌다. ③ 고구려의 을지문덕은 살수에서 수의 대군을 물리쳤다. ④ 가마쿠라 막부는 몽골과 고려 연합군의 공격을 받은 이후 쇠퇴하였다.

282

(가)는 임진왜란, (나)는 정유재란이다. 임진왜란 때 명은 조선에 지원군을 파병하였고, 조·명 연합군은 평양성 전투에서 일본군을 크게 무찔렀다. 한편 정유재란 때 조선의 학자 강항이 일본에 포로로 끌려갔다. 강항은 후지와라 세이카와 교류하여 일본의 성리학 발전에 영향을 주었다.

바로잡기 ㄱ. 센고쿠 시대의 혼란은 임진왜란이 일어나기 전 1590년에 수습·종식되었다. ㄹ. 일본과 명의 강화 추진 과정에서 명은 일본에 사신을 보내 도요토미 히데요시를 일본 국왕으로 책봉하였다(1596).

283

제시된 자료는 임진왜란 때 명이 참전한 이유를 보여 준다. 일본의 명 침공 가능성이 확인되자, 명은 랴오둥(요동)을 방어하고 수도인 베이징을 지키기 위해 참전을 결정하였다. 그 결과 임진왜란은 동아시아 삼국 간 국제전으로 확대되었다.

284

팔기를 조직하였다는 점에서 밑줄 친 '그'가 누르하치임을 알 수 있다. 팔기를 바탕으로 사회·군사 조직을 정비하고 군사력을 강화하여 사회를 정비한 누르하치는 여진족을 통합하여 후금을 세우고 명과 대결하였다.

바로잡기 ① 누르하치의 뒤를 이은 홍타이지가 자신을 황제로 칭하고 국호를 '청'으로 정하였다. ② 요, 금 등이 중원 왕조인 송으로부터 세폐를 받았다. ④ 금이 고려에 군신 관계 수립을 요구하였다. ⑤ 전방후원분은 고대 일본에서 조성된 거대한 무덤 양식이다.

285

제시된 지도의 전쟁은 1627년 후금의 조선 침략, 즉 정묘호란이다.

1627년에 일어났으며 격전지가 조선의 서북 방면에 치우친 것을 통해 이를 알 수 있다. 후금은 명과의 전쟁에 대비하여 조선을 침략하였으나, 후방에 있는 명을 염려하여 조선과 형제 관계를 맺고 세폐를 받는 조건으로 2개월 만에 철수하였다.

바로잡기 ① 광해군은 정묘호란 이전 1623년 인조반정으로 폐위되었다. ② 천호·백호는 몽골의 군사 조직이다. ③ 임진왜란 당시 조선의 수군과 의병의 활약이 컸다. ④ 임진왜란 후 일본에 에도 막부가 수립되었고, 에도 막부는 19세기 개항 이후 메이지 정부의 수립으로 무너졌다.

286

제시된 자료는 병자호란 직전 최명길이 청의 요구를 외교적으로 해결할 것을 주장한 글이다. 1636년 후금의 홍타이지는 황제를 칭하고 국호를 청으로 고쳤다. 그리고 조선에 군신 관계 수립을 요구하였다. 명 공략을 앞두고 먼저 조선을 굴복시켜 배후를 안정시킬 필요가 있었기 때문이다. 이 요구를 두고 조선에서는 외교적으로 해결하자는 주화론과 이에 반대하는 척화론이 대립하였다. 조선이 군신 관계를 거부하자 청이 대규모 병력을 동원하여 조선을 침공하였다. 이를 병자호란이라고 한다.

바로잡기 ① 다이카 개신은 645년에 단행되었다. ② 요(거란)는 북면관과 남면관을 두어 유목민과 농경민을 분리하여 통치하는 이원적 체제를 운영하였다. ③ 1622년 가도에 들어온 모문룡이 요동 수복을 천명하였고, 이는 정묘호란이 일어나는 배경이 되었다. ④ 왕안석은 송 대에 국방력 강화와 재정 확충을 위해 신법의 시행을 주도하였다.

287

누르하치를 격파하였다는 내용으로 보아 (가)는 후금이다. 누르하치는 후금을 세운 인물이다. 명은 후금을 공략하기 위해 조선에 파병을 요구하였고, 광해군은 강홍립을 도원수로 삼아 파병하였다. 그러나 사르후 전투에서 강홍립은 후금에 투항하였다.

288

제시된 비석은 병자호란에서 승리한 청의 홍타이지가 자신의 공덕을 알리기 위해 조선에 건립을 요구하여 세워진 삼전도비이다. 병자호란 당시 인조는 청군의 침입에 맞서 남한산성에서 항전하였으나 결국 삼전도에서 항복하고 청과 군신 관계를 맺었다.

바로잡기 ① 일본이 몽골의 조공 요구를 거부하자 몽골과 고려 연합군이 일본을 침공하였다. ② 가마쿠라 막부 때의 사실이다. ③ 고구려의 유민 출신 대조영이 고구려 유민과 말갈인을 이끌고 세운 발해는 고구려 계승 의식을 표방하였다. ⑤ 병자호란 이후 즉위한 효종이 청에 당한 치욕을 씻어야 한다며 북벌을 추진하였다.

1등급 정리 노트　17세기 초 동아시아의 정세 변화

후금 성장	누르하치가 여진족 통합, 후금 건국 → 명과 대립 → 요동 차지 → 영원성 전투에서 명에 패배 → 홍타이지 즉위
정묘 호란	인조반정 이후 조선의 친명 배금 정책 강화(가도에 주둔한 모문룡 지원 확대) → 후금의 침공 → 강화 체결(형제 관계 수립)
병자 호란	홍타이지가 국호를 청으로 고치고 황제 칭호 사용, 조선에 군신 관계 요구 → 조선의 거부 → 청의 침공 → 조선 조정의 남한산성 항전 → 인조가 삼전도에서 항복

289

제시된 자료는 연행사의 일행으로 청에 다녀온 박지원이 쓴 『열하일기』의 일부이다. 병자호란 이후 조선은 명과의 관계를 끊고 청에 조공 사절단으로 매년 연행사를 파견하였다. 연행사는 황제나 황후의 생일 축하, 새해 인사, 왕의 사망이나 즉위 통보 등 여러 목적으로 청에 파견되었다.

바로잡기 ② 통신사에 대한 설명이다. ③ 장보고는 9세기에 청해진을 설치하고 남해, 서해의 해상 교역을 장악하였다. ④ 도왜인에 대한 설명이다. ⑤ 헤이안 시대에 견당사 파견이 중지되었다.

290

칠판의 내용은 전쟁을 계기로 이루어진 문화·문물 교류의 사례를 정리한 것이다. (가) 정유재란 때 일본으로 끌려간 도공 이삼평이 아리타 지역에서 고령토로 자기를 만들었다. 이는 일본의 도자기 발전에 큰 영향을 주었다. 17세기 중반 이후 아리타 자기는 서양으로 수출되어 큰 인기를 끌었다. (나) 병자호란 후 청으로 끌려간 소현 세자가 청에서 활동하던 서양 선교사 아담 샬과 교류하며 서양 문물을 접하였고, 지구의, 천주상, 크리스트교 교리서 등을 받아 왔다. 이는 조선이 서양 문물을 접하는 계기 중 하나가 되었다.

바로잡기 ㄱ. 안향은 고려 말에 원으로부터 성리학을 받아들였다. ㄷ. 감진은 당의 승려로 8세기에 일본에 건너가 활동하였다.

291

첫 번째 자료에서는 어느 민족이나 중화가 될 수 있음을 주장하였다. 두 번째 자료에서는 조선 중화주의를 드러냈다. 제시된 두 글은 명·청 교체 이후 동아시아 각국에서 사상적 변화가 나타났음을 보여 준다. 청의 옹정제는 만주족의 중국 지배를 합리화하기 위해 인의나 오륜 등의 유교적 가치를 지키면 어느 민족이나 중화가 될 수 있다고 주장하였다. 병자호란을 겪고 명의 멸망을 지켜본 조선에서도 조선이 중화의 문명을 계승하였다는 조선 중화주의가 등장하여 17세기에 유행하였다.

292

(가)는 도쿠가와 이에야스이다. 도요토미 히데요시가 죽은 후 전국의 다이묘들이 두 세력으로 나뉘었는데, 이들이 1600년에 세키가하라 평원에서 맞붙었다. 이 싸움에서 동군을 이끌고 승리한 도쿠가와 이에야스는 에도 막부를 개창하였다.

바로잡기 ② 송의 태조 등에 해당한다. ③ 에도 막부는 청과 공식적인 외교 관계를 수립하지 않았다. ④ 조선 세종이 북방을 개척하고 4군과 6진을 두었다. ⑤ 일본은 6세기경 백제로부터 불교를 받아들였다.

293

제시된 자료는 1543년 일본에 조총이 전래된 과정에 관한 것이다. 당시 일본에서 조총 보유량의 정도는 전쟁 승패를 가르는 중요한 요인이었다.

294

조총은 일본 센고쿠 시대의 판도를 바꾼 결정적인 무기였고, 이후 임진왜란에도 큰 영향을 끼쳤다.

채점 기준	수준
조총 사용으로 바뀐 전쟁 양상, 도요토미 히데요시가 조총을 활용하여 센고쿠 시대를 통일하였음을 정확히 서술한 경우	상
도요토미 히데요시가 조총을 활용하여 센고쿠 시대를 통일하였다는 사실만 간단히 서술한 경우	중
센고쿠 시대를 밝히지 않고 도요토미 히데요시가 조총을 활용해 통일하였다는 사실만 서술한 경우	하

295

제시된 자료는 청이 중원을 장악한 이후에도 조선이 명을 숭앙하면서 스스로 중화라는 자부심을 가지고 있었음을 보여 준다.

296

병자호란 이후 조선의 서인 집권층 사이에는 조선 중화주의가 강화되었다. 이러한 인식은 청에게 당한 치욕을 씻자는 북벌 운동, 대보단과 만동묘 건립, 그리고 명의 연호 사용 유지 등으로 나타났다.

채점 기준	수준
북벌 제기, 대보단과 만동묘 설치, 명 연호 사용을 의미와 함께 정확하게 서술한 경우	상
위의 내용 중 두 가지를 의미와 함께 정확하게 서술한 경우	중
위의 내용 중 한 가지만 정확하게 서술하거나 세 가지의 사실을 단순히 제시한 경우	하

적중 1등급 문제

62~63쪽

| 297 ③ | 298 ③ | 299 ② | 300 ④ | 301 ② |
| 302 ② | 303 ⑤ | 304 ③ | | |

297 15세기 중반 동아시아 상황 파악하기

1등급 자료 분석 토목보의 변

1449년 명의 황제 정통제가 토목보에서 벌어진 몽골과의 전장에 직접 나섰다가 몽골에 포로로 사로잡혔다. 이를 토목보의 변이라고 한다. ㄴ. 조선은 15세기 전반 3포(부산포, 제포, 염포)를 열고 일본과의 교역을 허용하였다. ㄷ. 명은 일본의 무로마치 막부의 3대 쇼군을 일본 국왕으로 책봉한 후 감합 무역을 시작하였다(1404). 그러나 16세기 닝보의 난 이후 명이 무역을 중단하였다.

바로잡기 ㄱ. 정유재란 때 관우를 섬기는 중국의 신앙이 조선에 유입되었다. ㄹ. 일본 센고쿠 시대의 혼란은 1590년 도요토미 히데요시에 의해 종식되었다.

298 도요토미 히데요시의 정책 이해하기

1등급 자료 분석 도요토미 히데요시

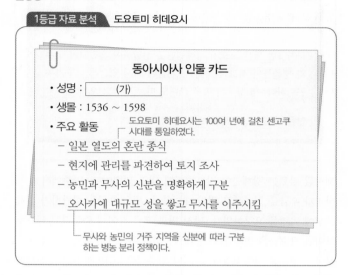

제시된 자료에서 일본 열도의 혼란을 종식하고 토지 조사를 실시하였다는 점에서 (가) 인물이 도요토미 히데요시임을 알 수 있다. ③ 1590년 센고쿠 시대를 통일한 도요토미 히데요시는 농민의 무기를 몰수하여 농민이 무사 신분으로 상승하는 것을 막았다. 또한 무사와 농민의 거주 지역을 신분에 따라 구분하였는데 이와 같은 병농 분리 정책은 에도 막부로 이어졌다.

바로잡기 ① 다이호 율령은 701년에 반포되었다. ② 정묘호란을 일으킨 후금은 조선과 형제 관계를 맺고 세폐를 받는 조건으로 조선에서 철수하였다. ④ 중국의 수 문제, 일본 무로마치 막부의 아시카가 요시미쓰 등에 해당한다. ⑤ 후금의 누르하치는 팔기제를 시행하여 사회·군사 조직을 정비하고 군사력을 강화하였다.

299 임진왜란 시기의 동아시아 상황 이해하기

1등급 자료 분석 임진왜란과 명의 참전

왜적이 전쟁을 일으켜 지나는 곳마다 사람을 죽이고 해쳐, 조선 백성들의 처지가 말할 수 없이 비참합니다. <u>조선의 국왕은 평양을 떠</u>
임진왜란이 일어나자 조선의 선조는 평양을 거쳐 의주로 피신하였다.
<u>나 다시 피신하였습니다.</u> 사납고 모진 적이 조선을 차지하면 분명
임진왜란 이후 명은 요동 보호를 위해 참전하였다.
<u>요동을 침범할 것입니다.</u> 우리 영토에 적이 들어온 뒤 방어하면 이미 늦을 것입니다.

밑줄 친 '전쟁'은 1592년 일본이 일으킨 임진왜란이다. 임진왜란 초기 조선군이 연이어 패배하자 선조는 평양을 거쳐 의주로 피신하였다. 한편 명은 일본의 명 침공 가능성이 확인되자 랴오둥(요동)을 방어하고 베이징을 지키기 위해 조선에 원군을 보냈다. 그 결과 임진왜란은 동아시아 삼국 간의 국제전으로 확대되었다. ② 조선과 명의 연합군은 평양성을 탈환하였다.

바로잡기 ① 백강 전투는 663년에 일어났다. ③ 백등산 전투는 기원전 200년에 일어났다. ④ 나가시노 전투는 1575년에 일어났다. ⑤ 사르후 전투는 1619년에 일어났다.

1등급 자료 분석 광해군의 중립 외교

> 도원수 강홍립에게 하유하노라. 당초 요동으로 건너간 우리
> 명은 후금을 공격하기 위해 조선에 파병을 요구하였고,
> 광해군은 강홍립을 도원수로 삼아 원군을 보냈다.
> 군사 1만 명은 오로지 정예병만을 선발하여 훈련시켜 장수
> 와 병졸들이 서로 익숙하니, 지금에 와서 경솔히 바꾸기는
> 곤란하다. 명 장수의 말을 그대로 따르지 말고 오직 패하지
> 강홍립은 사르후 전투에서 후금에게 투항하였다.
> 않을 방도를 강구하는 데 힘을 쓰도록 하라.

제시된 자료는 광해군이 강홍립에게 내린 명령이다. 만주에서 누르하치가 후금을 건국하고 명과 대립하자, 명은 후금을 공략하기 위해 조선에 파병을 요구하였다. 당시 명과 후금 사이에 중립적인 태도를 보이던 광해군은 명의 압력과 대신들의 독촉으로 강홍립을 도원수로 삼아 조선군을 파병하였다. 그러나 강홍립은 1619년 사르후 전투에서 후금에 투항하였고 이후 광해군은 명의 추가 파병 요구를 거부하는 한편 후금과의 친선 관계를 유지하였다. ④ 조선은 17세기 초 일본과 국교를 재개하고 기유약조를 체결하였다.

바로잡기 ① 12세기 말 미나모토노 요리토모가 가마쿠라 막부를 수립하였다. ② 15세기 중엽 북쪽의 몽골이 남하하여 명의 황제를 포로로 잡았다(토목보의 변). ③ 10세기 초 거란이 만리장성 이남의 연운 16주를 차지하였다. ⑤ 12세기 초 여진이 성장하자 고려는 윤관을 파견하여 여진을 물리치고 동북 지방에 9성을 쌓았다.

301 홍타이지의 활동 알아보기

1등급 자료 분석 정묘호란

> 주군께서 조선 정벌을 명하면서 말하기를 "조선은 대대로 우리에게
> 누르하치의 뒤를 이어 즉위한 홍타이지를 의미한다.
> 피해를 끼쳤으니 마땅히 성토해야 한다. 그러나 이번 출정의 목적
> 은 오로지 조선만을 정벌하는 것이 아니다. 평안도의 섬으로 들어간
> 1622년부터 가도에 주둔한 명의 장수 모문룡에 해당한다.
> 명의 장수가 우리를 저버린 무리를 받아들이고 있으니 그도 토벌하
> 라."라고 하였다.

밑줄 친 '주군'은 후금의 홍타이지이다. 1623년 인조반정으로 광해군을 몰아내고 집권한 인조와 서인 정권은 명으로부터 정권의 정통성을 인정받기 위해 친명 배금의 외교 정책을 취하였다. 이에 후금의 홍타이지는 가도에 주둔하던 명의 모문룡을 제거하고 조선으로부터 경제적 이득을 얻기 위해 1627년 정묘호란을 일으켰다. 후금은 황해도까지 침입하였으며 조선과 형제 관계를 맺는 조건으로 철수하였다. ② 이후 1636년 홍타이지는 국호를 '청'으로 고치고 스스로 황제를 칭하였다.

바로잡기 ① 금이 거란을 멸망시켰다. ③ 오닌의 난은 무로마치 막부 쇼군의 계승 문제를 두고 벌어졌다. ④ 조선 세종 때에 4군과 6진을 설치하여 압록강과 두만강 이남의 영토를 확보하였다. ⑤ 도요토미 히데요시가 병농 분리 정책을 추진하였다.

1등급 자료 분석 병자호란과 청의 중원 차지

> (가) 저들이 제멋대로 황제의 칭호를 사용하더라도 우리와의 관계가
> 후금은 1636년 국호를 청으로 고치고 황제를 자처하였다.
> 전과 다름없다면 참견할 일이 아닙니다. 저들과 맺은 형제의 약
> 조선은 1627년 정묘호란의 결과 후금과 형제 관계를 맺었다.
> 조를 지키면서 내치(內治)에 힘을 쓰는 한편, 의주의 방어 체제를
> 다져 나가는 것이 팔도를 보전하는 좋은 계책일 것입니다.
> (나) 우리 왕조가 산하이관을 넘어 중원에 들어와 농민군을 몰아내고
> 천하에 군림한 지 80여 년이 지났다. 어질고 의로운 정치를 행하
> 1644년 이자성의 농민군이 명을 멸망시킨 직후 청이 산하이관을 넘어 중원으로
> 들어와 베이징을 점령하였다.
> 고 성현의 가르침을 널리 전하여 문화가 융성한데, 어찌 우리를
> 짐승과 같다고 말하는가?

(가)는 1636년의 상황이다. 1636년 후금의 홍타이지는 황제를 칭하고 국호를 '청'으로 고쳤다. 그리고 조선에 이 사실을 통보하는 한편 군신 관계를 요구하였다. 조선이 이를 거부하자 홍타이지는 직접 군대를 이끌고 조선을 침략하였다(병자호란). (나)는 18세기 전반기의 상황이다. 1644년 이자성의 농민 반란으로 명이 멸망한 직후 청은 산하이관을 지키던 명의 장수 오삼계에게서 항복을 받고 베이징을 점령하였다. 이후 중국 각지를 정복하고 삼번의 난과 타이완의 정성공 세력까지 진압하였다. 또한 주변국과 조공·책봉 관계를 계승하여 청 중심의 동아시아 국제 질서를 확립하였다. ② 병자호란의 결과 청과 군신 관계를 맺은 조선은 매년 조공 사절로 연행사를 파견하였다.

바로잡기 ① 에도 막부는 1603년에 세워졌다. ③ 윈강 석굴 사원은 5세기 북위 시기에 조성되었다. ④ 누르하치는 1616년에 후금을 건국하였다. ⑤ 12세기 남송의 주희가 성리학을 집대성하였다.

303 17세기 전후 전쟁을 통한 문물 교류 알아보기

1등급 자료 분석 강항과 후지와라 세이카

> (가) 전쟁 때 포로로 잡혀 온 강항은 내부 사정을 파악하기 위
> 강항은 정유재란 때 일본군에 포로로 사로잡혔다.
> 해 때로는 일본 승려와 접촉하였다. 그가 만난 승려 슌(舜)은 두뇌
> 후지와라 세이카
> 가 총명하고 옛글을 다룰 줄 아는 사람으로 어느 책이나 모르는 것
> 이 없었다. 그는 슌에게 신유학을 가르쳐 주었다. 이 사상은 하야시
> 라잔에게 전해졌다.
> 강항은 후지와라 세이카와 교류하였고,
> 하야시 라잔은 후지와라 세이카의 제자였다.

제시된 자료에서 강항이 전쟁 때 포로로 잡혀왔다는 내용을 통해 (가) 전쟁이 임진왜란·정유재란임을 알 수 있다. 일본은 임진왜란·정유재란 때 조선에서 성리학자와 도공 등을 포로로 끌고 갔다. 또 서적과 금속 활자 등 각종 문화재를 약탈하였다. 이렇게 끌려간 학자와 기술자, 약탈당한 문화재들은 에도 시대에 일본의 학문과 도자기, 인쇄술이 발전하는 밑바탕이 되었다. ㄷ. 일본은 포로로 잡아간 사람들을 통해 성리학과 도자기 기술을 받아들였다. ㄹ. 명은 임진왜란의 결과 국력이 점차 약화되었고, 만주의 누르하치가 명의 지배에서 벗어나 점차 세력을 키워 후금을 세웠다.

바로잡기 ㄱ. 견당사는 9세기 헤이안 시대에 파견이 중단되었다. ㄴ. 몽골이 정복지에 다루가치를 파견하였다.

1등급 자료 분석 대보단과 송시열

오직 우리나라만이 한쪽 구석에 치우쳐 있어 홀로 예를 간직한 나라가 되었으니 …… 공자께서 다시 태어나면 반드시 뗏목을 타고 동쪽 우리나라로 올 것이다.

명 신종과 의종을 제사지내던 창덕궁의 대보단	송시열이 쓴 글의 일부
조선은 자신들이 중화의 문명을 계승하였다고 여겼다. 또 명 신종과 의종을 제사지냈다.	송시열은 조선 후기의 지식인으로 조선 중화주의를 주장하였다.

명의 멸망으로 한족 왕조가 사라진 상황에서 이후 조선에서는 '중화의 정통 계승자는 조선'이라는 조선 중화주의가 대두하였다. 이는 조선에서 명 황제를 제사 지내는 대보단, 만동묘가 세워지는 토대가 되었다. 한편 18세기에는 현실을 직시하고 청을 배우자는 북학 운동이 일어났다.

바로잡기 ① 신불습합은 일본의 신토와 불교의 융합을 말한다. ② 육유는 명을 세운 홍무제가 반포하였다. ④ 두 차례에 걸친 몽골과 고려의 침입을 물리친 이후 일본에서 '일본이 신의 나라'라는 신국 사상이 확산되었다. ⑤ 황룡사는 6세기 신라에서 세워진 것으로, 호국 불교적 성격이 반영되었다.

07 교역망의 발달과 은 유통

분석 기출 문제 65~69쪽

[핵심 개념 문제]

305 류큐	**306** 회취법(연은 분리법)		**307** 신패	**308** ×	**309** ×
310 ㉢	**311** ㉠	**312** ㉣	**313** ㉤	**314** ㉤	**315** ㉠	**316** ㉠
317 ㄴ	**318** ㄹ	**319** ㄱ			

320 ②	**321** ①	**322** ①	**323** ②	**324** ⑤	**325** ④	**326** ②
327 ③	**328** ⑤	**329** ④	**330** ⑤	**331** ③	**332** ②	**333** ⑤
334 ④	**335** ⑤	**336** ④	**337** ③			

1등급을 향한 서답형 문제

338 **예시 답안** 감합, 명이 밀무역을 단속하기 위해 발급한 무역 허가증이다.

339 **예시 답안** 명이 무로마치 막부의 쇼군을 일본 국왕으로 책봉한 후 감합을 발급하여 무역을 허용하였다. **340** 마테오 리치 **341** **예시 답안** 마테오 리치는 지구의·자명종 등 서양의 과학 기구를 명에 소개하였다. 또 유클리드의 『기하원본』을 명의 고관이자 크리스트교도가 된 서광계와 함께 중국어로 번역하였으며, 『천주실의』를 한문으로 저술하였다. 그리고 『중국견문록』을 써서 중국의 사정을 유럽에 소개하였다.

320

제시된 지도는 명 초 영락제 때부터 여러 차례 이루어진 정화의 원정 중 4차 항해로를 나타낸 것이다. 정화의 원정으로 동남아시아는 물론 멀리 아프리카 일부 국가가 명에 조공하기도 하였다.

바로잡기 ① 대승 불교는 1세기경 사막길을 통해 중국에 전해졌고, 한반도와 일본으로 전파되었다. ③ 청 대의 상황이다. ④ 9세기에 장보고는 청해진을 중심으로 당시 남해와 서해의 해상 무역을 주도하였다. ⑤ 한반도와 중국에서 일본으로 건너간 도왜인이 야마토 정권에 선진 문물을 전하였다.

321

제시문에서 명과 조공 관계, 경원과 경성에 무역소 설치 등의 내용으로 보아 (가)는 조선임을 알 수 있다. 조선은 남해의 포구 세 곳에 왜관을 설치하고 제한된 범위 내에서 일본인의 무역을 허락하였다.

바로잡기 ② 3세기 야마타이국의 히미코 여왕이 중국의 위나라로부터 '친위왜왕'의 칭호를 받았다. ③ 탕구트족이 세운 서하 등에 해당한다. ④ 고려의 윤관이 별무반을 이끌고 여진을 몰아낸 후 동북 지역에 9성을 쌓았다. ⑤ 고려는 몽골군이 침입하자 장기 항전을 위해 강화도로 천도하였다.

322

제시된 자료는 명과 무로마치 막부의 관계 변화를 보여 준다. 1400년을 전후하여 명과 조선의 압력을 받은 무로마치 막부의 3대 쇼군 아시카가 요시미쓰의 왜구 단속이 어느 정도 성과를 올리게 되었다. 이에 명은 일본에 감합 무역을 허가하였다.

바로잡기 ② 에도 막부는 17세기에 포르투갈 상인의 수용을 위해 데지마를 건설하였으나, 종교적 이유로 포르투갈 상인이 추방되고 대신 네덜란드 상관을 이곳으로 옮겼다. ③ 1510년 조선이 왕래를 허용한 세 곳의 포구에서 왜인이 삼포왜란을 일으켰다. ④ 천계령이 해제된 후 청 상인들이 나가사키를 왕래하였다. ⑤ 토목보의 변은 15세기 중반 명의 황제가 몽골에 포로로 사로잡힌 사건이었다.

323

14세기 후반~17세기 전반에 명, 조선, 일본과 동남아시아 사이에서 무역을 하고 있는 점, 무역품의 이동 상황으로 볼 때 류큐의 중계 무역을 나타낸 것임을 알 수 있다. 따라서 (가)는 류큐이다. 명의 해금 정책으로 중국 상인의 활동이 위축되자 류큐의 중계 무역이 활발하였다. 하지만 16세기 중반 명의 해금 정책이 완화되면서 류큐의 중계 무역이 쇠퇴하였다.

바로잡기 ① 명, 청에서 해금령을 내렸다. ③ 중강, 책문의 개시와 후시에서 조선과 청이 교역하였다. ④ 명이 조선에 파병하였다. ⑤ 연행사는 조선이 청에 보낸 사절단이다. 연행사는 황제나 황후의 생일 축하, 새해 인사, 왕의 사망이나 즉위 통보 등 여러 목적으로 청에 파견되었다.

324

(가)는 포르투갈이다. 포르투갈은 1511년 믈라카를 점령하고 아시아와 유럽 사이의 향신료 무역을 독점하였다. 16세기 중반에는 호이안과 마카오를 거쳐 나가사키까지 진출하였다. 그러나 1639년 일본에서 크리스트교 포교 금지령을 어겨 추방되었다.

바로잡기 ① 조선은 17세기 후반 왜관을 초량에 옮기고 일본과 교역하였다. ② 영국이 대청 무역에서 발생한 적자를 해소하기 위해 청에 아편을 밀수출하였다. ③ 슈인장은 에도 막부가 해외 무역을 제한하기 위해 자국 상선에게 발급한 문서이다. ④ 말발굽 모양의 은화는 마제은으로, 명·청 대에 유통되었다.

1등급 정리 노트 동아시아와 교역한 유럽 국가들

포르투갈	믈라카 왕국 점령, 상인의 마카오 거주권 확보, 일본에 조총 전래 → 17세기 전반 선교 문제로 일본에서 추방당함
에스파냐	16세기 후반 필리핀을 점령, 마닐라를 거점으로 활용 → 갈레온 무역 전개(멕시코산 은 활용)
네덜란드	동인도 회사 설립, 바타비아(오늘날의 자카르타)를 근거지로 활동, 일본 왕래(나가사키의 데지마)
영국	동인도 회사 설립, 청-인도를 잇는 삼각 무역(중국에 아편 밀수출)

325

16세기 중반 명 조정이 해금 조치를 완화한 이후 중국인들이 동남아시아에 활발하게 진출하였다. 이들 중 일부는 필리핀에서 에스파냐와 교역하였다. 에스파냐는 대포로 무장한 갈레온선을 이용하여 멕시코산 은과 중국산 물품을 교환하는 무역을 전개하였다.

바로잡기 ㄱ. 연행사는 조선이 청에 파견한 조공 사절단이다. ㄷ. 오삼계 등이 일으킨 삼번의 난은 청 초기에 일어났다.

326

황종희는 명 말~청 초에 활동한 지식인이다. 제시된 자료의 '모든 조세 업무를 은 하나로 하고 있다'는 내용은 명이 시행한 일조편법과 관련이 있다. 16세기 후반에 국정 쇄신과 재정 확대를 위한 과감한 개혁을 편 장거정은 일조편법을 확대 시행하였다.

바로잡기 ① 오닌의 난은 15세기 후반 무로마치 막부의 쇼군 계승 문제를 두고 일어났다. ③ 조선은 1443년 쓰시마 도주와 계해약조를 맺었다. ④ 15세기 초 무로마치 막부의 3대 쇼군 아시카가 요시미쓰가 명으로부터 일본 국왕으로 책봉되었다. ⑤ 15세기 중반 명의 정통제가 토목보에서 몽골에 포로로 사로잡혔다.

327

제시문의 기술은 1503년 조선에서 개발된 회취법(연은 분리법)이다. 일본은 16세기 초 조선에서 회취법을 들여와 은을 본격적으로 생산하였다. 이와미 은광에서는 당시 가장 많은 은이 생산되었다.

바로잡기 ① 동탁은 청동 유물이다. 일본 야요이 시대에 주술적 의례를 위한 도구로 동탁이 많이 만들어졌다. ② 신라의 장보고는 9세기에 청해진을 설치하고 남해와 서해의 해상 교역을 주도하였다. ④ 정유재란 때 일본에 포로로 끌려간 이삼평은 아리타 자기 발전에 큰 영향을 끼쳤다. ⑤ 15세기 초 명 황제 영락제의 명에 따라 정화는 동남아시아와 인도양 일대를 항해하였다. 그 결과 명 중심의 국제 관계가 확대되었다.

328

(가)에 들어갈 품목은 인삼이다. 조선은 중국과 조공 관계를 맺어 종이·인삼 등을 보내고, 비단·책 등을 받아 왔다. 일본과는 임진왜란 이후 국교를 재개하고 동래 왜관을 복구하여 양국 간 외교와 무역의 거점으로 삼았다. 조선은 왜관을 통해 일본에 인삼 등을 수출하는 한편, 중국산 생사와 비단, 일본산 은을 중계하며 이익을 얻었다. 에도 막부는 조선의 인삼을 구입하기 위해 1710년부터 인삼대왕고은이라고 불린 은화를 주조하였는데, 은화 20개를 인삼 1관과 교환하였다. 17세기 이후 인삼 대금으로 지불된 일본 은이 교토에서 출발하여 오사카와 쓰시마를 거쳐 부산으로 건너와 한양에 유입된 후 조선의 대청 무역 대금으로 지불되었다.

바로잡기 ① 회취법은 일본의 은 생산량 증가에 영향을 주었다. ② 광둥 무역 체제는 청이 대외 무역항을 광저우로 제한하고 공행을 설치하여 유럽 상인과의 교역을 독점하게 한 체제를 말한다. ③ 영국은 청과의 무역에서 발생한 적자를 만회하기 위해 아편을 밀수출하였다. ④ 송은 요, 금에게 은과 비단 등을 세폐로 지급하였다.

329

제시문은 청이 타이완을 거점으로 반청 운동을 전개하던 정성공 세력을 진압하기 위해 천계령을 내린 상황을 설명한 것이다(1661). 청은 오삼계 등이 일으킨 삼번의 난을 진압하고 이어 1683년 타이완을 정복하여 반청 세력을 축출한 후 천계령을 해제하였다(1684).

바로잡기 ㄱ. 장거정은 명 대 관리로 16세기 후반에 개혁을 추진하였다. ㄷ. 별무반은 고려가 여진 정벌을 목적으로 조직한 특수 군대였다.

330

제시된 자료는 19세기 영국의 삼각 무역을 보여 주는 내용이다. 영국은 대청 무역에서의 적자를 만회하기 위해 식민지 인도의 아편을 청에 밀수출하였다. ⑤ 에도 막부는 포르투갈인을 수용하기 위해 1634년 2년여에 걸쳐 나가사키에 데지마를 건설하였다. 그러나 포르투갈인이 크리스트교 포교 금지령을 어기자 이들을 추방하고 네덜란드인의 상관을 이곳으로 옮기게 하였다. 이후 데지마는 약 200년 동안 네덜란드의 대일 무역 근거지가 되었다.

바로잡기 ① 코 무덤은 임진왜란 때 일본 병사들이 전공을 자랑하기 위해 베어간 코와 귀를 모아 만들어진 것이다. ② 16세기 중반의 사실이다. ③ 오다 노부나가는 센고쿠 시대 통일의 기초를 다진 인물이다. ④ 16세기 후반 명의 해금 정책이 완화되면서 류큐의 중계 무역은 점차 쇠퇴하였다.

331

건륭제는 강희제 이후 전성기를 이룬 18세기 청의 황제이며, 자료는 당시 청이 유럽 상인과의 교역 창구를 광저우로 제한하였음을 보여 준다. 청은 서양인과 한인이 결탁하여 반청 운동을 일으킬까 염려하여 1757년에 3개 항구를 폐쇄하고 대외 무역항을 광저우로 제한하였다. 그리고 공행을 설치하여 대외 무역을 독점하게 하였다.

332

(가)는 조선과 에도 막부 사이에 교역이 이루어진 왜관이다. 조선은 공무역으로 쓰시마에서 구리, 은 등을 수입하고 목면이나 쌀 등을 수출하였다. 한편 왜관에서는 조선의 상인과 쓰시마의 사신, 관리, 상인 간에 사무역도 이루어졌다.

바로잡기 ① 공행은 청의 관원을 대신하여 광저우에서 서양 상인에게 관세를 징수하여 정부에 납부하였다. ③ 일본의 나가사키에 해당한다. ④ 청 상인을 통해 은 유출이 급증하자 에도 막부가 신패를 발급하여 청 상선의 입항을 통제하였다. ⑤ 에스파냐가 전개한 갈레온 무역에 대한 설명이다.

1등급 정리 노트 조선의 대외 무역		
구분	대중국 무역	대일 무역
17세기 이전	조공 무역(조천사)	3포 개항 → 삼포 왜란
17세기 이후	• 조공 무역(연행사) • 개시와 후시 무역(송상, 만상 참여)	• 통신사 파견 • 부산의 초량에 왜관 설치 → 인삼 수출

333

제시된 자료는 에도 막부 시기 나가사키의 데지마 건설에 관한 것이다. 데지마는 200여 년 동안 네덜란드의 대일 무역 근거지였다.

바로잡기 ① 산하이관은 명·청 시대 조선 사신이 드나들던 만리장성 동쪽 끝의 관문이다. ② 18세기 중반 번화한 쑤저우의 모습을 그린 것이다. ③ 초량에 설치된 왜관의 모습이다. ④ 광저우 서양 상인들의 상관을 그린 것이다.

334

명 말에 중국으로 건너온 아담 샬은 조총의 제작법을 전해 주었고, 명 대의 대통력을 시헌력으로 개정하였다.

바로잡기 ① 『동방견문록』은 몽골 제국을 방문한 마르코 폴로의 중국 견문기이다. ② 사야카(김충선) 등이 해당한다. ③ 이삼평 등 조선 도공에 해당한다. ⑤ 몽골 제국(원)에서 색목인이 재정 업무를 담당하였다.

335

제시문은 청 대 발생한 전례 문제에 대한 것으로, (가)는 청이다. 강희제 시기에 조상 제사나 공자 숭배 등을 둘러싼 전례 문제로 인해 크리스트교 포교가 금지되었다. 선교사 페르비스트는 세계 지도인 「곤여전도」를 제작하였고, 카스틸리오네는 베이징 교외에 있는 황실 정원인 원명원의 서양식 건물을 설계하고 많은 서양화를 남겼다.

바로잡기 ㄱ. 명 대에 활동한 마테오 리치가 『중국견문록』을 써서 중국의 사정을 유럽에 소개하였다. ㄴ. 프란시스코 하비에르는 에스파냐 출신의 예수회 선교사로, 일본 규슈 지역에서 포교 활동을 하였다.

336

(가)는 네덜란드이다. 벨테브레이와 하멜은 모두 네덜란드 사람으로

표류하여 조선에 왔다. 네덜란드는 1624년 타이완을 점령하였고, 17세기 중반에는 바타비아를 거점으로 활동하였다. 네덜란드인은 중국의 생사, 비단, 도자기와 동남아시아의 향신료를 구매하고 유럽의 은화로 값을 지불하는 중계 무역을 주도하였다.

바로잡기 ① 마제은은 명·청 대에 주조·유통된 화폐이다. ② 포르투갈에 해당한다. ③ 영국에 대한 설명이다. ⑤ 일본에 대한 설명이다.

337

보고서에 제시된 조사 자료는 선교사들에 의해 유럽에 소개된 중국 관련 서적이다. 부베는 예수회 소속의 프랑스 선교사로 청 대 중국에 들어왔다. 그는 「황여전람도」라는 전국 지도를 제작하는 데 참여하였고, 『강희제전』을 저술하였다. 한편 선교사들이 중국의 문물과 지식을 유럽에 전하면서 중국 문화에 대한 관심이 높아졌는데, 『논어』와 같은 고전은 볼테르 등 계몽사상가들에게 영향을 주었다.

바로잡기 ① 성리학은 남송 때 집대성되었다. ② 강희제는 청의 황제이다. ④ 감진, 혜초, 엔닌 등에 해당한다. ⑤ 『대의각미록』은 옹정제 때 만주족의 중국 지배를 합리화하기 위해 편찬한 것으로, 인의나 오륜 등 유교적 가치를 지키면 어느 민족이나 중화가 될 수 있다는 주장을 담았다.

338

감합은 명이 주변국에 발급한 무역 허가증이다.

채점 기준	수준
'감합'의 명칭과 밀무역 단속을 위해 발급한 무역 허가증임을 정확하게 서술한 경우	상
'감합' 명칭과 무역 허가증이라는 내용만 서술한 경우	중
'감합'이라는 명칭만 쓴 경우	하

339

명이 무로마치 막부의 3대 쇼군을 일본 국왕으로 책봉한 후 일본과 감합 무역을 하였다.

채점 기준	수준
명이 무로마치 막부의 쇼군을 일본 국왕으로 책봉하고 감합을 발급하여 무역을 하였다는 내용을 서술한 경우	상
감합 무역이 이루어졌다고만 서술한 경우	하

340

마테오 리치가 제작한 「곤여만국전도」는 아시아, 유럽, 아프리카 등의 5개 대륙을 그리고, 각 대륙의 민족과 산물 등을 지리지 형식으로 서술하였다. 이 지도는 당시 중화적 세계관을 갖고 있던 동아시아 지식인의 세계관에 큰 충격을 주었다.

341

마테오 리치는 최초로 명에 입국한 예수회 출신의 선교사로, 「곤여만국전도」 제작을 비롯하여 서양 과학 기술을 소개하고, 서양 문물을 담은 책의 번역, 저술 등의 활동을 하였다.

채점 기준	수준
서양 과학 기구 소개, 『기하원본』 번역, 『천주실의』 저술, 『중국견문록』 저술 등 세 가지 이상의 활동을 자세히 서술한 경우	상
두 가지 활동만 서술한 경우	중
한 가지 활동만 서술한 경우	하

342 ④	343 ④	344 ⑤	345 ②	346 ②
347 ⑤	348 ④	349 ⑤		

342 15세기 초의 동아시아 상황 파악하기

1등급 자료 분석 정화의 원정

[문학으로 보는 동아시아사]

황제의 사자가 조서를 받드니
  정화를 의미한다.
거대한 배 사나운 물결 가르며 대해로 나아가네.
선단을 나누어 실론으로도 가고
  정화의 함대는 인도의 실론을 지나 아라비아에 이르렀다.
코친, 캘리컷 거치며 여러 나라에 이르렀네.
베이징으로 돌아와 황제를 알현하는데
이역 수장들의 헌상품 하나같이 진기하구나
  정화의 원정으로 조공 체제가 확대되었다.

• 작품 설명: 원정단의 일원으로 항해에 나선 마환이 남긴 기행시의 일부이다.

밑줄 친 '항해'는 15세기 초에 이루어진 정화의 항해이다. 영락제 때부터 시작된 정화의 원정으로 명에 조공하는 국가가 크게 늘어났다. 정화의 항해 이후 명과 각 지역 국가 사이에 조공·책봉 질서가 형성되어 동아시아의 무역은 명과의 조공 무역이 중심이 되었다. ④ 명 영락제 때부터 무로마치 막부와 감합 무역이 전개되었다.

바로잡기 ① 청 대의 상황이다. ② 무로마치 막부는 14세기 전반에 세워졌다. ③ 17세기 후반 조선이 왜관을 초량으로 옮겼다. ⑤ 15세기 중엽 명의 황제가 몽골에게 포로로 사로잡혔다.

343 류큐의 중계 무역 알아보기

1등급 자료 분석 류큐의 중계 무역

중계 무역으로 번성하였음을 의미한다.

우리 나라는 만국을 무역선으로 잇는 다리 역할을 하니 이곳에 천하의 물산이 가득하다.

▲ 나하 슈리성의 만국진량지종
'나하'는 류큐 왕국의 수도였고 '슈리성'은 류큐의 왕궁이었다.

밑줄 친 '우리 나라'는 류큐이다. 명은 국초부터 조공 무역을 지속하기 위해 바다를 통한 사무역을 봉쇄하였다. 이를 해금 정책이라고 한다. 명의 해금 정책으로 중국 상인의 활동이 위축되자 류큐가 중계 무역으로 번성하였다. ④ 이후 해금 정책이 완화되자 중국인이 동남아

시아에 활발하게 진출하였으며 류큐의 중계 무역은 점차 쇠퇴하였다.

바로잡기 ① 에도 막부가 슈인장을 발급하여 무역을 제한적으로 허용하였다. ② 1609년 조선이 일본과 기유약조를 체결하였다. ③ 9세기 헤이안 시대에 견당사 파견이 중단되었다. ⑤ 당, 송, 원이 주요 항구에 시박사를 설치하였다.

344 17세기 중후반 동아시아의 상황

1등급 자료 분석 삼번의 난과 반청 운동

중국의 상황은 어떠한가?

현재 오삼계는 주씨의 후예를 황제로 옹립하여 거병하였고, 경정충 등도 합세하였다고 합니다. 또 이에 호응하여 타이완의 정씨 세력도 여전히 반란을 지속하고 있다고 합니다. 정성공과 그 후예들은 타이완을 근거지로 반청 운동을 전개하였다.

청이 중원을 차지한 후 청에 투항한 한인 무장 출신으로 번왕에 봉해졌던 오삼계 등이 삼번의 난(1673~1681)을 일으켰다. 또한 정성공과 후예들은 타이완을 거점으로 반청 운동을 전개하였다. ⑤ 청은 정성공 세력을 제압하기 위해 천계령을 내려 푸젠과 광둥 등 연해 지역 주민을 내륙으로 강제 이주시켰다. 이후 청은 삼번의 난이 진압되고 타이완의 정씨 세력이 항복하자 1684년 천계령을 해제하였다.

바로잡기 ① 천계령 해제 이후 청 상인이 나가사키를 왕래하였다. ② 16세기 중엽의 상황이다. ③ 오닌의 난은 1467년부터 1477년까지 일어났다. ④ 1636년 병자호란이 일어나자 조선의 인조가 남한산성에서 항전하였다.

345 네덜란드의 교역 활동 파악하기

1등급 자료 분석 나사가키의 데지마

에도 막부는 데지마에서 포르투갈인을 내쫓았고, 네덜란드의 상관을 설치하도록 하였다.

이 건물은 포르투갈이 나가사키에서 쫓겨난 이후 설치된 (가) 의 상관을 복원한 것입니다.

(가)는 네덜란드이다. 에도 막부는 포르투갈 상인 수용을 위해 1636년 나가사키에 인공섬인 데지마를 조성하였다. 그러나 포르투갈인이 크리스트교를 포교한 사실이 드러나자 이들을 내쫓고, 1641년부터 네덜란드인의 상관을 이곳으로 옮긴 뒤 서양과의 문물 교류 창구로 이용하였다. ② 네덜란드는 17세기 중엽 바타비아를 근거지로 활동하였다.

①, ④ 에스파냐는 1571년에 필리핀을 점령하고 무역 기지를 건설하였는데, 그중 마닐라를 중심으로 갈레온 무역을 전개하였다. ③ 조총은 16세기 중엽 포르투갈 상인을 통해 일본에 전해졌다. ⑤ 일본은 이와미 은광을 개발하면서 본격적으로 은을 생산하였다.

346 에도 막부의 대외 관계 파악하기

1등급 자료 분석   에도 막부의 슈인장 발급

이 막부는 자국의 다이묘, 무사와 상인 등에게 해외 도항을 허가하는 문서를 발급하였는데, 그 수는 게이초(慶長) 9년부터 간에이(寬 [게이초 12년은 1607년으로 에도 막부 시기에 해당한다.] 永) 12년까지 350통 정도가 확인된다. 이 문서를 발급받은 무역선 [에도 막부 초기에 슈인장을 발급하여 해외 무역을 허락하였다.] 은 외국과 교역하였고 이 과정에서 일본 은이 사용되었다.

밑줄 친 '이 막부'는 에도 막부이다. 17세기 초 에도 막부는 특정 상인에게 배를 타고 해외로 나가 무역할 수 있도록 허가한 증명서인 슈인장을 발급하여 해외 무역을 제한적으로 허락하였다. 이후 크리스트교가 확산되자 에도 막부는 이를 막기 위해 쇄국 정책을 실시하고 대외 무역을 통제하였다. ② 에도 막부는 조선 인삼을 구입하기 위해 1710년부터 인삼대왕고은을 주조하였다.

① 무로마치 막부, ③ 조선, ④, ⑤ 가마쿠라 막부에 해당한다.

347 동아시아의 은 유통 파악하기

1등급 자료 분석   은 유통의 확산

• 일조편법 시행 이후 동전만이 소규모 거래에 사용될 뿐, 조세는 (가) (으)로 납부하게 하니 시중에 점차 부족해지게 되었다. [명은 일조편법을 시행하여 은으로 세금을 징수하였다.]

• 명군을 상대로 장사할 때 처음 시도하였는데, 오래 시행하고 나서는 습속이 되어 술과 땔감파는 사람들이 물건을 살 사람을 만나면 먼저 (가) 이/가 있는지 물어본다고 합니다. [임진왜란 때 명이 참전한 이후 조선에서도 은 유통이 점차 증가하여 은광 개발이 활발히 이루어졌다.]

(가)는 은이다. 동아시아 교역이 활성화되면서 은이 국제 통화로서 활발하게 유통되었다. ㄷ. 조선과 청은 공무역인 개시와 사무역인 후시 등의 교역에서 결제 수단으로 은을 사용하였다. ㄹ. 청은 지정은제를 실시하여 은을 세금으로 징수하였다.

ㄱ. 영국은 대청 무역 적자를 만회하기 위해 아편을 밀수출하였다. ㄴ. 일본은 인삼대왕고은을 주조하는 등 조선으로부터 인삼을 수입하기 위해 노력하였다.

348 청의 대외 교역 방침 알아보기

1등급 자료 분석   청의 지정은제 시행

인구가 증가하여 호구를 조사하기가 어려워지자 장정 수를 속여 탈세하는 경우가 많았다. 또한 토지가 없는 가난한 장정이 늘어 인두세인 정세를 징수하기도 곤란하였다. 이에 조정은 장정에게 매기는 정세의 총액을 고정하였다. 이후 정세를 토지세에 포함시켜 징수하는 이 제도를 전국적으로 시행하였다. [청 대에 실시된 지정은제에 해당한다. 이로써 사실상 토지세만 남았다.]

밑줄 친 '이 제도'는 지정은제이다. 18세기 청은 인정세를 고정시키고 이를 토지세에 합산하여 세금을 은으로 징수하는 지정은제를 실

시하였다. 세금을 은으로 징수하면서 은의 수요가 더욱 늘어났다. ④ 1757년 청은 대외 무역항을 광저우로 제한하고 공행을 설치하여 대외 무역을 독점하게 하였다.

① 포르투갈 등, ②, ③ 에도 막부, ⑤ 명에 해당한다.

349 명 말 ~ 청 초의 상황 파악하기

1등급 자료 분석   마테오 리치의 활동

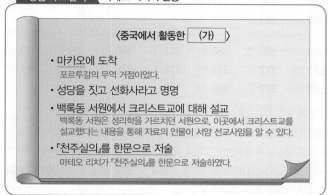

⟨중국에서 활동한 (가)⟩

• 마카오에 도착
포르투갈의 무역 거점이었다.

• 성당을 짓고 선화사라고 명명

• 백록동 서원에서 크리스트교에 대해 설교
백록동 서원은 성리학을 가르치던 서원으로, 이곳에서 크리스트교를 설교했다는 내용을 통해 자료의 인물이 서양 선교사임을 알 수 있다.

• 『천주실의』를 한문으로 저술
마테오 리치가 『천주실의』를 한문으로 저술하였다.

제시된 자료에서 『천주실의』를 한문으로 저술하였다는 내용을 통해 (가) 인물이 마테오 리치임을 알 수 있다. 1582년 명에 도착한 예수회 출신 선교사 마테오 리치는 약 28년간 중국을 무대로 활동하였다. 그는 「곤여만국전도」를 제작하였으며 자명종, 프리즘 등 서양의 과학 기구를 명에 소개하였고, 유클리드의 『기하원본』을 서광계와 함께 중국어로 번역하기도 하였다. ⑤ 1592년 도요토미 히데요시가 조선을 침공하여 임진왜란을 일으켰다.

① 나가시노 전투는 1575년에 일어났다. ② 청의 강희제는 타이완의 정성공 세력을 진압하기 위해 1661년 천계령을 실시하였다. ③ 1636년에 일어난 병자호란의 결과 청에 끌려간 소현세자가 아담 샬과 교류하였다. ④ 18세기 말 영국이 매카트니를 청에 파견하여 자유 무역을 요구하였다.

분석 기출 문제

73~77쪽

[핵심 개념 문제]

350 창장강	**351** 경극	**352** 조카마치	**353** ○	**354** ×
355 ○	**356** ㉡	**357** ㉠	**358** ㉢	**359** ㉡	**360** ㉡	**361** ㉠
362 ㄴ	**363** ㄷ			

---

364 ③	**365** ②	**366** ⑤	**367** ③	**368** ②	**369** ①	**370** ⑤
371 ③	**372** ①	**373** ①	**374** ④	**375** ②	**376** ⑤	**377** ②
378 ④	**379** ②	**380** ⑤				

[1등급을 향한 서답형 문제]

381 산킨코타이 제도 **382** 예시답안 산킨코타이 제도에 따라 정기적으로 다이묘의 행렬이 이동하면서 교통과 숙박업이 발달하였고, 에도 지역에 소비 인구가 늘어나면서 상업이 발달하게 되었다. **383** 데라코야 **384** 예시답안 에도 시대에는 조닌 문화가 발전하였다. 공연 예술로 분라쿠와 가부키가 유행하였고, 회화에서는 서민의 풍속과 생활 모습, 오락과 유흥, 경치 등을 다양하고 화려한 색감으로 표현한 우키요에가 유행하였다.

364

제시된 그래프는 17세기 이후 동아시아 3국에서 인구가 대체로 증가 추세에 있었음을 보여 준다. 농업 생산력의 증대, 의학의 발전, 감자와 고구마 등 새로운 구황 작물의 전래 등을 배경으로 동아시아의 인구가 증가하였다.

바로잡기 ㄱ. 귀화인의 증가와 인구 증가와는 관련이 없다. ㄹ. 일본에 대한 설명이다.

365

일본은 에도 시대에 들어 인구가 꾸준히 늘어났다. 17세기 에도 막부의 전성기를 지나면서 3,000만 명이 넘었으나, 18세기 후반에 다이묘의 수탈이 증가하고 덴메이 대기근, 전염병 유행 등으로 인구 증가 추세가 주춤하였다.

바로잡기 ① 임진왜란은 1592년에 일어났다. ③ 산킨코타이 제도는 에도 막부의 교통과 숙박업 발달, 상업 발전에 크게 영향을 미쳤다. ④ 창장강 유역의 쓰촨성 지역은 청 대에 곡창 지대가 되었다. ⑤ 이시진은 명의 학자이다.

<table>
<tr><td colspan="2">**1등급 정리 노트**   에도 막부 시기의 인구 변화 추이</td></tr>
<tr><td>배경</td><td>경지 증가, 농업 생산력 증가, 의학 기술 등 의료 수준 향상 → 출생률 증가, 사망률 감소</td></tr>
<tr><td>급증기</td><td>1,500만 명(17세기 초) → 3,000만 명(18세기)</td></tr>
<tr><td>정체기</td><td>18세기 중후반 다이묘의 수탈, 자연재해로 대기근 발생, 전염병 유행 → 인구 정체</td></tr>
</table>

366

『본초강목』은 명 대의 학자 이시진이 1596년에 간행한 의학서이다. ⑤ 명 대에는 '창장강 유역의 후광 지역에 풍년이 들면 천하가 풍족하다'는 말처럼 후난과 후베이성 지역이 곡창 지대를 이루었다.

바로잡기 ① 지정은제는 청의 옹정제 때 시행되었다. ② 조선은 일본 에도 막부와 국교를 재개한 후 부산 두모포에 두었던 왜관을 1678년 초량으로 옮겼다. 명 멸망 이후의 사실이다. ③ 원명원은 베이징 교외에 지은 청 황실의 정원이었다. ④ 에도 막부는 조선의 인삼을 구입하기 위해 1710년부터 인삼대왕고은을 주조하여 인삼 대금으로 사용하였다.

367

(가) 시기에 중국의 인구가 급증하였지만, 경지 면적은 거의 늘지 않았다. 이로 인해 실업자와 유민이 증가하였다. 또 산간이나 변경 지대로 이동하는 인구가 늘면서 현지인과 이주민 사이에 갈등이 심해졌고 계투가 발생하는 등 사회 불안이 확산되었다. 계투는 중국에서 마을이나 종족 상호 간에 무기를 가지고 벌이던 싸움을 말하는데, 현지인과 이주민 사이의 투쟁, 경작지와 관개 시설 확보를 위한 다툼 등이 계투로 이어졌다.

바로잡기 ① 1636년에 일어난 병자호란에 해당한다. ② 북송 때 왕안석이 군사력 강화, 재정 확충을 위해 신법을 단행하였다. ④ 이자성의 농민 반란군이 1644년 베이징을 점령하였다. 이로써 명이 멸망하였다. ⑤ 일본은 8세기경에 당의 균전제를 모방한 반전수수제를 실시하였다.

368

건륭제는 청의 황제이다. 따라서 (가)는 청이다. 명·청 대에는 수로 교통이 편리한 창장강 유역의 강남에서 중소 상공업 도시인 시진이 급격히 늘어났다.

바로잡기 ① 명이 일본의 무로마치 막부와 감합 무역을 전개하였다. ③ 조선의 회취법은 일본에 전래되어 본격적인 은광 개발에 영향을 주었다. ④ 중강, 책문은 조선 후기에 청과 교역이 이루어진 지역으로, 조선 상인들이 금·은·인삼·모시·소가죽 등을 교역품으로 내놓았다. ⑤ 계해약조는 조선과 일본 사이에 맺어졌다.

369

(가)는 조닌이다. 무사, 다이묘의 존재를 통해 일본 막부 시대와 관련된 검색 결과임을 알 수 있다. 17세기에 성립한 에도 막부 시대에는 상공업이 발달하고 도시가 번창하면서 조닌이 성장하였다. 이들의 사치 풍조가 심해져 막부가 사치 금지령을 내릴 정도였다.

바로잡기 ② 명·청 대의 지배층으로, 과거 응시 자격을 가지거나 관직을 지낸 사람들을 아울러 지칭한다. ③ 대동법 실시 이후 왕실이나 관청에 물품을 공급한 조선의 관허 상인이다. ④ 송 대 과거제의 위상이 강화되면서 등장한 새로운 지배층이었다. ⑤ 산시 상인은 명·청 대에 전국적 유통망을 갖추고 활동한 대상인 집단이다.

370

중국 전역을 무대로 활동하고 있는 점을 통해 지도의 상인 집단이 산시 상인과 휘저우 상인임을 알 수 있다. 이들은 명·청 대에 상업이 발달함에 따라 자본을 축적하여 전국적 유통망을 갖추고 활동한 대상인 집단이었다. 이들은 각지에 회관을 건립하여 이를 거점으로 삼아 구성원의 이익을 도모하였다.

바로잡기 ① 조카마치는 일본 조닌의 활동 무대였다. ② 송방은 조선의 송상이 주요 지역에 설치한 지점이다. ③ 대동법 시행에 따라 공인이 등장하였다. ④ 조닌은 대상인부터 직인, 도제, 자영 상인과 그 고용인까지 다양한 층으로 구성되었는데, 대상인은 다이묘와 무사를 상대로 대부업을 하기도 하였다.

371

제시된 자료는 에도 시대 조카마치의 구조를 보여 준다. 다이묘가 거주하는 성을 중심으로 형성된 조카마치는 무사와 조닌의 거주지가 구분되었고, 행정·군사·상업 도시의 역할을 하였으며, 문화 중심지의 기능도 수행하였다.

바로잡기 ㄱ. 명·청 대 창장강 유역의 강남에서 시진이 급증하였다. ㄹ. 공인은 대동법 시행으로 등장한 조선의 상인이었다.

372

명·청 대에는 서민층의 흥미를 자극하는 통속 소설이 유행하였는데, 명 대에는 『수호전』, 『삼국지연의』, 『서유기』, 『금병매』 등이 널리 읽혔다. 청 대에는 조설근이 쓴 애정 소설 『홍루몽』이 유행하였고, 관료 사회를 풍자한 『유림외사』 등이 소설로 출간되었다. 『홍루몽』은 당시 사회상을 생생하게 묘사하여 대중에게 큰 인기를 끌었다.

바로잡기 ② 무사는 일본 막부의 지배층이다. 무사의 복수를 다룬 『주신구라』 등은 가부키의 주요 소재가 되었다. ③ 정두원은 명에 사절단으로 다녀온 후 조선에 서양 문물을 소개하였다. ④ 양반은 조선의 지배층이다. 조선 후기에 탈춤, 판소리 등이 양반층의 위선이나 사회 문제점을 풍자와 해학으로 풀어내 인기를 끌었다. ⑤ 명 대 선교 활동을 한 마테오 리치는 『중국견문록』을 써서 중국의 사정을 유럽에 상세하게 전하였다.

373

제시문은 조선 후기에 유행한 판소리 공연에 대한 것이다. 판소리의 소리꾼은 구전 설화나 사설을 토대로 자신들이 직접 서사화한 판소리를 공연하였다. 이때 주요 관객인 서민의 현실적 문제를 반영하여 사건을 전개하고 인물을 형상화하여 인기가 많았다. ① 조선 후기의 명창인 모흥갑의 판소리 모습을 그린 것이다.

바로잡기 ② 에도 막부 시대에 유행한 분라쿠 공연 장면이다. 분라쿠는 전통 인형극으로, 사람 크기의 인형을 숙련된 조종자가 섬세하게 조종하여 세밀한 동작과 표정을 연기하였다. ③ 청 대에 유행한 애정 소설 『홍루몽』의 한 장면을 그린 것이다. ④ 청 대에 유행한 경극의 한 장면이다. ⑤ 에도 막부 시대에 유행한 가부키가 공연되는 극장 내부의 모습을 그린 것이다.

374

(가)는 명·청 대의 수도 베이징이다. 경극은 노래와 춤, 무술과 곡예의 예술적 기교를 갖춘 전통극으로, 경극 배우들은 노래하면서 연기하였다. 황제와 관리들이 유명 배우들을 초청하여 경극을 관람하기도 하였으며, 베이징에는 수십 개의 대중 극장이 있었고, 이들은 정부와 상인들의 지원을 받았다.

바로잡기 ① 공행은 청 대에 광저우에 설치된 특허 상인 집단이었다. ② 데라코야는 에도 막부 시기에 문서 행정이 철저해지면서 세워진 초급 교육 기관이었다. ③ 정유재란 때 일본에 포로로 끌려간 이삼평 등에 의해 아리타 자기가 제작·발전하였다. ⑤ 통신사는 조선이 일본에 파견한 사절단이다.

375

(가)는 우키요에이다. 우키요에는 에도 시대의 물질적 풍요와 도시의 성장을 배경으로 등장한 일본식 목판화로, 당시 서민의 풍속과 생활 모습, 자연 등을 주요 소재로 삼았다. 서양의 원근법과 음영 기법을 수용하여 제작된 우키요에는 거꾸로 고흐와 모네 등 유럽의 화가들에게 영향을 주었다.

376

제시된 자료는 고증학의 연구 방법인 실증성을 강조하고 있다. 18세기 청에서는 실증적인 방법으로 문헌을 연구하는 고증학이 발전하였다. 고증학은 조선의 실학자들에게 영향을 주었다.

바로잡기 ㄱ. 동중서는 한 대에 활동한 유학자이다. ㄴ. 『사서집주』는 남송 대 성리학을 집대성한 주희가 저술한 책이다.

377

고대 유학으로의 복귀를 주장한 점, 이토 진사이, 오규 소라이 등을 통해 밑줄 친 '학자들'이 에도 막부 시기의 고학자임을 알 수 있다. 17세기 후반 일본에서는 성리학을 비판하면서 공자·맹자 시대 유학으로의 복귀를 주장하는 고학이 등장하였다. 특히 이토 진사이는 주희가 성인의 가르침을 왜곡하고 있다고 비판하였다.

바로잡기 ① 일본의 국학에 해당한다. ③ 조선의 일부 학자들이 크리스트교를 신앙으로 받아들여 제사 의식을 거부하였다. 조선 정부는 이를 성리학적 사회 질서에 대한 도전으로 간주하고 탄압하였다. ④ 조선의 북학파 실학자들이 상공업 진흥과 청 문물의 수용을 주장하였다. ⑤ 조선의 이익, 정약용 등의 실학자들이 토지 개혁을 통한 농민 생활의 안정을 주장하였다.

378

(가)는 박제가이다. 박제가는 『북학의』에서 상공업 진흥과 청의 문물 수용을 주장하였고, 소비를 통한 생산 진흥을 말하였다.

바로잡기 ① 정유재란 때 일본에 포로로 끌려간 강항은 후지와라 세이카와 교류하였다. ② 『해국도지』는 청의 공양학자 위원이 저술한 책으로, 세계 각국의 지세·산업·인구·정치·종교 등을 서술하였다. ③ 『소학』은 아동을 위한 수신서로 주희의 제자 유자징이 편찬하였다. ⑤ 박지원에 대한 설명이다.

379

제시된 자료는 모토오리 노리나가가 저술한 『고사기전』의 일부이다. 모토오리 노리나가는 일본의 대표적인 국학자로 일본 고대의 마음, 언어, 제도 등을 고도(古道)로 칭하고, 고도의 창시자는 중국 고대의 성인과 다른 태양신 아마테라스 오미카미를 비롯한 일본 고대의 신들이라고 하며 일본 절대 우월주의로 나아갔다.

바로잡기 ㄴ. 야마자키 안사이 등에 해당한다. ㄷ. 거경궁리와 격물치지는 성리학에서 주장하는 수양 방법이다.

380

(가)는 난학이다. 에도 시대에는 네덜란드 상인에게 개방한 나가사키를 통해 들어온 서양 학문을 바탕으로 난학이 발전하였다. 난학은 어학·의학·지리학·역학 등에 관한 관심에서 시작하였는데, 특히 『해체신서』의 번역은 난학이 본격적으로 발전하는 계기가 되었다. 19세기 초에는 난학을 담당하는 전문 부서가 설치되기도 하였다.

381

산킨코타이는 다이묘에게 정기적으로 에도에 와서 머물게 하고, 그 처자식은 에도에 거주하게 한 제도이다.

382

산킨코타이 제도에 따라 많은 행렬이 이동하면서 교통과 숙박업이 발달하였고, 에도의 소비 인구가 늘어나게 되었다.

채점 기준	수준
다이묘의 행렬, 교통과 숙박업 발달, 소비 인구 증가에 따른 상업 발달을 모두 서술한 경우	상
소비 인구 증가에 따른 상업 발달만 서술한 경우	중
교통과 숙박업의 발달만 서술한 경우	하

383

에도 시대에 상업이 발달하고 문서 행정이 철저해지면서 읽기, 쓰기, 셈법 등을 가르치는 데라코야가 전국적으로 세워졌다.

384

데라코야가 전국에서 문을 열고, 상공업의 발전으로 조닌의 사회적 지위가 올라가면서 이들이 향유하는 조닌 문화가 발달하였다.

채점 기준	수준
조닌 문화 유행, 분라쿠, 가부키, 우키요에를 모두 서술한 경우	상
조닌 문화 유행, 분라쿠, 가부키, 우키요에 중 하나만 서술한 경우	중
조닌 문화가 유행하였다는 내용만 서술한 경우	하

적중1등급 문제

78~79쪽

| 385 ⑤ | 386 ① | 387 ② | 388 ④ | 389 ① |
| 390 ③ | 391 ④ | 392 ② | | |

385 청 대의 경제 상황 이해하기

1등급 자료 분석　청 대의 인구 증가

이 왕조에서는 평화가 장기간 지속되었고, 옥수수와 고구마 등 구
　　　아메리카 대륙이 원산지인 농작물이 동아시아에 널리 보급되었다.
황 작물이 널리 보급되었다. 이를 배경으로 인구도 지속적으로 증가
　　　　　　　　　　　청 대에 인구가 3억을 넘어 4억을 돌파하였다.
하여 약 3억 명을 상회하게 되었다. 이처럼 인구가 크게 증가하면서
물가 상승, 환경 파괴 등의 부작용도 나타났다.

제시된 자료에서 인구가 3억을 상회하게 되었다는 내용을 통해 밑줄 친 '이 왕조'가 청임을 알 수 있다. 농업 생산력의 발전, 구황 작물의 도입, 의학 기술의 발달 등을 배경으로 18세기 말 중국의 인구는 3억을 돌파하였다. ⑤ 청 대에는 산시 상인과 휘저우 상인이 전국적 유통망을 갖추고 활동하였다.

386 17세기 이후 동아시아의 인구 변화 파악하기

1등급 자료 분석　덴메이 대기근

덴메이 연간의 대기근으로 인하여 미곡이 유통되지 않았고, 굶주린
　1782~1788년에 걸쳐 일어난 대기근으로 자연재해 등이 원인이 되어 발생하였다.
자들이 미곡 상점을 습격할 정도였다. 관리들이 엄격한 단속령을 내
렸음에도 불구하고 민중들은 무리를 지어 약탈을 계속하였다.
　　　　　　　높은 세금과 굶주림이 겹치자 농민들은 잇키(농민 봉기)를 자주 일으켰다.

일본은 에도 시대에 들어 꾸준히 인구가 증가하였다. 그러나 18세기 들어 자연재해에 따른 흉작과 기아, 전염병 등으로 인구가 정체되었다. 특히 1780년대 기후 변동과 화산 폭발 등 자연재해가 겹치면서 일어난 덴메이 대기근은 최악의 대기근으로 불리는 사건이었다.

387 17세기 이후 베이징의 모습 파악하기

1등급 자료 분석　연행사

우리 연행사 일행이 황제의 생일을 축하하기 위해 목적지인 　(가)
병자호란 이후 조선은 청에　　　　　　　　　베이징은 명·청의 수도로
연행사를 파견하였다.　　　　　　　　　　　황제가 거처하였다.
에 도착하자, 사람들의 어깨가 맞닿고 수레의 바퀴가 부딪힐 정도로 번화한 모습이 보였다. 강남의 쌀이 운하를 통해 　(가)　에 운송되고, 각종 물품이 전국에서 집결된다고 한다.

병자호란 이후 조선은 청과 조공·책봉 관계를 맺고 황제의 생일을 축하하거나 조공을 바치기 위해 정기적으로 연행사를 연경(베이징)에 파견하였다. 따라서 (가)는 베이징이다. ② 청 대 베이징 일대에서는 경극이 유행하였다.

388 동아시아의 상업과 도시의 성장 알아보기

1등급 자료 분석　홍루몽

이 그림은 소설 『홍루몽』의 한 장면을 그린 것입니다. 이 소설 『홍루몽』은 청 대에 유행한 애정 소설이다. 설이 출판되었던 시기 동아시아의 상황을 말해 볼까요?

청 대에는 『홍루몽』, 『유림외사』 등의 소설이 인기를 얻었다. 특히 『홍루몽』은 일종의 애정 소설로, 당시 사회상을 생생하게 묘사하였다. ㄴ. 명·청 대에는 강남 지역에 중소 상공업 도시인 시진이 크게 늘었다. ㄹ. 에도 막부 시기 연안 항로가 정비되면서 해상과 육상 교통로가 정비되었다.

바로잡기 ㄱ. 명 초에 보초가 발행되어 화폐로 사용되었다. ㄷ. 류큐는 명의 해금 정책을 배경으로 중계 무역을 통해 번성하였으나, 16세기 중엽 이후 명의 해금 정책이 완화되면서 쇠퇴하였다.

389 조닌 문화의 형성 배경 이해하기

1등급 자료 분석 조닌 문화

> 이 시기에는 기존 지배층 중심의 문화에서 벗어난 새로운 문화의 흐름이 나타났다. 당시 문학에서는 이하라 사이카쿠가 쓴 『일본영대장』처럼 신흥 계층의 삶과 풍속 등을 묘사한 소설이 늘어났다. 미술
> └ 조닌층을 지칭한다.
> 에서는 가쓰시카 호쿠사이의 작품처럼 자연 풍경이나 생활 모습 등을 표현한 판화가 유행하였다. ─ 에도 막부 시대에 유행한 우키요에를 의미한다.

제시된 자료는 에도 막부 시기에 새로 등장한 문화 경향을 나타낸다. 17세기 후반 일본에서는 상공업이 발달하고 도시가 번성하면서 조닌의 사회적·경제적 지위가 상승하였고, 이들이 누리는 조닌 문화가 형성되었다. 이 시기에는 분라쿠, 가부키, 우키요에 등이 인기를 끌었으며 이러한 조닌 문화는 점차 다른 계층에까지 확산되었다.

바로잡기 ② 양명학은 성리학의 형식화를 비판하며 발전한 학문으로 명 대에 집대성되었다. ③ 하야시 라잔은 에도 막부의 성리학자로, 에도 막부의 의례와 제도를 정비하였다. ④ 수·당 대에 완성된 율령 체제는 주변국으로 확산되어 동아시아 각국의 통치 체제 정비에 영향을 끼쳤다. ⑤ 불교는 북인도에서 중앙아시아를 거쳐 중국에 전해졌다.

390 고증학의 발달 배경 파악하기

1등급 자료 분석 『사고전서』

▲ (가) 을/를 보관하던 문연각

건륭제의 명에 따라 10년에 걸친 작업 끝에 (가) 이/가 편찬되
└ 청의 전성기를 이끌었던 황제
었다. 그 명칭은 경·사·자·집의 4부로 이루어져 있고, 고대부터 당
└ 경전, 역사, 사상, 문학
시까지의 모든 서적을 망라했다는 데서 붙여졌다.
└ 『사고전서』라는 명칭이 붙은 까닭이다.

제시된 자료는 청 대 건륭제 때 『사고전서』의 편찬에 대한 것이다. 건륭제의 명으로 편찬된 『사고전서』는 당시의 서적을 경전, 역사, 사상, 문학으로 분류하여 정리한 총서이다. 건륭제는 한인의 반청 사상을 통제하는 동시에 중국 문화의 핵심을 보존하려는 목적으로 편찬을 지시하였다. ③ 청 대의 이러한 국가 주도의 대규모 편찬 사업은 문헌의 실증을 중요시하는 고증학 발달의 토대가 되었다.

바로잡기 ① 송, 거란, 금, 고려에서 대장경을 편찬하였다. ② 12세기 남송의 주희가 성리학을 집대성하였다. ④ 18세기 이후 에도 막부에서 난학이 발달하였다. ⑤ 17세기 중엽 명 멸망 후 중화의 문명이 조선으로 이어졌다는 조선 중화주의가 대두하였다.

391 17세기 후반의 상황 알아보기

1등급 자료 분석 에도 막부 시기의 국학

> ○○○ : 근래 오규 소라이가 복고의 학문을 주장하여 온
> 나라를 휩쓸었습니다. 17세기 후반 ~ 18세기 전반에 걸쳐
> └ 활동한 일본의 학자이다.
> △△△ : 그 학문은 주희의 주장을 따르고 있습니까?
> ○○○ : 아닙니다. 그 학문은 옛 경전을 중시합니다.
> └ 고대의 경전을 중요시한 고학을 의미한다.
> △△△ : 주희의 주석을 따르지 않고 경전을 읽는다면 그 본뜻을 제대로 이해하기 어려울 것입니다.

오규 소라이는 17세기 후반부터 활동한 에도 막부 시기의 고학자이다. 오규 소라이 등의 고학자들은 성리학을 극복하기 위해 공자·맹자 시대의 유학으로 복귀해야 한다고 주장하였다. ④ 에도 막부는 지방의 다이묘를 통제하기 위해 다이묘를 정기적으로 에도에 머무르게 하는 산킨코타이 제도를 실시하였다.

바로잡기 ① 15세기 조선은 3포에 왜관을 설치하였다. ② 포르투갈은 1511년에 믈라카 왕국을 점령하였다. ③ 마테오 리치는 1602년 『곤여만국전도』를 제작하였다. ⑤ 15세기 초부터 명과 무로마치 막부 사이에 감합 무역이 전개되었다.

392 동아시아의 서민 문화 파악하기

1등급 자료 분석 『해체신서』

> 나는 실제 해부 장면을 보며 서양의 의학서가 동양의 의
> 18세기 후반 스기타 겐파쿠 등이 네덜란드 의학서를 번역하였다.
> 학서보다 훨씬 정확하다는 것에 놀라 네덜란드 의학서의 번역에 착수하였다. 초고를 여러 차례 고친 끝에 이
> 책을 출간하게 되었는데, '해체'라는 말을 넣어 제목으로 삼았다.
> └ 『해체신서』를 의미한다. 번역 과정에서 신경, 연골, 동맥 등 오늘날의 의학 전문 용어가 만들어졌다.

제시된 자료는 1774년 간행된 『해체신서』에 대한 것이다. 스기타 겐파쿠 등은 네덜란드 책을 일본어로 번역하여 해부 의학서인 『해체신서』를 편찬하였다. 『해체신서』의 번역은 난학이 본격적으로 발전하는 계기가 되었다. ㄱ. 이 시기 조선에서는 한글 소설이 유행하였고, ㄷ. 일본에서는 가부키 등 조닌 문화가 성행하였다.

바로잡기 ㄴ. 『부모은중경』은 중국 당 대에 제작된 불경으로 인도가 아닌 중국에서 만들어진 경전이다. ㄹ. 몽골의 침입을 물리치면서 높아진 민족의식을 바탕으로 1272년 레반흐우가 『대월사기』를 편찬하였다.

06 17세기 전후 동아시아 전쟁

393 ④　394 ⑤　395 ②　396 ⑤　397 ⑤　398 ⑤　399 ④
400 도요토미 히데요시　401 **예시답안** 센고쿠 시대를 통일한 도요토미 히데요시는 농민의 무기 소유를 금지하였고, 무사와 농민의 거주 지역을 분리하는 병농 분리 정책을 추진하였다. 또한 토지 조사를 실시하였으며 도량형을 통일하였다.

07 교역망의 발달과 은 유통

402 ③　403 ①　404 ⑤　405 ⑤　406 ④　407 ③　408 ④
409 신패　410 **예시답안** 에도 막부는 청 상인에게 무역 허가증인 신패를 발급하여 청 상인을 통한 은 유출을 막고자 하였다.

08 사회 변동과 서민 문화

411 ①　412 ③　413 ①　414 ②　415 ③　416 ②　417 ④
418 모토오리 노리나가　419 **예시답안** 국학을 집대성한 모토오리 노리나가의 주장은 존왕양이 운동에 영향을 끼쳤다. 또한 국가 신토의 수립에도 영향을 끼쳤다.

393

일조편법을 시행하였다는 내용을 통해 제시된 자료가 장거정의 개혁에 대한 것임을 알 수 있다. 16세기 중엽 명은 몽골의 베이징 포위, 왜구의 동남 해안 침입 등 북로남왜에 시달렸다. 또한 부패한 환관과 당쟁 등으로 정국도 불안하였다. 이러한 상황을 극복하기 위해 장거정은 과감한 개혁을 추진하였으나 그의 사후 오히려 정치적 혼란이 가중되었다.

바로잡기 ① 고려가 몽골에 항복하고 개경 천도를 결정하자 삼별초가 이에 반발하여 항쟁에 나섰다. ② 임진왜란 이후 명이 약화되는 상황에서 누르하치가 세력을 확대하였다. ③ 거란은 10세기에 연운 16주를 차지하였다. ⑤ 명이 멸망한 후 정성공 세력이 타이완을 거점으로 반청 운동을 전개하였다.

394

쇼군의 계승 문제로 벌어진 내란은 1467~1477년까지 전개된 오닌의 난을 의미한다. 이후 일본에서 센고쿠 시대가 전개되었다. ㄷ, ㄹ. 센고쿠 시대에 오다 노부나가는 조총 부대를 앞세워 나가시노 전투에서 다케다의 기마 군단을 물리쳤다. 오다 노부나가가 죽자 그 뒤를 이은 도요토미 히데요시가 센고쿠 시대를 통일하였다.

바로잡기 ㄱ. 임진왜란 당시 일본군 장수였던 김충선(사야카)은 전쟁 중 조선에 투항하였다. ㄴ. 청이 중원을 장악한 이후 청에 협조하였던 오삼계 등이 반란을 일으켰다. 이를 삼번의 난이라고 한다.

395

제시된 자료는 임진왜란 당시 명과의 휴전 협상에서 일본이 제기하였던 요구 사항이다. 임진왜란이 일어나자 명군이 참전하였고 조·명 연합군이 평양성을 되찾았다. 이후 명과 일본 사이에 휴전 협상이 진행되는 과정에서 일본은 '조선 남부 4도 할양', '명과의 무역 재개' 등의 요구 조건을 내세웠다. 일본은 요구 조건이 받아들여지지 않자 정유재란을 일으켰다.

396

밑줄 친 '그'는 누르하치이다. 임진왜란 전후 모피, 인삼 등을 명과 교역하면서 경제력을 쌓은 누르하치는 팔기제를 시행하여 사회·군사 조직을 정비하였다. 팔기제를 바탕으로 여진을 통합한 누르하치는 1616년 후금을 세우고 명과 대결하였다.

바로잡기 ① 몽골의 쿠빌라이 칸이 카라코룸에서 대도로 천도하였다. ② 병자호란 이후 홍타이지의 요구로 조선에 삼전도비가 세워졌다. ③ 몽골이 고려와 함께 두 차례에 걸쳐 일본을 공격하였다. ④ 누르하치의 뒤를 이은 홍타이지가 1627년 정묘호란을 일으켜 조선과 형제 관계를 수립하였다.

397

제시된 자료는 1621년 쓰여진 고전 소설 『최척전』의 내용이다. 『최척전』은 16~17세기 동아시아의 전란 속에서 가족의 이산과 재회를 다루고 있다. 정유재란은 1597년에 일어났다. ⑤ 1619년 명의 요청으로 조선군을 이끌고 사르후 전투에 참전한 강홍립은 후금에 투항하였다.

바로잡기 ① 15세기 중엽의 상황이다. ② 조선 초 세종 때에 조선이 쓰시마를 정벌하였다. ③ 오삼계가 1673년 삼번의 난을 일으켰다. ④ 전연의 맹약은 11세기 초에 맺어졌다.

398

제시된 자료는 조선에서 제기된 주화론과 척화론으로, 정묘년의 맹약을 지켜야 한다는 내용을 통해 1627년 이후의 상황임을 알 수 있다. 1636년 후금의 홍타이지가 황제를 칭하고 국호를 '청'으로 고쳤다. 그리고 조선에 신하의 예를 갖추도록 요구하였다. 척화론을 채택한 조선이 이를 거부하자 1636년 청은 병자호란을 일으켜 조선을 침공하였다.

바로잡기 ① 병자호란 이후 조선에서 북벌 운동이 전개되었다. ② 금은 12세기 전반 송을 공격하여 변경(카이펑)을 점령하였다. ③ 무로마치 막부가 세워진 후 고다이고 천황이 요시노로 피신하였고, 무로마치 막부가 교토에 새 천황을 옹립하여 두 명의 천황이 공존하는 남북조 시대가 전개되었다. 남북조 시대는 14세기 후반 아시카가 요시미쓰에 의해 통일되었다. ④ 송, 몽골(원) 대에 주요 항구에 시박사가 설치되었다.

399

명이 멸망한 이후 조선에서는 조선이 중화(명)의 문명을 계승하였다는 조선 중화주의가 대두하여 임진왜란 때 원군을 보낸 명 만력제의 은덕을 기리는 취지로 대보단과 만동묘가 세워졌다. 또한 중원을 차지한 청의 옹정제는 유교적 가치를 지키면 어느 민족이나 중화가 될 수 있다는 문화적 화이론을 주장하여 만주족의 중국 정복을 합리화하려 하였다.

바로잡기 ① 일본의 도자기·성리학 문화 발달, 조선에서의 동묘 등의 사례에 해당한다. ② 센고쿠 시대에 조총이 전래되는 등 많은 사회 변화가 일어났다. ③ 명을 세운 주원장은 몽골 세력을 몰아내고 육유를 제정하여 유교적 통치를 시행하였다. ⑤ 남송의 주희가 성리학을 집대성하였다.

400

도요토미 히데요시는 다이묘들의 군사력을 소진하여 국내의 정치를 안정시키는 동시에 영토를 확장하고 무역의 확대를 위해 임진왜란을 일으켰다.

401

센고쿠 시대를 통일한 도요토미 히데요시는 농민들의 무기를 몰수하고 도량형과 토지 단위를 통일하는 한편 병농 분리 정책을 실시하였다.

채점 기준	수준
무기 몰수령, 병농 분리 정책, 토지 조사, 도량형 통일 중 두 가지를 서술한 경우	상
무기 몰수령, 병농 분리 정책, 토지 조사, 도량형 통일 중 한 가지만 서술한 경우	하

402

밑줄 친 '이 나라'는 류큐이며, 현재 일본의 오키나와현에 있었다. 명의 해금 정책으로 중국 상인의 활동이 위축되자 류큐의 중계 무역이 활발해졌다. 류큐는 지리적으로 동아시아와 동남아시아 국가 간의 중계 무역에 적합하였다. (가)는 마카오, (나)는 타이완, (라)는 마닐라, (마)는 믈라카의 위치에 해당한다.

403

(가)는 포르투갈이다. 포르투갈은 동남아시아 지역에 가장 먼저 진출하여 1511년 해상 교통의 요충지인 믈라카를 점령하고 아시아와 유럽 사이의 향신료 무역을 독점하였다. 포르투갈 상인들은 1543년에는 일본에 조총을 전하기도 하였으며, 명으로부터 1557년 마카오 거주를 허락받았다.

바로잡기 ② 이와미 은광은 일본의 은광이다. ③ 회취법은 1503년 조선에서 개발된 기술로, 일본에 전해져 은광 개발이 본격적으로 이루어지는 데 큰 영향을 끼쳤다. ④ 임진왜란 직후 조선은 부산 절영도에 임시로 왜관을 설치하였다가 국교를 재개하면서 두모포로 옮겼다. 이후 다시 초량으로 왜관을 옮겼다. 이곳에 일본인이 왕래하며 무역하였다. ⑤ 네덜란드가 바타비아를 점령하고 동아시아 무역의 거점으로 삼았다.

404

(가)는 은이다. 16세기 이전 조선에서는 은을 화폐로 이용하지 않아 은광 개발에 소극적이었다. 그러나 임진왜란 명, 청, 일본과의 교역에서 은이 널리 사용되면서 은광 개발이 본격적으로 이루어졌다. ㄷ. 에스파냐가 주도한 갈레온 무역의 결과 아메리카의 은이 중국에 유입되었다. ㄹ. 청 대에는 광저우에서 공행과 유럽 상인의 교역에서 은이 결제 수단으로 사용되었다.

바로잡기 ㄱ. 대동법은 공납을 현물 대신 쌀, 동전 등으로 징수하는 제도이다. ㄴ. 일본의 가마쿠라 막부는 남송으로부터 동전을 대량 수입하였다.

405

밑줄 친 '그'는 홍어 장수였던 문순득으로, 19세기에 뜻하지 않게 표류하여 류큐, 필리핀, 마카오 등을 거친 끝에 귀국하였다. 청은 18세기 중엽 광저우를 대외 무역항으로 제한하고, 공행을 설치하여 대외 무역을 독점하게 하였다. 공행은 서양 상인을 감독하였으며, 관세를 징수하여 정부에 납부하였다.

바로잡기 ① 명은 조선, 일본 등과 감합 무역을 전개하였다. ② 별무반은 고려가 여진을 정벌하기 위해 편성하였다. ③ 천계령은 1684년 해제되었다. ④ 도다이사는 일본 나라에 위치한 사찰이다.

406

제시된 자료는 1684년 강희제 시기의 천계령 해제와 관련된 내용이다. 강희제 통치 시기에 조상 제사나 공자 숭배 등을 둘러싼 전례 문제가 일어나 크리스트교의 포교가 공식적으로 금지되었다. 하지만 천문과 역법 등의 방면에서 궁정에 계속 봉사하는 조건으로 서양 선교사들의 중국 활동은 이어졌다.

바로잡기 ① 조선이 청의 군신 관계 요구를 거부하자 홍타이지가 병자호란을 일으켰다. ② 청 건륭제의 명에 의해 『사고전서』가 편찬되었다. ③, ⑤ 명의 영락제가 자금성을 건설하고 베이징으로 천도하였다. 또한 무로마치 막부의 아시카가 요시미쓰가 명에 조공하자 그를 일본 국왕으로 책봉하였다.

407

제시된 자료는 17세기 이후 동아시아 각국의 주요 무역항을 표시한 것이다. ㄴ. 천계령 해제 이후 중국 상인들의 나가사키 왕래가 증가하였다. 이에 에도 막부는 나가사키에 중국인 거주지를 지정하였다. ㄷ. 에도 막부는 포르투갈인들을 수용하기 위해 1634년부터 2년에 걸쳐 나가사키에 인공 섬인 데지마를 건설하였다. 그러나 포르투갈인이 크리스트를 포교하자 1639년 포르투갈인을 추방하고 1641년부터 네덜란드의 상관을 데지마로 옮겼다.

바로잡기 ㄱ. 연행사는 조선이 청에 파견한 사절단으로 육로를 이용하여 왕래하였다. ㄹ. 정성공 세력은 타이완을 거점으로 반청 운동을 전개하였다.

408

중국을 무대로 활동한 예수회 선교사로 서광계와 함께 『기하원본』을 중국어로 번역하였다는 내용을 통해 밑줄 친 '나'가 마테오 리치임을 알 수 있다. ㄴ. 마테오 리치는 『중국견문록』을 써서 중국의 사정을 상세하게 유럽에 전하였다. ㄹ. 1602년 마테오 리치는 이지조와 함께 세계 지도인 「곤여만국전도」를 제작하였다.

바로잡기 ㄱ. 네덜란드인으로 제주도에 표착한 벨테브레이(박연)가 조선의 훈련도감에서 서양식 총포 제작에 참여하였다. ㄷ. 아담 샬이 청의 흠천감에서 근무하면서 역법 개정을 주도하였다.

409

신패는 에도 막부가 무역이 허가된 청 상인에게 발급한 무역 허가증이다.

410

에도 막부는 무역 허가증인 신패를 발행하여 청 상선의 입항을 통제하였다.

채점 기준	수준
은 유출 방지 목적을 정확하게 서술한 경우	상
무역량 제한 등의 내용만을 서술한 경우	하

411

제시된 자료는 17세기 이후 중국의 인구 증가를 나타낸 것이다. 농업 생산력의 발전, 감자, 옥수수 등 구황 작물의 도입, 의료 기술의 발전 등으로 중국의 인구가 크게 증가하였다

바로잡기 ② 4~5세기의 상황에 해당한다. ③ 덴메이 대기근은 일본에서 발생하였다. ④ 도왜인은 야마토 정권의 발전에 기여하였다. ⑤ 15세기에 조선에서 훈구와 사림의 대립이 일어났다.

412

17세기 이후 동아시아 지역에서는 새로운 작물이 전래되고 농업 기술이 발전하면서 농업 생산력이 증가하였고, 중국의 『본초강목』, 조선의 『동의보감』과 같은 의학 서적이 발간되는 등 의료 기술의 향상으로 사망률이 낮아지면서 인구가 증가하였다.

바로잡기 ① 일본의 『해체신서』 등에 해당한다. ②, ④ 4~5세기 북방 민족의 남하로 한족의 강남 이동이 촉진되었다. ⑤ 조선 후기에 모내기법이 전국으로 확산되었는데, 이는 자료와 큰 관련이 없다.

413

제시된 자료의 공인은 조선 후기 대동법의 실시에 따라 나타난 상인이다. 따라서 자료는 17세기 이후의 상황에 해당한다. ㄱ. 이 시기 중국에서 산시 상인과 휘저우 상인이 전국적인 상권을 장악하고 활동하였다. ㄴ. 조선 후기에 한글 소설과 판소리가 유행하는 등 서민 문화가 성장하였다.

바로잡기 ㄷ. 6세기 일본에 불교가 수용된 이후 신토와 불교가 결합하는 신불습합이 나타났다. ㄹ. 베트남의 쩐흥다오는 13세기 몽골의 침입을 여러 차례 물리쳤다.

414

제시된 자료는 에도 막부 시기에 시행되었던 산킨코타이 제도에 따라 에도로 향하는 다이묘의 행렬을 그린 그림이다. ② 1653년 제주도에 표류한 네덜란드의 하멜 일행은 1666년 일본으로 탈출하였다.

바로잡기 ① 장거정은 16세기 명의 개혁을 추진하였다. ③ 강항은 1597년에 일어난 정유재란 때에 일본에 포로로 끌려갔다. ④ 엔닌은 9세기에 당에 유학한 후 『입당구법순례행기』를 저술하였다. ⑤ 오다 노부나가는 16세기 후반 센고쿠 시대에 활동하였다.

415

제시된 자료의 우키요에와 가부키는 에도 막부 시기의 대표적인 조닌 문화이다. 에도 막부 시기 상공업의 발전으로 조닌의 영향력이 커지고 사회적 지위가 올라가자 이들이 누리는 조닌 문화가 발달하였다.

바로잡기 ① 도다이사 대불 등에 해당한다. ② 에도 막부는 슈인장을 발급하여 해외 무역을 제한적으로 허용하였다. ④ 과거제는 에도 막부에서 실시되지 않았다. ⑤ 산킨코타이 제도는 에도 막부의 쇼군이 다이묘를 통제하기 위해 실시하였다.

416

제시된 자료는 조선 후기 상품 화폐 경제가 발달하면서 상품 작물 재배가 확대되었음을 보여 주는 자료이다. 도요토미 히데요시는 무사와 농민의 거주 지역을 분리하는 정책을 추진하였는데, 이는 에도 막부로 이어졌다. 다이묘가 거주하는 성을 중심으로 무사와 조닌의 거주지를 구분한 조카마치는 점차 무역, 상업 도시로 발전하였다.

바로잡기 ① 영락제는 15세기에 몽골 원정에 나섰다. ③ 청해진은 9세기 해상 교역을 장악하였다. ④ 정화는 15세기 영락제의 명을 받아 항해에 나섰다. ⑤ 1336년 아시카가 다카우지가 무로마치 막부를 수립하였다.

417

제시된 자료에 나타난 사서의 주석은 주희가 쓴 『사서집주』를 의미한다. 따라서 자료는 주희가 쓴 주석보다는 공자와 맹자 시대의 경전을

더 중시해야 한다는 것으로, 고학의 경향을 보여 주고 있다. 에도 막부 시기 이토 진사이는 옛 경전에 대한 주희의 해석을 비판하였고, 오규 소라이는 고대 유교 경전인 육경을 중시하였다.

바로잡기 ① 왕수인은 성리학의 형식화를 비판하며 양명학을 집대성하였다. ② 옹정제는 청의 중국 통치를 합리화하기 위해 『대의각미록』을 저술하였다. ③ 송시열은 조선이 중화 문명을 계승하였다는 조선 중화주의를 내세웠다. ⑤ 모토오리 노리나가는 일본의 국학을 집대성하였다.

418

에도 시대 대표적인 사상가인 모토오리 노리나가는 일본 절대 우월주의를 주장하였다.

419

국학을 집대성한 모토오리 노리나가는 『고사기』 연구에 집중하였다. 그는 일본 고유의 정신으로 돌아갈 것을 주장하며 천황에 대한 충성심을 강조하였다.

채점 기준	수준
존왕양이 운동과 국가 신토의 수립에 영향을 끼쳤음을 서술한 경우	상
국가 신토의 수립에 대한 영향만을 서술한 경우	중
존왕양이 운동에 대한 영향만을 서술한 경우	하

동아시아의 근대화 운동과 반제국주의 민족 운동

09 새로운 국제 질서와 근대화 운동

분석 기출 문제

87~91쪽

[핵심 개념 문제]

420 난징 **421** 미국 **422** 양무운동 **423** ○ **424** × **425** ○
426 ㄷ **427** ㄱ **428** ㄴ **429** ㄴ **430** ㄱ **431** ㄴ **432** ㄱ
433 ㄴ

---

434 ① **435** ② **436** ① **437** ① **438** ⑤ **439** ③ **440** ④
441 ② **442** ⑤ **443** ⑤ **444** ③ **445** ① **446** ⑤ **447** ③
448 ③ **449** ② **450** ③ **451** ⑤ **452** ②

[1등급을 향한 서답형 문제]

453 입헌 군주제 **454** 예시답안 청 – 변법자강 운동이 전개되었다. 일본 –
자유 민권 운동이 전개되었다. 대일본 제국 헌법이 제정되고 제국 의회가 만들
어졌다. 한국 – 독립 협회가 의회 설립 운동을 전개하였다.

455 독립 협회 **456** 예시답안 독립 협회는 의회 설립 운동을 전개하였으며,
입헌 군주제를 지향하였다.

434

(가)에는 청의 물품을 사고 은을 지급하는 방식의 편무역에서 나타난
적자를 해결하기 위해 영국이 취한 방식의 내용이 들어가야 한다. 영
국은 무역에서 적자를 해소하고자 인도산 아편을 청에 몰래 팔고 은
을 받는 방식의 삼각 무역을 전개하였다.

바로잡기 ② 포르투갈, ③, ⑤ 네덜란드, ④ 에스파냐 등이 아시아 무역을 통
해 많은 이익을 얻고자 하였다.

435

제시문의 '선교사를 처형하자 이를 빌미로', '베트남 침략' 등의 내용
으로 (가)가 제1차 사이공 조약을 체결하여 베트남을 개항시킨 프랑스
임을 알 수 있다. 프랑스는 영국과 연합하여 제2차 아편 전쟁을 일으
켰다. 그 결과 톈진 조약과 베이징 조약이 체결되었고, 청은 항구를
추가로 개항하고 크리스트교 선교의 자유를 인정하였다.

436

(가)는 '영국 인민', 광저우·샤먼·푸저우·닝보·상하이 개항 등의 내용
으로 보아 아편 전쟁에서 패한 청이 영국과 체결한 난징 조약의 일부
임을 알 수 있다. (나)는 일본의 추가 개항지를 명시한 것을 통해 1858
년 체결된 미·일 수호 통상 조약임을 알 수 있다.

바로잡기 ② 제2차 아편 전쟁의 결과 체결된 톈진·베이징 조약에서 선교의
자유가 인정되었다. ③ 1854년에 미·일 화친 조약이 체결되었다. ④ 강화도 조
약에 해당한다. ⑤ 난징 조약에는 청이 영국에 홍콩을 할양한다는 내용이 담겼
지만, 미·일 수호 통상 조약에는 영토 할양의 내용이 없다.

437

(가)는 1853년의 상황, (나)는 운요호 사건이 일어난 1875년의 상황이
다. 서양 열강이 무력을 앞세워 동아시아 각국에 불평등한 조약 체결
을 강요하면서 동아시아에 새로운 국제 질서가 형성되었다. 이에 일
본은 1871년 청·일 수호 조규를 체결하여 가장 먼저 외교 관계 재조
정에 나섰다.

바로잡기 ② 1879년 일본은 류큐를 오키나와현으로 바꾸었다. ③ 난징 조
약은 1842년에 체결되었다. ④ 강화도 조약 체결은 1876년에 이루어졌다. ⑤
1840년 아편 전쟁이 일어나는 빌미가 되었다.

438

제시된 자료는 '조선국은 자주의 나라', '부산과 제5관에서 제시하는
두 항구를 개방' 등의 내용을 통해 강화도 조약임을 알 수 있다. 강화
도 조약은 1875년 일본이 일으킨 운요호 사건이 빌미가 되어 체결되
었으며, 일본의 해안 측량권, 영사 재판권 등을 인정한다는 내용이
포함되었다.

바로잡기 ㄱ. 강화도 조약에는 영토 할양의 내용이 없다. ㄴ. 강화도 조약에
는 최혜국 대우 조항이 없다. 일본은 1883년 조·일 통상 장정에서 최혜국 대우
를 받게 되었다.

439

제시된 자료에서 '청과 일본이 대등', '전통적인 동아시아 국제 질서에
서 벗어나' 등의 내용으로 보아 (가)는 1871년 체결된 청·일 수호 조규
임을 알 수 있다. 이에 따라 청·일 두 나라는 상대국에 서로 영사관을
설치하고 외교관을 파견하여 영사 재판권을 갖도록 하였다.

바로잡기 ① 조·일 수호 조규는 1876년 체결된 강화도 조약을 말한다. 청·일
수호 조규가 이보다 먼저 체결되었다. ② 청·일 전쟁(1894~1895)의 강화 조
약인 시모노세키 조약의 내용이다. ④ 타이완 원주민이 류큐의 표류민을 살해
한 사건을 빌미로 메이지 정부가 타이완을 침공하였다(1874). ⑤ 베트남의 종
주권을 둘러싸고 벌인 프랑스와의 전쟁(1884~1885)에서 청이 패배한 것이 계
기가 되었다.

440

제시된 자료에서 '서양식 기계가 농경이나 직포·인쇄·도자기 제조 등
의 용구를 모두 제작할 수 있고' 등의 내용을 통해 양무운동과 관련
있음을 알 수 있다. 자료는 양무운동을 주도한 이홍장의 주장이며,
양무운동은 중체서용의 원칙을 바탕으로 추진되었다.

바로잡기 ① 조선의 개화 정책, ② 일본의 자유 민권 운동, ③ 중국의 변법자
강 운동, ⑤ 중국의 신해혁명에 해당한다.

441

제시된 자료에서 '량치차오는 캉유웨이와 더불어', '스스로 주도권을
잡고 변화를 시도' 등의 내용을 통해 (가)는 변법자강 운동임을 알 수
있다. 변법자강 운동을 주도한 량치차오와 캉유웨이 등은 메이지 유
신을 개혁 모델로 모든 분야에서 근대 개혁을 추진하여 과거제 폐지,
신교육 실시, 상공업 진흥, 입헌 군주제 도입 등을 시도하였다.

바로잡기 ① 태평천국 운동, ③ 메이지 유신에 대한 설명이다. ④ 일본의 자
유 민권 운동은 1870년대, 변법자강 운동은 1890년대 말에 추진되었다. ⑤ 양
무운동에 대한 설명이다.

양무운동(1861~1894)	변법자강 운동(1898)
• 증국번, 이홍장 등이 주도	• 캉유웨이, 량치차오 등이 주도
• 중체서용 원칙	• 메이지 유신을 본받아 모든 분야
• 중국의 전통 유지, 서양의 군사력	의 개혁 추진 → 과거제 폐지, 신
과 과학 기술 수용 주장	교육 실시, 상공업 진흥, 입헌 군
• 청·일 전쟁의 패배로 한계를 드러냄	주제 도입 시도

442

(가)는 '총리각국사무아문의 설치', '한인 관료를 중심으로 한 개혁 운동이 시작' 등의 내용을 통해 양무운동이 시작된 1861년의 일임을 알 수 있다. (나)는 1884년에 일어난 청·프 전쟁에 대한 설명이다. ⑤ 천황 중심의 메이지 정부의 수립은 1868년의 일이다.

바로잡기 ① 1895년, ② 1898년의 일, 모두 (나) 이후의 일이다. ③ 1851년 태평천국 운동 시작, ④ 1853년의 일, 모두 (가) 이전에 일어났다.

443

제시된 자료에서 '이와쿠라 도모미를 전권대사' 등의 내용을 통해 이와쿠라 사절단임을 알 수 있다. 이와쿠라 사절단은 메이지 정부가 서구 열강과 체결한 불평등 조약의 개정을 위해 노력하였으나 큰 성과를 거두지는 못하였다. 그러나 서양 각국의 제도와 문물을 조사하여 메이지 정부가 근대화의 정책 방향을 설정하는 데 큰 영향을 끼쳤다.

바로잡기 ① 신해혁명 이전 중국의 혁명파에 대한 설명이다. ② 양무운동 추진 세력에 해당한다. ③ 조선이 청에 파견한 영선사에 대한 설명이다. ④ 변법자강 운동을 추진한 량치차오, 캉유웨이 등 변법파에 해당한다.

444

메이지 정부는 국내에서 사농공상의 신분제를 개혁하여 사민평등을 표방하였으나, 대외적으로는 류큐 표류민 살해 사건을 구실로 타이완을 침공하였고, 조선에서 운요호 사건을 일으켰다.

바로잡기 ㄱ. 미·일 수호 통상 조약은 1858년 에도 막부가 체결하였다. 메이지 정부 수립 이전의 일이다. ㄹ. 조선은 개화 정책을 담당할 통리기무아문을 설치하고 신식 군대로 별기군을 두었다.

메이지 유신

폐번치현 단행(중앙 집권 체제 확립), 징병제 시행, 근대적 토지세 제도 확립, 식산흥업 정책, 사민평등 실현, 소학교 의무 교육과 대학 설립, 이와쿠라 사절단 파견

 ← 자유 민권 운동(1870년대)

대일본 제국 헌법 제정(1889)

• 입헌 군주제에 바탕을 둔 근대 국가의 제도적 토대가 됨
• 천황을 신성 불가침 존재로 규정, 군 통수권과 입법권 등 막강한 권한을 천황에게 부여

445

제시된 자료는 조선에서 일어난 갑신정변 과정에서 개화당이 발표한 개혁 정강 14개조이다. 갑신정변은 김옥균 등 조선의 급진 개화파가

청의 내정 간섭에 반발하며 청·프 전쟁의 발발을 기회로 삼아 일으킨 근대 개혁 운동이었다. 그러나 갑신정변은 청군의 개입으로 3일 만에 실패로 끝났다.

바로잡기 ㄷ. 베트남의 근왕 운동에 대한 설명이다. 청·프 전쟁 후 프랑스의 식민 지배가 본격적으로 이루어지자 베트남 각지에서 유교 지식인과 농민을 중심으로 무력 투쟁이 전개되었다(1885). ㄹ. 갑신정변을 주도한 급진 개화파는 메이지 유신을 모델로 삼아 정치 개혁까지 도모하였다.

446

제시된 자료에서 '비밀 결사 단체인 배상제회', '홍수전' 등을 통해 해당 민족 운동이 태평천국 운동임을 알 수 있다. 태평천국 운동은 멸만흥한(청조 타도), 남녀평등, 토지의 균분 등을 주장하였다. 태평천국은 한인 지주와 신사층으로 구성된 한인 의용군과 서구 열강의 개입으로 10여 년 만에 진압되었으나, 청 정부의 통치 능력에 커다란 타격을 주었다.

바로잡기 ㄱ, ㄴ. 문명개화는 메이지 유신, 중체서용은 양무운동이 추구한 근대화의 원칙에 해당한다.

447

제시된 자료는 1894년 동학 농민 운동의 발발과 갑오·을미개혁의 추진, 을미사변의 상황을 설명하고 있다. 밑줄 친 '개혁'에 해당하는 갑오·을미개혁에서는 왕실과 정부의 사무 분리, 신분제 폐지, 각종 폐습의 타파, 태양력과 단발령의 시행 등 정치·경제·사회 각 분야의 개혁을 대대적으로 추진하였다.

바로잡기 ③ 갑오·을미개혁에서는 입헌 군주제 실시가 추진되지 않았다.

448

을미사변(1895)과 단발령에 반발하여 보수적인 양반 유생이 중심이 되어 의병(을미의병)을 일으켜 저항하였으며, 고종이 혼란한 상황을 피해 러시아 공사관으로 거처를 옮기는 아관 파천을 단행(1896)하면서 개혁은 중지되었다.

바로잡기 ㄱ. 갑신정변은 1884년에 일어났다. ㄹ. 폐번치현은 일본의 메이지 정부가 중앙 집권화를 위해 추진한 정책이었다.

449

(가)는 1889년 메이지 정부가 반포한 대일본 제국 헌법, (나)는 1899년 대한 제국이 반포한 대한국 국제, (다)는 1908년 청 정부가 반포한 흠정헌법대강이다. 메이지 정부는 대일본 제국 헌법을 통해 천황에게 군 통수권을 부여하였으며, 청 정부는 러·일 전쟁 전후 지식인이 입헌파와 혁명파로 나뉜 상황에서 입헌 준비에 나섰다.

바로잡기 ㄴ. 메이지 정부의 정책이다. ㄹ. 대한 제국과 청 정부는 헌정 체제를 갖추고자 하였으나 여전히 전제 군주제를 유지하였다.

450

(가)는 1889년, (나)는 1899년에 발표되었다. 1898년 대한 제국의 수구 세력은 독립 협회가 왕정을 폐지하고 공화제 추진을 도모한다고 모함하여 독립 협회를 강제로 해산하였다.

바로잡기 ① 1882년에 임오군란이 일어났다. ② 러·일 전쟁은 1904~1905년에 전개되었다. ④ 1870년대에 전개된 자유 민권 운동에서 헌법 제정과 서양식 의회 설립이 요구되었다. ⑤ 청 지식인의 분화는 러·일 전쟁(1904~1905)을 전후로 나타났다.

451

지도의 '우창 봉기', '쑨원 임시 대총통 취임', '선통제 퇴위'로 보아 해당 사건이 신해혁명임을 알 수 있다. 청 정부의 개혁이 성과를 거두지 못하는 상황에서 후베이성 우창에서 혁명파의 이념에 영향을 받은 신군이 봉기하고, 이에 호응하여 각 성이 봉기하였다. 그리고 쑨원을 임시 대총통으로 하는 중화민국이 수립되었다.

바로잡기 ① 신문화 운동은 1915년 천두슈를 비롯한 중국의 진보적 지식인들에 의해 추진되었다. ② 증국번과 이홍장은 양무운동을 주도하였다. ③ 의화단 운동 후 청과 열강의 연합군 사이에 체결된 신축 조약(베이징 의정서)에 따라 외국군이 베이징에 주둔하게 되었다. ④ 변법자강 운동에 해당한다.

452

제시된 자료는 의회 설립을 요구한 것으로, 일본 메이지 정부 때 전개된 자유 민권 운동과 관련이 있다. 1870년대 일본에서는 서양식 입헌 제도의 도입을 요구하는 자유 민권 운동이 전개되었다. 메이지 정부는 자유 민권 운동을 탄압하였지만 한편으로는 이들의 요구를 받아들여 점진적으로 서양식 입헌 체제를 수용하겠다는 의사를 밝혔다. 이후 메이지 정부는 1889년 대일본 제국 헌법을 제정하고 이듬해에 제국 의회를 설립하였다. 대일본 제국 헌법은 천황에게 문무관의 임명, 전쟁 선포, 조약 체결 등의 많은 권한을 부여하였으나 국민의 기본권을 제한하였다.

바로잡기 ① 신해혁명은 1911년에 일어났다. ③ 미·일 화친 조약은 1854년에 체결되었다. ④ 중국의 태평천국 운동에 해당한다. ⑤ 중국에서 1910년대 전개되었던 신문화 운동에 대한 설명이다.

453

제시된 자료의 주장은 중국의 제도 변화를 강조하였으며, 서구식 의회 제도의 도입과 입헌 군주제를 지향하고 있다.

454

입헌 군주제 수립을 위한 움직임으로 청에서는 변법자강 운동, 청 정부의 신정 실시와 더불어 진행된 흠정헌법대강 반포 및 의회 설립 준비 등이 있었다. 일본에서는 자유 민권 운동이 전개되어 서양식 의회 설치와 헌법 제정을 요구하였다. 이를 일부 반영하여 메이지 정부는 대일본 제국 헌법을 제정하고 제국 의회를 구성하였다. 한국에서는 독립 협회가 의회 설립 운동을 전개하였다.

채점 기준	수준
청, 일본, 한국에서 전개된 입헌 군주제 수립의 움직임을 모두 정확하게 제시한 경우	상
청, 일본, 한국에서 전개된 입헌 군주제 수립의 움직임 중 두 나라에 해당하는 내용만 정확하게 제시한 경우	중
청, 일본, 한국에서 전개된 입헌 군주제 수립의 움직임 중 한 나라에 해당하는 내용만 정확하게 제시한 경우	하

455

'문명개화와 자주독립 사상을 선전하는 민중 계몽 활동', '만민 공동회' 등을 통해 (가) 단체가 독립 협회임을 알 수 있다.

456

독립 협회는 정부에 인민의 기본권 보장, 의회 설립을 요구하였으며 이를 통해 입헌 군주제를 지향하였다.

채점 기준	수준
독립 협회가 의회 설립을 주장하였다는 점과 입헌 군주제를 지향하였음을 모두 서술한 경우	상
의회 설립 운동이라는 정치 활동과 연결하지 않고 입헌 군주제를 지향하였다는 내용만 서술한 경우	하

적중 1등급 문제

92~93쪽

457 ⑤	**458** ③	**459** ①	**460** ⑤	**461** ④
462 ①	**463** ⑤	**464** ①		

457 미·일 화친 조약과 제1차 사이공 조약 체결 사이 시기 파악하기

1등급 자료 분석 미·일 화친 조약과 제1차 사이공 조약

(가) 제2조 시모다, 하코다테의 두 항구에 대해서 미국 배가 물자를 조달할 수 있도록 도래를 허가한다.

제9조 일본 정부가 외국인에 대하여 미국인에게 허가하지 않았던 사항을 허가했을 때에는 미국인에게도 같은 사항을 허가한다. *일본이 미국에 최혜국 대우를 인정하였다.*

(나) 제5조 프랑스인들은 다낭, 바랏, 쫭옌의 세 항구에서 자유로이 상업 활동을 할 수 있다. *베트남이 프랑스에 3개 항구를 개항하였다. 이 외에도 크리스트교 포교가 허용되고 3개 성이 프랑스에 할양되었다.*

제6조 베트남의 영토 할양에 관한 사안은 프랑스 황제의 동의를 받아야만 한다.

(가)는 시모다와 하코다테를 개항하고 미국에 최혜국 대우를 인정한다는 내용을 통해 1854년에 체결된 미·일 화친 조약임을 알 수 있고, (나)는 다낭 등 3개 항구를 개항한다는 내용을 통해 1862년에 체결된 제1차 사이공 조약임을 알 수 있다. ㄷ. 1860년 체결된 베이징 조약에 따라 청이 크리스트교의 포교를 허용하였다. ㄹ. 1858년 체결된 미·일 수호 통상 조약에 따라 미국은 일본에 대한 영사 재판권을 확보하였다.

바로잡기 ㄱ. 청·일 수호 조규는 1871년에 체결되었다. ㄴ. 1842년에 체결된 난징 조약에 따라 상하이 등 5개 항구가 개항되었다.

458 강화도 조약의 내용 파악하기

1등급 자료 분석 강화도 조약

동아시아사 신문	○○○○년 ○월 ○일

왜인이 양인(洋人)의 앞잡이가 되어 지난해 초지진을 파괴하 *1875년에 일어난 운요호 사건을 말한다.*
고 영종진에 포격을 가한 사건을 빌미로 맹약을 요구하고 있 *강화도 조약에 해당한다.*
다. 조정에서는 요구를 받아들여 화친을 추진하고 있다. 이에 대해 사교(邪敎)의 확산 등을 우려하면서 문호 개방에 반대하 *위정척사 세력은 크리스트교를 사교로 보고 개항을 반대하였다.*
는 상소가 빗발치고 있다.

제시된 자료는 운요호 사건 이후 일본이 조선의 개항을 요구하는 상황으로 밑줄 친 '맹약'은 강화도 조약이다. 조선에서는 흥선 대원군이 물러나고 고종이 집권하면서 통상 개화론이 제기되었다. 이러한 상황에서 일본은 운요호 사건을 빌미로 조선에 개항을 요구하여 강화도 조약을 체결하였다. ③ 강화도 조약에 따라 조선은 부산 등 3개 항구를 개항하였고, 일본은 해안 측량권과 영사 재판권을 확보하였다.

바로잡기 ① 1842년에 체결된 난징 조약을 통해 공행 무역이 폐지되었다. ② 청·일 전쟁에서 승리한 일본은 청과 시모노세키 조약을 체결하여 타이완을 차지하였다. ④ 의화단 운동을 진압한 열강은 청과 신축 조약을 체결하여 수도 베이징에 군대 주둔을 관철시켰다. ⑤ 1905년 일제의 강요로 을사조약이 체결되어 대한 제국은 외교권을 박탈당하였다.

459 태평천국 운동의 주장 파악하기

1등급 자료 분석 태평천국 운동

그의 생일날 배상제회는 진롄에서 정식으로 혁명을 선포함으로써
홍수전 ─ 홍수전이 크리스트교의 영향을 받아 조직하였다.
생일을 경축했다. 그는 새로운 국가의 천왕이 되었다. 머리를 길게 기른 군대는 앞머리를 박박 깎아버리고 뒷머리를 길러 땋은 당시의 변발을 말한다. 태평천국은 변발을 폐지하였다.
유행과는 다른 모습이었기 때문에 '장발적'이라고 불렸다.

제시된 자료에서 배상제회의 추대로 천왕에 취임하였으며 변발을 거부하고 장발을 하였다는 내용 등을 통해 밑줄 친 '그'가 태평천국 운동을 주도한 홍수전임을 알 수 있다. 홍수전은 종교 단체인 배상제회를 기반으로 태평천국이라는 왕조를 세우고, 난징을 함락하여 수도로 삼아 청과 대립하였다. ① 홍수전은 '멸만흥한'을 내세우며 청 왕조를 타도하고자 하였다.

바로잡기 ② 태평천국 운동을 진압한 증국번, 이홍장 등 한인 관료들을 중심으로 양무운동이 전개되었다. ③ 독립 협회는 1898년 관민 공동회를 개최하고 헌의 6조를 결의하였다. ④ 1912년 수립된 중화민국은 초대 쑨원, 2대 위안스카이가 임시 대총통으로 취임하였다. ⑤ 이와쿠라 사절단은 일본 메이지 정부가 1871년부터 1873년까지 파견하였다.

460 양무운동의 특징 이해하기

1등급 자료 분석 양무운동

제가 일찍이 영국, 프랑스 제독의 군함에 가서 보니 그
이홍장이다.
곳에 있는 대포의 훌륭함, 탄약의 정교함, 무기의 정확함은 중국이 따라잡을 수 없는 것이었습니다. …… 중국의 무기가 서양에게 한참 뒤져 있는 것을 수치스럽게 느낍니다. 저는 또한 장병들에게 이득을 얻기 위해 겸허하게 치욕을 참고 서양인의 비법을 하나둘 배우라고 훈계합니다. 서양인의 우수한 기술을 취득하지 않으면 그 잘
양무운동은 중체서용을 바탕으로 서양의 기술만 수용하고자 하였다.
못을 크게 후회할 것입니다.

제시된 자료에서 서양 무기의 우수함을 본받자는 내용 등을 통해 양무운동 당시 제기된 주장임을 알 수 있다. 자료는 1863년 이홍장이 증국번에게 보낸 서한이다. 양무운동은 근대적 군수 공장 설립, 서양식

해군 창설, 근대적 기업 설립 등으로 상당한 성과를 거두었다. 하지만 제도의 개혁 없이 서양의 기술만 수용하였으며 자금 부족과 보수파의 견제로 국가 차원에서 체계적으로 이루어지지 못하였다. 결국 이러한 한계는 청·일 전쟁의 패배로 이어졌다. ⑤ 양무운동은 중체서용을 바탕으로 서양의 기술을 수용하고자 하였다.

바로잡기 ① 1908년 청 정부는 흠정헌법대강을 발표하여 서양식 입헌제를 준비하였다. ② 광무개혁은 1897년 대한 제국이 수립된 이후에 전개되었다. ③ 1876년 강화도 조약이 체결된 직후 조선은 일본에 수신사를 파견하였다. ④ 1870년대 일본에서는 헌법 제정, 의회 설립 등을 요구하는 자유 민권 운동이 전개되었다.

461 캉유웨이의 활동 파악하기

1등급 자료 분석 캉유웨이 상소

일본의 유신에서 귀감을 찾아야만 합니다. …… 유신의 초
메이지 유신을 말한다.
기에 바꿔야 할 것은 아주 많았지만, 그 핵심은 다음 세 가지였습니다. 첫째는 군신과 더불어 서약함으로써 국시(國是)를 정한 것이고, 둘째는 대책을 세워 현명한 인재를 모집한 것이며, 셋째는 제도국을 열고 헌법을 정하는 것이었습니다.
제도국은 의회를 의미하며 헌법 제정을 통한 입헌 군주제를 추구하였다.
─ 황제에게 올리는 여섯 번째 상서 ─
청의 광서제

제시된 자료에서 일본의 메이지 유신을 본받아 입헌 군주제를 추구하자는 내용을 통해 다음 주장을 제기한 인물이 캉유웨이임을 알 수 있다. ㄴ. 캉유웨이는 공양학의 영향을 받아 개혁을 추진하였다. ㄹ. 청·일 전쟁 패배 이후 캉유웨이, 량치차오 등을 중심으로 변법자강 운동이 전개되었다.

바로잡기 ㄱ. 개항 이후 막부에 대한 반감이 고조되는 가운데 조슈번과 사쓰마번 등을 중심으로 막부 타도 운동이 전개되어 에도 막부가 무너졌다. ㄷ. 개항 이후 조선은 개화 정책을 추진하기 위해 1880년 근대적 행정 기구인 통리기무아문을 설치하였다.

462 메이지 정부의 정책 이해하기

1등급 자료 분석 소학교의 의무 교육

• 인민은 화족·사족·농민·공인·상인 및 부녀자를 불문하고 배우
메이지 정부는 사민평등을 표방하며 신분제를 개혁하였다.
지 않는 자가 없는 것을 목표로 한다. 자녀들은 반드시 학교에 다니게 하도록 해야 한다.
• 상급 학교는 그 재능에 따라 진학하지만 어린 자녀는 남녀의 구별
없이 소학교에 입학한다.
메이지 정부는 근대적 학제를 마련하고 소학교의 의무 교육을 실시하였다.

제시된 자료에서 신분의 구분 없이 학교 교육을 해야 하며 소학교의 의무 교육을 행한다는 내용을 통해 다음 법령을 발표한 정부가 일본의 메이지 정부임을 알 수 있다. 메이지 정부는 서양의 근대 국가를 모델로 삼아 근대화 정책을 추진하였다. ㄱ, ㄴ. 메이지 정부는 징병제를 실시하여 군사력을 강화하고자 하였다. 또한 폐번치현을 단행하여 중앙 집권을 강화하였다.

바로잡기 ㄷ. 금릉 기기국은 양무운동 기간 동안 이홍장의 주도로 설립된 군수 공장으로, 총포와 화약 등을 생산하였다. ㄹ. 고종은 1895년 근대 교육을 강조하는 교육 입국 조서를 반포하였다.

463 쑨원의 활동 파악하기

1등급 자료 분석 쑨원

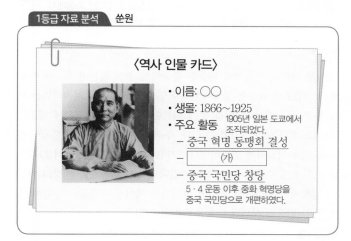

〈역사 인물 카드〉

- 이름: ○○
- 생몰: 1866~1925
- 주요 활동
  1905년 일본 도쿄에서 조직되었다.
  – 중국 혁명 동맹회 결성
  – ＿＿＿＿ (가) ＿＿＿＿
  – 중국 국민당 창당
  5·4 운동 이후 중화 혁명당을 중국 국민당으로 개편하였다.

제시된 자료에서 중국 혁명 동맹회를 결성하고 중국 국민당을 창당하였다는 내용을 통해 역사 카드의 인물이 쑨원임을 알 수 있다. ⑤ 쑨원은 1912년 중화민국의 임시 대총통에 취임하였다.

바로잡기 ① 갑신정변은 1884년 김옥균 등 급진 개화파가 주도하여 일어났다. ② 베트남의 판보이쩌우는 일본으로 유학생을 파견하는 동유 운동을 전개하였다. ③ 증국번, 이홍장 등 한인 관료 등의 주도로 태평천국 운동이 진압되었다. ④ 개항 이후 조선은 근대 문물을 수용하기 위해 청에 영선사, 일본에 조사 시찰단을 파견하였다.

464 일본의 근대 국가 수립 과정 이해하기

1등급 자료 분석 자유 민권 운동과 대일본 제국 헌법

(가) 천하에 공의를 떨친다는 것은 백성이 뽑은 의원을 설립하는 길
서양식 의회를 설립하고자 하였다.
밖에는 없습니다. …… 지금 민선 의원을 설립한다면 정부와 인민이 소통하고 일체가 되어 국가가 강하게 될 것이며 정부도 강하게 될 것입니다. – 이타가키 다이스케 등이 제안하였다.

(나) 제1조 대일본 제국은 만세일계의 천황이 통치한다.
천황을 신격화하고 정치·군사의 최고 권력자로 규정하였다.
제4조 천황은 나라의 원수이며 통치권을 장악하고 이 법률의 조규에 의하여 이를 거행한다.
제5조 천황은 제국 의회의 협찬을 받아 입법권을 실행한다.
1890년에 설립되었다.

(가)는 1874년에 발표된 민선의원설립건백서, (나)는 1889년에 반포된 일본 제국 헌법이다. 일본의 메이지 정부는 자유 민권 운동이 일어나자 이를 탄압하면서도 헌법 제정의 필요성은 인식하였다. 이에 1889년 일본 제국 헌법을 제정하였고 이듬해 제국 의회가 구성되었다. ① 임오군란은 1882년 별기군과의 차별 대우 등에 반발한 구식 군인의 주도로 일어났다.

바로잡기 ② 양무운동은 1861년부터 시작되었다. ③ 대한국 국제는 1899년에 반포되었다. ④ 페리 함대는 1853년에 처음 내항하였고, 이듬해 다시 내항하여 미·일 화친 조약을 체결하였다. ⑤ 제1차 사이공 조약은 1862년에 체결되었다.

---

10 제국주의 침략 전쟁과 민족 운동

분석 기출문제
95~99쪽

[핵심 개념 문제]

465 랴오둥반도		466 워싱턴		467 장제스		468 ×
469 ○	470 ×	471 ㉢	472 ㉠	473 ㉡	474 ㉡	475 ㉠
476 ㉡	477 ㄱ	478 ㄷ	479 ㄴ			

480 ③	481 ③	482 ⑤	483 ①	484 ②	485 ⑤	486 ④
487 ⑤	488 ②	489 ③	490 ⑤	491 ①	492 ①	493 ④
494 ④	495 ①	496 ⑤	497 ③	498 ①		

1등급을 향한 서답형 문제

499 5·4 운동　500 예시답안 국내에서 신문화 운동이 전개되고 있었고, 파리 강화 회의에서 독일이 가지고 있던 산둥반도의 이권이 일본에 넘어갔다는 소식에 중국에서 반일 감정이 고조되었다.

501 중국 공산당　502 예시답안 장쉐량이 중국 공산당과 국민당의 내전을 중지하고 함께 항일 전쟁에 나설 것을 요구하며 장제스를 구금한 시안 사건이 일어났다. 일본이 루거우차오 사건을 빌미로 중·일 전쟁을 일으켰다.

480

(가)는 조선이 자주독립국임을 내세우고, 청이 일본에게 배상금을 지급한다는 내용으로 보아 청·일 전쟁의 강화 조약인 시모노세키 조약임을 알 수 있다. (나)는 '통감을 두되', '외교에 관한 사항을 관리' 등을 통해 을사조약임을 알 수 있다. 일본은 을사조약을 강요하여 대한 제국에 통감을 두고 외교권을 장악하였다.

바로잡기 ①, ② 포츠머스 조약에 해당한다. ④ 시모노세키 조약으로, (가)에 대한 설명이다. ⑤ 영·일 동맹은 1902년, 1905년에 체결되었다.

481

지도에서 '봉천 전투', '동해 해전', '뤼순 공격' 등을 통해 해당 전쟁이 러·일 전쟁임을 알 수 있다. 러·일 전쟁의 결과 포츠머스 강화 조약이 체결되어 일본은 러시아로부터 조선에서의 우월적 지위를 인정받고 뤼순과 다롄의 조차권, 창춘 이남의 철도 부설권을 넘겨받았다. 또 북위 50도 이남의 사할린섬을 차지하게 되었다.

바로잡기 ① 일본은 1870년대 류큐를 완전 병합하고 오키나와현으로 만들었다. ②, ④ 청·일 전쟁의 결과이다. ⑤ 일본은 전쟁의 종결이 시급하였기 때문에 사할린섬의 일부를 넘겨받는 조건으로 배상금을 요구하지 않았다.

1등급 정리 노트 청·일 전쟁과 러·일 전쟁

청·일 전쟁(1894~1895)	러·일 전쟁(1904~1905)
• 동학 농민 운동 중 양국 파병 • 평양 전투, 황해 해전 등 • 시모노세키 조약 → 조선에 대한 청의 종주권 포기, 일본에 타이완과 랴오둥반도 할양, 전쟁 배상금 지급 약속 • 삼국 간섭으로 이어짐	• 한반도와 만주를 놓고 러·일 대립 • 봉천 전투, 동해 해전 등 • 포츠머스 조약 → 러시아가 한국에서 일본의 우월적 지위 인정, 일본에 뤼순과 다롄의 조차권과 창춘 이남 철도 부설권을 넘김, 일본이 북위 50도 이남 사할린섬 차지

482

제시된 자료에서 '산둥반도에 등장', '청 왕조를 도와 서양 귀신을 몰아내자는 구호' 등의 내용을 통해 (가) 단체가 의화단임을 알 수 있다. 의화단 운동은 서양 세력에 대한 적개심이 높아 교회와 철도를 파괴하고 외국 공사관까지 공격하였다. 서구 열강과 일본은 연합군을 조직하여 의화단을 진압하고 청 정부와 신축 조약(베이징 의정서, 1901)을 체결하여 배상금 지급, 외국 군대의 베이징 주둔을 약속받았다.

(바로잡기) ① 개항 후 일본의 하급 무사들이 존왕양이 운동을 주도하였다. ② 을미사변은 일본이 조선에서의 세력 확장에 방해가 된다고 여긴 명성 황후를 시해한 사건이다. ③ 조선에 대한 청의 종주권 상실은 청·일 전쟁(1894 ∼ 1895)의 결과이다. ④ 태평천국 운동에 대한 설명이다.

483

(가)는 1894년 동학 농민 운동, (나)는 1904년 러·일 전쟁 발발과 한·일 의정서의 체결 상황에 관한 것이다. ① 동학 농민 운동 때 조선에 들어온 청과 일본 사이에 청·일 전쟁이 일어났고, 그 결과 시모노세키 조약이 체결되었다. 그 주요 내용은 청이 일본에 타이완과 랴오둥반도를 넘기고, 막대한 배상금을 지급한다는 것이었다.

(바로잡기) ② 1882년, ③ 양무운동 시작은 1861년. ④ 1907년, ⑤ 1905년의 일이다.

484

(나)의 한·일 의정서 체결(1904)은 러·일 전쟁 중에 일제가 강요하여 이루어졌다. 러·일 전쟁의 강화 조약인 포츠머스 조약은 미국의 중재로 미국의 해군 항구인 포츠머스에서 체결되었다. 당시 미국이 포츠머스 조약 체결에 깊숙이 관여한 이유는 일본을 이용하여 동아시아에서 러시아의 세력을 견제하기 위함이었다. ② 미국은 일본을 태평양 항로의 중간 기착지로 삼고자 일본에 페리 제독을 파견하여 개항을 요구하였다.

(바로잡기) ① 영국, ③ 일본, ④ 프랑스, ⑤ 러시아, 프랑스, 독일에 해당한다.

485

일본이 경복궁을 점령하고 내정 개혁을 요구한 상황은 1894년의 일이며, 삼국 간섭은 시모노세키 조약 체결 후 러시아가 독일과 프랑스를 끌어들여 일본이 빼앗은 랴오둥반도를 청에 돌려줄 것을 요구하며 압력을 가한 1895년의 상황이다. 따라서 (가)에는 청·일 전쟁 전개와 시모노세키 조약 체결의 상황이 들어가는 것이 적절하다. ⑤ 동학 농민 운동을 계기로 조선에 들어온 청군과 일본군이 전쟁을 벌였는데, 이때 일본은 평양 전투와 황해 해전 등에서 큰 승리를 거두었다.

(바로잡기) ① 신축 조약은 의화단 운동의 결과 1901년에 청 정부와 연합군이 체결한 조약이다. ② 1907년의 일로, 고종은 을사조약의 불법성을 세계에 알리고자 헤이그에 특사를 파견하였다. ③ 전주 화약은 1894년의 일이지만, (가) 상황 이전에 체결되었다. 조선 정부가 전주 화약을 체결한 후 군대 철수를 요구하였지만 일본은 경복궁을 점령하고 조선에 새로운 내각을 구성하였다. ④ 러·일 전쟁(1904∼1905)의 상황에 해당한다.

486

제시된 자료는 '윌슨 대통령은 민족 자결주의를 제창', '패전국의 식민지에만 적용' 등을 통해 제1차 세계 대전의 전후 처리 과정에 대한 내

용이며, 밑줄 친 '이 전쟁'이 제1차 세계 대전임을 알 수 있다. 이 전쟁 중 일본은 영·일 동맹을 근거로 독일에 선전 포고를 하고, 중국에서 독일이 가지고 있던 이권을 빼앗는 데 집중하였다. 이를 위해 중국 베이징 정부에 21개조 요구를 제출하였다.

(바로잡기) ㄱ. 중·일 전쟁을 일으킨 일본은 난징을 점령하는 과정에서 수많은 중국인을 학살하는 만행을 저질렀다. ㄷ. 러·일 전쟁의 결과이다.

487

제시된 자료의 전체적인 내용은 중국에게 전한 일본의 요구에 해당하며, 제1호의 내용은 중국에서의 독일 이권을 일본이 차지하려는 의도를 드러낸 것이다. 이를 통해 일본이 중국 베이징 정부에 제출한 '21개조 요구'임을 짐작할 수 있다. 주권을 심각하게 침해당한 중국인들은 이에 강력하게 반발하였다. 그러나 파리 강화 회의에서 21개조 요구 무효를 주장한 중국 측의 의견이 무시당하고 산둥 지방의 이권이 일본에 넘어갔다는 소식이 알려지자 베이징 대학생이 중심이 되어 반일·반군벌 시위인 5·4 운동을 일으켰다.

(바로잡기) ① 일본이 제1차 세계 대전 중 1915년에 요구하였다. ② 러·일 전쟁에서 승리한 후 일본이 뤼순과 다롄을 조차하였다. ③ 파리 강화 회의는 제1차 세계 대전이 끝나고 전후 처리 문제를 논의하기 위하여 열린 국제회의이다. ④ 워싱턴 회의에 따라 산둥 지방의 이권이 중국에 반환되었다.

488

지도의 (가)는 랴오둥반도, (나)는 산둥반도이다. 랴오둥반도는 청·일 전쟁에서 패한 후 청이 시모노세키 조약에 따라 일본에 할양하였다가 삼국 간섭으로 다시 돌려받은 곳이다. 1919년에 일어난 5·4 운동에서는 '(파리) 강화 조약 조인을 거부하라', '반드시 산둥의 이권을 회수하자'가 주요 구호로 등장하였다.

(바로잡기) ㄴ. 국민 정부는 난징에서 수립되었다. ㄹ. 일본이 삼국 간섭에 굴복하여 청에 반환한 지역은 (가)의 랴오둥반도이다.

489

제시된 자료에서 '미국은 중국 문제와 열강들 사이의 세력 균형을 조절하기 위해'를 통해 (가)에 들어갈 회의가 워싱턴 회의임을 알 수 있다. 워싱턴 회의의 결정에 따라 일본은 산둥반도의 이권을 중국에 반환하고 해군력 증강에 제한을 받았다. 한편 이 회의에서 중국은 주권과 독립은 보장받았지만, 관세 자주권 회복, 조차지 반환, 치외 법권 철폐 등의 요구는 관철하지 못하였다.

(바로잡기) ① 만주 사변 후 1933년의 일이다. ② 1919년 2월에 도쿄에 있던 한국 유학생을 중심으로 독립 선언이 이루어졌다. ④ 1905년 을사조약 체결을 전후한 시기에 해당한다. ⑤ 1895년 삼국 간섭에 해당한다.

490

제시된 자료에서 '한국에서', '종교계 인사들과 학생들이 독립 선언서 발표' 등을 통해 밑줄 친 '만세 운동'이 1919년에 일어난 3·1 운동임을 알 수 있다. 3·1 운동을 계기로 지도부의 필요성을 인식한 민족 지도자들이 중국 상하이에 대한민국 임시 정부를 수립하였다.

(바로잡기) ① 3·1 운동이 5·4 운동보다 먼저 일어났다. ② 한국에서 민족 유일당 운동은 1920년대 중반에 전개되었다. ③ 3·1 운동이 워싱턴 회의보다 먼저 일어났다. ④ 중국의 5·4 운동에 해당한다.

491

(가) 시기는 1924년에 이루어진 제1차 국·공 합작과 1928년 북벌 완성 사이에 해당한다. ① 신간회는 한국에서 민족 운동의 분열을 극복하고자 전개된 민족 유일당 운동의 결정체로 1927년에 결성되었다.

바로잡기 ② 1920년 만주에서 전개된 한국의 무장 독립 투쟁으로, 김좌진이 이끈 북로 군정서와 독립군 연합 부대는 청산리 일대에서 일본군과 싸워 크게 승리하였다. ③ 1919년 3·1 운동 이전에 도쿄에서 발표되었다. ④, ⑤ 워싱턴 회의(1921~1922)의 결과로 워싱턴 체제라고 불린 국제 질서가 형성되었고, 이에 대항하여 1922년 소련이 극동 인민 대표 회의를 개최하였다.

492

제시된 자료는 중국이 일본의 만주 침략(만주 사변)을 국제 연맹에 제소하자 파견된 리튼 조사단의 보고서이다. 국제 연맹이 이 보고서를 근거로 만주에서 일본이 철수할 것을 요구하자 일본은 국제 연맹을 탈퇴하고 점령 지역을 확대하기 위해 무력행사를 계속하였다.

바로잡기 ② 중국 국민당과 공산당은 군벌 타도의 필요성을 공감하여 1924년 제1차 국·공 합작을 이루었다. ③ 간도의 영유권을 두고 1909년 청과 일본이 간도 협약을 맺었다. ④ 국민 혁명군의 북벌이 완성되면서 베이징의 장쭤린은 만주로 이동하였다. ⑤ 1931년 9월, 일본군이 봉천 류탸오후에서 남만주 철도 일부를 폭파한 후 이를 중국군의 소행으로 몰아 만주 사변을 일으켰다.

493

㉠ 만주 사변은 1931년, ㉡ 중·일 전쟁은 1937년에 발발하였다. ④ 한인 애국단 소속 윤봉길의 상하이 홍커우 공원 의거는 1932년 4월의 일이다. 이를 계기로 한·중 연대가 활발해졌고, 중국 국민당 정부는 한국의 독립운동이 중국의 주권 수호와 직결된다고 인식하고 대한민국 임시 정부를 적극적으로 지원하였다.

바로잡기 ① 1925년 상하이에서 발생한 사건으로 중국에서 반제국주의 운동이 확산되는 계기가 되었다. ② 아주 화친회는 반제국주의를 내세운 동아시아 최초의 국제 연대 조직으로 1907년에 결성되었다. ③ 1928년 국민 혁명군이 베이징을 점령하면서 완성되었다. ⑤ 1924년에 이루어졌다.

494

㉡에 해당하는 만주 사변 후 한·중 연대의 사례로는 한국 독립군과 조선 혁명군이 중국군과 함께 전개한 한·중 연합 작전, 동북 인민 혁명군의 항일 무장 투쟁, 그리고 중국 국민당 정부와 대한민국 임시 정부 인사들이 참여한 한·중 민족 항일 대동맹의 결성 등이 있다. ㉢에 해당하는 중·일 전쟁 후 한·중 연대의 사례로는 중국 국민당 정부의 지원을 받은 조선 의용대와 한국 광복군의 활동을 꼽을 수 있다

바로잡기 ㄱ. 1940년 한국 광복군의 조직은 ㉢에 해당한다. ㄷ. 한국과 중국의 사회주의자들에 의한 동북 인민 혁명군의 조직은 1933년으로, ㉡에 해당한다.

1등급 정리 노트 일본의 침략에 대항한 한·중 연대	
만주 사변(1931) 이후	중·일 전쟁(1937) 이후
• 한국 독립군과 중국군 연합 작전 • 조선 혁명군과 중국군 연합 작전 • 동북 인민 혁명군의 조직과 투쟁 • 한·중 민족 항일 대동맹 결성	• 중국 국민당 정부의 지원 → 조선 의용대와 한국 광복군의 조직과 활동 • 조선 의용군의 활동

495

제시된 법은 일제가 1938년에 제정·공포한 국가 총동원법이다. 일본은 침략 전쟁을 확대하면서 전쟁에 필요한 인력과 물자를 동원하기 위해 이 법을 제정하였다. 이와 함께 황국 신민화 정책을 추진하였다. 이 시기에 일본은 타이완에서 황민봉공회라는 동원 조직을 만들고 징병제를 실시하였다. 또 한국에서는 국민 정신 총동원 조선 연맹을 조직하고 징용과 징병제 등을 실시하여 많은 한국인을 탄광과 군수 공장에 강제 동원하고 전쟁터로 끌고 갔다.

바로잡기 ㄷ. 한국에서 일제에 의한 토지 조사 사업은 1910년대에 실시되었다. ㄹ. 대장정은 1934~1936년까지 2년여 동안 전개되었다.

496

제시된 자료의 조선 의용대는 중·일 전쟁이 발발한 후 김원봉이 중국 관내에서 중국 국민당 정부의 지원을 받아 창설한 독립군 부대이다. 또 자료에서 '대규모의 대중국 침략 전쟁', '루거우차오 사건' 등을 통해 밑줄 친 '이 전쟁'이 중·일 전쟁임을 알 수 있다. 중·일 전쟁 중 일본은 난징 대학살을 저질렀으며, 중국 각지에서 모든 것을 불태우고, 죽이고, 약탈하는 이른바 삼광 작전을 펼쳐 점령지를 철저히 파괴하였다. 이 시기에 중국 국민당 정부는 충칭으로 근거지를 이동하였다.

바로잡기 ㄱ. 워싱턴 회의는 1921년 개최되었다. 열강들은 이 회의를 통해 동아시아 지역을 둘러싼 열강의 이해관계를 조정하고 해군의 군비를 축소하였다. ㄴ. 일본이 국제 연맹을 탈퇴한 것은 1933년이다. 만주 사변 후 리튼 조사단의 보고서를 근거로 국제 연맹이 만주를 점령한 일본군의 철수를 결정하자 일본은 국제 연맹을 탈퇴하였다.

497

(가)는 중·일 전쟁 중 일본이 자행한 난징 대학살(1937~1938), (나)는 일본의 진주만 기습 공격으로 시작된 태평양 전쟁의 발발(1941)에 관한 것이다. 중·일 전쟁이 일어나자 김원봉은 중국 관내에서 조선 의용대를 창설(1938)하였다. 1939년 일본은 독일, 이탈리아와 동맹을 맺고 추축국의 일원이 되어 동남아시아 침략을 시작하고 중·일 전쟁에 필요한 물자를 확보하고자 베트남을 침공(1940)하였다.

바로잡기 ㄱ. 아주 화친회 조직은 1907년의 일이다. ㄹ. 소련의 대일전 참전은 1945년 8월에 이루어졌다.

498

(가)는 '농민, 노동자, 부락민의 권익 보호', 2004년 일본인으로는 처음으로 한국 정부로부터 건국 훈장을 받았다는 내용 등을 통해 후세 다쓰지임을 알 수 있다. (나)는 『동양 평화론』을 썼다는 내용으로 보아 안중근임을 알 수 있다. ① 후세 다쓰지는 박열과 가네코 후미코 부부와 의열단원 김지섭을 변호하기도 하였다.

바로잡기 ② 하세가와 데루에 대한 설명이다. ③ 중국 국민당과 대한민국 임시 정부의 인사들에 해당한다. ④ 미국 신문 기자였던 에드거 스노에 대한 설명이다. ⑤ 고토쿠 슈스이, 바진, 신채호 등이 무정부주의자로 활동하였다.

499

'칭다오를 돌려주고', '산둥이 망하면 중국도 망합니다' 등을 통해 중국의 5·4 운동임을 알 수 있다.

500

신문화 운동이 전개되고, 파리 강화 회의에서 독일이 가지고 있던 이권이 일본에 넘어갔다는 소식에 중국에서 반일 감정이 고조되어 5·4 운동이 일어났다.

채점 기준	수준
신문화 운동의 전개와 파리 강화 회의 결정과 연관 지어 중국 내 반일 감정 고조 상황을 정확하게 서술한 경우	상
파리 강화 회의 결정만 연관 지어 중국 내 반일 감정 고조 상황을 서술한 경우	중
한국의 3·1 운동을 배경으로 서술한 경우	하

501

제시된 자료는 1937년 제2차 국·공 합작 때 발표된 '중국 공산당의 국·공 합작 공포를 위한 선언문'이다. 따라서 본당은 중국 공산당이다.

502

제2차 국·공 합작의 배경에는 시안 사건과 중·일 전쟁의 발발이 있다. 시안 사건은 장쉐량이 장제스를 구금하고 공산당 섬멸 중단과 연공 항일을 요구한 것이다.

채점 기준	수준
시안 사건과 중·일 전쟁을 배경으로 제시하고, 두 사건의 개요를 정확하게 서술한 경우	상
시안 사건과 중·일 전쟁 발발만 간단하게 서술한 경우	중
두 가지 중 한 가지만 서술한 경우	하

적중 1등급 문제

100~101쪽

503 ④	504 ②	505 ①	506 ④	507 ①
508 ③	509 ④	510 ④		

503 삼국 간섭이 일어난 배경 파악하기

1등급 자료 분석   삼국 간섭

> 일본이 요구한 <u>강화 조건</u> 가운데 랴오둥반도를 일본의 소유로 하는
> <small>일본은 막대한 배상금, 랴오둥반도와 타이완 할양 등을 요구하였다.</small>
> 것은 베이징을 위험에 빠뜨릴 수 있을 뿐만 아니라 조선의 독립을
> 유명무실하게 만들 수 있다. 극동의 평화를 위해 <u>러시아 정부</u>는 일
> <small>러시아 외에 독일과 프랑스가 가담하였다.</small>
> 본 정부가 랴오둥반도의 영유를 포기할 것을 요청하는 바이다.

제시된 자료는 일본이 랴오둥반도를 차지하자 러시아가 일본에게 랴오둥반도를 반환하도록 압력을 가하는 상황이다. ④ 청·일 전쟁에서 승리한 일본은 청과 시모노세키 조약을 체결하여 타이완과 랴오둥반도 등을 확보하였다. 그러나 러시아의 주도로 삼국 간섭이 일어나면서 일본은 랴오둥반도를 청에 반환하였다.

바로잡기 ① 1884년 김옥균 등 급진 개화파의 주도로 갑신정변이 일어났다. ② 1911년 우창 신군의 봉기를 시작으로 신해혁명이 전개되었고 그 결과 중화민국이 수립되었다. ③ 러·일 전쟁의 결과 1905년 포츠머스 조약이 체결되었다. ⑤

1858년 일본은 미국의 통상 요구에 굴복하여 추가 개항 등을 내용으로 하는 미·일 수호 통상 조약을 체결하였다.

504 의화단 운동의 특징 이해하기

1등급 자료 분석   의화단 운동

> 사진은 8개국 연합군의 모습이다.   (가)   중 청은 열강에 선전 포
> <small>일본과 러시아가 가장 많은 병력을 파견하였다.</small>
> 고를 하였으나 오히려 8개국 연합군에 베이징을 점령당하고 말았
> 다. 점령 직전 서태후와 광서제는 <u>시안으로 피란하였다.</u>
> <small>시안에서 조칙을 반포하여 신정을 시작하였다.</small>

제시된 자료에서 청이 선전 포고를 하였으나 8개국 연합군에 의해 베이징이 점령당하였다는 내용을 통해 (가) 운동이 의화단 운동임을 알 수 있다. ㄱ. 의화단은 '부청멸양'을 내세우며 교회와 철도 등을 파괴하였다. ㄹ. 의화단 운동을 진압한 연합군은 청과 외국 군대의 베이징 주둔 등을 내용으로 하는 신축 조약을 체결하였다.

바로잡기 ㄴ. 김옥균 등 급진 개화파가 주도하여 갑신정변을 일으켰다. ㄷ. 1894년 조선에서 동학 농민 운동이 일어나자 청과 일본의 군대가 조선에 파병되었고 일본이 청의 군함을 공격하면서 청·일 전쟁이 발발하였다.

505 포츠머스 조약의 내용 파악하기

1등급 자료 분석   포츠머스 조약

> 제2조   러시아는 일본이 <u>한국에서 정치상·군사상 및 경제상의 탁월
> 한 이익을 갖는다는 것을 인정하고,</u> 일본이 한국에서 필요하
> <small>러시아가 일본의 한국에 대한 독점적 지위를 인정하였다.</small>
> 다고 인정하는 지도, 보호 및 감리의 조치를 취하는 데 이를
> 저지하거나 간섭하지 않을 것을 약정한다.
>
> 제5조   러시아는 청국 정부의 승낙 하에 <u>뤼순, 다롄 및 그 부근 영토
> 및 바다의 조차권 등을 일본에 이전 양도한다.</u>
> <small>이 외에도 일본은 남만주 철도 이권을 차지하였으며, 북위 50도 이남의 사할린섬을 획득하였다.</small>

제시된 자료에서 러시아가 한국에 대한 일본의 지배권을 인정하는 내용과 뤼순과 다롄의 조차권을 일본에 양도하는 내용을 통해 러·일 전쟁의 결과 1905년에 체결된 포츠머스 조약임을 알 수 있다. ① 포츠머스 조약은 미국의 중재로 체결되었다.

바로잡기 ② 청·일 전쟁에서 승리한 일본은 시모노세키 조약을 체결하여 랴오둥반도와 타이완 등을 할양받았다. ③ 베이징 조약, 제1차 사이공 조약이 대표적이다. ④ 1919년 민족 자결주의 등의 영향을 받아 한국에서는 종교계 인사들과 학생들이 독립 선언서를 발표하고 만세 시위를 벌였다(3·1 운동). ⑤ 제2차 아편 전쟁의 결과 체결된 베이징 조약에 따라 서양 외교관의 베이징 주재가 인정되었다.

506 '21개조 요구'의 내용 이해하기

- 중국 정부는 앞으로 일본국 정부가 독일 정부와 협정을 체결함으로써 독일이 산둥성에 관하여 조약이나 기타 관계에 기초하여 중국 정부에 대해 누려 온 모든 권리와 이익을 양도 등의 처분을 하는 것에 대해 모두 승인한다.
  제1차 세계 대전이 발발하자 일본은 영·일 동맹을 근거로 독일에 선전 포고하고, 칭다오 등 독일이 차지한 지역을 점령하였다.
- 양 조약국이 서로 약정하여 뤼순, 다롄의 조차 기한 및 남만주,
  중국 – 일본　　　　　포츠머스 조약에 따라 일본이 러시아로부터 획득하였다.
  안평(安奉) 철로의 기한을 모두 99년으로 연장하기로 한다.

제시된 자료는 1915년 일본이 중국에 강요한 '21개조 요구' 중 일부이다. 제1차 세계 대전이 발발하자 일본은 독일의 조차지를 점령하고 베이징 정부에 21개조 요구를 제출하였다. ④ 파리 강화 회의에서 중국 측의 21개조 요구 철폐와 산둥반도 이권 반환 요구를 열강이 거부하자 베이징의 대학생을 중심으로 5·4 운동이 일어났다.

바로잡기 ① 신해혁명의 결과 쑨원을 임시 대총통으로 하는 중화민국이 수립되었다. ② 대한 제국은 식산흥업 정책을 추진하여 상공업을 진흥하고 서양의 기술과 기계를 도입하는 등 일련의 개혁(광무개혁)을 통해 근대 국가를 건설하려고 노력하였다. ③ 청·일 전쟁 패배 이후 캉유웨이, 량치차오 등이 변법자강 운동을 전개하였다. ⑤ 1870년대 일본에서는 헌법 제정, 의회 설립 등을 요구하는 자유 민권 운동이 전개되었다.

507 제1차 국·공 합작의 특징 이해하기

제시된 자료에서 공산당원이 개인 자격으로 국민당에 입당하고 쑨원이 주도하였다는 내용 등을 통해 대화의 소재가 된 사건이 제1차 국·공 합작임을 알 수 있다. 쑨원은 중국의 통일과 독립을 돕겠다는 소련과 연합하여 공산당원을 수용한다는 방침을 선포하였다. 그 결과 1924년 중국 국민당과 공산당은 제1차 국·공 합작을 이루었고, 1926년에는 중국 통일을 위해 북벌을 시작하였다. ① 제1차 국·공 합작은 군벌 타도를 위해 추진되었다.

바로잡기 ② 1936년 장쉐량이 장제스를 감금하는 시안 사건이 일어났고, 이듬해 중·일 전쟁이 발발하자 제2차 국·공 합작이 이루어졌다. ③ 중·일 전쟁이 발발하자 중국 국민당과 공산당은 제2차 국·공 합작을 이루어 함께 항일전을 전개하였다. ④ 일본이 무조건 항복을 거부하자 미국은 히로시마와 나가사키에 원자 폭탄을 투하하였고, 며칠 후 일본이 항복하였다. ⑤ 신해혁명을 계기로 중화민국이 수립되었다.

508 민주 사변이 일어난 시기 파악하기

제시된 자료에서 리튼 조사단이 집정 푸이에게 9월 18일 관동군이 일으킨 사건을 물어보는 내용 등을 통해 밑줄 친 '사건'이 만주 사변임을 알 수 있다. 일본 관동군은 1931년 만주 사변을 일으켜 만주 지역을 장악하고, 푸이를 내세워 이듬해 만주국을 수립하였다. 국제 연맹은 일본군의 철수를 요구하였으나 이에 반발한 일본은 국제 연맹을 탈퇴하였다. ③ 북벌 완성은 1928년, 일본의 국제 연맹 탈퇴는 1933년의 사실이다.

509 중·일 전쟁의 전개 과정 파악하기

제시된 지도는 중·일 전쟁의 전개 과정이다. 1937년 루거우차오 사건을 빌미로 시작된 중·일 전쟁은 1945년 일본이 패망하면서 마무리되었다. ④ 국민당 정부는 중·일 전쟁 초기 상하이에 이어 수도인 난징이 함락되자 수도를 충칭으로 옮겨 항전하였다.

바로잡기 ① 동북 인민 혁명군은 1930년대 전반 만주 지역에서 결성되었다. 이후 동북 항일 연군으로 이어졌다. ② 1934년 중국 공산당은 국민당의 탄압을 피해 대장정을 시작하였다. ③ 한·중 민족 항일 대동맹은 1932년 대한민국 임시 정부와 중국 국민당 인사들이 조직하였다. ⑤ 만주 사변을 계기로 조선 혁명군과 한국 독립군이 한·중 연합 작전을 전개하였다.

1등급 자료 분석 한국 광복군

> (가) 은/는 중화민국 국민과 합작하여 공동의 적인 일
> 본 제국주의자를 타도하기 위해 연합군의 일원으로 항쟁
> 을 계속한다. <u>지난 30년간 일본이 우리 조국을 병합 통치</u>
> 1910년 한국 병합 이후 30년이 지난 1940년의 상황
> 하는 동안 우리 민족은 확고한 독립 정신을 바탕으로 불
> 명예스러운 노예 생활에서 벗어나기 위해 무자비한 압박
> 자에 대한 영웅적인 항쟁을 계속해 왔다. …… 우리들은
> <u>한·중 연합 전선</u>에서 우리 스스로의 끊임없는 투쟁을 감
> 중국 국민당 정부의 지원을 받아 한국 광복군이 창설되었다.
> 행하여 극동 및 아시아 인민 중에서 자유·평등을 쟁취할
> 것을 약속하는 바이다. ─ ○○○○월 ○○일, 김구 ─
> 대한민국 임시 정부 주석

제시된 자료에서 중화민국과 합작한다는 점, 지난 30년간 일본이 병합 통치하였다는 점, 김구가 작성한 점 등을 통해 (가) 부대가 한국 광복군임을 알 수 있다. ④ 1940년 창설된 한국 광복군은 화북으로 이동하지 않은 조선 의용대 병력 일부를 흡수하여 군사력을 강화하였다.

바로잡기 ① 국민 혁명은 국민 혁명군의 주도로 1926년부터 1928년까지 전개되었다. ② 화북 지역으로 이동한 조선 의용대 일부 병력은 1942년 조선 의용군으로 개편되었다. ③ 제1차 세계 대전은 1914년부터 1918년까지 전개되었다. ⑤ 만주 사변 이후 조선 혁명군과 한국 독립군은 중국군과 연합하여 항일전을 전개하였다.

---

11 서양 문물의 수용

분석 기출 문제
103~106쪽

[핵심 개념 문제]

511 만국 공법	**512** 사회 진화론	**513** 찬양회	**514** ○
515 ×	**516** ○	**517** ㉢	**518** ㉠	**519** ㉤	**520** ㉠
521 ㉡	**522** ㉤	**523** ㄱ	**524** ㄷ		

525 ①	**526** ⑤	**527** ①	**528** ④	**529** ④	**530** ②	**531** ①
532 ⑤	**533** ②	**534** ①	**535** ①	**536** ②	**537** ④	**538** ⑤

1등급을 향한 서답형 문제

539 사회 진화론 **540** 예시답안 사회 진화론은 생존 경쟁과 약육강식이 인간 사회에서도 나타난다는 것이며, 이는 제국주의 국가의 침략 정책을 정당화하는 논리로 이용되었으나 동아시아 각국에서는 자강 운동의 논리로 변형하여 수용하였다. **541** 여권통문 **542** 예시답안 일부다처와 매춘 금지의 주장을 여성 운동으로 발전시켰다.

525

제시된 자료에서 '서구형 국제 질서의 원리를 열강의 팽창과 함께 세계에 확산시킨 근대적 국제법'이라는 내용으로 보아 (가)는 만국 공법이다. 만국 공법은 주권국 사이의 대등한 관계를 원칙으로 제시하였다. 그러나 모든 국가를 문명국, 반문명국, 미개국으로 구분하고 이들 간의 불평등한 국제 질서를 당연한 것으로 보는 차별적인 인식을 가지고 있어 열강에 의한 불평등 조약을 합리화하는 데 이용되었다. 동아시아 3국은 만국 공법을 서로 다른 방식으로 활용하였다.

바로잡기 ① 기본적으로 주권 국가 사이의 대등한 관계를 원칙으로 하기 때문에 중국 중심의 동아시아 질서 정당화와는 거리가 멀다.

1등급 정리 노트 서구적 세계관의 수용

만국 공법	사회 진화론
• 주권 국가들 사이의 대등한 관계를 원칙으로 함 • 새로운 국제 질서의 법적 근거 제공 • 동아시아 3국은 서로 다른 방식으로 활용 • 비서구 국가를 반문명국, 미개국으로 구분	• 다윈의 진화론을 인간 사회에 적용한 이론 • 생존 경쟁, 약육강식, 우승열패 등을 핵심으로 함 • 강대국의 약소국 침략을 정당화하는 논리로 이용됨 • 동아시아 각국이 자강 운동의 논리로 변형하여 수용

526

제시된 자료는 '만사가 경쟁', '경쟁으로 말미암아 먼저 진보할 수 있는 바라' 등의 내용을 통해 사회 진화론에 입각한 주장임을 알 수 있다. 사회 진화론은 다윈의 진화론을 인간 사회에 적용한 것으로, 생존 경쟁과 약육강식을 핵심으로 한다. 또한 경쟁의 결과 개인 간의 불평등을 인정하고 약자에 대한 강자의 지배를 당연하게 여겨 강대국의 약소국 침략과 지배를 합리화하는 논리로 이용되었다. 동아시아 각국은 사회 진화론을 자강 운동의 근거로 변형하여 수용하였다.

바로잡기 ㄱ. 태평천국은 크리스트교 신앙과 유교적 이상 사회 건설을 이념

적 바탕으로 삼았다. ㄴ. 반제·반전 연대의 사상적 기반에는 무정부주의를 비롯한 다양한 사상이 있지만 사회 진화론과는 관련이 없다.

527

제시된 자료에서 '물경은 생물이 자신의 생존을 위해 싸우는 것이며, 천택은 환경에 적응한 자가 살아남는다는 것'이라는 생존 경쟁과 적자생존의 논리를 제시한 것으로 보아 사회 진화론임을 알 수 있고, 『천연론』 출처를 통해 청 말의 계몽사상가 옌푸의 주장임을 알 수 있다. 중국 최초의 영국 유학생이었던 옌푸는 청·일 전쟁의 패배에 충격을 받고 사회 진화론을 소개하면서 구국의 방법을 찾고자 하였다.

바로잡기 ②, ③ 일본의 사회 진화론자 가토 히로유키. ④ 미국인 선교사 윌리엄 마틴. ⑤ 유길준과 윤치호에 대한 설명이다.

528

(가)에 들어갈 내용은 일본의 근대 교육 정책이다. 일본의 메이지 정부는 1872년 소학교－중학교－대학교로 연결되는 근대 학제를 공포하였으며, 1890년에는 국민의 충성심과 효심이 국체의 정화이자 교육의 근원임을 밝히는 '교육 칙어'를 발표하였다. 이후 소학교 교육을 의무 교육으로 하였으며, 도쿄 제국 대학 등 고등 교육 기관 설립에도 힘썼다.

바로잡기 ㄱ. 청은 1898년에 국자감을 경사 대학당으로 개편하였다. ㄷ. 서당은 조선의 사설 초등 교육 기관이었다.

529

제시된 자료에서 '교육은 실로 나라를 보존하는 근본', '충군 애국하는 마음으로 덕·체·지를 함양' 등을 통해 조선의 고종이 발표한 교육입국 조서임을 알 수 있다. 갑오개혁을 추진하면서 고종은 1895년에 근대 학제 마련을 제도적으로 뒷받침하기 위해 이를 발표하였다.

바로잡기 ① 청·일 전쟁 패배 후 청은 국자감을 개편하여 경사 대학당을 설립하였다. ② 메이지 정부의 교육 정책이었다. ③ 교육입국 조서는 새로운 교육의 필요성과 중요성을 강조한 조서였다. 대학 설립과는 관련이 없다. ⑤ 메이지 정부가 발표한 교육 칙어에 대한 설명이다.

530

청·일 전쟁의 패배 후 개혁의 필요성을 느낀 청 황실은 교육 분야에서도 개혁을 단행하여 국자감을 경사 대학당으로 개편하고 지방에 중·소 학당을 설립하였다.

바로잡기 ①, ③ 메이지 정부의 교육 정책이다. ④ 동문관은 청이 1862년 베이징에 설립한 외국어 교육 기관이었다. 광서제의 개혁 추진 이전에 설립되었다. ⑤ 1895년 조선에서 교육입국 조서가 반포되었다.

531

제시된 창간사에서 '박문국', '이름을 순보라 하여' 등을 통해 조선에서 1883년 발간된 『한성순보』임을 알 수 있다. 『한성순보』는 한국 최초의 신문으로 열흘마다 간행되었으며, 순한문의 관보 성격을 띠었다.

바로잡기 ② 한성에서 발행되었다. ③, ④ 최초의 민간 신문인 『독립신문』에 해당한다. ⑤ 『한성순보』는 1884년 발행이 중단되었다. 신문지법은 1907년에 제정되었으며, 통감부는 이를 내세워 『황성신문』, 『제국신문』 등 민족 신문을 탄압하였다.

532

『신보』는 1872년에 개항장 상하이에서 영국 상인이 발행한 신문이었으며, 『요코하마 마이니치 신문』은 1870년에 발간된 일본 최초의 일간지로 개항장 요코하마에서 발행되었다.

바로잡기 ① 『대한매일신보』에만 해당한다. ② 『독립신문』은 한국 최초의 민간 신문이며, 『신보』도 영국 상인이 발행한 민간 신문이다. ③ 한국 최초의 신문은 『한성순보』이다. ④ 『한성순보』가 순한문으로 발행되었다.

1등급 정리 노트 동아시아의 근대 언론	
신보	상하이에서 영국 상인이 발행(1872)
요코하마 마이니치 신문	일본 최초의 일간지(1870)
한성순보	한국 최초의 신문. 관보의 성격(1883)
독립신문	한국 최초의 민간 신문, 민중 계몽(1896)
대한매일 신보	영국인 베델이 발행인으로 참여(1904), 통감부가 신문지법을 내세워 탄압

533

제시된 자료는 1898년 『황성신문』에 실린 '여권통문'이다. 서울 양반 부인들은 이를 통해 여성이 정치에 참여할 권리, 직업을 가질 권리, 교육 받을 권리를 주장하였다. 이들은 찬양회를 조직하고 정부에 여학교 설립을 요청하는 상소를 올렸다. 그러나 일부 보수 세력의 반대로 학교 설립이 거부되자 회비를 거두어 순성 여학교를 설립하였다.

바로잡기 ① 중국에서 전족 풍습을 없애기 위해 량치차오 등은 부전족회를 만들어 여성의 발을 해방하는 천족운동을 벌였다. ③ 일본의 민간 학술 단체인 메이로쿠샤가 『메이로쿠 잡지』를 발간하였다. ④ 신문화 운동은 1910년대 중국에서 전개되었다. ⑤ 부인 교풍회는 일본의 여성 운동 단체였다.

534

중국의 치우진은 일본 유학 후 교사로 활동하다가 『중국여보』를 발행하고 여학교를 설립하는 등 여성 운동에 앞장섰다. 일본에서는 일부다처와 매춘을 금지하자는 주장이 등장하였고, 부인 교풍회가 조직되어 이를 여성 운동으로 발전시켰다. 또 히라쓰카 라이초는 여성 잡지 『세이토』를 창간하였다. 대한 제국의 서울 양반 부인들이 조직한 찬양회는 여학교 설립을 요청하는 상소를 올렸다.

바로잡기 ① 중국의 전족은 여성의 발을 어릴 적부터 억지로 졸라매어 기형적으로 작게 만드는 풍습이었다. 여성 의식의 성장과 여성의 사회 활동 참여가 활발해지는 근대 사회가 형성되면서 전족은 점차 사라졌다.

535

제시된 자료에서 '태양의 운행을 기준'으로 한다는 내용으로 보아 (가)는 태양력이다. 일본과 조선은 각각 메이지 유신과 을미개혁이 진행되던 1873년과 1896년에 태양력을 도입하였다. 중국은 1912년 중화민국이 수립되면서 양력을 사용하기 시작하였다.

바로잡기 ㄷ. 대일본 제국 헌법은 1889년에 제정·반포되었다. 태양력 도입이 먼저 이루어졌다. ㄹ. 농사, 명절 등 풍습은 음력과 깊은 연관이 있어 오늘날에도 음력과 양력이 함께 사용되고 있다.

536

제시된 자료에서 '산업 혁명의 산물', '원자재와 상품을 빠르게 수송', '1825년 영국에서 최초' 등의 내용을 통해 밑줄 친 '이것'이 철도임을 알 수 있다. 일본은 메이지 유신 이후 중앙 집권을 강화하고 부국강병을 실현하기 위해 철도 건설에 직접 나섰는데, 일본 최초의 철도는 1872년 수도 도쿄와 개항장 요코하마 사이에 부설되었다. 철도는 상품 유통 촉진, 기술 발전 등에 중요한 역할을 하였지만, 열강의 군사 침략과 경제 침탈의 도구로 이용되었다.

바로잡기 ㄴ. 청에서는 1876년 처음 철도가 부설되었다. 청 정부는 처음에는 열강의 침탈과 풍수 문제 등으로 철도 건설에 부정적이었으나 1889년에 철도 부설을 기본 정책으로 확정하였다. ㄷ. 부산과 요코하마를 잇는 주요 교통수단은 선박이었다.

537

제시된 자료에서 '여러 나라의 조계가 자리 잡았다', '공동 조계', '프랑스 조계로 분할', '훙커우 공원에 폭탄을 던져' 등의 내용으로 보아 밑줄 친 '이 도시'가 상하이임을 알 수 있다. ④ 1925년 상하이에서 일어난 중국인 노동자 시위를 영국계 경찰이 진압하는 과정에서 희생자가 발생하였다(5·30 사건). 이를 계기로 중국에서 외세와 결탁한 군벌에 대한 반감이 커지고, 반제국주의 운동이 확산되었다.

바로잡기 ① 조선 의용대는 한커우에서 창설되었다. ② 우창에서 신군이 봉기하였다. ③ 국민당의 북벌은 광저우에서 시작되었다. ⑤ 루거우차오는 베이징 근교에 있다.

538

(가)는 '강화도 조약으로 가장 먼저 개항', '왜관이 있던 초량'의 내용을 통해 부산임을 알 수 있다. (나)는 '미·일 수호 통상 조약에 따라 개항', '도쿄와 연결하는 최초의 철도가 개통'의 내용을 통해 요코하마임을 알 수 있다. 부산의 위치는 C, 요코하마의 위치는 E이다.

바로잡기 A는 상하이, B는 인천, D는 나가사키에 해당한다.

1등급 정리 노트 ┃ 주요 도시의 특징

상하이	• 난징 조약으로 개항 → 공동 조계, 프랑스 조계 등 위치 • 대한민국 임시 정부 수립, 5·30 사건 발생
광저우	공행 무역(외국인 상관들이 위치), 베트남 광복회 수립, 국민당 북벌의 시작
난징	아편 전쟁 후 강화 조약 체결, 태평천국의 수도
요코하마	• 일본 최초의 일간지가 발행됨 • 도쿄와 연결하는 일본 최초의 철도 부설
부산	강화도 조약에 따라 가장 먼저 개항
인천 (제물포)	• 강화도 조약으로 1883년 개항, 개항 초 청 상인의 활동 활발 • 한성과 연결하는 한국 최초의 철도 부설

539

제시된 자료에서 '강자의 권리 경쟁', '강자가 약자에게 승리하는 것은 자연의 법칙'이라는 내용을 통해 해당 주장은 사회 진화론이 사상적 배경임을 알 수 있다.

540

사회 진화론은 제국주의 국가의 침략 정책을 정당화하는 논리로 이용되었으나 동아시아 각국에서는 자강 운동의 논리로 수용하였다.

채점 기준	수준
생존 경쟁과 약육강식이라는 핵심 주장, 제국주의 침략을 정당화하는 논리로 이용되었으나 동아시아 각국에서는 자강 운동의 논리로 수용되었음을 모두 서술한 경우	상
사회 진화론의 핵심 주장이나 동아시아 각국의 수용 과정에서 나타난 특징 중 한 가지만 서술한 경우	하

541

대한 제국 시기인 1898년 서울의 양반 부인들이 여성의 권리를 주장한 것이라는 내용을 통해 '여권통문'임을 알 수 있다.

542

일본에서는 부인 교풍회가 조직되어 일부다처와 매춘 금지의 주장을 여성 운동으로 발전시켰고, 그 성과로 중혼 금지가 법제화되었다.

채점 기준	수준
일부다처와 매춘 금지의 주장을 여성 운동으로 발전시켰다는 내용을 정확하게 서술한 경우	상
일부다처와 매춘 금지를 주장하였다고만 서술한 경우	중
일부다처 금지, 매춘 금지 중 한 가지만 주장하였다고 서술한 경우	하

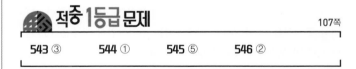

적중 1등급 문제

107쪽

543 ③	544 ①	545 ⑤	546 ②

543 사회 진화론이 동아시아에 끼친 영향 이해하기

1등급 자료 분석 ┃ 사회 진화론

이 사람은 옌푸입니다. 청 말의 계몽사상가로 헉슬리의 『진화와 윤리』에 사회 진화론을 소개하였던 『진화와 윤리』를 번역하여 『천연론』이라는 제목으로 출간하였습니다. 이 책을 1898년에 간행되었다.

통해 (가) 이/가 청에 본격적으로 소개되었습니다.

제시된 자료에서 옌푸의 『천연론』이라는 책을 통해 청에 본격적으로 소개되었다는 내용으로 (가) 이론이 사회 진화론임을 알 수 있다. 사회 진화론은 다윈의 생물학적 진화론을 인간 사회에 적용한 이론이다. 한국에서는 유길준, 윤치호 등이 수용하였고 애국 계몽 운동에 영향을 주었다. 중국에서는 변법자강 운동의 사상적 기반이 되었다. 일본에서는 가토 히로유키가 천황에 대한 충성과 복종을 강조하며 자유 민권 운동을 비판하였고 제국주의 침략을 옹호하였다.

바로잡기 ③ 태평천국 운동은 크리스트교의 영향을 받았다.

544 1890년대 주요 사건 파악하기

1등급 자료 분석 교육 칙어와 교육입국 조서

(가) 나의 신민들은 충과 효로 모든 사람이 마음을 하나로 해서 대대
〔메이지 천황〕 가족적 국가관과 충·효의 가치관을 국민에게 주입하고자 하였다.
로 그 아름다움을 이루는 것이 국체의 정화이며 교육의 근원도 여기에 있다. …… 국헌을 존중하고 국법을 지키며 위급할 때는 충의와 용기로 황운(皇運)을 받들어야 한다.

(나) 지식이 개명하는 것은 교육이 잘된 데서 이루어지는 것이다. 교육은 실로 나라를 보존하는 근본으로 된다. …… 내가 정부에 지
〔조선의 고종〕
시하여 학교를 널리 세우고 인재를 양성하는 것은 너희들 신하
〔사범 학교와 소학교 등을 세웠다.〕
와 백성이 학식으로 나라를 중흥시키는 큰 공로를 이룩하기 위해서이다.

(가)는 1890년에 발표된 교육 칙어이고 (나)는 1895년에 발표된 교육입국 조서이다. 동아시아 각국은 부국강병을 위해 서양의 교육 제도를 수용하여 근대 교육 제도의 틀을 갖추었다. ① 1894년 조선에서는 개화 세력의 주도로 갑오개혁이 시작되어, 왕실과 정부 사무의 분리, 신분제 폐지 등이 이루어졌다.

바로잡기 ② 『독립신문』은 1896년에 창간되었다. ③ 경사 대학당은 1898년에 설립되었다. ④ 개항 이후 조선은 1880년에 통리기무아문을 설치하여 개화 정책을 추진하였다. ⑤ 1872년 도쿄와 요코하마 사이에 철도가 개통되었다.

545 1873년에 있었던 사실 파악하기

1등급 자료 분석 1873년에 있었던 사실

이와쿠라 사절단이 돌아왔다네. 1871년부터 1873년까지 파견되었다. 앞으로 서양 문물을 더 많이 수용할 것 같아.

맞네. 올해 태양력이 도입되었지만, 일본은 1873년, 한국은 1896년, 중국은 1912년에 태양력이 도입되었다. 앞으로 받아들일 문물이 아직 많아.

제시된 자료에서 이와쿠라 사절단이 귀국을 하고 일본에 태양력이 도입되었다는 내용을 통해 밑줄 친 '올해'가 1873년임을 알 수 있다. ⑤ 1870년 일본에서는 최초의 일본어 일간지 『요코하마 마이니치 신문』이 발간되었다. 이후 『요미우리 신문』 등 여러 신문이 발행되었는데, 그중 반정부적인 성향을 보이는 신문은 정부의 압력으로 폐간되기도 하였다.

바로잡기 ① 도쿄 대학은 1877년에 설립되었다. ② 여권통문은 1898년에 발표되었다. ③ 육영 공원은 1886년에 설립되었다. ④ 경인선은 1899년에 개통되었다.

546 상하이의 역사 이해하기

1등급 자료 분석 상하이

청과 영국이 체결한 조약 난징 조약의 결과 청은 광저우, 샤먼, 푸저우, 닝보, 상하이 등 5개항을 개항하였다. 에 따라 개방된 항구 중 가장 북쪽에 있어.

프랑스는 성벽과 영국 조계지 사이의 땅을 확보하였어.

미국은 홍커우라고 불리는 땅 1932년 한인 애국단 소속의 윤봉길이 상하이 홍커우 공원에서 의거를 일으켰다. 을 차지하였고 이후 영국 조계지와 합쳐 공동의 조계지를 만들었어.

제시된 자료에서 프랑스, 미국, 영국의 조계지가 있으며, 미국이 홍커우 지역을 차지하였고 영국과 미국이 공동 조계지를 만들었다는 내용을 통해 대화의 소재가 된 도시가 상하이임을 알 수 있다. ② 난징 조약으로 개항된 상하이는 외국인 거주 지역을 중심으로 성장하여 중국에서 가장 경제적 번영을 누린 국제 도시가 되었다.

바로잡기 ① 광저우, ③ 톈진, ④ 부산, ⑤ 요코하마에 해당한다.

547 ⑤　**548** ④　**549** ④　**550** ⑤　**551** ②　**552** ①　**553** ①
554 ③　**555** ④　**556** 제1차 아편 전쟁
557 예시 답안 홍콩이 영국에 할양되었다. 광저우 등 5개 항구가 개항되었다. 공행이 폐지되었다. 영사 재판권과 최혜국 대우가 규정되었다. 등

558 ④　**559** ④　**560** ③　**561** ①　**562** ⑤　**563** ②　**564** ②
565 ③　**566** ②
567 ㉠ 러·일 전쟁, ㉡ 포츠머스 조약　**568** 예시 답안 러시아가 조선에서 일본의 우월적 지위를 인정하였다. 일본이 뤼순·다롄의 조차권과 남만주 철도에 대한 이권을 차지하였다.

569 ③　**570** ①　**571** ②　**572** 사회 진화론
573 예시 답안 한국 – 애국 계몽 운동에 영향을 주었다. 중국 – 변법자강 운동에 영향을 주었다. 일본 – 제국주의 침략을 정당화하는 논리로 활용되었다.

547

제시된 자료에서 '영국이 아편을 팔아 이익을 얻고 있다.', '임칙서 전집' 등을 통해 영국이 아편 밀무역으로 청과 갈등을 빚은 상황임을 알 수 있다. 영국은 대청 무역 적자가 심화되자 인도산 아편을 구입하여 청에 밀수출하는 정책을 폈다. 그 결과 청에서는 아편 중독자가 급증하고 다량의 은이 해외로 유출되었다. ⑤ 이에 임칙서가 아편을 몰수하고 폐기하자 영국은 이를 빌미로 제1차 아편 전쟁을 일으켰다.

바로잡기 ① 17세기 후반 청은 타이완의 반청 세력을 진압한 후 천계령을 해제하였다. ② 삼번의 난은 17세기 후반 오삼계 등이 일으켰다. ③ 1894년 조선에서는 개화 세력의 주도로 갑오개혁이 추진되었다. ④ 16세기 후반 장거정은 재정 개혁을 단행하여 일조편법을 확대 시행하였다.

548

제시된 자료에서 일본과 미국이 화친을 맺고 시모다와 하코다테 두 항구를 개항한다는 내용을 통해 1854년에 체결된 미·일 화친 조약임을 알 수 있다. ④ 1853년 미국은 페리 함대를 일본에 파견하여 무력시위를 벌였고 이에 굴복한 일본은 이듬해 미국과 미·일 화친 조약을 체결하였다.

바로잡기 ① 갑신정변은 1884년 김옥균 등 급진 개화파의 주도로 일어났다. ② 제2차 아편 전쟁, 의화단 운동 과정에서 청의 수도 베이징이 서양 열강에 의해 함락되었다. ③ 개항 이후 막부에 대한 불만이 고조되는 가운데 사쓰마번, 조슈번 등의 주도로 반막부 운동이 전개되었다. 그 결과 에도 막부가 무너졌다. ⑤ 의화단 운동이 진압된 후 청 정부는 신식 군대 편성, 과거제 폐지 등 신정을 추진하였다.

549

(가)는 1876년 강화도 조약이 체결되는 상황이고, (나)는 1884년 청·프 전쟁이 발발하는 상황이다. ④ 1879년 일본은 오키나와현을 설치하였다.

550

제시된 자료에서 근대 무기를 생산하는 금릉 기기국이라는 내용을 통해 밑줄 친 '이 운동'이 양무운동임을 알 수 있다. ⑤ 태평천국 운동을 진압하는 과정에서 서양 무기의 우수성을 깨달은 중국번, 이홍장 등 한인 관료들은 양무운동을 전개하여 서양의 군사력과 과학 기술을 수용하고자 하였다.

바로잡기 ① 태평천국은 멸만흥한을 내세우며 세력을 확대하였다. ② 1870년대 일본에서는 무력으로 조선을 공격하자는 정한론이 제기되었으나 실행되지는 못하였다. ③ 의화단 운동 실패 이후 청 정부는 신정을 단행하여 개혁을 추진하였다. ④ 독립 협회는 1896년부터 1898년까지 활동하였으며 만민 공동회 등을 개최하였고 의회 개설 운동을 전개하였다.

551

제시된 자료에서 기존의 제도(번)가 폐지되고 현이 설치되었다는 내용을 통해 (가) 정책이 1871년 단행된 폐번치현임을 알 수 있다. ㄱ. 에도 막부를 타도하고 성립된 메이지 정부는 폐번치현 등 중앙 집권 체제를 강화하기 위한 개혁을 추진하였다. ㄷ. 1871년 메이지 정부는 이와쿠라 사절단을 파견하였다.

바로잡기 ㄴ. 개항 이후 조선에서는 통리기무아문을 설치하여 개화 정책을 추진하였다. ㄹ. 청의 철도 국유화 조치에 대한 반발로 각지에서 봉기가 일어나는 가운데 우창의 신군이 봉기하면서 신해혁명이 일어났다.

552

제시된 자료는 갑신정변 과정에서 발표된 개혁 정강이다. 갑신정변의 실패로 조선의 근대화 정책이 위축되고 청의 내정 간섭이 더욱 심해졌다. ① 김옥균 등 급진 개화파는 메이지 유신을 본보기로 1884년 갑신정변을 시도하였으나 청의 군사적 개입으로 3일 만에 실패하였다.

바로잡기 ② 정부의 개화 정책과 별기군 우대에 반발하여 구식 군인이 임오군란을 일으켰다. ③ 1898년 독립 협회는 관민 공동회를 개최하여 헌의 6조를 결의하였다. ④ 1870년대부터 일본에서 전개된 자유 민권 운동은 서양식 입헌 제도의 도입을 요구하였다. ⑤ 청·일 전쟁 패배 이후 청에서는 캉유웨이 등의 주도로 변법자강 운동이 전개되었다.

553

제시된 자료에서 '중국 동맹회를 조직', '삼민주의를 혁명 이론으로 제창' 등을 통해 밑줄 친 '그'가 쑨원임을 알 수 있다. 쑨원은 신해혁명 후 수립된 중화민국의 임시 대총통으로 추대되었다. 그러나 쑨원을 비롯한 혁명파는 군사와 재정 면에서 열세였기 때문에, 공화제 시행을 조건으로 당시 군사적 실권을 쥐고 있던 위안스카이에게 임시 대총통의 자리를 넘겼다. 이후 1920년대 들어 쑨원은 중국 각지의 군벌 타도를 위해 소련의 지원 아래 공산당과의 연합을 이루었다(제1차 국·공 합작, 1924).

ㄷ. 장제스, ㄹ. 마오쩌둥에 해당한다.

554

제시된 자료의 『민선의원설립건백서』는 1870년대 자유 민권 운동이 전개되는 과정에서 이타가키 다이스케 등이 제기한 것으로 메이지 정부의 권력 독점을 비판하며 의회 설립을 주장하였다. ③ 메이지 정부는 자유 민권 운동을 탄압하였지만, 헌법 제정의 필요성은 인정하여 1889년 대일본 제국 헌법을 제정하고 제국 의회를 설립하는 등 입헌 제도의 틀을 완성하였다.

① 1899년 고종은 대한국 국제를 반포하여 대한 제국이 전제 군주국임을 선언하였다. ② 견당사는 7세기부터 9세기까지 일본이 중국에 파견한 사절단이다. ④ 18세기 후반 『해체신서』가 간행되면서 난학이 본격적으로 발달하였다. ⑤ 태평천국은 토지 균등 분배와 남녀 평등 등을 내세웠다.

555

제시된 자료는 대한 제국이 1899년 반포한 「대한국 국제」이다. 대한 제국의 고종 황제는 독립 협회를 해산한 후 황제 중심의 근대 국가 수립을 위해 「대한국 국제」를 반포하고 대한 제국의 정치 체제가 전제 군주제임을 확고히 하였다.

ㄱ. 자유 민권 운동은 1870년대 일본에서 전개되었으며, 일본의 메이지 정부는 이들의 의견을 일부 수용하여 1889년 대일본 제국 헌법을 제정하였다. ㄷ. 청·일 전쟁 패배 후 중국에서는 변법자강 운동이 추진되었지만 보수파의 반발로 실패하였다. 이후 열강의 침략이 심각해지자 청 정부는 신정을 실시하고 「흠정헌법대강」을 반포하였다.

556

청 정부가 임칙서를 광저우에 보내 아편을 몰수하고 아편 무역을 단속하자, 영국은 청 정부의 아편 단속을 빌미로 제1차 아편 전쟁을 일으켰다.

557

난징 조약은 광저우를 비롯한 5개 항구 개항, 홍콩 할양, 공행 폐지, 영사 재판권과 최혜국 대우 등을 규정한 불평등 조약이었다.

채점 기준	수준
광저우 등 5개 항구 개항, 홍콩 할양, 공행 폐지, 영사 재판권과 최혜국 대우 중 두 가지를 서술한 경우	상
광저우 등 5개 항구 개항, 홍콩 할양, 공행 폐지, 영사 재판권과 최혜국 대우 중 한 가지만 서술한 경우	하

558

제시된 자료에서 '청과의 전쟁에서 승리하여 체결', '막대한 배상금을 확보' 등의 내용을 통해 (가) 조약이 시모노세키 조약임을 알 수 있다. 청·일 전쟁에서 승리한 일본은 청과 시모노세키 조약을 체결하였다. ④ 시모노세키 조약에 따라 청은 조선에 대한 권리를 포기하고 랴오둥반도, 타이완 등을 일본에 할양하였다.

① 1876년 강화도 조약 체결 직후 조선은 일본에 수신사를 파견하였다. ② 베이징 조약, 제차 사이공 조약이 대표적이다. ③ 의화단 운동을 진압한 열강은 청과 신축 조약을 체결하였다. 이에 따라 외국 군대의 베이징 주둔이 허용되었다. ⑤ 난징 조약과 부속 조약에 따라 청은 관세 자주권을 상실하였다.

559

제시된 지도는 러·일 전쟁의 전개 과정을 나타낸 것으로 (가) 국가는 일본, (나) 국가는 러시아이다. ④ 시모노세키 조약에 따라 일본이 랴오둥반도를 차지하자, 러시아는 독일, 프랑스와 함께 일본에 압력을 가해 청에 랴오둥반도를 반환하게 하였다(삼국 간섭).

① 워싱턴 체제에 대항하여 소련은 극동 인민 대표 회의를 개최하였다(1922). ② 청에서는 증국번, 이홍장 등을 중심으로 중체서용을 내세우며 양무운동이 전개되었다. ③ 1931년 일본의 관동군이 만주 지역을 침략하면서 만주 사변이 일어났다. 이듬해 만주국이 수립되었다. ⑤ 워싱턴 회의는 중국을 둘러싼 열강 간의 갈등 조절과 해군 군비 축소 등을 위해 1921년부터 이듬해인 1922년까지 워싱턴에서 개최되었다.

560

밑줄 친 '요구 사항'은 '21개조 요구'이다. 이를 통해 일본은 독일이 갖고 있던 산둥반도의 이권을 차지하고자 하였다. ㄴ. '21개조 요구'는 제1차 세계 대전 중에 제출되었다. ㄷ. 파리 강화 회의에서 열강이 산둥반도에 대한 일본의 권익을 인정하자 베이징의 대학생들을 중심으로 5·4 운동이 일어났다.

ㄱ. 청에서 크리스트교가 확산되는 등 서양 세력이 본격적으로 진출하자 의화단은 이에 반발하여 봉기하였다. ㄹ. 만주 사변 이후 만주 지역에서는 조선 혁명군과 한국 독립군이 중국군과 한·중 연합 작전을 전개하였다.

561

제시된 자료의 (가) 운동은 신문화 운동이다. 위안스카이 정부의 독재에 반발하여 베이징 대학의 교수들을 중심으로 신문화 운동이 전개되었다. ① 천두슈 등 진보적 지식인이 주도한 신문화 운동은 유교를 비판하고 서양의 과학과 민주주의를 수용할 것을 주장하였다.

② 의화단은 '부청멸양'을 구호로 내세웠다. ③ 변법자강 운동 등에서 입헌 군주제 수립을 목표로 하였다. ④ 조선의 급진 개화파는 메이지 유신의 영향을 받았다. ⑤ 홍수전은 배상제회를 바탕으로 태평천국을 건국하고 난징을 도읍으로 삼았다.

562

(가)는 1919년에 발생한 3·1 운동, (나)는 1927년 좌우 합작 단체인 신간회가 결성되는 상황이다. ⑤ 중국 국민당과 공산당은 소련의 지원 아래 제국주의 및 군벌 타도를 목표로 1924년 제1차 국·공 합작을 이루었다.

① 만주국은 1932년에 수립되었다. ② 의화단 운동을 진압한 열강은 1901년 청과 신축 조약을 체결하였다. ③ 1937년 루거우차오 사건을 빌미로 일본이 중국을 전면적으로 침략하면서 중·일 전쟁이 발발하였다. ④ 1941년 일본은 미국의 하와이 진주만을 기습 공격하였다. 이를 계기로 태평양 전쟁이 일어났다.

563

제시된 자료에서 '1925년 상하이에서 발생', '외세에 결탁한 군벌에 대한 반감이 확산' 등의 내용을 통해 (가) 사건이 5·30 사건임을 알 수 있다. ② 5·30 사건 이후 군벌에 대한 반감이 고조되는 가운데 중국 국민당의 장제스는 군벌을 타도하고 중국을 통일하기 위해 북벌을 시작하였다(1926).

564

제시된 자료에서 '한·중 양군', '중국 항일군과 한국 독립군의 합의 사항', '요령 민중 자위군과 조선 혁명군의 협정' 등을 통해 1930년대 전반에 한국 독립군과 조선 혁명군이 중국군과 합의한 사항임을 알 수 있다. ② 1931년 일본이 만주 사변을 일으키자 일본을 공동의 적으로 인식한 한국인과 중국인의 항일 연대가 이루어졌다.

바로잡기 ① 일본은 중·일 전쟁에 필요한 물자를 확보하고자 1940년 베트남을 침공하였다. ③ 1936년 장쉐량이 시안에서 장제스를 구금하고 중국 국민당과 중국 공산당이 함께 항일 전쟁에 나설 것을 요구하였다(시안 사건). ④ 1941년 일본이 미국 하와이의 진주만을 기습 공격하면서 태평양 전쟁이 시작되었다. ⑤ 1945년 8월 미국은 히로시마와 나가사키에 원자 폭탄을 투하하였다.

565

제시된 자료에서 일본군이 루거우차오를 점령하였고, 이를 빌미로 전면적인 공격을 감행하였다는 내용을 통해 밑줄 친 '전쟁'이 중·일 전쟁임을 알 수 있다. ③ 중·일 전쟁 중 난징을 점령한 일본군은 무자비한 학살을 자행하였다(난징 대학살).

바로잡기 ① 1934년 중국 공산당은 국민당의 탄압을 피해 대장정을 시작하였다. ② 1932년 푸이를 집정으로 만주국이 수립되었다. ④ 일본은 1933년 국제 연맹을 탈퇴하였다. ⑤ 러·일 전쟁에서 전황이 불리해진 러시아는 발트 함대를 동원하였지만 동해 해전에서 발트 함대가 일본 해군에게 패배하였다.

566

(가)는 만주 사변과 만주국의 수립, (나)는 중·일 전쟁 상황이다. 만주 사변 이후 만주에서 한국 독립군과 조선 혁명군은 중국군과 연합 작전을 전개하여 항일전을 벌였으며, 한국과 중국의 사회주의자들은 동북 인민 혁명군을 조직하였다. 또 중국 국민당 인사들과 대한민국 임시 정부 요인들은 함께 한·중 항일 대동맹을 결성하였다.

바로잡기 ① 중·일 전쟁 발발 후 중국 국민당 정부의 지원을 받아 김원봉이 한커우에서 조선 의용대를 조직하였다. ③ 중·일 전쟁 발발 등 일본의 침략 전쟁이 길어지면서 중국 내 일본인의 반전 연대 활동이 전개되었는데, 일본 병사 반전 동맹은 일본군에 투항과 탈영을 호소하였다. ④ 1933년에 중국 공산당이 만주 지역의 한국과 중국의 항일 유격대를 규합하여 동북 인민 혁명군을 조직하였다. ⑤ 아주 화친회는 1907년 도쿄에서 반제국주의를 목표로 결성된 동아시아 최초의 국제 연대 조직이다.

567

일본과 러시아는 미국의 중재로 러·일 전쟁을 끝내기로 합의하고 포츠머스 조약을 체결하였다.

568

포츠머스 조약을 통해 일본은 한반도의 지배권과 만주 진출의 기반을 마련하였다.

채점 기준	수준
러시아가 조선에 대한 우월적 지위를 인정한 내용과 일본이 뤼순과 다롄의 조차권을 차지한 내용을 모두 서술한 경우	상
러시아가 조선에 대한 우월적 지위를 인정한 내용과 일본이 뤼순과 다롄의 조차권을 차지한 내용 중 한 가지만 서술한 경우	하

569

제시된 자료는 일본 메이지 정부의 교육 정책에 대한 내용이다. 메이지 정부는 1872년 근대 학제를 마련하고 이어 소학교의 의무 교육을 시행하였다. ③ 메이지 정부는 1890년 교육에 대한 간섭과 통제 강화를 목적으로 가족적 국가관과 충·효를 강조한 교육 칙어를 반포하였다.

바로잡기 ① 조선은 갑오개혁 때, 청은 신정 때에 과거제를 폐지하였다. ② 1898년 한양의 여성들을 중심으로 여권통문이 발표되었다. ④ 조선 정부는 1886년 육영 공원을 설치하여 양반 자제들에게 근대 학문을 교육하였다. ⑤ 을사조약 체결을 전후하여 실력 양성을 통한 국권 회복을 목적으로 애국 계몽 운동이 전개되었다.

570

(가)는 1872년에 창간된 『신보』, (나)는 1896년에 창간된 『독립신문』이다. ①『신보』는 상하이 개항장에서 영국 상인이 창간한 신문이다.

바로잡기 ② 영국인 베델은 한국에서 『대한매일신보』의 발행에 참여하였다. ③ 중국의 신문화 운동에서 중요한 역할을 한 것은 『신청년』이다. ④ 메이로쿠샤가 발행한 것은 「메이로쿠 잡지」이다. ⑤ 1907년 통감부는 신문을 단속할 목적으로 신문지법을 제정하여 『황성신문』, 『제국신문』 등 민족 언론을 탄압하였다.

571

제시된 자료에서 가장 먼저 일본이 조계를 설치하였으며 1899년에 수도와 연결된 철도가 부설되었다는 내용을 통해 (가) 도시는 인천임을 알 수 있다. ② 1876년에 체결된 강화도 조약에 따라 부산, 원산, 인천이 개항되었다.

바로잡기 ① 아주 화친회는 1907년 일본 도쿄에서 조직되었다. ③ 제2차 아편 전쟁은 영국과 프랑스군의 침략으로 시작되었으며 전쟁 과정에서 수도 베이징 등이 함락되었다. ④ 청·일 전쟁에서 패배한 청은 일본과 시모노세키 조약을 체결하였다. ⑤ 대한 제국은 수도 한성에 황성 만들기 사업을 추진하였다.

572

사회 진화론은 다윈의 생물학적 진화론을 인간 사회에 적용한 이론으로, 19세기 동아시아에 수용되어 동아시아 사회에 큰 영향을 끼쳤다.

573

동아시아 각국은 사회 진화론을 자강 운동의 근거로 변형하여 수용하였다.

채점 기준	수준
사회 진화론이 끼친 영향에 대해 한국, 중국, 일본의 내용을 모두 서술한 경우	상
사회 진화론이 끼친 영향에 대해 한국, 중국, 일본의 내용 중 한 가지만 서술한 경우	하

V 오늘날의 동아시아

12 제2차 세계 대전 전후 처리와 냉전 체제

분석 기출 문제

115~119쪽

[핵심 개념 문제]

574 카이로 회담 **575** 샌프란시스코 강화 조약 **576** 중·일 공동 성명 **577** ○ **578** ○ **579** × **580** ㉡ **581** ㉢ **582** ㉠ **583** ㉡ **584** ㉠ **585** ㄱ **586** ㄴ

---

587 ③ **588** ② **589** ① **590** ① **591** ⑤ **592** ⑤ **593** ① **594** ⑤ **595** ① **596** ④ **597** ② **598** ⑤ **599** ⑤ **600** ① **601** ③ **602** ③

1등급을 향한 서답형 문제

603 평화 헌법 **604** 예시답안 주권 재민을 인정하고 군사력 보유를 포기하게 함으로써 일본에 의한 전쟁 재발을 막고자 하였다.

605 (가) 국·공 내전, (나) 6·25 전쟁 **606** 예시답안 미국은 대일 정책을 변경하여 일본을 동아시아의 반공 기지로 만들고자 하였고, 이를 위해 샌프란시스코 강화 조약을 체결하여 일본의 주권을 회복시켰다.

587

밑줄 친 '회담'은 카이로 회담이다. 연합국 수뇌부는 카이로 회담에서 일본의 항복을 받아내기 위한 군사 행동을 지속할 것을 합의하고, 일본의 식민지인 한국 등의 독립을 약속하였다.

바로잡기 ㄱ. 알타 회담에서 소련의 대일전 참전을 확정하였다. ㄹ. 한국의 광복 직전 미국의 제안을 소련이 받아들이면서 분할 점령이 결정되었다.

588

밑줄 친 '현행 헌법'은 1946년에 제정된 일본국 헌법(평화 헌법)이다. 종전 후 일본에서는 미군이 주도하는 연합국의 군정이 실시되었다. 연합군은 일본의 비군사화, 민주화를 목표로 개혁에 착수하였고, 이 과정에서 평화 헌법(신헌법)이 제정되었다. 평화 헌법에는 국민 주권과 기본 인권 보장, 군사력 보유 금지 등의 내용이 담겼다.

바로잡기 ㄴ. 천황제 폐지의 규정은 없다. 다만 천황을 상징적인 존재로만 규정하였다. ㄹ. 헌법 제정 당시 이미 군정이 이루어지고 있었다.

1등급 정리 노트 **제2차 세계 대전 종전 직후 한국과 일본 비교**

한국	일본
• 38도선을 경계로 미·소 양군이 분할 점령 → 남북에 각각 정부 수립 → 분단 고착 • 6·25 전쟁 발발	• 미국 중심의 연합국 군정 → 일본국 헌법(평화 헌법) 제정 • 샌프란시스코 강화 조약으로 주권 회복

589

제시된 자료는 포츠담 선언이다. 제2차 세계 대전이 막바지에 이른 1945년 7월 연합국의 수뇌부는 포츠담에 모여 일본의 무조건 항복을

요구하는 포츠담 선언을 발표하였다. 그리고 이 선언에서는 카이로 선언의 이행을 강조함으로써 한국의 독립을 재확인하였다.

바로잡기 ② 알타 회담에서 소련의 대일전 참전에 합의하였다. ③ 종전 후 미군정이 일본에 평화 헌법 제정을 종용하였다. ④ 포츠담 선언과는 관계없이 미국의 제안으로 한반도 분할 점령이 결정되었다. ⑤ 중국의 공산화와 6·25 전쟁을 계기로 샌프란시스코 강화 조약이 체결되었다.

590

밑줄 친 '이 재판'은 일명 도쿄 재판으로도 불리는 극동 국제 군사 재판이다. 1945년 7월 미국, 영국, 중국 등 연합국은 포츠담 선언을 통해 일본에 항복 요구, 일본 전범에 대한 처벌 등을 규정하였다. 전쟁이 끝난 뒤 이에 따라 전범 처벌을 위한 군사 재판이 개최되었다.

바로잡기 ② 일본 천황은 전범 재판에 회부되지 않았다. ③ 1970년대부터 이어진 자유 민주당(자민당)의 부정부패와 거품 경제 붕괴로 인한 장기 불황으로 55년 체제가 무너졌다. ④ 도쿄 재판은 샌프란시스코 강화 조약 체결 이전 1946~1948년에 진행되었다. ⑤ 주요 피해국인 아시아 국가들의 의견이 제대로 반영되지 않았다.

591

밑줄 친 '내전'은 중국의 국·공 내전이다. 국·공 내전에서 중국 공산당이 승리하면서 중국 본토에서는 중화 인민 공화국의 수립이 선포되었으며, 내전에서 패한 중국 국민당은 타이완으로 이동하였다.

바로잡기 ㄱ. 국·공 내전은 1949년까지 계속되었고, 1946년 일본의 평화 헌법이 제정되었다. ㄴ. 북한 정권은 중국 국·공 내전 기간 중에 수립되었다.

592

제시된 자료는 1951년 9월에 체결된 샌프란시스코 강화 조약의 내용이다. 미국은 일본을 동아시아의 반공 기지로 삼고자 샌프란시스코 강화 조약을 이끌어냈다. ㄷ. 일본은 샌프란시스코 강화 조약으로 주권을 회복하고 국제 사회에 복귀하였다. ㄹ. 샌프란시스코 강화 조약에서는 한국과 중국 등 피해 당사국이 조약 체결 과정에서 제외되었다.

바로잡기 ㄱ. 베트남 전쟁은 샌프란시스코 강화 조약 체결 이후의 사실이다. ㄴ. 제네바 회담은 1954년에 개최되었다.

1등급 정리 노트 **미국의 동아시아 전략 변화**

기존 전략	변경 전략
• 일본의 군사력 억제 → 전쟁 재발 방지 • 중국 국민당 지원, 소련 봉쇄 → 공산주의의 확산 방지	• 변경 배경 : 중화 인민 공화국 수립, 6·25 전쟁 발발 • 내용 : 공산주의 확대를 방어하기 위해 일본을 반공 기지로 만들고자 계획 → 샌프란시스코 강화 조약 체결, 미·일 안보 조약, 경찰 예비대 창설

593

국·공 내전에서 공산당이 승리하면서 중화 인민 공화국이 수립되어 중국이 공산화되었다. 뒤이어 한국에서는 6·25 전쟁이 발발하자 일본의 비군사화를 추진하던 미국은 동아시아에 대한 전략을 바꾸어 타이완에 대한 지원을 확대하고, 샌프란시스코 강화 조약을 체결하여 일본의 주권을 회복시켰다.

바로잡기 ㄷ. 베트남 독립 전쟁 중 베트남 북부의 디엔비엔푸에서 벌어진 전투에서 베트남이 프랑스를 물리쳤다. ㄹ. 1965년 한·일 기본 조약이 체결되면서 미국이 구상한 한·미·일 공동 안보 체제가 성립되었다.

594

지도에 나타난 전쟁은 6·25 전쟁이다. 1950년 6·25 전쟁이 일어나자 미국은 일본을 반공 기지로 만들고자 하였다. 이에 서둘러 1951년 샌프란시스코 강화 조약을 체결하여 일본의 주권을 회복시켰다.

바로잡기 ① 1966년의 일이다. ② 1964년 통킹만 사건이 발생하였고, 미국은 이 사건을 빌미로 북베트남을 폭격하고 베트남 전쟁에 직접 개입하였다. ③ 6·25 전쟁이 일어나기 직전 1950년 1월에 애치슨 선언이 발표되었다. ④ 1945년 베트남 민주 공화국의 수립이 선포되었다.

1등급 정리 노트 6·25 전쟁

배경	전개	결과
·남북한의 대립 ·소련과 중국의 북한 지원 ·미국의 애치슨 선언 발표	북한 남침(1950. 6.) → 유엔군 참전 → 인천 상륙 작전 → 중국군 개입 → 1·4 후퇴 → 정전 협정 체결(1953. 7.)	·남북한 간 적대감 심화 ·한·미 상호 방위 조약 체결(1953. 10.)

595

제시된 자료는 1951년에 체결된 미·일 안보 조약이다. 샌프란시스코 강화 조약을 통해 일본의 주권을 회복시킨 미국은 뒤이어 일본과 안전 보장 조약을 체결하고 미군을 일본에 주둔시켰다.

바로잡기 ② 제네바 회담은 미·일 안보 조약 체결 이후 1954년에 개최되었다. ③ 1953년 7월에 6·25 전쟁의 정전 협정이 체결되었다. ④ 1953년 10월에 한·미 상호 방위 조약이 체결되었다. ⑤ 1966년에 중국에서 문화 대혁명이 발생하였다.

596

지도의 북위 17도선이 군사 분계선으로 결정된 것은 1954년 제네바 회담의 합의에 따른 것이다. 프랑스의 지배에서 벗어나기 위한 베트남 독립 전쟁에서 베트남이 승리하였고, 뒤이어 열린 제네바 회담으로 프랑스는 베트남에서 완전히 철수하였다. 그리고 회담에 모인 나라들은 북위 17도선을 군사 분계선으로 삼아 베트남을 남과 북으로 분할하되, 2년 이내에 통일을 위한 총선거를 시행하자고 합의하였다.

바로잡기 ①, ②, ③ 제2차 세계 대전 중에 전후 처리 문제를 논의하기 위해 개최된 회담이다. ⑤ 미국은 닉슨 독트린 발표 후 미군의 베트남 철수 방침을 정하고 1973년 파리 평화 협정을 체결하였다.

597

밑줄 친 '이 전쟁'은 베트남 전쟁이다. 베트남 전쟁이 본격화되면서 미국의 요청에 따라 한국은 전투병을 파견하였다. 전쟁이 종결되면서 베트남이 통일되어 베트남 사회주의 공화국이 수립되었다(1976).

바로잡기 ㄴ. 유엔군은 6·25 전쟁에만 참여하였으며, 베트남 전쟁에는 참전하지 않았다. ㄷ. 국민당과 공산당의 내전은 중국 내부의 전쟁이며, 공산당이 승리하여 중화 인민 공화국이 수립되었다.

598

(가)는 6·25 전쟁, (나)는 베트남 전쟁이다. 두 전쟁은 냉전 체제 상황에서 발생하였으며, 일본의 경제 성장에 영향을 주었다.

바로잡기 ㄱ. 소련군은 6·25 전쟁, 베트남 전쟁 모두에 공식적으로 참전하지는 않았다. ㄴ. 1954년 제네바 회담에서는 6·25 전쟁과 베트남 독립 전쟁에 관한 사항을 결정하였다.

599

제시된 자료는 1965년에 체결된 한·일 기본 조약이다. 한·일 국교 정상화가 추진되면서 한국과 일본에서는 이에 대한 반대 시위가 전개되었다. 한국에서는 식민 지배에 대한 일본의 사죄와 배상 없는 '굴욕 외교'라는 비판이 높았고, 일본에서는 3국의 관계 강화가 결국 군사 동맹으로 이어져 평화 헌법을 위협할지 모른다는 우려가 제기되었다. 그러나 국민의 반대에도 조약이 체결되어 한국과 일본의 국교가 수립되었으며, 그 결과 한·미·일 공동 안보 체제가 강화되었다.

바로잡기 ㄱ. 베트남 독립 전쟁은 1954년 제네바 회담의 결정에 따라 프랑스가 철수함으로써 끝이 났다. ㄴ. 냉전 체제하 미국은 동아시아에서 공산주의가 확산하는 것을 막기 위한 한국 – 미국 – 일본의 동맹 구축이 절실하였기 때문에 한·일 수교를 촉구하였다.

1등급 정리 노트 한·일 국교 수립의 목적

한국	미국	일본
경제 개발에 필요한 자금 마련	한국, 일본과 함께 공동 안보 체제 강화	미국과의 관계 유지, 수출 시장 확보

600

(가)는 1965년 한·일이 체결한 재산 및 청구권에 관한 문제의 해결과 경제 협력에 관한 협정이며, (나)는 1972년에 발표된 중·일 공동 성명이다. ① 1969년에 닉슨 독트린이 발표되었다.

바로잡기 ② 1992년 한국과 중국이 수교하였다. ③ 1946년 일본에서 평화 헌법이 제정되었다. ④ 1975년 북베트남이 사이공을 점령하면서 베트남 전쟁이 종결되었다. ⑤ 1972년 미·중 공동 성명 이후 양국은 1979년 정식으로 국교를 수립하였다.

601

제시된 자료는 1969년에 발표된 닉슨 독트린의 일부 내용이다. 미국은 닉슨 독트린을 발표하여 남베트남에서 미군 철수를 단계적으로 추진하였고, 중국 봉쇄 정책을 완화하면서 당시 소련과의 분쟁이 심하였던 중국과의 관계 개선을 꾀하였다. 이러한 움직임은 1972년 미국 대통령 닉슨의 중국 방문으로 이어졌다. 일본도 미국과 중국의 관계 개선을 계기로 중화 인민 공화국과의 국교 정상화에 나서 같은 해 양국 정부는 공동 성명에 조인하고 일본은 중화 인민 공화국이 중국의 유일한 합법 정부임을 인정하였다.

바로잡기 ㄱ. 6·25 전쟁 정전 협정 체결에 이어 한·미 상호 방위 조약이 체결되었다. ㄹ. 닉슨 독트린 이후 냉전 완화의 분위기가 형성되면서 1971년 국제 연합은 중화 인민 공화국을 안전 보장 이사회 상임 이사국으로 받아들였다. 동시에 타이완 정부는 중국의 합법적 정부 대표권을 상실하였다. 이에 타이완은 국제 연합을 탈퇴하였다.

602

제시된 자료는 1973년에 체결된 파리 평화 협정의 일부 내용이다. 닉슨 독트린을 발표한 미국은 베트남 전쟁에서 군대를 철수하는 방침을 정하고 파리 평화 협정을 체결하였다.

바로잡기 ① 통킹만 사건을 빌미로 미국이 베트남 전쟁에 직접 개입하였다. ② 베트남 독립 전쟁에서 프랑스가 패배하고 제네바 회담이 개최되었다. ④ 파리 평화 협정 후 북베트남의 사이공 점령으로 베트남에서 전쟁이 끝났고, 1976년 베트남 사회주의 공화국이 수립되었다. ⑤ 1980년대 후반부터 베트남에서는 시장 경제 체제의 일부를 도입한 도이머이 정책을 추진하였다.

603

제9조에는 일본의 전쟁 포기, 군사력 보유 금지, 교전권 불인정 등을 밝혔다.

604

종전 후 일본에서 미국 중심 연합군의 점령 통치가 이루어지면서 앞으로 일본이 침략 전쟁을 수행할 수 없도록 하기 위해 미국은 일본국 헌법(평화 헌법)의 제정을 종용하였다.

채점 기준	수준
주권 재민, 군사력 보유 금지, 전쟁 포기, 교전권 불인정 등의 규정을 통해 일본에 의한 침략 전쟁을 막고자 하였음을 서술한 경우	상
일본의 비군사화를 이루어 일본에 의한 전쟁을 막고자 하였다고 서술한 경우	중
단순하게 일본이 전쟁을 다시 일으킬 수 없도록 하기 위함이라고 서술한 경우	하

605

국·공 내전의 결과 중화 인민 공화국이 수립되었다. 한편 6·25 전쟁 당시 국군과 유엔군이 38도선을 넘어 북으로 진격하자 중국군이 북한을 돕기 위해 투입되었다.

606

중국 공산화와 6·25 전쟁의 발발은 미국의 동아시아 전략을 변화시켰다. 미국은 일본을 동아시아의 반공 기지로 만들고자 하였다.

채점 기준	수준
일본을 반공 기지로 구축하겠다는 계획, 샌프란시스코 강화 조약 체결, 일본의 주권 회복 등을 모두 서술한 경우	상
위 내용 중 두 가지만 서술한 경우	중
위 내용 중 한 가지만 서술한 경우	하

607 제2차 세계 대전의 전후 처리를 위한 회담의 시기 파악하기

1등급 자료 분석 카이로 선언과 포츠담 선언

(가) 3대 동맹국은 한국인의 노예 상태에 유의하여 적당한 시기에 한 <u>국을 자주 독립시킬 결의</u>를 한다. 이를 위해 3대 동맹국은 일본 *카이로 선언에서 최초로 한국의 독립을 약속하였다.* *미국, 영국, 중국* 과 교전 중인 여러 국가와 협조하여, 일본의 무조건적인 항복을 받아내는 데 필요한 중대하고도 장기적인 작전을 계속할 것이다.

(나) <u>카이로 선언의 조항은 이행되어야 하며</u>, 또 일본국의 주권은 혼 *한국의 독립을 재확인하였다.* 슈, 홋카이도, 규슈, 시코쿠 및 우리들이 결정하는 여러 작은 섬에 국한될 것이다.

(가)는 1943년에 발표된 카이로 선언, (나)는 1945년 7월에 발표된 포츠담 선언이다. ① 1945년 2월 미국, 영국, 소련의 대표가 얄타 회담을 열었다. 회담의 결과 전후 독일의 처리 문제, 소련의 대일전 참전 등이 결정되었다.

바로잡기 ② 국제 연합은 1945년 10월에 출범하였다. ③ 일본은 1941년 미국의 하와이 진주만을 공격하였고, 이를 계기로 태평양 전쟁이 발발하였다. ④ 국가 총동원법은 1938년에 제정되었다. ⑤ 1945년 8월 초 미국은 일본이 항복 요구를 거절하자 히로시마와 나가사키에 원자 폭탄을 투하하였고, 이후 일본이 무조건 항복하였다.

608 평화 헌법의 특징 이해하기

1등급 자료 분석 평화 헌법

이것은 일본의 새 헌법에 대한 이해를 *1946년에 공포되었다.* 돕기 위해 문부성에서 발행한 책에 실린 그림이다. 전쟁 포기를 뜻하는 문구 *군사력 보유 금지 외에도 평화 헌법에서는 천황을 상징적 존재로 규정하였다.* 와 함께 무기를 녹여 건설 및 사회 간접 자본에 사용한다는 의미를 담고 있다.

제시된 자료에서 '전쟁 포기' 등의 내용을 통해 밑줄 친 '새 헌법'이 1946년에 제정된 일본국 헌법(평화 헌법)임을 알 수 있다. ① 일본국 헌법에서는 천황을 상징적 존재로 규정하고 주권 재민의 원칙에 따른 인권 보호 조항을 강화하였다.

바로잡기 ② 1889년 제정된 대일본 제국 헌법에 따라 1890년 제국 의회가 설립되었다. ③ 대한국 국제는 1899년에 제정되었다. ④ 농업의 집단화, 기업의 국유화는 중국, 북한과 같은 사회주의 국가에서 추구하는 경제 정책이다. ⑤ 중·일 전쟁 발발 이후 일본은 국가 총동원법을 제정하여 일본은 물론 식민지인 한국과 타이완에도 적용하였다.

609 극동 국제 군사 재판(도쿄 재판)의 전개 과정 이해하기

극동 국제 군사 재판

이 재판은 일본의 전쟁 범죄자 중 A급 전범으로 회부된 46명을 대
　　　　　　　　　A~C급은 범죄 종류로, 전쟁을 계획하고
　　　　　　　　　시작한 죄가 A급이다.
상으로 진행되었다. 46명 중 28명이 기소되었으며 기소된 사람 중 재
판이 불가한 3명을 제외하고 25명에 대한 판결이 내려졌다. 도조 히
데키 등 7명에게는 사형 판결이 내려졌다.

제시된 자료에서 일본의 전쟁 범죄자 중 A급 전범을 대상으로 진행
등의 내용을 통해 밑줄 친 '이 재판'이 극동 국제 군사 재판(도쿄 재
판)임을 알 수 있다. 도쿄 재판은 1946년부터 1948년까지 진행되었
다. ② 중국 국민당과 공산당은 1946년부터 본격적으로 내전을 벌였
고, 1949년 중화·인민 공화국이 수립되었다.

바로잡기 ① 시안 사건은 1936년에 일어났다. ③ 경찰 예비대는 6·25 전쟁 발
발 직후에 창설되었다. ④ 1973년 파리 평화 협정이 체결되면서 베트남 전쟁이
종결되었다. ⑤ 1951년 샌프란시스코 강화 조약이 체결되고 같은 날 미·일 안보
조약이 체결되었다.

610 샌프란시스코 강화 조약 이해하기

샌프란시스코 강화 조약

대한민국은 일본과 전쟁 상태에 있지 않았기 때문에 이 조약에 서명
을 하지 않는다. 한국은 전쟁이 시작되기 훨씬 전에 독립을 잃었고.
　　　　　　　　　제2차 세계 대전은 1939년에 시작되었다.
일본이 항복하기까지 독립을 다시 찾지 못하였다. 많은 한국인이 부
동의 신념을 갖고 일본과 싸웠다. 그러나 개인으로 싸웠지 승인된
정부로서 싸운 것은 아니다. …… 이 조약에 의하여 연합국은 한국
대한민국 임시 정부의 활동은 연합국에 의해 인정받지 못하였고 그 결과 샌프란시스코
강화 회의에 초청받지 못하였다.
의 독립을 일본이 정식으로 승인하도록 할 것이다.

제시된 자료에서 대한민국이 조약에 서명을 하지 않는다는 것과 연합
국이 한국의 독립을 승인하도록 하겠다는 내용 등을 통해 밑줄 친 '이
조약'이 1951년에 체결된 샌프란시스코 강화 조약임을 알 수 있다. ①
샌프란시스코 강화 조약의 결과 일본은 주권을 회복하였다.

바로잡기 ② 1945년 2월 얄타 회담의 결과 소련이 대일전에 참전하기로 합
의하였다. ③ 1954년 제네바 회담의 결과 북위 17도선을 기준으로 베트남이 남
북으로 분단되었다. ④ 1965년 한국과 일본 간의 외교 관계가 수립되었다. ⑤
1921~1922년 개최된 워싱턴 회의 결과 일본이 산둥반도를 중국에 반환하였다.

611 국·공 내전의 시기 파악하기

국·공 내전의 본격화

사진은 미국의 중재로 개최된 장제스
　　　1945년 8월부터 10월까지 진행되었다.
와 마오쩌둥의 협상 당시의 모습이다.
협상은 장제스의 제안과 미국의 중재로
충칭에서 한 달 이상 진행되었으며, 그
결과 장제스와 마오쩌둥은 공동 성명을
발표하였다. 모두에게 이로운 민주적 정부를
수립하고 평화 협상을 이어가자는
원칙적 합의만 이루어졌다.

제시된 자료에서 미국의 중재로 장제스와 마오쩌둥이 협상을 벌였다
는 내용 등을 통해 밑줄 친 '협상'이 일제 패망 직후 1945년에 열린 국
민당과 공산당 지도부 간의 평화 교섭임을 알 수 있다. ④ 장제스와
마오쩌둥의 협상은 결국 결렬되고 전면적인 국·공 내전이 발발하였
다. 국·공 내전의 결과 공산당이 중국 대륙을 차지하고 1949년 중화
인민 공화국을 수립하였다.

바로잡기 ① 만주 사변은 1931년 일본의 관동군이 만주 지역을 침략하면서 일
어났다. ② 카이로 회담은 1943년에 개최되었다. ③ 1937년 중·일 전쟁 발발 직
후 제2차 국·공 합작이 이루어졌다. ⑤ 일본은 1945년 8월 15일 항복하였다.

612 6·25 전쟁의 배경 이해하기

6·25 전쟁의 전개 과정

유엔군이 참전했지만 적의 남하를
1950년 6월 26일 유엔 안전 보장 이사회
의 결의에 따라 파병되었다.
즉각적으로 저지하지는 못했어.

맞아. 한동안 불리한 상황이 이어
졌지. 하지만 인천 상륙 작전으로
1950년 9월 15일에 진행되었고,
9월 28일 서울을 수복하였다.
전세를 역전시켰어.

제시된 자료에서 '유엔군의 참전', '인천 상륙 작전' 등을 통해 대화의
소재가 된 전쟁은 6·25 전쟁임을 알 수 있다. ① 1950년 1월 미국의
국무 장관 애치슨이 한국을 미국의 극동 방어선에서 제외하는 선언을
한 후, 소련과 중국의 지원을 받은 북한이 남침을 감행하였다.

바로잡기 ② 베트남 민주 공화국과 프랑스 간의 전쟁은 디엔비엔푸 전투에서
프랑스가 패배하고 이어서 열린 제네바 회담으로 종결되었다. ③ 일본은 루거우
차오 사건을 빌미로 중·일 전쟁을 일으켰다. ④ 1953년 6·25 전쟁이 종결된 직
후 한·미 상호 방위 조약이 체결되었다. ⑤ 일본이 침략을 확대하자 미국은 석유
등의 일본 수출을 금지하였고 이에 반발한 일본이 진주만을 기습하였다.

613 베트남 전쟁에 대한 동아시아 각국의 대응 파악하기

통킹만 사건

미 국무성은 통킹만에서 미국 구축함이 북베트남 어뢰정의 공격을
　　　1964년에 일어난 통킹만 사건이다. 후에 미국이 조작한 것으로 드러났다.
받았다고 발표했다. 존슨 미국 대통령은 항공모함 탑재기로 보복 폭
격을 가한 데 이어, 다음 해 2월부터는 북베트남에 대규모 폭격을
　　　　　　　　　　1965년
개시했다. 이어 3월에 미군 해병대가 남베트남 다낭에 상륙한 것을
시작으로 대규모 미군 전투 부대를 전쟁에 투입하였다.

제시된 자료에서 통킹만 사건을 빌미로 미국이 전면적으로 참전하였
다는 내용을 통해 밑줄 친 '전쟁'이 베트남 전쟁임을 알 수 있다. ㄱ.
미국의 요청으로 한국은 베트남 전쟁에 전투 부대를 파병하였다. ㄹ.
이에 맞서 북한, 소련 등은 북베트남을 지원하였다.

바로잡기 ㄴ. 6·25 전쟁이 일어나자 미국은 일본에서 경찰 예비대를 창설하였
다. ㄷ. 중국은 베트남 전쟁에 전투병을 파견하지는 않았다.

1등급 자료 분석 닉슨의 중국 방문

1969년 닉슨 독트린을 발표하였다.

사진은 마오쩌둥과 닉슨 대통령이 만나는 모습입니다. 닉슨은 미국 1966년에 일으킨 문화 대혁명을 통해 다시 권력을 장악하였다. 대통령으로서 처음으로 중화 인민 공화국을 방문했습니다. 닉슨 대통령의 방문이 이루어진 해에 있었던 사건에는 무엇이 있을까요?

1972년

제시된 자료는 1972년 중국을 방문한 미국의 닉슨 대통령이 마오쩌둥과 만나는 장면이다. 닉슨 독트린 발표 이후 냉전이 완화되면서 미국과 중국의 관계 개선이 이루어졌다. ③ 닉슨 대통령이 중국을 방문한 그해 일본은 중국과 중·일 공동 성명을 발표하여 중국을 유일한 합법 정부로 인정하였다. 그 결과 타이완과 일본의 국교는 단절되었다.

바로잡기 ① 닉슨 독트린은 1969년에 발표되었다. ② 한·일 기본 조약은 1965년에 체결되었다. ④ 중국과 일본 간의 평화 우호 조약은 1978년에 체결되었다. ⑤ 노태우 정부는 1980년대 말부터 북방 외교를 추진하여 소련 등 공산권 국가와 외교 관계를 수립하였다.

분석 기출 문제

123~127쪽

[핵심 개념 문제]

615 55년 체제   **616** 4·19 혁명   **617** 대약진 운동   **618** ○

619 ○   **620** ⓛ   **621** ㉠   **622** ⓛ   **623** ⓛ   **624** ⓛ   **625** ㄱ

626 ㄴ

627 ③   **628** ②   **629** ④   **630** ③   **631** ②   **632** ③   **633** ⑤

634 ④   **635** ④   **636** ③   **637** ②   **638** ③   **639** ①   **640** ③

641 ⑤   **642** ④

1등급을 향한 서답형 문제

643 (가) 일본, (나) 중국   **644** 예시답안 1970년대 말 덩샤오핑이 정권을 장악한 뒤 개혁·개방 정책을 표방하면서 사회주의 체제에 시장 경제 요소를 도입하고 이를 꾸준히 추진하여 급격한 경제 성장을 이룰 수 있었다.

645 (가) 6월 민주 항쟁, (나) 톈안먼 사건   **646** 예시답안 정치적 민주화를 요구하였다.

627

(가)는 55년 체제이다. 55년 체제는 자민당과 사회당의 양당이 정치를 주도한 체제로 1955년부터 1993년 비자민당 연립 정권이 성립되기 전까지 유지되었다. ① 한국의 유신 체제는 1970년대에 성립되었다. ② 1966년부터 문화 대혁명이 시작되었다. ④ 1987년 타이완의 국민당 정부가 계엄령을 해제하였다. ⑤ 1960년대 베트남 전쟁이 본격화되어 1975년까지 계속되었다.

바로잡기 ③ 미군 주도의 군정 아래 일본은 경찰 예비대를 창설하였다(1950). 경찰 예비대는 자위대의 전신이었다.

628

제시된 자료에서는 패전 후 파탄 지경에 이르렀던 일본이 1970년대 세계 제2의 경제 대국으로 성장하였음을 언급하고 있다. 냉전이 시작되자 미국은 공산주의가 동아시아 전역으로 확대되는 것을 막기 위해 대일 정책을 변경하여 일본에 대한 경제·군사적 지원을 아끼지 않았다. 특히 6·25 전쟁이 일어나자 일본은 군수 물자 공급 기지로서 산업 생산량을 늘려 전쟁 특수를 누렸다. 이후 중화학 공업화 정책과 전자 산업 등 신산업 부문을 발전시켜 나갔고, 무역과 자본의 자유화를 통해 무역 흑자국으로 성장하였다.

바로잡기 ㄴ. 일본의 최대 호황기인 1980년대에 형성된 거품 경제는 1990년대에 들어서 붕괴되었고, 이로 인해 일본은 장기 불황에 빠져들었다. ㄹ. 1997년 말 한국이 국제 통화 기금으로부터 구제 금융 자금을 지원받았다.

629

제시된 그래프는 1980년대 일본의 거품 경제 시기에 땅값이 상승하였다가 1990년대 이후 (가) 시기에 급락하였음을 보여 준다. 1980년대 일본은 첨단 제품의 생산 확대와 수출 증가로 최대 경제 호황을 누렸다. 미국과 심각한 무역 마찰을 겪게 되면서 엔화 가치가 상승하자 일본 정부는 수출 기업을 보호하기 위해 금리를 대폭 낮추었다.

그러자 저렴한 이자로 대출을 받은 기업과 개인이 주식과 부동산에 투자하였고, 이러한 현상이 과열되어 거품 경제를 유발하였다. 결국 그래프의 (가) 시기, 즉 1990년대에 주가와 부동산 가격이 폭락하면서 일본의 경제는 장기 불황에 빠져들었다.

바로잡기 ① 1950년대 한국은 미국으로부터 무상 원조를 받았다. ② 한국의 경제 개발 5개년 계획은 1960년대부터 1980년대 초까지 추진되었다. ③ 1950년대 말 중국에서 대약진 운동의 일환으로 공업 부분에서 철강 증산 운동이 전개되었다. ⑤ 1950년대부터 타이완은 경공업 중심의 경제 정책을 추진하였고, 국내 시장 개발과 경공업 수입 대체 정책에 중점을 두었다.

1등급 정리 노트 일본의 경제 변화

1950년대 중반 ~1970년대 초반	6·25 전쟁, 베트남 전쟁 특수 → 연평균 10% 이상의 고도성장
1980년대	• 첨단 제품의 생산 확대, 수출 증가로 최대 경제 호황, 미국과 무역 마찰 • 수출 기업 보호를 위한 금리 인하 → 대출을 받은 기업과 개인의 주식, 부동산 투자 과열 → 거품 경제 형성
1990년대 이후	부동산과 주식 폭락(거품 경제 붕괴) → 장기 불황 지속

630

제시된 자료는 한국의 제1차 경제 개발 5개년 계획에 관한 일부 내용이다. 이는 1962년부터 1967년까지 추진된 수출 주도형의 경제 성장 정책이었다. 한편 중국에서는 1958년부터 시작된 대약진 운동이 생산 의욕 저하 등으로 한계를 드러내고 있었다.

바로잡기 ㄱ. 일본은 1990년대에 거품 경제 붕괴로 장기 불황에 빠져들었다. ㄹ. 3저 현상은 1980년대 국제적으로 나타난 저유가·저달러·저금리 현상을 말한다.

631

제시된 자료는 한국의 베트남 전쟁 참여에 관한 내용으로, (가)는 한국이다. 한·일 국교 정상화로 한·미·일 동맹을 강화한 한국 정부는 미국의 요청에 따라 베트남에 파병하였고, 베트남 전쟁 특수는 한국의 경제 성장에 큰 영향을 끼쳤다. ② 한국은 1960년대 들어 경제 개발 5개년 계획을 수립하고 이를 실행에 옮겼으며, 1970년대에는 중화학 공업을 집중 육성하는 경제 개발 계획을 수립하고 실천에 옮겼다.

바로잡기 ① 1980년대 후반 베트남이 도이머이 정책이라고 불리는 개혁·개방 정책을 추진하였다. ③, ④ 북한, 중국 등 사회주의 국가에 해당한다. ⑤ 북한이 1991년 나진·선봉 지역을 경제특구로 지정하였다.

632

제시된 자료는 1980년 한국의 5·18 민주화 운동에 관한 것이다. 한국에서 신군부의 정권 장악 움직임이 가시화되는 가운데 5·18 민주화 운동이 일어났으며, 당시 계엄군의 무력 진압에 대항하여 광주의 시민들이 스스로 시민군을 조직하여 저항하였다.

바로잡기 ㄱ. 홍위병은 중국의 문화 대혁명 당시 주로 학생들로 구성된 정치 운동 조직이었다. 이들은 마오쩌둥의 권력 강화에 이용되었다. ㄹ. 일본에서 1955년부터 1993년까지 이어진 자민당과 사회당 양당이 정치를 주도한 체제를 55년 체제라고 한다.

633

제시된 자료에서 '국민당 정부', '1987년 계엄령을 해제', '총통 직선제 시행' 등의 내용을 통해 (가)는 타이완임을 알 수 있다. 중국 공산당과의 내전에서 패배하고 타이완으로 건너간 장제스의 국민당 정권은 계엄 통치를 시행하면서 경제 개발에 힘을 쏟아 급속한 경제 성장을 이루었지만, 타이완의 국민은 국민당의 일당 독재를 비판하면서 민주화 운동을 전개하였다. ⑤ 타이완은 1950년대에 수출에 의한 외형적 발전보다는 국내 시장 개발과 경공업 중심으로 수입 대체 정책에 중점을 두었다.

바로잡기 ① 중국 등 사회주의 국가가 집단 농장 제도를 확대하였다. ② 1990년대 들어 일본은 거품 경제 붕괴로 장기 불황에 빠져들었다. ③ 중국, 베트남 등이 개혁·개방 정책을 추진하면서 사회주의 체제에 시장 경제 요소를 도입하였다. ④ 중국의 덩샤오핑은 1978년 농업, 공업, 국방, 과학 기술의 4대 현대화 노선을 확정하여 이른바 '개혁·개방' 정책을 취하였다.

1등급 정리 노트 한국과 타이완의 경제 성장 비교

한국	타이완
• 1950년대 후반까지 미국의 경제 원조 • 경제 개발 5개년 계획, 수출 중심 정책 → 1960년대부터 고도성장 • 대기업 중심의 경제 발전 • 외환 위기로 기업 구조 조정 → 위기 극복	• 1950년대에 국내 시장 개발과 경공업 중심으로 수입 대체 정책에 중점 • 중소기업 중심의 경제 발전 • 경제 건설 4개년 계획 추진 • 2000년대 들어 마이너스 성장률 → 위기 극복 노력

634

한국에서는 1997년 야당 후보 김대중이 대통령에 당선되어 최초로 선거를 통한 평화적 정권 교체를 이루었다. 타이완에서는 국민의 거듭된 민주화 요구에 국민당 정부가 1987년 계엄령을 해제하였고, 총통 직선제 개헌, 복수 정당제 도입 등 제도적 민주화가 점차 이루어졌다. 그리고 2000년 야당인 민주 진보당의 천수이볜이 총통에 당선되었는데, 이는 타이완에서 최초로 이루어진 여야 정권 교체였다. 1997년 한국, 2000년 타이완에서는 공통적으로 민주화에 대한 열망을 바탕으로 선거를 통해 여야 간 평화적인 정권 교체를 이루었다.

바로잡기 ① 흑묘백묘론은 중국의 개혁·개방을 이끈 덩샤오핑이 주장한 말이다. ② 한국의 유신 체제는 1979년 10·26 사태로 무너졌다. ③ 타이완에서는 천수이볜 총통이 당선되기 이전 이미 복수 정당제가 운영되었다. ⑤ 중국의 문화 대혁명과 관련 있다.

635

제시된 자료는 중국의 대약진 운동에 대한 비판적인 내용을 담고 있다. 대약진 운동은 농업과 공업 생산의 대규모 증산을 목표로 1958년부터 시작되어 1960년 초까지 이어졌다. 그러나 대약진 운동은 집단화에 대한 농민들의 불만과 생산 의욕 저하, 기술력의 부족, 자연재해로 인한 대기근 등의 문제를 낳으며 실패하였다. 그 결과 대약진 운동을 주도하였던 마오쩌둥의 권력이 약화되었다.

바로잡기 ① 문화 대혁명에 대한 설명이다. ② 베트남의 도이머이 정책은 1980년대 후반부터 추진되었다. ③ 한국의 경제 개발 5개년 계획 등이 수출 주도형 경제 성장 정책에 해당한다. ⑤ 1970년대 초반 미국과 중국의 관계 개선을 계기로 중국과 일본의 국교 정상화 노력이 전개되었다.

636

(가)는 1976년 마오쩌둥의 사망 직후 문화 대혁명의 중단 상황, (나)는 1989년 톈안먼 사건에 해당한다. ③ 톈안먼에서 시위가 일어나자 중국 정부는 군대를 동원하여 시위대를 강제 진압하였다.

바로잡기 ① 마오쩌둥은 자신을 추종하는 홍위병을 조직하여 이들을 문화 대혁명에 이용하였다. ② 마오쩌둥 사후 덩샤오핑이 정권을 장악하여 개혁·개방 정책을 추진하였다. ④ 한국의 4·19 혁명에 대한 설명이다. ⑤ 대약진 운동은 1958년부터 1960년 초 사이에 시행되었다.

637

(가)는 1980년에 일어난 한국의 5·18 민주화 운동, (나)는 1989년에 일어난 중국의 톈안먼 사건이다. ② 5·18 민주화 운동은 신군부의 퇴진과 민주화를 요구하였다.

바로잡기 ① 장면 내각이 5·16 군사 정변으로 붕괴되었다. ③ 문화 대혁명이 끝나고 덩샤오핑이 집권하여 개혁·개방 정책을 추진하는 가운데 톈안먼 사건이 발생하였다. ④ 문화 대혁명이 마오쩌둥의 권력 강화에 이용되었다. ⑤ 6월 민주 항쟁에 대한 설명이다.

638

(가)의 인물은 덩샤오핑이다. 덩샤오핑은 1970년대 말부터 개혁·개방 정책을 추진하면서 사회주의 체제에 시장 경제 요소를 도입하고자 하였다. 그는 1989년에 있었던 톈안먼 사건 당시 최고 통치자였다.

바로잡기 ㄱ. 문화 대혁명은 마오쩌둥이 주도하였다. 덩샤오핑은 문화 대혁명 당시 반대파로부터 타도 대상이 되어 공직에서 추방되었다. ㄹ. 장제스가 국·공 내전에서 패배한 후 중국 국민당을 이끌고 타이완으로 이동하였다.

639

제시된 자료는 1989년 톈안먼 시위에서 등장한 단식 선언서이다. 문화 대혁명의 혼란 후 권력을 잡은 덩샤오핑이 개혁·개방 정책을 추진하면서 경제 성장과 함께 공산당원과 관료의 부정부패도 심화되었다. 이에 학생, 시민, 노동자 등이 민주화를 요구하는 대규모 시위를 톈안먼 광장에서 전개하였는데, 중국 정부는 이를 '폭력적 난동'으로 규정하고 군대를 동원하여 시위를 진압하였다.

바로잡기 ㄷ, ㄹ. 한국의 4·19 혁명에 해당한다. 이승만 정부의 부정 선거를 계기로 일어난 4·19 혁명은 이승만을 대통령직에서 물러나게 만들었다.

640

밑줄 친 '이 지역'은 센카쿠 열도(댜오위다오)이다. 센카쿠 열도는 거리상 일본보다 타이완과 중국에 가까운 섬이지만 일본이 청·일 전쟁 중 주인 없는 땅이라고 주장하며 자국 영토로 강제 편입하였다.

641

제시된 자료는 일본의 침략 전쟁에 대해 공식적으로 사죄하는 뜻을 표명한 무라야마 담화이다. 이보다 앞서 1993년 일본 고노 요헤이 관방장관이 일본군 '위안부'의 존재와 일본군의 관여를 인정한 이른바 고노 담화를 발표하였다.

바로잡기 ① 야스쿠니 신사 참배 강행은 국가주의적 색채를 띠고 있다. ② 아베 정권은 국가주의 경향을 보이면서 평화 헌법의 개정을 추진하였다. ③ 일본 보수 세력이 식민 지배를 미화하는 역사관을 자국민에게 심으려는 의도를 반영한 사례이다. ④ 일본의 불법적인 도발에 해당한다.

642

제시된 포스터는 일본이 일으킨 중·일 전쟁과 태평양 전쟁에서 일본이 저지른 만행의 실상과 항일을 위한 연대 활동에 관한 학술 대회 개최를 알리고 있다. 일제의 일본군 '위안부' 강제 동원은 당시 전쟁의 실상과 피해에 해당한다.

바로잡기 ① 1910년 일본은 대한 제국을 위협하여 국권을 빼앗아 갔다. ② 아베 정권의 국가주의 경향은 최근의 상황이다. ③ 일본 55년 체제는 전후 1955년에 성립하였다. ⑤ 1990년대 들어 주가와 부동산 가격이 하락하여 거품 경제가 붕괴되면서 일본은 장기 불황에 빠져들었다.

643

개혁·개방 정책 이후 중국 경제는 꾸준히 성장한 반면 일본은 1990년대 들어 거품 경제가 붕괴되면서 이후 장기 불황이 계속 이어져 세계 경제에서 차지하는 비중이 점차 낮아지고 있다.

644

중국은 개혁·개방 정책을 꾸준히 추진하여 세계 2위의 경제 대국으로 성장하였다.

채점 기준	수준
덩샤오핑의 개혁·개방 정책, 사회주의 체제에 시장 경제 요소 도입으로 고도성장을 이룩하였음을 서술한 경우	상
사회주의 체제에 시장 경제 요소를 도입하였다고만 서술한 경우	중
덩샤오핑이 개혁·개방 정책을 추진하였다고만 서술한 경우	하

645

1980년대 한국에서는 전두환 정부의 권위주의 체제에 저항하여 6월 민주 항쟁이 일어났으며, 중국에서는 학생, 시민, 노동자 등이 민주화를 요구하는 톈안먼 사건이 일어났다.

646

6월 민주 항쟁은 전두환 정부의 권위주의 체제에 대한 저항으로 일어났으며, 대통령 직선제 개헌 등 민주화를 요구하였다. 중국의 톈안먼 사건에서도 정치적 민주화를 요구하였다.

채점 기준	수준
정치적 민주화를 요구하였음을 정확하게 서술한 경우	상
공통적 요구(주장) 외에 두 사건의 공통점을 쓴 경우	하

647 1980년대 이후 경제 상황 파악하기

1등급 자료 분석 일본과 중국의 GDP 변화

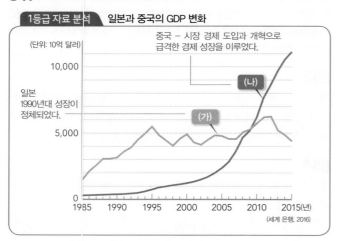

(단위: 10억 달러)

중국 – 시장 경제 도입과 개혁으로 급격한 경제 성장을 이루었다.

일본 1990년대 성장이 정체되었다.

(나)

(가)

10,000

5,000

0

1985 1990 1995 2000 2005 2010 2015(년)

(세계 은행, 2016)

제시된 그래프에서 (가)는 일본, (나)는 중국이다. ㄴ. 1980년대 최대 호황을 누리던 일본은 1990년대 이후 거품 경제가 붕괴되면서 장기 불황에 빠졌다. ㄷ. 중국에서는 1970년대 말 덩샤오핑 주도로 개혁·개방 정책이 추진되어 급격한 경제 성장을 이루었다.

바로잡기 ㄱ. 대약진 운동은 1950년대 후반부터 중국에서 전개되었다. ㄹ. 1950년대 한국 경제에 대한 설명이다.

648 55년 체계의 붕괴 이해하기

1등급 자료 분석 비자민당 연립 내각

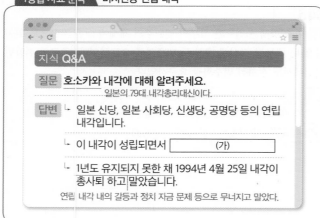

지식 Q&A

질문 호소카와 내각에 대해 알려주세요.
일본의 79대 내각총리대신이다.

답변 └ 일본 신당, 일본 사회당, 신생당, 공명당 등의 연립 내각입니다.

└ 이 내각이 성립되면서 (가)

└ 1년도 유지되지 못한 채 1994년 4월 25일 내각이 총사퇴 하고 말았습니다.
연립 내각 내의 갈등과 정치 자금 문제 등으로 무너지고 말았다.

제시된 자료에서 연립 내각의 구성 정당에 자민당이 없는 점, 1994년 4월에 1년도 못 채우고 붕괴한 점 등을 통해 호소카와 내각이 1993년에 성립된 비자민당 연립 내각임을 알 수 있다. ④ 비자민당 연립 내각이 수립됨으로써 약 40년간 지속되어 온 '55년 체제'가 붕괴되었다.

바로잡기 ① 타이완은 약 40년간 계엄령이 지속되다가 1987년 일부 도서를 제외하고 계엄령이 해제되었다. ② 1960년 미·일 안보 조약 개정과 관련하여 일본에서 안보 투쟁이 벌어졌다. ③ 1997년 외환 위기가 발생하여 한국은 국제 통화 기금(IMF)의 구제 금융 지원을 받았다. ⑤ 중국, 북한 등 사회주의 국가에서 외국 자본을 유치하고자 일부 지역에 경제특구를 설치하였다.

649 동아시아에서 전개된 민주화 운동 이해하기

1등급 자료 분석 4·19 혁명과 톈안먼 사건

(가) 정·부통령을 뽑는 선거에서 자유당 정권이 부정 선거를 저지르
1960년 3·15 부정 선거를 말한다.
자, 이에 분개한 학생과 시민들은 전국적인 시위를 전개하였다. 이에 정부는 계엄령을 선포하고 진압에 나섰다.

(나) 5·4 운동 70주년을 기념하기 위해 많은 학생과 지식인들이 다
1989년에 해당한다.
양한 준비를 하던 중, 정치 개혁을 지지하던 후야오방이 사망하였다. 이에 정치적 민주화를 요구하는 대규모 시위가 일어났다.

(가)는 1960년에 일어난 4·19 혁명, (나)는 1989년에 일어난 톈안먼 사건이다. ㄱ. 도쿄 올림픽은 1964년에 개최되었다. ㄷ. 6·29 민주화 선언은 1987년에 발표되었다.

바로잡기 ㄴ. 천리마 운동은 1950년대 후반부터 시작되었다. ㄹ. 타이완에서는 2000년 야당인 민주 진보당 후보 천수이볜이 총통에 당선되면서 정권 교체가 이루어졌다.

650 5·18 민주화 운동의 배경 이해하기

1등급 자료 분석 5·18 민주화 운동의 배경

10·26 사태로 유신 체제가 붕괴되었으나, 얼마 후 신군부 세력의
박정희 대통령이 중앙 정보부장   1979년 12·12 사태를 말한다.
김재규의 총에 암살되었다.
쿠데타가 일어나면서 다시 군인들이 정권을 독점하였다. 이에 대항하여 '유신 헌법 폐지', '신군부 퇴진' 등을 요구하는 시위가 이어졌다. 신군부는 비상계엄을 전국으로 확대하고, 일체의 정치 활동을 중지시켰다. 그러자 (가)

제시된 자료에서 10·26 사태 이후 신군부 세력의 쿠데타로 다시 군부 정권이 등장한 점, 신군부가 비상계엄을 확대한 점 등을 통해 (가)에는 신군부에 대항하는 민주화 운동이 들어가야 함을 알 수 있다. ③ 1980년 광주에서는 신군부의 권력 장악에 대항하여 5·18 민주화 운동이 일어났다.

바로잡기 ① 1989년 톈안먼 광장에서 학생, 시민, 노동자들이 정치 민주화를 요구하는 시위를 벌였으나 실패하였다. ② 1987년 박종철 고문치사 사건 등을 배경으로 대통령 직선제 개헌을 요구하는 6월 민주 항쟁이 전개되었다. ④ 1979년 타이완의 가오슝에서 일어난 민주화 운동은 1980년대 전개된 민주화 운동의 계기가 되었다. ⑤ 일본의 보수 정당들의 안보 강화 시도에 맞서 1955년 사회당의 좌·우파가 통합하였다.

651 1980년대 후반 동아시아 경제 상황 이해하기

1등급 자료 분석 3저 호황

플라자 합의는 미국의 적자를 개선하기 위해 마르크화와 엔화에 대
1985년 미국, 프랑스, 독일, 영국, 일본의 재무 장관이 일본 엔화와
독일 마르크화의 평가 절상에 합의한 것을 말한다.
한 달러화의 가치를 낮추기로 한 합의를 말한다. 이 합의의 결과 원화의 대달러 환율은 크게 변화하지 않으면서 원화의 엔화 대비 가치가 크게 하락하게 되었다. 여기에 제2차 석유 파동으로 치솟았던 원
1978년 12월 석유 수출국 기구(OPEC)에서 원유 가격 인상을 결정하면서
원유 가격이 급등하여 세계 경제 상황이 급격하게 악화된 사건을 말한다.
유 가격이 지속적으로 하락했고, 선진국들의 경기 불황으로 국제 이자율이 낮은 수준으로 유지되었다.

제시된 자료에서 원화의 엔화 대비 가치가 크게 하락하였다는 점, 원유 가격이 하락하고 국제 이자율이 낮은 수준으로 유지되었다는 점 등을 통해 1980년대 후반의 경제 상황임을 알 수 있다. ① 1980년대 후반 한국은 3저 호황에 힘입어 큰 폭의 경제 성장을 이루었다.

바로잡기 ② 한국에서는 1962년 경제 개발 5개년 계획을 시작하였다. ③ 1970년대 후반 덩샤오핑의 주도로 4개 부문의 현대화가 추진되었고 개혁·개방 정책이 전개되었다. ④ 1950년대 중국에서는 농업의 집단화와 기업의 국유화가 추진되었고 1950년대 말 대약진 운동이 시작되었다. ⑤ 일본에서는 1950년대 중반부터 1970년대 초까지 연평균 10% 이상의 고도성장이 나타났다.

652 동아시아의 민주화 운동 시기 파악하기

1등급 자료 분석 타이완의 민주화 운동

동아시아사 신문 　　　　　〇〇〇〇년 〇〇월 〇〇일

1987년에 해당한다.

타이완, 민주화의 첫걸음을 내딛다

타이완 정부가 오늘 타이완 본섬과 펑후 제도에 내렸던 계엄령을 해제한다고 발표하였다. 계엄령이 해제됨에 따라 향후 타이완에서도 민주화가 진전될 것으로 예상된다.

계엄령 해제에 이어 복수 정당제 도입, 총통 직선제 개헌 등이 이루어졌다.

제시된 자료에서 타이완에서 40년 가까이 유지되던 계엄령이 해제되었다는 내용을 통해 기사가 발표된 해가 1987년임을 알 수 있다. ⑤ 1987년 한국에서 6월 민주 항쟁이 일어났다.

바로잡기 ① 제네바 협정은 1954년에 체결되었다. ② 닉슨 독트린은 1969년에 발표되었다. ③ 1960년 4·19 혁명의 결과 장면 내각이 수립되었으나, 1961년 박정희 등 군부 세력이 5·16 군사 정변을 일으켜 정권을 장악하였다. ④ 제네바 협정에 따라 2년 내의 총선거가 합의되었지만, 1955년 미국의 지원을 받은 남베트남에서 총선거를 거부하고 단독 선거를 실시하여 베트남 공화국이 수립되었다.

653 사회주의 국가의 개혁·개방 정책 파악하기

1등급 자료 분석 도이머이 정책

가정 경제 발전을 권장한다. …… 민간 자본 경제의 일부 분야를 수많은 국가 자본 경제 형식으로 개조한다. 민간 상업 자본을 폐지한다. 공동 이익, 법률 앞에 평등이란 원칙에 따라 각 경제 성분 간 수많은 연결 형식을 확대한다. …… 각 경제 단위와 노농 군중이 신나게 생산 발전을 하고, 생산력, 품질 및 경제 효과를 제고할 수 있도록 촉진하는 기반을 조성하기 위해 경제 관리를 쇄신[刷新 : 도이머이]한다.

공산화 이후 계획 경제 체제 유지 등으로 경제 성장이 어려웠던 베트남에서는 1980년대 후반부터 개혁·개방 정책인 도이머이 정책이 추진되었다.

밑줄 친 '쇄신'은 베트남의 도이머이 정책에 해당한다. 이는 사회주의 체제에 시장 경제 요소를 도입하는 것이다. 북한의 합영법 제정, 중국의 경제특구 신설 등이 이와 유사한 방향에서 추진된 경제 정책이다.

바로잡기 ㄷ. 한국의 경제 개발 계획은 정부 주도의 경제 성장 정책이다. ㄹ. 일본은 1970년대 석유 파동이 일어나자 이를 극복하기 위해 기업 경영 합리화를 추진하였다.

654 문화 대혁명이 발생한 배경 파악하기

1등급 자료 분석 문화 대혁명

· 지금 우리의 목적은 자본주의의 길을 걷는 류사오치 등 당권파와

대약진 운동이 실패하자 류사오치 등은 사회주의 경제의 수정을 요구하였다.

싸우고 모든 상부 구조를 개혁하는 것이다.

· 마오쩌둥이 나이 어린 중학생과 고교생 등에게 호소하여 실질적

홍위병을 말한다.

으로 당 지도 세력을 공격하라고 요청하고 있다.

제시된 자료에서 류사오치 등 당권파와 싸우자는 내용과 마오쩌둥이 어린 학생들에게 당 지도부를 공격하라는 내용 등을 통해 마오쩌둥의 주도로 문화 대혁명이 일어나는 상황임을 알 수 있다. ② 1950년대 말 대약진 운동이 농민들의 불만과 근로 의욕 감소, 자연재해 등으로 실패하면서 마오쩌둥의 정치적 기반이 약화되었다. 마오쩌둥은 이를 극복하기 위해 문화 대혁명을 일으켜 권력 기반을 강화하였다.

바로잡기 ① 1972년 박정희 정권은 장기 집권을 도모하며 유신 헌법을 제정하였다. ③ 1950년대 후반 대약진 운동이 전개되며 전국적으로 인민공사가 설립되었다. ④ 국·공 내전에서 승리한 중국 공산당은 1949년 중화 인민 공화국을 수립하였다. ⑤ 1990년대 초 덩샤오핑은 개혁·개방의 지속을 촉구한 남순 강화를 발표하였다.

655

제시된 자료는 1945년 2월에 개최된 얄타 회담의 결정 내용 중 일부이다. 얄타 회담에 따라 소련의 대일전 참전이 결정되었다. ③ 얄타 회담 이후 1945년 7월 포츠담 선언이 발표되었다. 포츠담 선언에서는 카이로 선언의 이행을 재확인하고 일본의 무조건 항복을 요구하였다.

바로잡기 ① 시안 사건은 1936년에 일어났다. 이를 계기로 이듬해 제2차 국·공 합작이 이루어졌다. ② 한국 광복군은 1940년에 창설되었다. ④ 1943년에 개최된 카이로 회담에서 최초로 한국의 독립을 약속하였다. ⑤ 일제는 중·일 전쟁 발발 이후 1938년 국가 총동원법을 제정하여 일본뿐만 아니라 한국과 타이완에도 적용하였다.

656

제시된 자료는 1945년 9월 12일 연합군 최고 사령부가 발표한 것이다. 따라서 밑줄 친 '정책'은 미국의 일본 점령 통치 초기의 정책에 해당한다. 점령 초기 미국은 일본의 비군사화와 민주화를 목표로 군정을 실시하였다. ㄴ. 일본국 헌법에서는 일본의 전쟁 포기 및 군사력 보유 금지 등을 규정하였다. ㄹ. 미국은 전쟁을 주도한 군국주의자들을 공직에서 추방하였으며 전쟁에 협조한 재벌을 해체하였다.

바로잡기 ㄱ. 경찰 예비대는 6·25 전쟁 발발 직후에 창설되었다. ㄷ. 미·일 안보 조약은 6·25 전쟁 중인 1951년에 체결되었다. 이를 통해 미국은 일본에 군대를 주둔하게 되었다.

657

제시된 자료에서 도쿄에서 전범을 처벌하기 위해 개최하였다는 내용을 통해 사진의 재판이 1946년에 개최된 극동 국제 군사 재판(도쿄 재판)임을 알 수 있다. ㄱ. 도쿄 재판에서는 전쟁 책임을 군부에 물어 천황에게 면죄부를 주었다. ㄴ. 도쿄 재판은 포츠담 선언에 따라 일본의 주요 전쟁 범죄자를 처벌하기 위해 개최되었다.

바로잡기 ㄷ. 일본은 국제 연맹에서 일본의 만주 침략을 규탄하자 1933년 국제 연맹을 탈퇴하였다. ㄹ. 1951년 체결된 샌프란시스코 강화 조약의 결과 일본은 주권을 회복하였다.

658

제시된 자료에서 샌프란시스코 강화 조약 직후에 체결되었으며 미군이 일본 영토에 주둔하게 되었다는 내용을 통해 (가) 조약이 1951년 체결된 미·일 안보 조약임을 알 수 있다. 일본의 패망은 1945년, 일본국 헌법 제정은 1946년, 6·25 전쟁 발발은 1950년, 제네바 회담 개최는 1954년, 통킹만 사건 발생은 1964년, 한·일 수교는 1965년의 사실이다.

659

제시된 자료에서 생몰년과 중국 공산당에 참가, 대약진 운동 주도 등의 내용을 통해 카드의 인물이 마오쩌둥임을 알 수 있다. ⑤ 국·공 내전에서 승리하여 중국 대륙을 장악한 마오쩌둥은 1949년 중화 인민 공화국의 수립을 선포하였다.

바로잡기 ① 청 정부는 1908년 입헌 준비에 나서 흠정헌법대강을 반포하였다. ②, ③ 덩샤오핑에 대한 설명이다. ④ 중화민국의 임시 대총통은 쑨원과 위안스카이이다.

660

제시된 자료는 국·공 내전 중 병력 증감을 나타난 그래프이다. (가)는 중국 국민당, (나)는 중국 공산당에 해당한다. 국·공 내전 초기에는 국민당이 병력과 장비 면에서 우세했지만 부정부패 등으로 민심을 잃었고, 이후 공산당이 전세를 역전시켜 내전에서 승리하였다. 중국 본토를 장악한 공산당은 1949년 중화 인민 공화국을 수립하였다. ⑤ 일본 패망 후 내전의 위기가 고조되자 1945년 미국의 중재로 양측이 평화 교섭을 벌였으나 실패하고 말았다.

바로잡기 ① 호찌민은 일제 패망 직후 베트남 민주 공화국을 수립하며 프랑스에 대해 독립을 선언하였다. ② 중국 공산당은 점령지에서 토지 개혁을 실시하여 민심을 얻었다. ③ 장제스는 중국 국민당을 이끌었다. ④ 중국 국민당은 국·공 내전에서 패배하여 타이완으로 이동하였다.

661

지도에 표시된 선이 애치슨이 발표한 미국의 태평양 방위선이라는 내용을 통해 6·25 전쟁 발발 직전의 상황임을 알 수 있다. ② 미국의 태평양 방위선에서 한국이 제외되자 김일성은 소련과 중국의 동의와 지원을 얻어 6·25 전쟁을 일으켰다.

바로잡기 ① 포츠머스 조약은 러·일 전쟁의 결과 체결되었다. ③ 얄타 회담은 1945년 2월에 개최되었다. ④ 1964년에 일어난 통킹만 사건을 빌미로 미국은 베트남 전쟁에 전면적으로 참전하였다. ⑤ 1980년대 후반 냉전 체제가 해체되면서 한국은 중국, 베트남 등과 수교하였다.

662

(가)는 1950년 6·25 전쟁 발발 직후 유엔의 결의안이고, (나)는 1953년 7월 체결된 정전 협정의 일부이다. ① 인천 상륙 작전은 1950년 9월에 전개되었고, ② 타이완과 일본은 1952년에 국교를 맺었다. ③ 베트남과 프랑스는 1945년부터 1954년까지 전쟁을 벌였고, ④ 샌프란시스코 강화 조약은 1951년에 체결되었다.

바로잡기 ⑤ 1945년 일본이 패망하자 호찌민은 베트남 민주 공화국의 수립을 선포하였다.

663

제시된 자료에서 통킹만에서 북베트남의 어뢰정이 미국의 군함을 공격하였다고 발표하는 점을 통해 통킹만 사건에 대한 미국 측의 발표임을 알 수 있다. ④ 통킹만 사건을 빌미로 미국은 베트남 전쟁에 본격적으로 개입하였으며, 미국의 요청으로 한국은 전투 부대를 베트남에 파견하였다.

바로잡기 ① 디엔비엔푸 전투는 1954년에 벌어졌다. ② 러·일 전쟁 직후 판보이쩌우는 일본으로 유학생을 파견하는 동유 운동을 전개하였다. ③ 남베트남 민족 해방 전선은 1960년에 결성되었다. ⑤ 1954년에 열린 제네바 회담의 결과 베트남은 북위 17도선을 경계로 남북으로 분단되었다.

664

제시된 자료는 1972년에 체결된 중·일 공동 성명이다. ③ 중·일 공동 성명에서 일본이 중국을 유일한 합법 정부로 인정하면서 타이완과 일본의 외교 관계가 단절되었다.

바로잡기 ① 자민당이 주도하는 가운데 사회당과 양립하는 정치 체제는 1955년에 성립되었다. ② 국·공 내전은 미국이 중재한 평화 협상이 결렬된 후 1946년부터 본격적으로 전개되었다. ④ 1953년 한·미 상호 방위 조약이 체결되었다. ⑤ 1954년에 체결된 제네바 회의 결과 프랑스는 베트남에서 철수하였다.

665

제시된 자료는 노태우 정부 시기 북방 외교에 대한 학생의 대화이다. ② 노태우 정부는 냉전 체제가 해체되는 상황에서 북방 외교를 전개하여 소련 등 구공산권 국가와 수교하였으며, 1992년에는 중국, 베트남과도 외교 관계를 수립하였다.

바로잡기 ① 파리 평화 협정은 1973년에 체결되었다. ③ 일본이 1952년 타이완과 평화 조약을 체결하였다. ④ 극동 국제 군사 재판은 1946년부터 1948년까지 전개되었다. ⑤ 한국과 일본은 1965년 한·일 기본 조약을 체결하여 국교 정상화를 이루었다.

666

미국 대통령 닉슨은 아시아의 방위 책임은 아시아 국가들이 일차적으로 해결하고, 미국의 개입을 최소화한다는 내용의 닉슨 독트린을 발표하였다(1969).

667

미국은 닉슨 독트린을 발표하고 당시 소련과의 분쟁을 겪던 중국과의 관계 개선을 꾀하였다.

채점 기준	수준
닉슨 대통령의 중국 방문과 미·중 공동 성명의 발표를 모두 정확하게 서술한 경우	상
닉슨 대통령의 중국 방문과 미·중 공동 성명의 발표 중 한 가지만 서술한 경우	하

668

제시된 자료에서 저가 상품점이 등장하였으며 1990년대 초반 땅값이 급격하게 하락하는 상황을 통해 일본의 거품 경제가 붕괴된 상황임을 알 수 있다. ④ 1980년대 일본에서는 주식과 부동산의 가격이 폭등하면서 거품 경제가 형성되었으나, 1990년대 초 거품 경제가 붕괴되면서 일본 경제는 장기 불황에 빠져들었다.

바로잡기 ① 남순강화는 1990년대 초에 이루어졌다. 이를 계기로 중국은 고도성장을 이루었다. ② 중국에서는 개혁·개방 정책을 추진하는 과정에서 경제특구를 건설하였으며, 북한에서도 1990년대 경제특구를 건설하였다. ③ 1958년부터 중국은 대약진 운동을 추진하였으나 근로 의욕 감소와 생산력 저하, 자연재해 등으로 실패하였다. ⑤ 2000년 제1차 남북 정상 회담을 계기로 남북의 교류가 활성화되면서 개성 공단 등이 조성되었다.

669

2012년 총선에서 승리한 자민당의 아베 총리가 참배한 장소인 야스쿠니 신사는 메이지 유신 이후 내전에서 죽은 군인 및 군속을 추앙하기 위해 건립되었으며, 태평양 전쟁의 A급 전범인 도조 히데키 등이 합사되어 있다. 아베 정권의 야스쿠니 신사 참배는 침략의 역사에 대한 진정한 반성이 빠진 행동이며, 일본의 우경화 정책을 상징적으로 보여 주는 행위이다.

바로잡기 ① 미군 주도의 연합국 점령 통치 시기에 일본의 군사력 보유를 금지한 평화 헌법이 제정되었다. ② 1965년에 한·일 기본 조약이 체결되어 한국과 일본은 국교를 정상화하였다. ③ 1993년에 비자민당 연립 내각이 수립되었다. ⑤ 1970년대 일본에서 록히드 사건이 발생하였다.

670

제시된 자료는 한국의 경제 성장 과정을 정리한 노트 필기로 (가)에는 1960~1970년대 경제 개발 5개년 계획 추진 이후의 상황이 들어가야 한다. ④ 1980년대 후반 저달러, 저금리, 저유가의 3저 호황에 힘입어 한국 경제가 크게 성장하여 타이완, 싱가포르, 홍콩과 함께 아시아의 4대 신흥 공업국이 되었다.

바로잡기 ①, ⑤ 사회주의 국가들에 대한 설명이다. ② 천리마 운동은 1950년대 말부터 북한에서 시행하였다. ③ 베트남 정부는 1986년부터 도이머이 정책을 추진하여 시장 경제 체제의 일부를 수용하였다.

671

(가)는 4·19 혁명이 일어난 1960년, (나)는 유신 헌법이 제정된 1972년이다. ② 1961년 박정희 등 군부 세력은 5·16 군사 정변을 일으켜 권력을 장악하였다.

바로잡기 ① 1979년 10·26 사태로 대통령인 박정희가 피살되었다. ③ 1989년 중국에서는 정치적 민주화를 요구하는 톈안먼 사건이 일어났다. ④ 1993년 비자민당 연립 내각이 수립되면서 55년 체제는 붕괴되었다. ⑤ 1987년 일부 도서를 제외하고 계엄령을 해제한 타이완은 이어 총통 직선제와 복수 정당제도 시행하였다.

672

제시된 자료는 1987년에 발표된 6·29 민주화 선언이다. 당시 여당의 대통령 후보였던 노태우가 대통령 직선제 개헌 요구 등을 수용하는 6·29 민주화 선언을 발표하였다. ③ 1987년 박종철 군 고문치사 사건이 알려지면서 시민과 학생들은 정권의 탄압에도 불구하고 6월 민주 항쟁을 벌였다. 결국 정부는 국민들의 요구를 수용하여 대통령 직선제 개헌이 이루어졌다.

바로잡기 ① 6·25 전쟁은 1950년에 발발하였다. ② 1966년 문화 대혁명이 일어나 마오쩌둥이 다시 권력을 장악하였다. ④ 5·18 민주화 운동은 1980년 계엄령 해제와 신군부 퇴진을 요구하며 전개되었다. ⑤ 유신 헌법은 1972년에 제정되어 1980년에 개정되었다.

673

제시된 자료는 타이완의 민주화 역사를 보여 주고 있다. 1979년에 일어난 가오슝 사건을 계기로 타이완에서는 민주화 운동이 본격화되었고, 2000년 민진당의 천수이볜이 총통에 당선되면서 최초로 정권 교체가 이루어졌다. ① 1987년 타이완에서는 일부 도서를 제외하고 계엄령이 해제되었다.

(바로잡기) ② 정전 협정은 1953년에 체결되었다. ③ 국·공 내전에서 패배한 장제스의 국민당 정부는 타이완으로 이동하였다. ④ 일·화 평화 조약은 1952년에 체결되었다. ⑤ 한국의 제1차 경제 개발 5개년 계획은 1962년부터 시작되었다.

674

제시된 자료에서 인민공사가 설립되고 농업의 집단화와 철강 증산을 추진하는 내용 등을 통해 (가) 운동이 대약진 운동임을 알 수 있다. ② 대약진 운동은 자원 배분의 비효율성, 농민의 생산 의욕 저하, 연속된 자연재해 등으로 실패하였고, 류사오치 등은 집단화의 점진적 추진과 사회주의 경제의 수정을 요구하였다.

(바로잡기) ① 대약진 운동은 헌법의 제정과 관련이 없다. ③ 1966년에 일어난 문화 대혁명으로 마오쩌둥의 권력이 강화되었다. ④ 1980년대 일본에서는 주식과 부동산의 가격이 폭등하면서 거품 경제가 형성되었다. ⑤ 마오쩌둥 사후 덩샤오핑의 주도로 개혁·개방 정책이 추진되었다. 그 과정에서 인민공사는 사실상 해체되었다.

675

제시된 자료에서 마오쩌둥이 홍위병을 동원하여 일으켰다는 내용을 통해 (가) 사건이 문화 대혁명(1966~1976)임을 알 수 있다. ② 미국의 닉슨 대통령은 1969년 닉슨 독트린을 발표하였다.

(바로잡기) ① 4·19 혁명은 1960년에 일어났다. ③ 한국과 베트남은 냉전 체제가 해체된 이후인 1992년에 국교를 맺었다. ④ 1978년부터 덩샤오핑의 주도로 개혁·개방 정책이 추진되었다. 그 과정에서 일부 지역에 경제특구가 건설되었다. ⑤ 1958년부터 1960년 초 사이에 전개된 대약진 운동은 재래식 용광로를 통해 철강의 증산을 시도하였다.

676

제시된 자료는 북한의 정치·경제 변화를 보여 준다. 북한은 1972년 사회주의 헌법을 공포하였고, 1994년 김일성이 사망한 이후 김정일이 국방 위원장으로 취임하였다. ⑤ 북한은 1980년대 합영법을 제정하여 외국 자본을 유치하고자 하였다.

(바로잡기) ① 덩샤오핑은 4대 현대화 노선을 확정하고 개혁·개방 정책을 추진하였다. ② 북한은 제1차 7개년 계획(1961~1967)을 수립하는 한편, 주체사상을 유일사상으로 체계화하는 작업을 추진하였다 ③ 베트남에서는 도이머이 정책을 추진하였고, 그 결과 세계 3대 쌀 수출국으로 성장하였다 ④ 북한은 경제 위기에서 벗어나기 위해 2000년대에 남북 대화와 함께 남한과의 경제 교류에 나섰다. 금강산 개발과 개성 공단 사업 등은 대표적인 남북 교류 사업이다.

677

제시된 그래프는 1990년 이후 베트남의 국내 총생산을 나타낸 것이다. ⑤ 베트남에서는 1986년부터 도이머이 정책을 채택하여 시장 경제 체제의 일부를 도입하였다. 그 결과 베트남은 고도의 경제 성장을

이루어, 1991~2000년 연평균 GDP 성장률이 7.6%를 기록하였고, 2000년대 들어서도 7%의 성장률을 유지하였다.

(바로잡기) ① 타이완은 경제 건설 4개년 계획을 시행하여 전력·비료·방적·제강·제당 산업을 적극적으로 육성하였다. ② 덩샤오핑은 흑묘백묘론을 주장하며 시장 경제적 요소를 일부 수용하였다. ③ 1842년 난징 조약 체결 이후 교역량이 크게 증가하지 않자 영국은 프랑스와 제2차 아편 전쟁을 일으켜 청에 추가 개항을 강요하였다. ④ 타이완은 '아시아의 작은 용'이라 불리며 신흥 경제국으로 부상하였다.

678

지도에서 (가) 지역은 남쿠릴 열도의 4개 섬이다. ④ 제2차 세계 대전 이후 소련이 점령하였으며 현재 러시아가 영유하고 있다. 일본은 역사적으로 자국의 영토라 주장하며 반환을 요구하고 있다.

(바로잡기) ① 홍콩은 난징 조약에 따라 영국에 할양되었다. ② 중국 국민당 정부는 국·공 내전에서 패하고 타이완으로 근거지를 옮겼다. ③ 청·일 전쟁의 결과 체결된 시모노세키 조약에 따라 일본은 랴오둥반도와 타이완 등을 차지하였다. ⑤ 미국은 1951년 미·일 안보 조약을 체결하여 오키나와 등 일본 영토에 군대를 주둔시켰다.

679

1989년 중국에서 정치 민주화를 요구하는 톈안먼 사건이 일어났다.

680

중국 정부는 톈안먼 광장의 시위대를 무력 진압하였다.

채점 기준	수준
중국 정부가 폭력적 난동으로 규정, 무력 진압하였음을 서술한 경우	상
군대의 무력 진압만 서술한 경우	하

www.mirae-n.com

학습하다가 이해되지 않는 부분이나 정오표 등의 궁금한 사항이 있나요?
미래엔 홈페이지에서 해결해 드립니다.

교재 내용 문의
나의 교재 문의 | 수학 과외쌤 | 자주하는 질문 | 기타 문의

교재 정답 및 정오표
정답과 해설 | 정오표

교재 학습 자료
MP3

실전서

기출 분석 문제집

1등급 만들기

완벽한 기출 문제 분석으로 시험에
대비하는 1등급 문제집

국어 문학, 독서
수학 고등 수학(상), 고등 수학(하),
수학 I, 수학 II,
확률과 통계, 미적분, 기하
사회 통합사회, 한국사,
한국지리, 세계지리, 생활과 윤리,
윤리와 사상, 사회·문화, 정치와 법,
경제, 세계사, 동아시아사
과학 통합과학, 물리학 I, 화학 I,
생명과학 I, 지구과학 I,
물리학 II, 화학 II, 생명과학 II,
지구과학 II

실력 상승 실전서

파사쥬

대표 유형과 실전 문제로
내신과 수능을 동시에 대비하는
실력 상승 실전서

국어 국어, 문학, 독서
영어 기본영어, 유형구문, 유형독해,
25회 듣기 기본 모의고사,
20회 듣기 모의고사
수학 고등 수학(상), 고등 수학(하),
수학 I, 수학 II,
확률과 통계, 미적분

수능 완성 실전서

수능 주도권

핵심 전략으로 수능의 기선을
제압하는 수능 완성 실전서

국어영역 문학, 독서,
화법과 작문, 언어와 매체
영어영역 독해편, 듣기편
수학영역 수학 I, 수학 II,
확률과 통계, 미적분

수능 기출서

수능 기출 문제집

N기출

수능N 기출이 답이다!

국어영역 공통과목_문학,
공통과목_독서,
공통과목_화법과 작문,
공통과목_언어와 매체
영어영역 고난도 독해 LEVEL 1,
고난도 독해 LEVEL 2,
고난도 독해 LEVEL 3
수학영역 공통과목_수학 I + 수학 II 3점 집중,
공통과목_수학 I + 수학 II 4점 집중,
선택과목_확률과 통계 3점/4점 집중,
선택과목_미적분 3점/4점 집중,
선택과목_기하 3점/4점 집중

N기출 모의고사

수능의 답을 찾는 우수 문항 기출 모의고사

수학영역 공통과목_수학 I + 수학 II,
선택과목_확률과 통계,
선택과목_미적분

미래엔 교과서 연계

자습서

미래엔 교과서 자습서

교과서 예습 복습과 학교 시험 대비까지
한 권으로 완성하는 자율 학습서

국어 고등 국어(상), 고등 국어(하), 문학, 독서,
언어와 매체, 화법과 작문, 실용 국어
수학 고등 수학, 수학 I, 수학 II, 확률과 통계,
미적분, 기하
사회 통합사회, 한국사
과학 통합과학(과학탐구실험)
일본어 I, 중국어 I, 한문 I

평가 문제집

미래엔 교과서 평가 문제집

학교 시험에서 자신 있게
1등급의 문을 여는 실전 유형서

국어 고등 국어(상), 고등 국어(하),
문학, 독서, 언어와 매체
사회 통합사회, 한국사
과학 통합과학